青少年课外阅读系列丛书

成语故事

CHENGYUGUSHI

南京大学出版社

- 启发生命中更宽阔的智慧视野，旁征博引、拈提古今、蕴意深邃、生动幽默、古为今用
- 品味传统经典文化，启发生命智慧视野，提升个人精神品质
- 开卷有益，让光芒四射的智慧炫起来

罗钊◎编写

【学生版】

前　言

汉语言博大精深,成语是其中的一朵奇葩。泱泱五千年中华文明,语言与之同步发展,并且沉淀出了汉语言所独具的美的精华,如诗经、古乐府、唐诗、宋词等。诗经以其纯朴的文风和思想影响后世,可以视为中国文学的源头。乐府以清新的意境为特征,影响着唐代及其以后的文人。唐诗宋词更是中国文学的颠峰,前者有着节奏和韵律之美,后者则以前者为基础,发展成为更为灵活的文学形式,把汉语言的韵味之美更向前推进一步。与这些相比,同样作为汉语言精华之一的成语更是有着自己独特的价值和作用。因为成语同样是古代人民智慧的结晶,简洁明了却又意义深刻。比如形容一个人在一个集体中或一件事中老是捣乱或耍阴谋诡计,我们可以说他是"庆父不死,鲁难未已",本来一件挺复杂的事,用这样一个成语一形容便变得简洁明了了。一个成语亦是一段历史,比如"暗渡陈仓"、"闻鸡起舞"、"运筹帷幄"等,一个成语也是一种智慧或教训,比如我们所熟知的"拔苗助长"、"一叶障目"、"塞翁失马,焉知非福"等。成语是汉语言的精粹,内容丰富,源远流长,且具有丰富的表达力。一位英语语言专家曾经说过,要想讲一口地道的英文,必须熟知并会运用英语的成语,外文尚且如此,何况自己的母语。作为学生,多懂得一些成语,不但利于提高自己的语言素养,同样也会使自己的口语表达更加出彩。

我们不但要了解成语,更重要的是会运用成语。成语的误用、滥用可以说是当今社会的一个普遍问题。据报载,国内一所著名大学的校长在一次演讲中,居然用"七月流火"来形容夏天之热,在网上和其他媒体上引起了大讨论,这种现象起码说明了许多人对一些常用成语并不明白其具体意义和用法。有人把“瑕不掩瑜”写成“瑕不掩玉”。“弹冠相庆”到底是贬义还是褒义？又如成语“运筹帷幄”、“蓬户瓮牖”、“涸辙之鲋”、“揽辔澄清”亦不是人人都能轻易写对的。成语的掌握既包括对意义的了解，又包括熟知字音形。

中华成语经过数千年的发展，可以说是多如牛毛，浩如烟海，不可胜数。作为学生而言，有必要把这些成语都掌握住吗？编者认为这是不可能的，也是不必要的，有些成语随着时代的发展已被淘汰，不适合现代的社会，因此不必了解，有些成语相当冷僻，很少用，因此也没必要在这些成语上面花过多的精力。正是基于这一思想，编者从众多成语中挑出了那些常用的成语，并且收集这些成语后面所隐藏的历史故事，编写了一本既具可读性又具使用价值的成语故事，目的是使读者能够带着更大的兴趣学习成语，从而能够更快速、有效地掌握成语，因为“兴趣是最好的老师”。较之一般的辞书而言，本书少了点枯燥，多了点轻松与趣味，若读者能在欣赏故事之余掌握成语，编者会因此倍感欣慰。书中可能会有纰漏或不当之处，欢迎批评指正。

编　者

目　录

A

B

C

E

F

G

H

J

K

L

M

N

O

P

Q

R

S

T

W

X

Y

Z

爱屋及乌

商朝末年，纣王昏庸无道，挥霍无度，民不聊生，百姓怨声载道。姬昌是西部诸侯国的首领，他决定顺应民意，替天行道，推翻纣王的统治。可惜，他未能实现自己的愿望就去世了。他的儿子姬发继承了王位，姬发就是周武王。

周武王聪明贤德，年轻有为。他借助军师姜尚和两个弟弟周公姬旦、召公姬奭的帮助，积极练兵，并联合其他诸侯国，共同攻打商朝。双方在牧野展开决战。武王的军队越战越勇，而纣王的军队却毫无斗志——将士们早就不愿为荒淫无道的纣王卖命了，他们临阵倒戈，投降了周武王。周武王的军队乘胜追击，很快攻克了商朝的都城朝歌（今河南箕县），纣王走投无路，点火自焚，商朝灭亡。

纣王死后，周武王并未感到轻松，要安定天下，必须首先安顿好纣王留下的军队。他征询姜太公的意见，太公说："我听别人讲：喜欢一个人，就会连同喜欢他屋顶上丑陋的乌鸦，而憎恨一个人，就是看到他家的篱笆墙，也会深恶痛绝。这句话很明白，大王应该杀掉那些将士，不留一兵一卒，斩草除根。只有这样，才可以使天下最终稳定下来。"

周武王认为姜太公的意见不妥当，就问召公。召公说："将士中有罪的杀掉，没罪的放掉，大王以为如何？"

武王仍觉得不满意。周公向武王建议道："大王取得了天下，应该以仁德感化百姓，应该一视同仁，既不偏爱自己的亲友部下，又能尊重其他的人，这样才能让天下人和纣王的那些军队心服口服，而不会重新反叛作乱。我看应该让纣王的部下回家种地，与家人团聚。这样既去除了敌对势力，又让他们各得其所，安居乐业，大王觉得怎样？"

武王听后非常高兴，认为这才是安邦治国的良策，便采纳了他的建议，使周朝稳定了下来。

【出处】

成语"爱屋及乌"出自《商书大传·大战篇》："爱人者，兼其屋上之乌。"比喻爱上一个人而连带地关心到跟他有关系的人或事物。

安步当车

战国时代,齐国有一个很有学问的人,名叫颜斶,齐宣王听说后,便决定见他一面,于是召他入宫。

到了金殿,颜斶便不再向前走。齐宣王说:“喂,你到我面前来!”

颜斶站着不动,回敬了一句:“喂,你到我面前来!”

齐宣王气得脸色都变了,宫殿内的气氛顿时紧张起来。

大臣们吓坏了,你一言我一语地说:“颜斶,你是个小老百姓,大王是一国之君,你竟叫大王到你面前去,真太狂妄啦!”

颜斶不慌不忙地说:“我不这样认为。我走到大王面前去,人家说我仰慕权势;大王到我面前来,那说明您礼贤下士,您的美名就会传播出去。”

齐宣王仍然怒气未消:“那你说,到底是我尊贵,还是你尊贵呀?”

颜斶神色自如地说:“当然是像我这样有学问的人尊贵。”

“胡言乱语!”齐宣王说。

颜斶严肃地大声说:“大王请想一想,大禹出自村野,为什么能够当上

天子呢？那是因为尊重有才能的人，才得到天下，当上天子。英明的君王，决不自以为是，他们总是千方百计招聘贤才来辅佐朝廷。只有这样才能使齐国雄霸天下。”

齐宣王终于明白了颜斶的良苦用心，便诚恳地邀请他说：“你是有学问的人，当我的老师吧！住在我这儿，你将会天天有肉吃，外出有车坐……”

颜斶打断了齐宣王的话，说：“山里的玉，一旦雕制成器物，原有的美好就不存在了；我这村野之人，要是接受了官职，就会失去本来的纯真。我情愿回乡去，肚皮饿时吃饭，也会像吃肉那样香；安安稳稳地走路，也不比坐车差；不犯罪就可以说是尊贵，清静自在地过日子，自己感到很快乐……”说完，颜斶便告辞还乡了。成语“安步当车”便由此而来。

【出处】

成语“安步当车”出自《战国策·齐策》。安步，从容地步行。从容步行胜于坐车。表现颜斶退隐不仕、安于清贫的心态。后人常借用其形容散步慢走的乐趣。

安然无恙

公元前 266 年，赵惠文王去世，太子用即位为赵孝成王。由于赵孝成王年幼，国家大事由他母亲赵威后处理。

赵威后是一个比较贤明而有见识的中年妇女。有一次秦军围困赵国都城邯郸，赵国危在旦夕，向齐国求救，齐国却先要得到赵公子长安君为人质，才肯发兵。虽然在内心深处，她非常喜爱他的小儿子，但为了赵国考虑，她毅然把长安君送往齐国。齐国终于出兵帮助赵国打退了秦军。后来，齐王派使者带着信到赵国问候赵威后。赵威后还没有拆信，就问使者："齐国的收成不坏吧？老百姓平安吗？齐王身体健康吗？"齐国使者听了心里很不高兴，说："我受齐王派遣来问候您，现在你不先问齐王，却先问收成和百姓，难道可以把低贱的放在前面，把尊贵的放在后面吗？"

赵威后微微一笑，说："不是的。如果没有收成，怎么会有百姓？如果没有百姓，怎么会有君主？难道问候时可以舍弃根本而只问枝节吗？"

齐国使者听了，一时说不出话来。

这则"无恙"的典故，后来演化出成语"安然无恙"。

【出处】

成语"安然无恙"出自《战国策·齐策四》："威后问使者曰：'岁亦无恙耶？民亦无恙耶？王亦无恙耶？'"泛指事物平安未遭损害。

安如泰山

西汉建立后，汉高祖刘邦分封他的兄弟及子侄们到各地去当王。侄子刘濞被封为吴王，他的封国称为吴国。吴国是诸侯国中的大国，并且比较富有。刘濞的小儿子在幼年和汉文帝的太子刘启玩耍时，被刘启失手打死。刘启做皇帝后，刘濞对刘启仍然怨恨。因为这件事，刘濞一直在和朝廷作对。

汉景帝任用富有才能的政治家晁错为御史大夫，晁错主张削减各诸侯国的领地，加强中央的权力和威信，巩固国家的统一。刘濞看到一些诸侯王纷纷被削减了领地，知道自己也在所难免，本来就对皇帝不满的他趁机联络楚、赵等国的诸侯王阴谋叛乱。刘濞的手下官员枚乘清醒地看到他阴谋反叛的祸害，写了《上书谏吴王》对他进行劝谏。在谏书中，他说："您要是能够听取忠臣的话，一切祸害都可以避免。如果一定要按自己所想的那样去做，那是比叠鸡蛋还要危险，比上天还要艰难的；不过，如果能尽快改变原来的主意，这比翻一下手掌还容易，也能使您的地位比泰山还稳固。"

但刘濞执迷不悟，加紧进行阴谋活动。于是，枚乘只得离开吴国，到梁王刘武府中做了宾客。公元前 154 年，刘濞联络楚、赵、胶西、胶东等诸侯王，以"清君侧，杀晁错"为名，起兵叛乱。历史上称"吴楚七国之乱"。

汉景帝为了使这些诸侯们能够罢兵，就杀掉了晁错，但刘濞等人决心与中央政府对抗到底，于是景帝派周亚夫等率领军队，最终打败了叛军。吴王刘濞逃到东越被杀，其余五个王也落得自杀或被杀。这场叛乱只有三个月就彻底失败了。

【出处】

成语"安如泰山"出自汉枚乘《谏吴王》："变所欲为，易于反掌，安于泰山。"形容像泰山一样稳固，不可动摇。

按图索骥

相传，春秋时期有个叫伯乐的人，非常善于相马，只要他绕着马走上一圈，就能根据马的长相判断出马的好坏。他相马的技巧就是并不根据马的肥瘦与否来判断其优势。他认为瘦马未必不是良马，膘肥体壮的马未必就不是劣马。在相马方面，他有着独到的眼光与经验，并形成了自己完善的理论。

伯乐年老的时候，根据自己多年积累的经验，写了一本书，叫《相马经》。他在这本书里，详细地介绍了千里马的形体特征：额头应当怎么样，眼睛应当怎么样，身架怎么样，蹄子怎么样，毛色怎么样……这些都写得清清楚楚。

他的儿子看了这本书，决心也要当一个像他父亲那样的相马名家，于是花了不少时间把千里马的额头、眼睛、身架、蹄子、毛色等特点背得滚瓜烂熟，准备出去"按图索骥"，寻找千里马。

几天以后，他儿子高高兴兴地跑回来，连声说道："我找到千里马了！我找到千里马了！"伯乐要他说说找到的马究竟长得怎么样。他儿子说："这匹千里马的长相和《相马经》上讲的差不多，就是蹄子不怎么像。"说完，从布袋里倒出一只癞蛤蟆来。

伯乐被弄得哭笑不得，他知道儿子并没有真正地读懂《相马经》，也没责怪儿子，只是苦笑着说："你找来的这匹'千里马'只是能蹦能跳，可它驾不了车呀！"

【出处】

成语"按图索骥"出自明代杨慎《艺林·伐山》卷七，参见《汉书·梅福传》。原意是按照图像去识别千里马，比喻办事拘泥于成规，不知变通，或者只知道搬书本知识而缺乏实践经验，现今多比喻依照线索去寻求事物，易于获得。

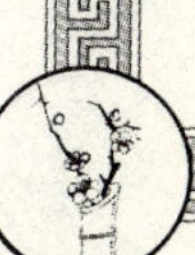

暗度陈仓

秦朝灭亡之后,项羽自封为西楚霸王,他还分封了十八个诸侯王。项羽认为,将来有能力与自己争夺天下的一定会是刘邦,于是将刘邦分封到地势险要、偏僻的巴蜀地区,封其为汉王。同时,为了防止刘邦再次进入关中,项羽又派降将章邯等人把守汉中,以阻挡刘邦。

刘邦对此非常不满,但也没有办法,只好带了三万人马,取道杜南,经栈道入汉中。为了防备章邯等派兵袭击,同时麻痹项羽,让他认为汉军没有东还的打算,进入汉中后,刘邦就下令放火焚毁了栈道。

项羽的分封,引起了一些将领的不满。公元前 208 年,也就是项羽分封不到半年后,齐王田荣首先在齐地举兵反抗项羽,很快便占领了三齐,控制了梁、赵。项羽亲自领兵前去征讨。由于项羽忙于征伐田荣的军事行动,刘邦及其谋士认为重新进入关中,夺取天下的机会来了。

这时,刘邦已经接受丞相萧何的推荐,拜韩信为大将。刘邦采用韩信的计策,公开派人去修复栈道。消息传到项羽军中,项羽不知是计,认为修复栈道的工程浩大,一年半载无法完成,等到平定三齐再去阻击汉军也不晚,于是就放松了警戒。谁知刘邦趁机发动突然袭击,从西边的故道绕行北上,暗度陈仓,从汉中迅速进入关中。雍王章邯急忙率兵前往陈仓堵截,但并没能阻止刘邦军队进入关中的步伐,他们很快便被刘邦一一击败。汉王一举平定三秦,夺取函谷关及其以西地区。接着刘邦挥师东下,接连击败项羽手下的几个诸侯王,如塞王欣、河南王申阳、魏王豹等,从此汉军声威大震。

后来,刘邦公开宣布同项羽决战,揭开了持续四年之久的楚汉战争的序幕。

【出处】

成语“暗度陈仓”见于《元曲选·赚蒯通》四:“明修栈道,暗度陈仓。”原意是指汉高祖刘邦用韩信计谋,偷渡陈仓定三秦。后人多用以比喻秘密的行动,有时也指男女私通。

暗箭伤人

春秋时，在齐国和鲁国的支持下，郑国计划讨伐许国（在今河南许昌）。那年五月，郑国作战前的最后准备，郑庄公在宫前检阅部队，并公开选拔三军统帅。他在阅兵场上放了一辆兵车，规定如果谁先抢到这辆兵车便可作为全军统帅。话音刚落，老将军颖考叔就“刷”地一个箭步越出队伍，疾步如飞地跑向兵车，然后拉起兵车便跑。青年将军公孙子都向来目中无人，他见颖考叔居然先他一步，十分不服便提起长戟飞奔出去想抢回兵车，但为时已晚，颖考叔早已跑远了，公孙子都因此对颖考叔怀恨在心。

到了秋天，七月间，郑庄公下令攻打许国，郑军逼近许国都城，攻城的时候颖考叔奋勇当先，爬上了城头。公孙子都眼看颖考叔就要立下大功，心里更加嫉妒起来，便抽出箭来对准颖考叔就是一箭，只见这位勇敢的老将军一个跟头摔了下来。另一位将军瑕叔盈还以为颖考叔是被许国兵杀死的，连忙拾起大旗，指挥士兵继续战斗，终于把城攻破，灭掉了许国。

【出处】

成语“暗箭伤人”出自《左传·隐公十一年郑伯伐许》，参见《列国演义》第六至第七回。原意指公孙子都向颖考叔暗放冷箭。后用来比喻用卑劣、阴谋的手段在暗中伤害他人。

八仙过海

相传，在中国的古代，有八位仙人，他们被称为“八仙”。他们是吕洞宾、铁拐李、韩湘子、蓝采和、张果老、汉钟离、曹国舅、何仙姑。这八人都是本领高强的神仙。

一日，他们结伴同行，应西王母的邀请，去瑶池赴蟠桃盛会。哪知行至半途，被东海大洋所隔，只见巨浪滔天，波涛汹涌，挡住了去路。此时，吕洞宾提议：

“各位同道，前面大海挡路，行路艰难，我们各人都拿出一样法宝，丢入海中，方能平安抵达彼岸。”

“吕兄言之有理!”诸位神仙一致赞同。“看我的本领!”第一个站出来的是蓬首垢面、袒腹跛足的铁拐李。他的法宝是一根拐杖。铁拐杖丢入海中，竟化作一叶龙舟，铁拐李站立其上，杖如快艇，很快就过了东海。

唐朝著名文学家韩愈的族侄韩湘子也是神通广大，曾经在初冬时节命令牡丹开出多种颜色的花。他紧随铁拐李之后，抛出了花篮。说也奇怪，那花篮在海中滴水不漏，平稳如巨轮，韩湘子坐于其中也到达了彼岸。其余神仙也都不甘示弱，个个拿出了自己的法宝。吕洞宾的法宝是箫，吕洞宾坐在箫上，犹如陆地乘轿一般平稳。

蓝采和的法宝是拍板，汉钟离的法宝是大芭蕉扇，曹国舅的法宝是玉板，何仙姑的法宝是荷花，一个个也都神采飞扬地渡过了东海。

最奇的是张果老，这位曾被唐玄宗赐号“通玄先生”的五百岁高龄的老神仙，不慌不忙地从巾箱之中取出一只纸驴，说声“变”，变成一只可爱的小白驴，张果老倒骑于驴背之上，霎时就通过了浩淼的东海。

【出处】

成语“八仙过海”传说甚早，且说法不同。现传说出自元明杂剧《八仙过海》。“八仙过海”与“各显神通”连在一起用，现多比喻各人发挥各自的特长，做好工作。

白头如新

秦朝末年，群雄蜂起，逐鹿中原，当时涌现出了各种各样的人才。其中有一个名叫邹阳的便是以其学识和口才闻名于当时。刘邦建立汉朝后，邹阳往投吴王刘濞那里做门客。后他发现刘濞有不轨行为，便劝告刘濞，不要反叛朝廷，刘濞不听。为了避祸，他便逃到梁孝王刘武那里当了门客。由于邹阳很有才能，且又不屑于和其他人为伍，因此遭到了其他门客如羊胜等人的嫉妒，他们在梁孝王跟前陷害邹阳，结果邹阳被投入狱中。

邹阳在狱中上书自白，引用古往今来的事例加以论证。他在信中说，民间有句俗语，叫"白头如新，倾盖如故"，是什么意思呢？就是有的人交了一辈子的朋友，最后仍然和新交的一样，互相不了解对方；有时，两人一见面就把自己所乘的车子停在路上，互相敞开心扉说话，可谓是一见如故。是什么原因导致这两种情况呢？真交与假交，知心与不知心而已。梁孝王看了他的信，意识到自己冤枉了他，立即将他释放出狱，并尊为"上宾"。

后来，梁孝王因自己没有被立为"皇太子"，怀疑是大臣袁盎所为，便派刺客刺杀了他。景帝刘启大怒，追究梁孝王的罪责，羊胜等人畏罪自杀，多亏邹阳为梁孝王出谋划策，向窦太后求情，才得以化险为夷。

【出处】

成语"白头如新"出自司马迁《史记·邹阳列传》："谚曰：'有白头如新，倾盖如故。'何则，知与不知也。"形容互不交心、互不信任的朋友关系。

百川归海

西汉的思想家、文学家刘安是汉高祖刘邦的孙子，袭父爵封为淮南王。他爱好读书鼓琴，才思敏捷，曾召懂得天文、医学、历算、占卜等数千人，集体编写了一部数十万字的书《鸿烈》，也称《淮南子》。《淮南子》中有一篇《汜论训》，讲了人类社会发展的一些情况。

文章中写道：我们的祖先早先住在山洞里和水旁边，衣着非常简陋，生活十分艰苦。后来出了圣人，他们带领人们建造宫室，这样人们才从山洞里走出来，住进了可以躲避风雨寒暑的房子。圣人又教人们制造农具和兵器，用来耕作和捕杀猛兽，使人们的生活比过去有了保障。后来，圣人又制礼作乐，订出各种各样的规矩，使人们有了礼节和约束。由此可见，社会是不断发展的，人们不是老用一种方式生活。所以对古时候的制度，如果不再适合使用，就应该废除，而对于现在的，如果适合使用，就应该发扬。以上的一切都说明，像千百条来自不同源头的江河但最后都会归入大海一样，各人做的事不同，但都是为了求得更好的治理社会，过更美好的生活。

【出处】

成语“百川归海”出自《淮南子·汜论训》：“百川异源，而皆归于海。”意思是表示众多的事物汇集在一处，也用来比喻大势所趋，众望所归。

百发百中

春秋时期，有一个著名的射箭好手，名叫养由基，楚国人。“百发百中”就是由他而来。

有一年，楚庄王在镇压叛乱的战斗中，命养由基约叛军首领斗越椒隔着一条河比箭来决定战斗的胜负，每人只能射三支箭，看谁能射中对方。

斗越椒自认为箭法相当不错，心想，射三箭总能中一箭，于是便要求先射。不料，三箭未伤养由基毫发，全被养由基巧妙躲过。轮到养由基射箭时，只见养由基稳稳地举起箭，只一箭便射中了斗越椒的脑门。

叛军见主将已死，四处逃窜，楚庄王亲自擂响战鼓，指挥大家乘胜追击，平定叛军。由于养由基的一箭定了胜负，因此赢得了全军上上下下所有人的敬重，被人尊称为“养一箭”。

《史记·周本纪》中记载了养由基的另外一个非常著名的故事。

有一天，养由基表演射箭。只见他站在百步开外，瞄准一片杨树叶，随着“嗖”的一声，杨树叶被射中，围观的人无不由衷发出感叹，拍手称赞。养由基不由得洋洋得意，越发高兴，又连射了十几箭，箭箭中的，每一箭都射中一片杨树叶。围观者被他的技艺所惊服，于是都说他能够“百发百中”。

【出处】

成语“百发百中”出自《战国策》。字面意思是箭无虚发，泛指射击技术高明；比喻料事如神、思维缜密。

百折不挠

桥玄，东汉时人。他性情刚直，嫉恶如仇，敢于同坏人坏事作斗争。

桥玄年轻的时候，在睢县当功曹。有一次，豫州刺史周景来到睢阳，他向周景揭发了豫州的一个大官员羊昌的罪恶，请求周景派他去查办。周景同意后，桥玄首先把羊昌的宾客全部抓起来，详细调查羊昌的罪行。

羊昌害怕自己的罪行被查出来，急忙向大将军梁冀求助，梁冀于是派人飞马传来檄文搭救羊昌，周景也接到圣旨，要他召回桥玄。桥玄想："既然案子已经办到这个地步了，就要办到底。"于是，他既不理会梁冀的檄文，也不理会朝廷的圣旨，更加抓紧办案，终于使羊昌受到惩罚。桥玄也由此出了名。

汉灵帝时，桥玄当上了尚书令，他掌握了太中大夫盖升仗着灵帝的宠爱，在做南阳太守时大肆收受贿赂、搜刮大量财富的事实，就向汉灵帝上奏，要求罢免盖升，抄没他搜刮来的财产。谁知，汉灵帝不但不查办盖升，反而升了他的官。桥玄非常生气，一怒之下就辞职回了老家。

桥玄在京城任职的时候，有一次，他的十岁的小儿子在门口玩，突然有三个强盗劫持了孩子，冲到楼上，向桥玄勒索财物。消息传开，校尉阳球及河南府尹、洛阳县令等带兵包围了桥玄的家。阳球等怕动手时伤了孩子，不敢进攻，桥玄大声喝道："强盗无法无天，难道能为了我的孩子而放纵这些恶贼吗！"他催促阳球等发动进攻，杀死了强盗，结果，他的小儿子因此丧生。

桥玄死时，家里没有什么遗产，殡葬也非常简单，他坚毅果断、勇往直前的精神，受到人们的赞扬。东汉著名文学家蔡邕在《太尉桥玄碑》中说："他的性情严肃，嫉恨奢华，崇尚俭朴，有百折不挠，在重大原则问题上决不改变自己意志的气概。"

【出处】

成语"百折不挠"来源于《蔡中郎集·太尉桥玄碑》："有百折不挠、临大节而不可夺之风。"挠是弯曲，比喻屈服。意思是无论遭受多少挫折都不动摇、不退缩、不屈服。形容意志坚强，品节刚毅。

班门弄斧

春秋时期，有一个著名的能工巧匠，名叫鲁班，他被认为是木匠的祖师爷。

班门弄斧这个成语，最早出现于柳宗元的“操斧于班、郢之门，斯强颜耳”。意思是说在鲁班门前操弄斧子，是在行家面前卖弄自己的本领，恬不知耻。

而“班门弄斧”得以流传，还得益于明代诗人梅之焕游采石矶的经历。采石矶之所以闻名天下，是因为与唐代的大诗人李白有关。传说李白晚年游览采石矶时，喝醉酒后，看到水中的明月，便探身去捉，不幸坠江而死，因此采石矶闻名天下。这里有李白墓、谪仙楼、捉月亭等游览区，文人墨客无不争相来此地游览，并留下诗文。

有一年，梅之焕来到了李白墓旁，凭吊这位伟大的诗人。但是他看到李白墓上凡是能够写字的地方，都被那些舞文弄墨、附庸风雅之人刻上了拙劣的词句。梅之焕觉得这些拙劣词句是对李白的玷污。他越想心中越不是滋味，思绪万千，感慨之余，挥笔题诗一首，以此来讽刺那些自以为是的游人。

“采石江边一堆土，李白之名高千古；

来来往往一首诗，鲁班门前弄大斧。”

后人将它缩写为四个字：“班门弄斧。”

【出处】

成语“班门弄斧”这一故事出自明朝梅之焕《题李白墓》。此外，还有柳宗元《王氏伯仲唱和诗序》：“操斧于班、郢之门，斯强颜耳。”亦作“弄斧班门”。意思是说在鲁班门前舞弄斧头。后比喻在行家或高手面前卖弄本领，自不量力。

半途而废

东汉时，河南郡有一位贤惠的女子，人们都不知她叫什么名字，只知道是乐羊子的妻子。

一天，乐羊子在路上拾到一块金子，回家后把它交给妻子。妻子说："我听说有志向的人不喝盗泉的水，因为它的名字令人厌恶；也不吃别人施舍而呼唤过来吃的食物，宁可饿死。更何况拾取别人失去的东西。这样会玷污品行。"乐羊子听了妻子的话，非常惭愧，就把那块金子扔到野外，然后到远方去寻师求学。

一年后，乐羊子归来。妻子跪着问他为何回家，乐羊子说："出门时间长了想家，没有其他缘故。"妻子听罢，操起一把刀，走到织布机前说："这机上织的绢帛产自蚕茧，成于织机。一根丝一根丝地积累起来，才有一寸长；一寸寸地积累下去，才有一丈乃至一匹。今天如果我将它割断，就会前功尽弃，从前的时间也就会白白浪费掉。"

妻子接着又说："读书也是这样，你积累学问，应该每天获得新的知识，从而使自己的品行日益完美。如果半途而归，和割断织丝有什么两样呢？"

乐羊子被妻子说的话深深感动，从此发愤求学，再也没回过家，直到七年后学有所成时，才回家探望他的妻子。

【出处】

成语"半途而废"出自《礼记·中庸》："君子遵道而行，半途而废，吾弗能已矣。"比喻做事中途停止，不能坚持到底。

包藏祸心

春秋时期,各诸侯国间的关系可以说是勾心斗角,互相算计。郑国是北方的一个小国,楚国是南方的一个大国,郑国为了与楚国交好,就把一个贵族的女儿嫁给了楚国公子围(楚王之弟)。而楚国却想趁此吞并郑国,于是派公子围带着大批军队来郑国都城迎亲。郑国大夫子产一看楚国来了这么多人,知道楚国决无善意,便派手下子羽婉言辞谢。

子羽对公子围说:“我们都城太小容不下这么多人,况且我们都城又没有足够的饭店和旅馆供给这么多的人吃饭和休息。迎亲的礼仪就在城外举行吧!”

公子围的太宰伯州犁在一旁说:“记得公子围离开楚国时,举行了隆重的仪式,供上丰富的祭品,把与郑国结婚的事情告诉了祖先的在天之灵。现在我们来到郑国,却让我们住在城外的荒野里,这是对楚国人祖先的侮辱。况且在荒野举行婚礼成何体统,岂不是要被天下人嘲笑吗?希望郑国再考虑这事。”

这时,子羽收起笑容,严肃地说:“国家小不是错误,但小国若疏于对大国的防备和贵国联姻,才是想和贵国结成友好国家,共同抵抗外敌,可是你们居然包藏祸心,想趁迎亲之机暗算我国,这是不能容忍的。”并质问公子围:“迎亲有必要带来那么多的军队吗?”

公子围见阴谋被识破,就改变原来的计划,但坚持要进城迎亲。最后,在双方的协商下,郑国同意进城迎亲,但楚国士兵必须放下武器赤手空拳进城。

【出处】

成语“包藏祸心”出自《左传·昭公元年》:“小国无罪,恃实其罪,将恃大国之安靖己,而无乃包藏祸心以图之。”意思是说心中怀有不良的企图。

抱残守缺

刘歆，西汉人，著名学者刘向的儿子。他是一个博览群书，在许多方面都有所涉猎并有所成就的学者，也是西汉末年古文经学派的开创者、目录学家、天文学家。他继承父业，总校群书，撰成《七略》，包括辑略、六艺略、诸子略、诗赋略、兵书略和方技略等。它的内容保存在《汉书·艺文志》中，对中国目录学的建立有一定的贡献。

刘歆在校勘典籍的过程中，阅读了大量秘藏的古籍，从中发现了《周礼》、《左传》、《毛诗》、《古文尚书》等古文经典。刘歆认为这些古籍很有价值，经过深入的研究，掌握了它们在民间的传授情况后，他建议朝廷为它们设立学官。

朝廷并没有立刻批准刘歆的建议，而是让他先与博士们研究一下那些古书的价值。但那些博士们不想研究古书的价值，且拒绝为它们设立学官。刘歆对此非常气愤，写了一篇题为《移书让太常博士》的公文，对博士们提出了严厉的批评。他说："那些所谓的博士孤陋寡闻，不学无术，他们害怕别人识破自己的私意，没有服从真理的公心，所以宁愿抱残守缺，因循守旧，而不肯研究新的学问。"

刘歆的批评言辞激烈，一针见血，击中了博士们的要害，遭到他们的怨恨和诽谤，他因此得罪了朝中的权贵。他们处处刁难刘歆，使他在京城难以安身，刘歆便离开了京城，到地方上去做了一个小官。

【出处】

成语"抱残守缺"出自《汉书·刘歆传》。抱，守住不放。指守住残缺、破旧的东西不放。形容思想保守，不肯接受新事物。

抱薪救火

战国后期，秦国日益强大，吞并其他国家的野心也开始暴露，魏国相对较弱，于是魏国便成为了秦国吞并的一个目标。魏国的安釐王即位后，秦国加紧了进攻，魏国连连战败。

安釐王元年，秦国进攻魏国，魏国失去了两个城镇；二年，魏国又失去了三个城镇；不仅如此，秦国的军队当时还直逼魏国的都城，形势十分危急。

韩国派兵来救，但也被秦军打败。魏国没有办法，只得割让了土地，才算了结了战争。

可是到了第三年，秦国又发动进攻，强占了魏国的两个城镇，并杀死了数万人。

第四年，秦国更把魏、韩、赵三国的军队，一起打得大败，杀死兵士15万。魏国的大将芒卯也因此失踪。魏国军队的接连败北，使安釐王坐卧不安。

此时，魏国朝野上下十分恐惧，但又束手无策，为了苟安，大将军段干

子便向安釐王建议，把南阳割给秦国，请求罢兵议和，安釐王本来就对秦军的进攻十分害怕，以为割让土地就可以求得太平，便照着段干子的话做了。

当时有个叫苏代的，是以善于雄辩和外交而闻名天下的苏秦的弟弟，同他哥哥一样，他也极力主张各诸侯国联合起来抵抗秦国。

苏代得知魏国要割地求和的事后，就对安釐王说：

“侵略者贪得无厌，你这样用领土、主权，想换取和平，是办不到的，只要你国土还在，就无法满足侵略者的欲望。这好比抱着柴草去救火，柴草被一把一把地投入火中，火怎么能扑灭呢？柴草一天不烧完，火是一天不会熄灭的。”

但是，安釐王不肯听从苏代的话，仍然一味屈膝求和，这样没过多少年，魏国终于被秦国灭亡。

【出处】

成语“抱薪救火”出自《战国策·魏策》三：“以地事秦，譬犹抱薪而救火也，薪不尽而火不止也。”又见《史记·魏世家》，意思说用错误的做法消除患害，结果反而使患害更加扩大。

杯弓蛇影

东汉时，有个叫应郴的人，曾经在汲县（今河南省汲县）当县令。有一次，应郴请县里的主簿杜宣到家里做客。他在客厅摆了一桌丰盛的宴席，和杜宣一起饮酒。当时，客厅的北墙上挂着一张红色的弓，弓的影子映在酒杯里，形状就好像一条游动的蛇。杜宣看到酒杯中有蛇的影子，以为有条蛇在酒杯中，感到十分厌恶，但又不敢不喝。勉强喝下去后，回到家就得了胸腹疼痛的病，吃不下饭，睡不好觉，因而身体渐渐地消瘦了。家里人很着急，请了许多有名的医生，采用各种方法治疗，也不见好转。

后来，应郴得知杜宣病了，就去看望他。应郴问起他患病的原因，杜宣才吞吞吐吐地说："上次在你家饮酒时，酒杯里的蛇进了我的肚里。"

应郴回到自己家里，站在客厅里苦苦思索，心想："酒杯里怎么会有蛇呢？"猛然回头看见挂在墙上的弓，才恍然大悟：一定是这东西引起的。

于是，应郴就派县里的差役，用车把杜宣接来，还在上次请他饮酒的地方准备了酒，酒杯中果然又出现了蛇。应郴告诉杜宣说："这是挂在墙上的弓的影子。"杜宣抬头一看，墙上果然有一张弓。

当杜宣明白所谓的"蛇"原来是"弓影"后，就不再担心了，病也渐渐地痊愈了。

【出处】

成语"杯弓蛇影"出自《晋书·乐广传》。原意是将杯中弓影疑为小蛇。后形容疑神疑鬼，自相惊扰。

背水一战

秦亡以后，刘邦和项羽争夺天下，史称楚汉之争。战争初期，刘邦和大将韩信兵分两路：刘邦率兵阻挡项羽，韩信率兵攻打项羽的手下赵王。

韩信带兵来到了赵国的前线——井陉口。驻守在井陉口的是赵国大将陈馀，他的谋士李左车分析了当时的形势后，主张一面堵住井陉口，一面派兵抄小路切断汉军的后勤供给线，韩信没有后援，一定会败走。但是陈馀自以为有兵力上的优势，坚持要与汉军正面作战。

韩信得知这一情况，亲自率领队伍在距井陉口三十余里的地方安营扎寨。尽管已经是深夜了，但他仍然在布置明天的作战。他派一万军队故意背靠河水，排列一字阵势引诱赵军；同时又派两千轻骑兵，每人拿一面小红旗，连夜绕到井陉口山背后，待明天汉军和赵军展开激战时，乘赵军军营空虚的时候，让两千汉军突入赵营，拔掉赵军旗帜，换上汉军的旗帜。

赵军探马探知汉军背水扎营，后退无路，赵王嘲笑汉军不过如此，韩信犯了兵家大忌，竟将军队置于死地。

天亮以后，韩信布置完毕，开始从井陉口击鼓出击，赵王与陈馀率领赵军全面出击，两军厮杀在一起。这边战斗正酣，那边两千骑兵看到赵军留下一个空营，迅速闯入赵营，拔帜易帜，全部插上了汉军的小红旗。他们不但占领了赵军的大本营，而且切断了赵军的退路。

战场上，韩信见难以速战速决，便率领汉军佯装败退，一直退到水边，与水边的一万军队会合。

赵军追杀汉军来到水边，原想把汉军赶进河里。他们怎么也没有想到，此时的汉军后退无路，反而各个以一当十，奋勇拼杀，把赵军打得大败。赵军一见汉军势不可挡，回撤赵营，发现营中到处飘扬着汉军的旗帜，以为汉军占了自己的大本营。顷刻间，赵军军心大乱，溃不成军，一败涂地。混乱之中，赵王被擒，赵军数员大将被杀，李左车则被汉军俘获。

韩信很早就听说李左车是一个善于出谋划策的军事人才，看到被士兵押着的李左车，便快步向前，亲自为他松绑，奉为上宾。李左车问韩信："为什么要背水结阵？"韩信解释说："只有把汉军置于死地，他们才会为求生而拼命。兵书上说：'置于死地而后生'就是这个道理。""背水一战"由此而来。

【出处】

成语"背水一战"出自《史记·淮阴侯列传》："信乃使万人先行，出，背水陈（阵）……韩信、张耳已入水上军，军皆殊死战，不可败。"原意是军队背水列阵，后无退路，激励将士拼死取胜。今多用来比喻决一死战。

比肩接踵

春秋时，齐国的相国晏婴虽然身材矮小，其貌不扬，但非常机智且富有口才。有一次他出使楚国，楚灵王知道晏婴长得矮小，就和大臣们定计，想戏辱他。

晏婴到了楚国郢都，可是城门紧闭。一个楚国的卫兵把晏婴领到一扇新开的小门前，请他从小门进城。晏婴冷笑一声，说："这是狗洞，出使狗国从这儿进；我出使楚国，怎能从这里进！"楚灵王反被晏子戏辱，只得大开城门，迎晏婴进城。

楚灵王还想戏弄晏婴，在接见时，第一句话就问："难道齐国没有人了吗？"晏婴大声回答："我国京城行人肩并着肩，脚尖连着脚跟；若人们同时挥起自己的衣袖便能形成一片阴凉，同时擦去脸上的汗水，便能形成一阵大雨，怎么说没有人？"楚灵王笑着说："既然有人，为什么叫你这个矮子出使我国呢？"晏婴叹口气说："我国那些体面能干的使臣，都到有贤君的国家去了。"晏婴加重语气说："像我这样无用的人，只好来见你了。"

【出处】

成语"比肩接踵"出自《晏子春秋》。比，相连；踵，脚跟。比肩接踵指人群密集，肩膀连着肩膀，脚尖碰着脚跟，形容人多拥挤。

筚路蓝缕

周朝初年,周成王为了赏赐开国功臣的后代把他们分封到各地,这些人被称为诸侯。之后,在岐阳(今陕西岐山县东北)召开诸侯大会,楚国国君熊绎异常高兴,因为这是楚国有史以来第一次以诸侯身份出席朝廷召开的盟会。于是他兴致勃勃地按期赴会。

在举行盟会仪式之前,诸侯们均散坐会场四旁。熊绎见会场布置得整肃庄严,祭品丰盛,热闹非常,心中十分得意。顷刻,一位大臣逐一请各诸侯入席,各诸侯依次就座完毕,熊绎不见点到自己,心中着急起来。正在这时,另一个大臣走过来,对他说:"请速同东夷鲜牟国君到会场上安放祭神用的香草、木牌(用以标明天子和诸侯席次),然后再去看守大庭前的火炬。"熊绎一听,以为是大臣找错了人,连忙自我介绍说:"我是楚国诸侯啊!应该……"大臣没等他讲完就笑着说:"哈哈哈,我知道,我知道,但今日侯伯(一种爵位)以上方可入席,而你的级别不够是不能入席的。这是天子之命,不得违抗,去吧!"熊绎的肺都要气炸了,但在如此场合,不敢发作,只得忍气吞声地服从。会后,各诸侯回到自己的封国。

楚国一班文武官员,算定熊绎的归期,一面组织十里长队迎接,一面准备丰盛的猪羊酒礼,为熊绎接风,欢欢喜喜庆贺一场,热闹一番,以扬国威。谁知熊绎回来后,却是垂头丧气。众人不知其故,你一言我一语地询问赴会情况,熊绎总是一言不发。过了半晌,熊绎长叹一声后,向文武大臣们讲述周王室欺他国小位卑,不给席位的情况。众人越听越气愤,熊绎见此情景,便沉着而又郑重地说:"众文武息怒,听我一言。今受中原欺凌,是因楚国财富贫乏,兵微将寡。眼下若与中原对抗,是自取灭亡。欲求生存,不受欺侮,唯有同心创业,奋发图强。"一席话说得众人连连称是。于是,他带领楚人在自然条件很差的山区开荒种地。史书《左传》说他们"筚路蓝缕,以启山林",就是说他们开发山野,艰苦创业。经过五十多年的艰苦奋斗,楚国的疆土不断扩大,财富日益增多,军事力量不断增强,竟然成了江汉一带的霸主。

由于在诸侯大会上所受的侮辱，楚国对周王室不很尊重，甚至不向中央进贡。周王室对这样的诸侯当然不能容忍，周昭王决定亲自带兵讨伐楚国。他带着王朝的最精锐部队——守卫都城镐京的“西六师”渡过汉水踏上了楚国的疆土。正当他们准备杀向楚的都城时，却被楚军突然包围了。经过一阵激烈的战斗，周昭王和几个随从杀开了一条血路，逃到了汉水边上，刚好发现有一条新船，便坐了上去，谁知到了江心，船却散了架，沉入了江底，周昭王也被淹死了。原来这船是楚国人设的陷阱，他们早已料到周昭王会到此逃生。对于周昭王的死，周王室的大臣们甚至不敢举行葬礼，因为他们怕这种不体面的事情张扬出去，会被天下人耻笑，只好悄悄地把他埋了。

【出处】

成语“筚路蓝缕”出自《左传·宣公十二年》：“筚路蓝缕，以启山林。”筚路：柴车。蓝缕：破衣。就是说架着柴车，穿着破衣去开辟山林。后形容创业艰辛、困难。

鞭长莫及

公元前595年，楚国的左司马申舟奉命出使各国，途经宋国。因为事先没有向宋国办理借路的手续，不合礼节，被认为是鄙视宋国，宋文公一怒之下便杀死了申舟。消息传到楚国，楚庄王非常气愤，于是就发兵进攻宋国。

宋国弱小，被楚兵围困了半年，形势十分危急。宋文公无计可施，只好派大夫乐婴齐去面见晋景公，请晋国出兵帮助解围。

晋景公本想答应宋国的要求，可是晋大夫伯宗却坚决反对。他对晋景公说："我们怎么能为了帮助宋国而与楚国为敌呢？古人有一句话说，'即使鞭子很长，也不能打在马肚上(鞭长莫及)'，今天的楚国就好比是马肚子，它的强大是老天赐予的，别人无法跟它争夺。我们晋国再强大，也不能违抗天意啊！"

晋景公听了伯宗的话，虽然觉得有理，但还是有些犹豫。他说："我们怎能只顾自己的利益，而拒绝别人的请求呢？这样做，我感到耻辱呀！"

"这没有什么。"伯宗解释道，"俗话说，'处理事情想高想低，全由自己的心意。'河流湖沼的水中能容纳污浊，山川泽地上能藏匿毒蛇猛兽，美玉上面隐伏着瑕斑，所以一国的君主有时候也不免要含耻忍辱，这些都是很自然的现象。再说，有点小过失，也损害不了大德呀！"

伯宗的这番话，说得晋景公连连点头。于是，晋景公就打消了援救宋国的念头。

【出处】

成语"鞭长莫及"出自《左传·宣公十五年》，原意是鞭子虽长，但打不到马肚子(马肚子不是打的地方)。现多比喻能力有限，力所不及；也有时指虽有力量而难以顾及周全。

别开生面

唐朝时期有一个著名的画家——曹霸，生活于唐玄宗年间。他擅长画人物和马匹，他的画在当时极其流行，达官贵人争相收藏，甚至玄宗皇帝也常召他进宫作画。

长安城里的太极宫中，有一座著名的凌烟阁。凌烟阁四壁挂着二十四幅唐朝开国功臣的肖像。这些肖像是唐初大画家阎立本的作品，一幅幅惟妙惟肖，栩栩如生，当年曾轰动了长安。如今，七十多年过去了，凌烟阁中的功臣像大部分已经剥落，色泽暗淡模糊，失去了原有的光彩。有一天玄宗派人召他进宫，让他把全部功臣的肖像重新画过。

曹霸来到凌烟阁上，他仔细研究了大量史料和传说，进行了认真的艺术构思，然后全神贯注地开始创作。几天后，二十四幅功臣肖像全部画好了，其中画得最生动逼真的是褒国公段志宏、鄂国公尉迟敬德。这两位功臣都是著名的武将，曹霸把他们画得神采飞扬、英姿飒爽，似乎头发须眉都在耸动，好像正要冲上阵去与敌人厮杀。唐玄宗非常满意，重赏了曹霸，并封了他一个官职。

后来，曹霸因为一件小事没有办好，被削职为民，离开了长安。“安史之乱”爆发后，为了躲避战乱，曹霸流落到成都，靠给过路的行人画像维持艰难的生活。

这时，著名的大诗人杜甫也恰巧在成都避乱，住在城郊浣花溪畔的草堂里。有一天，杜甫在朋友家中看到曹霸的《九马图》，就进城去四处寻访他，终于在街头见到了曹霸。杜甫十分同情他的不幸遭遇，就写了一首《丹青引》送给他。杜甫在诗中高度评价了曹霸的艺术成就，称颂他：“凌烟功臣少颜色，将军下笔开生面(别开生面)。”

【出处】

成语“别开生面”源于杜甫诗《丹青·赠曹将军霸》。原意是笔下重画新像，面目如生。后比喻另创新的局面、风格或形式。

宾至如归

春秋时期，有一个著名的政治家，名叫子产，他是郑国的相国。在他执政期间，对外广结善邻，使弱小的郑国能周旋于各诸侯大国之间。

有一年，郑简公派子产出访晋国。子产到达晋国后，晋国国君晋平公以大国自居，借口国内有丧事，没有及时会见他。子产很气愤，就让他的随行人员拆掉晋国宾馆的围墙，使自己的马车能够自由出入，并等待着晋国官员的到来。

晋国有个叫士文伯的大夫听到这个消息，急忙赶到宾馆，批评子产说："我国为了预防强盗，保证诸侯各国来宾的安全，所以修建了宾馆，筑起了围墙。现在你们把它毁了，我们怎么接待外国的客人呢？"

子产不慌不忙地答道："我们郑国是个小国，需要向大国进献贡品。谁知贵国国君国事繁忙，抽不出工夫来接见，我们不敢贸然呈上礼品，也不能把礼品放在露天，担心这些东西会因为受潮、干坏或者虫蛀而受到损失。如果不能把这些贡品保质保量地交上，我就无法完成我国国君交给我的任务。听说在晋文公时候，宾馆宽敞明亮，就跟现在君王居住的宫殿差不多。晋文公接见外宾也很及时，接待热情周到，使宾客有回到自己家里一样的感觉（宾至如归）。现在，贵国国君的寝宫豪华气派，而宾馆的大门却矮小得难以通过车马。为了保存好献给贵国的礼品，我们只得把围墙拆掉啊！"

晋平公接到士文伯的报告后，自觉理亏，于是热情接见了子产。不久，晋国便重新修建了一座宽敞明亮的宾馆。

【出处】

成语"宾至如归"出自《左传·襄公三十一年》："宾至如归，无宁灾患；不畏寇盗，而亦不患燥湿。"意思是说，客人到这里，就像回到自己家中一样。

兵不血刃

东晋的屯骑校尉郭默作战勇敢,曾与后赵的建立者石勒等对阵过,石勒等都很怕他。因此他非常骄横跋扈,不把任何人放在眼里,有一次平南将军刘胤因为一件小事得罪了他,他居然将刘胤杀掉。事后,还大胆伪造诏书,诬陷刘胤谋反,向各州郡通报。这件事暴露后,宰相王导怕朝廷无力惩处他,不但不向他问罪,反而加封他的官职。

陶侃知道这件事后,一方面上书朝廷请求讨伐郭默,一方面写信给王导,要求他采取果断措施,绝对不能向郭默示弱。信中有两句话写得非常有力:"郭默杀害州官,朝廷就任命他当州官。难道他杀害宰相,也就让他当宰相不成!"

王导读了这封信,受到很大的触动,便派陶侃率军去讨伐郭默。郭默深知陶侃领兵作战十分厉害,听说他亲自来讨伐,有点害怕,况且自己本来理亏,便打算率军离开江州南下。但陶侃出兵神速,郭默还未离城,陶侃的大军就已将江州城团团围住。江州城易守难攻,但陶侃富有作战经验,他决定围而不攻,等待时机。根据郭默的为人,他料定不会有几个人真正地想随他反叛的。

果然不出所料,由于城外大兵压境,城内的叛军开始分化瓦解。郭默想守城害怕守不住,想投降又害怕被杀,正犹豫时,他手下的几名将官见大势已去,便将他逮捕后投降了陶侃,陶侃因此未杀一兵一卒平定了这次叛乱。

【出处】

成语"兵不血刃"出自《晋书 · 陶侃传》:"默在中原,数与石勒等战,贼畏其勇,陶侃讨之,兵不血刃而擒也,益畏侃。"意思是兵器上没有血。表示未经作战就取得胜利。

兵不厌诈

东汉末年，曹操和袁绍作为北方的两大军阀，都想消灭掉对方。双方曾打过许多次仗，但都没给对方带来致命的打击。最后终于在官渡（今河南中牟县）发生了一次决定性的战役——官渡之战。在官渡之战最初的两次交锋中，袁绍接连损失两员大将——颜良和文丑。袁绍非常着急，不知如何是好。谋士许攸建议袁绍派出轻骑突袭曹操后方许都，袁绍不仅不听，反而因他与曹操原来是朋友，把他大骂了一顿。许攸一怒之下，连夜跑到了曹营。

这时，曹操已上床就寝，听说许攸来了，顾不得穿鞋，便出门去迎接，而且一见面，曹操先给许攸下拜。许攸急忙把他扶起来，说："先生是堂堂汉朝丞相，我仍是一个普普通通的平民百姓，敢劳下拜？"曹操说："你是我的老朋友，我哪里能摆那套架子呢？"许攸问："军粮尚有多少？"曹操一听，说："还够吃一年。"许攸说："恐怕未必吧？"曹操改口说："还可吃半年。"许攸见曹操不说实话，便站了起来，甩甩袖子，准备回去。曹操急忙把他拦住，许攸说："我是抱着诚心来帮助您的，可您很虚伪。"曹操急忙改口说："军粮还可吃三个月。"许攸听了不禁笑道，说："人都说，曹操是个奸雄，果然不假啊！"曹操听了也笑着说："您没听说'兵不厌诈'吗？我现在老老实实告诉您，只剩下这个月的军粮了！"曹操接着对许攸说："这次您过来，我想我一定能打败袁绍了。"许攸建议曹操劫烧袁绍的粮仓，这样一来，袁绍十万军马，无粮可吃，必定会不战自乱。曹操按照许攸的建议，派兵烧毁了袁绍设在乌巢的粮仓，引起袁军内部大乱。曹军乘胜追击，消灭了袁军的主力，袁绍仅带着八百骑兵逃回到河北，从此一蹶不振。

【出处】

成语"兵不厌诈"出自《三国演义》第三十回："操也笑曰：'岂不闻兵不厌诈！'"厌，满足；诈，欺骗手段。用兵作战尽可能用欺诈的战术迷惑对方，以获取胜利。

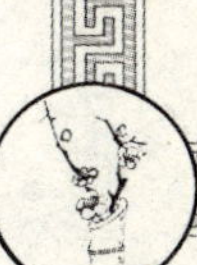

病入膏肓

春秋时期，晋国国君晋景公生了病，遍请了国内著名的医生，都没有治好。秦桓公得到这个消息，就向晋国推荐了一位名叫缓的医生，让他去给晋景公治病。

缓立即从秦国出发。当他还在途中赶路时，晋景公做了一个十分奇怪的梦。他梦见两个小人对话。一个小人忧心忡忡地说："缓是本领高强的良医，咱们要赶快找个地方躲避一下才好呢！"另一个小人却若无其事地说："不要紧，我们只要躲进膏和肓的中间，他就一点办法没有了！"

缓赶到晋国后，马上去见晋景公，他观察了晋景公的脸色，看了他的舌苔，又仔细地搭了脉，最后摇摇头说："这个病没法医了。病在肓的上面，膏的下面，膏肓之间是药力无法达到的(病入膏肓)，因此，这个病没法医治了！"

晋景公听了缓的话，想起梦中的情景，叹了一口气说："你的诊断很对，你真是个了不起的良医啊！"说完，赠给缓一份贵重的礼物，派人送他回秦国去。

不久，晋景公果然病死了。

【出处】

成语"病入膏肓"出自《左传·成公十年》秦名医缓的一段话，意思是说病已进入"膏"、"肓"之间，药力不及，无法医治。后亦用来比喻事态严重，无法挽救。

博士买驴

从前有位迂腐可笑的读书人，自以为才学高深，天下无人能比。有些人信以为真，就尊称他为“博士”。

有一次，博士到集市上去买驴，付过钱后，他要卖驴人写一份契约，卖驴人不识字，就请博士代写。博士觉得炫耀自己的机会来了，便爽快地答应下来。

博士展纸提笔，略一沉思，就一边摇头晃脑地吟诵，一边挥洒笔墨写了起来。卖驴的老头，听他嘟嘟囔囔，写了三张，竟然还没有提到买驴的事，看看日影，很不耐烦地说：“你写了三张纸，还没一个‘驴’字，其实只写一句就行，就写：某年月日，某某卖给某某驴子一头，银子二两，驴银两清就完了，何必啰嗦许多？”博士郑重地说：“买卖事小，但我得把这件事讲清楚才行呀。现在还没写完呢。”老农把银子扔回博士怀里，转过身来牵驴要走，哪里还有什么驴子，那小公驴趁他们聚精会神写字据时，松了缰绳，早就跟在一头小母驴屁股后面溜掉了。老头回过身来猛地一把抓回银子，说：“驴没了，你得赔。”便愤愤地走了。

博士愣了半晌，醒过神来，银子、驴子都没了，眼前只剩下几张废纸飘落在一堆驴粪蛋儿上。四下一看人们已经散尽，博士只好悻悻地回家去了。

【出处】

成语“博士买驴”出自颜之推《颜氏训 · 勉学》：“邺下谚云：‘博士买驴，书券三纸，未有驴字。’”比喻讲话或写文章不得要领，废话连篇的意思。

不耻下问

“知之为知之,不知为不知,是知也。”这是孔子对待学问所持的一种态度,也是其要求他的学生应当遵循的一条原则。这句话的意思是:知道就是知道,不知道就是不知道,有了这种老老实实的学习态度才可以得到真正的知识。不但要有老实的态度,同时他认为我们还应具有不耻下问,向他人请教的精神,这样才能获取广博的知识。

孔子第一次去鲁国国君的祖庙参加祭祀祖先的典礼,因为对于许多礼仪,孔子都不明白。因此孔子不停地问身边的人,这是什么礼仪?它表示什么意思?下一步该做什么?孔子把凡是他不清楚的每一个礼节都问到了,弄清楚了。有的人不仅不为孔子的这种学习态度所感动,反而在背后嘲笑他:“还给别人当先生呢?连这些礼仪都不懂,还什么都要问,真是不以为耻。”

孔子听了这些议论,坦然地说:“敏而好学,不耻下问,对于自己不懂、不明白的事情,一定要问个明白,弄清楚,这才是求知的正确方法。”孔子除了重视书本知识以外,也注重吸收别人的经验。他主张多听别人的意见,并择善而从。另外,通过直接经验获得知识的同时,孔子也注意吸取别人以及古代的知识,重视收集实际材料和证据。

由于孔子的不耻下问的精神和他那种老老实实做学问的态度,他成为了一个学识渊博的人,被后人尊称为圣人,成为我国伟大的思想家、教育家,儒家学派的创始人。

【出处】

成语“不耻下问”出自《论语 · 公冶长》,意思是说不以向比自己差的人学习为耻辱。指虚心向别人请教、学习。

不敢越雷池一步

东晋时，庾亮是晋成帝的舅舅，由于晋成帝司马衍当时才 6 岁，庾亮被任命为中书令，执掌朝政。当时晋国的西部边境很不安宁，为了镇守边关，庾亮推荐大臣温峤到西部边境的江州（今江西九江市）任刺史。

温峤到任后不久庾亮接到一个报告，说历阳（今安徽和县）太守苏峻企图起兵谋反。得到这个情报后庾亮并没有马上采取果断行动，而是想设计骗苏峻到都城建康（今南京）来做大司马，然后伺机将其铲除。很多大臣知道了庾亮这个方法后认为此法不妥，温峤也曾写信劝阻，但庾亮不听。

苏峻接到朝廷的通知后，已经敏感地觉察到朝廷已对自己的举动有所怀疑，于是索性先发制人发兵进攻都城建康。温峤得到苏峻发兵进攻都城的消息后，一方面派人请求庾亮允许他率兵从小路进入建康保卫京都，另一方面他号召将士们做好准备迎战敌人。

但是庾亮对苏峻的反叛力量估计不足，认为温峤那里的防务也非常重要，不希望他率兵来护卫都城。他写信给温峤说："我对西部边境敌人的担心，超过了对历阳叛兵的担心，你必须留在原地，不要越过雷池（在今安徽省望江县）一步。"由于庾亮低估了叛军的力量，使得苏峻进攻建康时没有受到大军阻挡，尽管庾亮率军迎战，建康还是陷入了苏峻之手。庾亮没办法，就投奔了温峤。二人并肩战斗，终于打退了叛军，平定了叛乱，并杀死了苏峻。

【出处】

成语"不敢越雷池一步"出自晋庾亮《报温峤书》："吾忧西陲过于历阳，足下无过雷池一步也。"后来用以借用，表示不敢逾越一定的范围或界限。

不寒而栗

西汉时期有一位赫赫有名的酷吏，名叫义纵。义纵出身贫寒，年轻时不务正业，以打劫为生，后来由于其姐姐义姁成功地治好了太后的病，汉武帝龙颜大悦，赏了他一个上党郡县令的官职。

强盗出身的义纵对官场的黑暗了如指掌。他上任后，办事雷厉风行，绝不拖泥带水。在他的治理下，上党郡百姓遵纪守法，安居乐业，郡内社会秩序井然。他的政绩被评为全郡第一。

不久，义纵又调到长安做县令。他办案一视同仁，决不姑息迁就。有一次，太后的外孙修成君的儿子犯了法，义纵毫不留情，把他逮捕法办。武帝知道后，很欣赏义纵这种秉公执法的态度，就提升他为河内郡（今河南武陟西南）都尉。

义纵到河内上任。他听说当地有一个姓穰的恶霸，仗着有财有势，常常欺压百姓，作恶多端，就派官兵将他满门抄斩。百姓知道后，奔走相告，欢欣鼓舞。从此，河内的风气有了很大的好转。

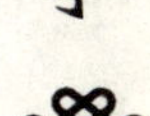

公元前 119 年，武帝任命义纵为定襄（在今内蒙古）太守。定襄经常发生动乱，监狱里人满为患。义纵上任后发现许多犯人及其家属都贿赂官吏，就下令把行贿舞弊者和有关罪犯共 400 多人全部处死。

从此，定襄城的官吏百姓每每提起义纵的名字都会感到不寒而栗。

公元前 117 年，义纵在任右内史时得罪了武帝，误抓了武帝的使者杨可，武帝便以抗旨的罪名将他处死。

【出处】

成语“不寒而栗”出自《史记·酷吏列传》：“是日皆报杀四百余人，其后郡中不寒而栗。”意思是说，身上并不寒冷而发抖。后人多用形容非常害怕，极其恐惧。

不堪回首

公元960年赵匡胤建立宋朝时，周围还有好几个割据政权存在，如南平、后蜀、南汉等国。为了完成统一大业，他先后灭掉了这些国家，接着又把攻击的目标对准南唐。

南唐君主李煜，史称李后主。他在政治、军事上昏庸无能，但在文学艺术方面很有才能。他从小在深宫里长大，过着奢侈的生活，因此他的作品也大都描写宫廷生活的情景。李煜的妻子周后娥皇，容貌出众，擅长书画歌舞，但不幸早逝。后来，李煜又与娥皇的妹妹小周后相爱，在花前月下饮酒作乐，而把国家大事置之脑后。

公元947年秋，宋太祖赵匡胤两次派使者通知他到开封朝见。李煜怕赵匡胤将其杀掉，称病不去。于是赵匡胤以此为借口，派十万大军征伐南唐。

由于李煜长期沉溺于声色犬马的生活，国防空虚，宋朝军队很快便攻破了都城金陵（今南京），李煜投降，南唐灭亡。李煜被俘到都城开封。宋太祖没有杀他，还封他为违命侯。宋太宗即位后，对他也算客气，加封他为陇西郡公。宋太宗当皇帝的第三年，李煜迎来了自己的四十岁生日，他请了八个歌女为自己庆祝，并写了一首歌让这些歌女为自己演唱，歌名叫《虞美人》，其中有这样几句："春花秋月何时了，往事知多少，小楼昨夜又东风，故国不堪回首明月中……"他作这首歌是为了怀念自己的两个皇后和故国。后来有人将这首歌告诉了宋太宗，宋太宗因歌词中有"故国不堪回首明月中"这句话，便对他起了疑心，最终在一次宴会上将他毒死。

【出处】

成语"不堪回首"出自五代十国时期南唐李煜的《虞美人》："小楼昨夜又东风，故国不堪回首明月中。"不堪，不能忍受之意。比喻不忍回忆过去的惨痛经历或情景的意思。

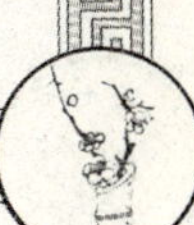

不可救药

在我国古代周朝，周厉王在位时期，统治残暴，搞得百姓怨声载道，民不聊生。朝廷中有一个正直的老臣凡伯，眼看周王朝的江山将在厉王的荒淫无道中毁于一旦，总想找机会劝厉王，但不是被奸臣阻拦，就是被厉王以各种借口推辞。

有一天，又逢上朝之日，凡伯早早就赶到朝堂，等候朝见厉王。上朝开始了，凡伯刚想上奏，那些奸臣就纷纷赶在凡伯之前声称上奏，故意拖延时间。

果然，厉王听了几个大臣的奏禀后，便托辞身体劳累，起驾回宫了。

凡伯想要赶上去，已经来不及了。

奸臣们一见此情，便“嘿嘿嘿……”地嘲笑着说：

“追上去呀，快追上去呀！嘿！好一个忧国忧民的忠臣，怎么不追到后宫去呢！哼，真是没事找事。”

凡伯一听，愤怒极了，满腔怒火一下喷泻出来。他指着那些奸臣的鼻子，大骂道：

“你们这些乱臣贼子，如此胡作非为。你们把祸患的苗子当儿戏。灾祸还未到来时，还可以预防，当灾祸的火苗变成熊熊烈焰时，就无法救治了。这大火将把你们统统烧死。你们现在作恶多端还要耍威风，简直到了无药可救的地步了。周朝的江山将要败在你们的手里。真是可悲啊可悲！”

果然，不多久，百姓们对周厉王的残酷统治再也无法忍受了，他们团结起来，组成起义军，打进王宫，活捉了厉王，并把他流放到彘（今山西霍县）这个地方，他在这儿住了14年后死去。

【出处】

成语“无可救药”出自《诗·大雅·板》：“匪我言耄，尔用忧谑；多将熇熇（hè），不可救药。”意思是多行恶事，招来大祸，无法挽救。后比喻病势严重，无药救治，或坏到极点，无法挽救。

不可同日而语

战国时期，有一种政客经常活跃于诸侯国之间，他们被称为“纵横家”，所谓纵横家就是指在各国之间进行外交活动的人。苏秦就是当时一个比较有名的纵横家。当时七国的基本形势是秦国较强，而其他国家较弱。苏秦决定凭着他的“三寸不烂之舌”来说服六国联合抗秦。在说服了燕国国君燕文侯之后，苏秦来到了赵国。

赵肃侯热情地接见了苏秦，双方互相问候一番之后，苏秦开始了正题，他首先帮助赵肃侯分析了赵国的形势和面临的威胁。他说：“赵国是一个强大的国家。赵国的疆土纵横两千里，军队几十万人，战车千辆，战马万匹，粮食可支用好几年。西、南、东三面有山有水，北面有弱小的燕国，也不值得害怕。现在各国中秦国最嫉恨赵国，但为什么它又不敢来攻打赵国呢？原来是它害怕韩、魏两国在后边暗算它。既然如此，韩、魏可算是赵国南边的屏障了。但秦国要是攻打韩、魏两国，那倒是很方便的，它们必然会向秦国屈服。如果秦国解除了韩、魏暗算的顾虑，那么战祸必然会降临到赵国。大王认为您能抵抗秦国吗？”一想到要与秦国对抗，赵肃侯就感到害怕，他问苏秦应该怎么办。苏秦说道：“如果您看一下地图，您就会发现各诸侯国的土地合起来五倍于秦国，估计各诸侯国的士兵数量十倍于秦国，如果六国结成一个整体，同心协力向西攻打秦国，就一定能打败它。如今反而向西侍奉秦国，向秦国称臣。打败别人和被别人打败，让别人向自己称臣和自己向别人称臣，怎么可以放在同一时间里来谈论呢？”

赵肃侯终于被苏秦说服了。他对苏秦说：“我还年轻，即位时间又短，没有什么经验。如果先生的确想帮助赵国，我愿把国家托付给你。”在苏秦将要离开时，赵肃侯又给了他许多赏赐，作为他用来游说其他国家的费用。

【出处】

成语“不可同日而语”出自《战国策·赵策二》：“夫破人之与破于人也，臣人之与臣于人也，岂可同日而言之哉？”另可参见汉贾谊《过秦论上》：“不可同年而语。”表示不能一样看待，无法相提并论。

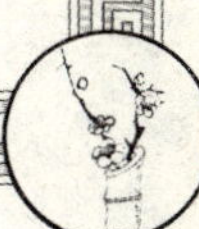

不名一钱

西汉文帝时，宫中有一个名叫邓通的大臣受到汉文帝的极端宠爱。邓通既没有雄才大略又没有特别的技能，为什么能被皇帝如此地喜爱呢？这里面有个故事。

汉文帝很迷信，有一天晚上他做了个梦，梦见自己想上天，但怎么也上不去。这时一个人从后面推了他一把。文帝便飞上了天，文帝扭头一看，发现这人是宫中一个划船的人，并且他的腰带后面有一个洞（古人的腰带在外面，可以看得到）。梦醒以后，文帝就来到了宫中水池附近的高台上，让所有的水手都出来划船，然后按梦中的情景寻找那个划船的人。说也奇怪，果然有一个划船者腰带后面有个洞，并且长的和文帝梦见的人非常像，文帝便召见他，询问之后，知道他名叫邓通。文帝当时便封了他一个官。

从此以后，邓通便留在了文帝身边。邓通没有什么特别的才能，只不过是对皇上很顺从，并且善于献媚和侍奉皇上。由于梦中的事，文帝对邓通是越发地喜欢了。有一次皇帝受了伤，伤口处有脓，邓通就亲自用嘴把脓给吸了出来。后来，文帝之子刘启进宫探望他，文帝就让刘启帮他吸

脓，刘启是一百个不情愿，但又不敢拒绝，只好勉强地吸了一次。出宫后，刘启听说邓通经常帮皇帝吸脓，便非常鄙视和嫉恨邓通。

汉文帝经常想起那次梦中上天的事，总觉得邓通是个奇人，就让相面的人给邓通看相，相面的人对着邓通的脸看了半天，稍一沉思，便对文帝说："恕臣直言，他将来会因贫穷而饿死。"文帝听了哈哈大笑，说："邓通是我喜欢的人，我想叫他发财，他便能发财，怎么会饿死呢？"第二天，文帝便把蜀地（今四川）的一个铜矿赐给了邓通。邓通于是一下子便成了亿万富翁。

可好景不长，后来文帝死了，邓通的好日子便到头了。刘启一上台便立即将邓通免职，在家闲居。不久，有人告发邓通偷偷在境外铸钱。刘启便派人调查，发现确有此事，邓通的家产因此被全部没收，同时他还欠了许多债务。刘启的姐姐长公主想完成汉文帝的遗愿：不要让邓通饿死。便给了他一些钱，结果全部被官府没收。邓通一个钱也没得到（不名一钱），最后不得不靠寄食在他人家里来度过余生。

【出处】

成语"不名一钱"出自《史记·佞幸列传》："（邓通）竟不得名一钱，寄死人家。"意思是极其贫困，一个钱也没有。

不求甚解

晋朝时候，有一个著名的大诗人，名叫陶潜，字渊明，他不但诗写得很好，文章也超凡脱俗，为当时的人所景仰。他为人志趣高洁，不慕荣利。在做彭泽县令的时候，郡里派来的督邮要他端正衣冠去进见，他说："我岂能为五斗米向乡里小儿折腰。"意思是我岂能为那一点点薪水向你这个小小的督邮低头，去拜见你。陶渊明于是便辞了职。

在看透了官场尔虞我诈、腐败黑暗的丑恶内幕后，陶渊明更喜爱清静闲散的田园生活了。他在勤劳耕作之余，或与好友饮酒畅谈，或在家里读书吟诗，过得好不惬意！他家门前有五棵大柳树，柳阴之下是他饮酒赋诗的场所。因此他自称"五柳先生"。二十八岁那年，他写了篇《五柳先生传》，也就是他自己的小传。

文中写道：先生不知道是何等样人，也不清楚他的姓名。他的住宅旁边有五棵柳树，因而就以"五柳"作为自己的号了。先生喜爱闲静，不多说话，也不羡慕荣华富贵。很喜欢读书，不死啃书本字句钻牛角尖，而是着重领悟文中原意，每逢读到会心处，有一点新的体会总是非常高兴，先生生性爱喝酒，可是因为家里贫穷，不能常得到酒喝。亲戚朋友知道我这个情况，所以时常备了酒邀我去喝。而我呢，到那里去总是把他们备的酒喝光。

【出处】

成语"不求甚解"出自《五柳先生传》陶潜的一段文。原指读书应力求领会精神实质，而不必咬文嚼字。是读书的一种方法，不含贬义。后人沿用此句成语时，常比喻学习态度不认真，满足于一知半解，不求深入的理解，多含有贬义。

不入虎穴，焉得虎子

班超是东汉时期有名的大将和外交官，他曾作为东汉王朝的使者在西域活动了三十年，帮助西域各族摆脱匈奴的束缚和奴役，为东汉王朝开拓西域立下了汗马功劳。

公元73年，班超受遣第一次出使西域。他带领三十六名将士首先来到鄯善国(今新疆维吾尔自治区罗布淖尔西北)，与鄯善国国王商谈建立友好邦交之事。开始，鄯善国国王对他们非常热情。过了几天，班超发现鄯善国国王的态度突然变得冷淡起来。这是什么原因呢？向侍者一打听，班超才知道，三天前匈奴也派来了使者，由于匈奴使者从中挑拨，因此国王对建立邦交之事犹豫不定。

面对严峻的形势，班超立即召集将士商讨对策。他说："不入虎穴，焉得虎子。如今只有连夜消灭匈奴使者，才能断绝鄯善国国王投靠匈奴的念头。"

当天夜里，班超率领三十六名壮士，悄悄摸进匈奴使者的营地，顺风放起一把大火。匈奴人从梦中惊醒，吓得到处逃窜。班超和三十六名壮士以一当十，奋勇杀敌，经过一番搏斗，终于全歼匈奴一百余人。

班超的果敢行动，震动了鄯善全国。鄯善国王见班超如此英勇，马上表示愿意服从汉王朝的命令，永远与汉朝和睦相处。鄯善国终于与汉朝建立了友好的外交关系。

【出处】

成语"不入虎穴，焉得虎子"出自《后汉书·班超传》，意思是不进老虎洞怎能捉到小老虎呢？比喻不历艰险，就不能成功；也比喻不经艰苦实践，就不能获得真知。

不学无术

西汉武帝年间，有一个著名的将军霍去病，他的弟弟名叫霍光，由于哥哥的关系，霍光很容易接近汉武帝，进而被赏识信任。武帝临终时，他被封为司马大将军，辅佐年幼的小皇帝刘弗陵，即汉昭帝。

昭帝死后，霍光又立昌邑王刘贺为帝。没想到刘贺当了皇帝以后，整日沉溺于酒色之中，根本不理朝政，时常胡作非为，弄得朝野上下惶惶不安。更为荒唐的是，刘贺为了选美女，颁下圣旨，要求各州府火速选送。有些地方官员为了讨好皇上，不顾年轻女子的性命，日夜兼程地押往京城，使很多人死于非命。霍光为了使刘氏王朝的江山不断送在刘贺手中，就废掉了昌邑王，立刘询为皇帝，即汉宣帝。

可以说，霍光为汉朝的社稷立下了汗马功劳。然而，霍光晚年，特别是在辅佐宣帝期间，不学无术，不明大义，缺乏深谋远虑，以几朝元老自居，独揽大权，开始唯我独尊，为所欲为起来。大臣们有公事要奏明皇上，也必须要首先请示霍光。否则，奏章根本不可能送到皇上手中。每次上朝，皇帝对霍光都毕恭毕敬，礼让三分。因此，朝中上下，许多人都看不惯他，对他渐生怨恨与不满情绪。

在刘询做皇帝不久，霍光的妻子意欲把小女儿嫁给皇上做皇后，因刘询已经立了许氏为皇后而没有达到目的，所以怀恨在心，把怨恨的矛头指向皇后。她私下里花重金买通了给皇后看病的女医生，让她给皇后投毒，使即将临产的皇后死于非命。皇帝大怒，下令查清真相，严惩凶手。霍光根本不把皇帝的圣旨放在心上，利用手中的职权，为女医生说情，让她免于受审之苦和牢狱之灾，帮助妻子隐瞒事实真相，想尽办法，为妻子开脱。

霍光死后不久，霍家就被满门抄斩，株连九族。

【出处】

成语“不学无术”出自《汉书·霍光传》。原指没有学问，缺少方法。现多指没有学问，没有本领，含贬义。

才高八斗

南北朝时期，我国历史上有一位著名的诗人——谢灵运，是我国历史上第一位山水田园派诗人。他自幼聪明且饱读诗书，从而为自己以后的诗歌创作打下了基础。谢灵运不但精于诗歌，而且在书法上亦颇具造诣。由于其诗既具诗歌之美，又兼具书法之美，常被皇帝收藏，被称为“二宝”。但在一些国家重要问题上却没有倚重于他。

谢灵运索性辞官回乡，寄情于山水之间，沉醉于自然之中。方巾布衣，脚着木屐，率性而为，凭兴而作，写下了大量绝妙的好诗。谢灵运喜爱大自然，因此他的诗风清新，每有新诗写出，便被人四处传抄，争相诵读，从乡间直至京城。

一次，在宴会上，有人当面称赞他说：“谢公，您才华盖世，卓然不群，真是让人羡慕啊！”谢灵运哈哈大笑，自夸道：“哪里，天下的才华如果有一石的话，子建（曹植）就会占得八斗，我自己占一斗，其余的一斗只能由天下所有文人共分了！”

【出处】

成语“才高八斗”出自《释常谈·八斗之才》：“谢灵运尝曰：‘天下才有一石，曹子建独占八斗，我得一斗，天下共分一斗。’”比喻极有才华。

沧海桑田

传说，从前有两个得道成仙的人，一个叫王远，一个叫麻姑，麻姑是位仙人。由于很久没见面了，他们便相约到以前的故人蔡经家去饮酒叙旧。

到了约定那天，王远在一批乘坐麒麟的吹鼓手和侍从的簇拥下，坐在五条龙拉的车上，前往蔡经家。他戴着远游的帽子，挂着彩色的绶带，佩着虎头形的箭袋，显得威风凛凛。

王远一行降落在蔡经家的庭院里后，簇拥他的那些人一忽儿全都隐没了。

和蔡家人互致问候之后，他便独自坐在那里等候麻姑。没有多久，麻姑从空中降落下来了。她的随从人员只及王远的一半。蔡经家的人这才见到，麻姑看上去似同人间十八九岁的漂亮姑娘。她蓄着长到腰间的秀发，衣服不知是什么质料制的，看上去金光闪闪，非常漂亮，上面绣着美丽的花纹，光彩耀目。

于是，王远就吩咐开宴。席间，王远说："大姐，500年前我们在蓬莱仙岛见面时，你是那么的年轻漂亮，今天你依然是这么漂亮啊！"

麻姑感叹到："你不也一样吗，时间过得真快啊！"

"自从得了道接受天命以来，我已经亲眼见到东海三次变成桑田。刚才到蓬莱，又看到海水比以前一时期浅了一半，难道它又要变成陆地吗？"

王远叹息道：

"是啊，圣人们都说，大海的水在下降，不久，那里又将扬起尘土了。"

宴饮完毕，王远、麻姑各自召来车驾，告别蔡经，升天而去。

后来，人们把这个神话故事概括为"沧海（即大海）桑田（即农田、陆地）"，用来表示大海变成桑田，桑田变成大海，比喻世事翻覆，变化极大，或者是年岁久远。

【出处】

成语"沧海桑田"出自晋葛洪《神仙传·麻姑》："麻姑自说云：'接待以来，已见东海三为桑田。'"意思是大海变成桑田，桑田变成大海。比喻世事变化巨大。

沧海一粟

北宋宋神宗时期，苏轼因反对王安石变法，被支持变法的宋神宗降职调到了黄州（今湖北黄冈）任官。在黄州附近有一个名叫赤壁的地方，相传是三国时赤壁之战的发生地，苏轼曾数次游览。

有一天，苏轼和他的一个朋友坐了小船再次到赤壁游玩。那天，天气很好，江面平静，清风徐徐。他们一面饮酒一面畅谈古今。朋友对苏轼说："想当年那曹操先打败了袁绍，后又攻陷了荆州，然后带雄兵八十万顺长江而下向东吴进发，战船连接了千里，旌旗遮蔽了天空，多么雄壮。他真是一个大英雄啊，而现在又在哪儿呢？"朋友感叹道："一个人生活在永恒的天地之间，就如同蜉蝣（一种昆虫，只能活几个小时）和沧海中的一粒米，太短暂，太渺小了，哪里能像长江一样的无穷无尽呢？"

他的朋友感叹人生的短暂，因而对人生持一种虚无和消极的态度，但苏轼并不同意这种看法，他说："江水总是不断地流去。月亮有圆又有缺，它们始终没有消失，万物和人类是永存的，不必太悲观。"正如他自己说的那样，苏轼对人生始终抱着一种达观的态度，虽然他屡次被皇帝降职甚至撤职，但他亦丝毫不放在心上。

【出处】

成语"沧海一粟"出自苏轼《前赤壁赋》。意思是大海中的一粒小米，比喻非常渺小。

謝靈運

草菅人命

秦始皇有一个宦官(侍候皇帝的人)名叫赵高,此人善于察言观色,深得秦始皇的信任,秦始皇就让他做了太子胡亥的老师。而这个错误的任命却给秦朝带来了无穷的祸害。赵高为人奸诈刁刻,手段毒辣残忍。他教胡亥的都是些有关斩杀、割鼻、断筋,甚至夷灭三族的残酷刑罚,致使胡亥练就了一副极其残忍的铁石心肠。

赵高原受过宫刑,犯过大罪,曾被蒙毅判处死刑。因为他善于钻营,竟从死刑下逃生,后来又成了秦始皇的心腹。他为了报仇,千方百计煽动胡亥夺取帝位。经过一番密谋,他们毁掉了秦始皇赐给扶苏的遗书,终于使胡亥登上了帝位。胡亥即位后,赵高立即借胡亥之手杀掉了蒙毅及其兄弟蒙恬。同时,胡亥为了保住自己的位置,也毫不留情地杀掉了秦始皇的二十个公子和十个公主。

右丞相冯去疾上奏说税赋太重,恐怕会导致暴民起义,胡亥又将他残酷杀害。李斯曲意迎合胡亥,建议他对大臣的罪过要重重惩罚。胡亥听后哈哈大笑,于是就下了一个空前绝后的命令:向百姓征税征得重的官是好官,杀人杀得多的官是忠臣。在这样的酷刑峻法之下,到处都有受刑之人,闹市上被斩首级多得堆积如山。对此,百姓震恐,宗室官员人人自危。没过多久,胡亥的暴政终于导致了秦朝的灭亡。

西汉建立后,有一位青年学者——贾谊,此人博学多才,年轻有为,深得汉文帝的赏识。在与文帝谈到秦朝灭亡的教训时说:“秦二世胡亥真是太残暴了。他今天当了皇帝,明天就开始大肆地杀人。他不但杀忠臣,杀自己的兄弟姐妹,而且也杀许多无辜的平民百姓。他把杀人看得如同割草一样(草菅人命)。怎能不亡国呢?”同时贾谊又对文帝说:“胡亥之所以做出这么多坏事,完全是他的老师赵高教导的结果。”贾谊的意思是希望文帝能给太子找一个合格的老师。

【出处】

成语“草菅人命”出自《汉书·贾谊传》,意思是说,把杀人看得如同割草一般,指反动统治者轻视人命,任意杀戮。

草木皆兵

东晋时代，前秦王苻坚控制了北部中国。公元383年，为了实现统一全国的野心，苻坚率领步兵、骑兵90万，攻打江南的晋朝。晋军大将谢石、谢玄领兵8万前去抵抗。苻坚得知晋军兵力不足，就派一个叫朱序的人到谢石营中劝降。朱序原是东晋官员，他见到谢石后，报告了秦军的布防情况，并建议晋军在前秦后续大军未到达之前袭击洛涧（今安徽淮南东洛河）。并与谢石商定了击败秦军的计策。谢石听从他的建议，出兵偷袭秦营，结果大胜，晋兵乘胜向寿阳进军。军队来到了八公山下，驻扎在那里，与秦军隔河（淝水）相望。

此时，苻坚在寿阳城上望见晋军队伍严整，士气高昂，再望八公山，山上风吹草动，山上的一草一木都像晋军的士兵在来回地晃动。苻坚回过头对弟弟说："这是多么强大的敌人啊！怎么能说晋军不堪一击呢？"他后悔自己过于轻敌了。

出师不利给苻坚心头蒙上了不祥的阴影，他令部队靠淝水北岸布阵，企图凭借地理优势扭转战局。这时晋军将领谢玄提出要求，要秦军稍往后退，让出一点地方，以便渡河作战。苻坚暗笑晋军将领不懂作战常识，想利用晋军忙于渡河难于作战之机，给它来个突然袭击，于是欣然接受了晋军的请求。

谁知，后退的军令一下，朱序便在军中喊道："秦军败了，秦军败了。"不明真相的士兵们也跟着喊了起来，边喊边跑。兵败如山倒，撤退的秦军便再也停不下来了。而晋军则趁势渡河追击，把秦军杀得丢盔弃甲，尸横遍地。几十万秦军日夜溃退，内心十分恐惧，沿途听到风声和鹤叫都以为是东晋追兵。草行露宿，饥寒交迫，死去的十有八九，到达都城洛阳时，只剩下10万余人。

由这个故事产生出两个成语"草木皆兵"和"风声鹤唳"。

【出处】

这两个成语出自《晋书》。"草木皆兵"形容神经过敏、疑神疑鬼的惊恐心理。"风声鹤唳"形容军队溃退，惊慌失措，自相惊扰的样子。

差强人意

东汉的开创者光武帝刘秀手下有一名极其出色的将领，名叫吴汉。起初，吴汉在河北贩马为生，刘秀带领起义队伍来到河北时，吴汉认为刘秀能成大事，便投奔了他。刘秀刚开始并没有重用他，但很快便对他刮目相看了。有一位名叫苗曾的将军自恃势力强大，拒绝听从刘秀调度，刘秀便命令吴汉去接管苗曾的部队，这个任务十分危险，但吴汉毫不畏惧。他带了十几个随从赶到了苗曾的驻地，苗曾听说后，以为凭这十几个人不会把自己怎么样，便出营与吴汉见面。谁知吴汉乘其不备，命令随从把他给捆了起来，并就地杀掉，然后顺利地接管了他的部队。

吴汉不但有勇有谋，而且对刘秀也非常忠心。每次出征行军，吴汉总是紧跟刘秀，随时待命。夜晚宿营，即使军机要务已办完，只要刘秀未安寝，吴汉决不先回房睡觉，往往默默侍立一旁，静候吩咐。吴汉还是一位百折不挠的将军。有一次打了败仗，众将领长吁短嗟，悲观思想笼罩营帐，刘秀猛然发觉吴汉不在左右，就叫侍从找找看，不一会儿，侍从回报说："大司马正在各营检点刀枪，修整武器。"刘秀不禁大为感动，赞叹道："只有吴汉尚不消沉，还能勉强振作人的意志啊。"

【出处】

成语"差强人意"出自《后汉书·吴汉传》，原意是说，还算能振奋人心。后多指尚能使人满意。

车水马龙

东汉名将马援的小女儿马氏，年纪很小时就操办家中的事情，把家务料理得井然有序，亲朋们都称赞她是个能干的人。长大后她被选进宫中，当了汉明帝的皇后。虽然贵为皇后，她仍然保持了俭朴的生活习惯。她常穿粗布衣服，一些嫔妃拜见她时，还以为她穿了由特别好的料子制成的衣服。走到近前，才知道是极普通的衣料，从此对她更尊敬了。

马皇后知书达理，她并不因为自己是皇后，自己的父亲是开国功臣而骄横无理，对于自己的兄弟更是不讲情面，从不轻易地提拔和赏赐他们。

明帝死后，刘炟即位，这就是汉章帝。马皇后被尊为皇太后。即位不久，章帝根据一些大臣的建议，打算对皇太后的弟兄封爵。由于马太后反对，所以这件事没有办。第二年夏天，发生了大旱灾。一些大臣又上奏说，今年所以大旱，是因为去年不封外戚的缘故。他们再次要求分封她的兄弟，马太后还是不同意，并且为此专门发了诏书，诏书上说："凡是提出要对外戚封爵的人，都是想讨好于我，都是要从中取得好处。天大旱跟封爵有什么关系？要记住前朝的教训，过度宠爱皇亲国戚会招来很大的灾祸。先帝不让他们担任重要的职务，防备的就是这个。今后，怎能再让他们走老路呢？"

诏书接着说："我的那些兄弟，个个都很富贵。我身为太后，还是食不求甘，穿着俭朴。我这样做的目的，是为了给他们做个样子，让他们见了好反省自己。可是，他们不反躬自责，反而笑话我太俭省。前几天我路过娘家住地濯龙园的门前，见从外面到那儿拜候、请安的，车子像流水那样不停地驶去，马匹往来不绝，好像一条游龙，招摇得很。他们只知道自己享乐，根本不为国家考虑，我怎么能同意给他们加官晋爵呢？"

【出处】

成语"车水马龙"出自《后汉书·马皇后纪》："前过濯龙门上，见外家问起居者，车如流水，马如游龙。"形容车子像流水，马连成游龙。后形容车马来往不绝，极其繁华热闹。

车载斗量

三国后期，曹丕称帝后，封孙权为吴王，于是孙权便成了魏国的臣子，吴王孙权便派中大夫赵咨出使魏国，表示谢意。魏文帝曹丕听说赵咨是一个能言善辩之人，于是便决定考验他一下，同时也想借机侮辱一下东吴。便问赵咨说："你们吴国的孙权是怎样的一个人？"

赵咨回答说："他是聪明、仁智、雄略的主公。"

曹丕笑着说："你这样夸奖他，未免太过分了吧？"

赵咨说："一点儿也不过分。主公不拘一格重用鲁肃，提拔吕蒙，这是他的聪明；对俘虏不加杀害，攻取荆州又不使兵士流血，这是他的仁智；占据三江虎视天下，能屈能伸随机应变，这是他的雄略。这些事实，难道还不足以说明他是聪明、仁智、雄略的主公吗？"

曹丕接着问他："孙权有学问吗？"

赵咨回答："主公浮江万艘，带甲百万，任贤用能，志存经略；一旦有了空余时间，便博览群书，遍观史籍，领会其中的精义要旨，不像有些书生仅仅满足于寻章摘句。"

曹丕说："我要带兵去征服吴国，你看可以吗？"

赵咨产："大国有征伐之兵，小国有防御之固。"

曹丕见赵咨对答如流，有理有据，心中暗暗佩服，于是很客气地问赵咨："吴国像您这样的人有多少呢？"赵咨回答说："特别聪明的有八九十人，至于像我这样的人，那可是车载斗量、不可胜数啊！"

听了赵咨的话，曹丕感叹地对他说："出使四方而不辱君王的使命，你是当之无愧的啊！"

【出处】

成语"车载斗量"出自《三国志·吴志·孙权传》之注引《吴书》："如臣之比，车载斗量，不可胜数。"形容人或物数量多到要用车装，用斗量。

沉鱼落雁，闭月羞花

春秋战国时期，越国有一个叫西施的女子，五官端正，粉面桃花，相貌过人。她在河边浣沙时，清澈的河水映照她俊俏的身影，使她显得更加美丽，这时，鱼儿看见她的倒影，忘记了游水，渐渐地沉到河底。从此，西施这个“沉鱼”的代称，便流传开来。西施也是一个爱国的女子，当时越国和吴国有仇，双方经常发生战争，为了帮助自己的国家，西施主动请求到吴国王宫中服侍吴王，迷惑吴王，最终导致了吴国的灭亡。

西汉汉元帝在位期间，南北交兵，边境不得安静。汉元帝为安抚北方的匈奴，送昭君与匈奴首领单于结成姻缘，以保两国永远和好。在一个秋高气爽的日子里，昭君告别了故土，登程北去。一路上，马嘶雁鸣，撕裂她的心肝，悲切之感，使她心绪难平。她在坐骑上，拨动琴弦，奏起悲壮的离别之曲。南飞的大雁听到这悦耳的琴声，看到骑在马上的这个美丽女子，忘记摆动翅膀，跌落地下。从此，昭君就得来“落雁”的代称。昭君奉汉元帝的命令远嫁异国他乡，安抚匈奴民族，为汉朝和匈奴的长期和平相处作出了自己的贡献。

东汉末年汉献帝的大臣司徒王允的歌妓貂蝉在后花园拜月时，忽然轻风吹来，一块浮云将那皎洁的明月遮住。这时正好王允瞧见。王允为宣扬他的侍女长得如何漂亮，逢人就说，我的侍女和月亮比美，月亮比不过，赶紧躲在云彩后面，因此，貂蝉也就被人们称为“闭月”了。貂蝉不但是一个美丽的女子，也是一个具有侠义心肠的女子。为报答王允的知遇之恩，她决定帮助王允除掉横行霸道、无恶不作的董卓。她周旋于董卓和其干儿子吕布之间，并挑拨二人的关系，终于使吕布杀掉了董卓，为朝廷除了一大害。

唐朝玄宗时期，有一美貌女人叫杨玉环，被选进了后宫。杨玉环进宫后，思念家乡。一天，她到花园赏花散心，看见盛开的牡丹、月季……想自己被关在宫内，虚度青春，不胜叹息，对着盛开的花说：“花呀，花呀！你年年岁岁还有盛开之时，我什么时候才有出头之日？”声泪俱下，她刚一摸花，花瓣立即收缩，绿叶卷起低下。这一幕恰好被宫娥看见，宫娥便到处说，杨玉环和花比美，花儿都含羞低下了头。“羞花”称号便由此得来。杨玉环后来得到了唐玄宗的宠爱，被封为贵妃，人称之为杨贵妃。由于过度宠爱杨贵妃，唐玄宗整日不理政事，导致了安史之乱，唐玄宗被迫撤出长安，逃往四川，行至马嵬坡时，三军将士认为杨贵妃是导致叛乱的罪魁祸首，要求杀掉杨贵妃，否则不肯前进。唐玄宗没有办法，就赐给了她一根白练子，让她自杀了。她实际上成了唐玄宗的替罪羔羊。

【出处】

成语“沉鱼落雁，闭月羞花”出自《武王伐纣平话》：“面如白玉，貌似姮娥，有沉鱼落雁之容，闭月羞花之貌。”比喻女子容貌美丽。

成也萧何，败也萧何

楚汉战争中，刘邦之所以能够以最初的劣势兵力，最终反败为胜，打败项羽，建立汉朝，是因为他拥有许多优秀的人才，特别是极具军事天才的韩信。

秦末农民起义爆发后，韩信先投奔项羽，没有受到重用，后又投奔刘邦，担任主管粮食的小官，仍无法发挥自己的特长，韩信十分郁闷。后来韩信犯了一件小错，由于怕受责罚，他便逃离了刘邦的部队。萧何曾经与韩信谈论过军事，对他的军事才能很是叹服，当他听说韩信逃跑后，甚至没向刘邦请示，便骑马出营将其追了回来。之后，萧何极力地向刘邦推荐，刘邦便拜韩信为大将。从此，韩信统帅汉军，攻城略地，所到之处，势如破竹，最终以十面埋伏之计逼死了项羽。汉朝建立后，刘邦封他为楚王。

西汉建立后的第十一年，大将陈豨谋反，刘邦亲自带兵征伐。陈豨的叛乱引起了西汉王室的警觉，他们担心其他将军也会步其后尘，特别是韩信，一旦他谋反，更是难对付。吕后（刘邦妻）决定设计除掉他。与丞相萧何商量后，吕后让萧何出面诱骗韩信入宫。萧何便来到韩信的封地对韩信说：“皇上已除掉了陈豨，各位大臣都要到宫中庆贺。”韩信想找借口推辞，但在萧何的强求之下，还是随着他来到了宫中。进宫之后，立即被吕后抓捕，并斩于长乐宫。韩信一生的成败都与萧何有关，所以后人说他是“成也萧何，败也萧何”。

【出处】

成语“成也萧何，败也萧何”出自宋代洪迈《容斋续笔·萧何给韩信》：“故俚语有‘成也萧何，败也萧何’之语。”后用以比喻事情的成败都出于同一个人的意思。

乘风破浪

“长风破浪会有时，直挂云帆济沧海”，相信大家对这两句诗都很熟悉，这是唐朝大诗人李白诗《行路难》中的两句。但“长风破浪”和“乘风破浪”有什么关系呢？这两者的原句是“乘长风破万里浪”，出自一位少年宗悫之口，他以此表示自己志向远大。

宗悫是南北朝的宋国人，他从小就有远大的抱负。当时，天下太平，没有战争，人们都以读书为本求取功名，宗悫偏偏爱好武艺，整天骑马射箭，使枪弄棍。他的叔父宗炳担心宗悫难以继承祖业，有一次问他说：“像你这样不务正业，将来长大了干什么呀？”宗悫豪迈地回答说：“愿乘长风破万里浪(乘风破浪)！”

宗悫十四岁时，他的哥哥办喜事。当夜，十几个强盗前来抢劫。宗悫拿起平时练武用的大刀，一个箭步冲了出去，和强盗厮打起来。这些强盗居然无法制伏他。他们被他的勇气和凶猛吓坏了，再也不敢抢劫了，顷刻间便全逃跑了。

这件事传到江夏王那里，江夏王很赞赏宗悫的胆量，派人把宗悫找来，让他在自己手下当了一名军官。

有一次，宗悫带着队伍去讨伐林邑王。敌军出动了一支用大象装备起来的队伍，大象的皮很厚，普通的刀剑不容易砍伤它。怎么办呢？宗悫灵机一动，想出一条妙计，他说：“狮子是百兽之王，用它来对付大象一定有效。”于是，他叫士兵扎了一些摇头摆尾的假狮子，装在战车上，由士兵推着冲向敌阵。这一招真灵，大象看见“狮子”来了，果然吓得四处奔逃。宗悫指挥宋军乘机进攻，大获全胜。宗悫最后被封为左卫将军。

【出处】

成语“乘风破浪”出自《宋书·宗悫传》：“悫年少时，炳问其志，悫曰：‘愿乘长风破万里浪。’”比喻志向远大，不畏艰险，奋勇前进。也形容船行飞速。

乘龙快婿

相传春秋时代，秦穆公有个小女儿，名为“弄玉”。弄玉长到十几岁，姿容无双，聪颖绝伦，并且很善于吹笙。穆公想为女儿招邻国王子为婿，将来可做国君夫人。但弄玉却自有主张，对方若不是懂音律、善吹笙的高手，她宁可不嫁。穆公珍爱女儿，只得依从于她。

有一天夜里，公主在月光下赏月，依着栏杆吹起笙来，这时似乎有一阵袅袅的仙乐，在和着公主的玉笙。公主仔细一听，是从东方远远传来的洞箫声，一连几夜，都是如此，公主便把这件事告诉了她的父亲。穆公便派大将孟明根据公主所说的方向去寻访吹箫的人。一直寻到华山，才听见樵夫们说：有个青年隐士，名叫箫史，在华山中峰隐居。这位青年人喜欢吹箫，箫声可以传出几百里。孟明便来到华山中峰，找到了箫史，把他带回秦宫。

箫史来到秦宫，正好是中秋节。穆公见他举止潇洒，风度翩翩，心里十分高兴，马上请他吹箫。箫史取出玉箫，吹了起来。大家听得如痴如醉，不约而同地齐声赞道：“真是仙乐，真是仙乐。”于是，箫史和弄玉便结成了夫妻，从此，箫史就教弄玉吹箫学凤的鸣声。弄玉学得很快，不久，她吹出的箫声就和真的凤凰的叫声一样，甚至把天上的凤凰也引下来了，停在他们的屋子上。秦穆公专门为他们建造了一座凤凰台，箫史和弄玉就住在那里，长达数年之久。

一天晚上，奏完笙箫之后，箫史对公主说：“我很怀念华山的幽静生活。”公主也说：“这宫廷生活，我本来就不喜欢，我愿意与你去同享山野的清静。”于是二人来到了华山中峰，过起了隐居的生活。有一天晚上，当二人在吹奏笙箫时，引来了天上的彩凤和金龙，弄玉便和箫史分别乘上彩凤和金龙，双双升空而去。当时的人们便把箫史称为乘龙快婿。

【出处】

成语“乘龙快婿”出自《太平广记》。快婿，称意的女婿。比喻才貌双全的女婿。

程门立雪

远在北宋时期，福建有个叫杨时的进士，他特别喜好钻研学问，到处寻师访友，以增加自己的学识。程颢和程颐兄弟是当时有名的大学问家，杨时曾在程颢门下学习过，程颢死后，杨时又被推荐到其弟程颐门下，在洛阳伊川所建的伊川书院中求学。

杨时那时已四十多岁，学问已相当高，但他仍谦虚谨慎，不骄不躁，尊师敬友，深得程颐的喜爱，被程颐视为得意门生，得其真传。

一天，杨时同一起学习的游酢向程颐请教学问，却不巧赶上老师正在屋中打盹儿。杨时便劝告游酢不要惊醒老师，于是两人静立门口，等老师醒来。当时，正值冬天，寒风凛冽，天空中又开始飘起大雪，雪越下越大，杨时和游酢却仍立在雪中，游酢实在冻得受不了了，几次想叫醒程颐，都被杨时阻拦住了。

直到程颐一觉醒来，才赫然发现门外还站着两个人，雪已没过膝盖。程颐深受感动，从此，更加尽心尽力教杨时，杨时不负众望，终于学到了老师的全部学问。

学成之后，杨时回到南方传播程氏理学，最终形成独家学派，开南宋理学的先河。

【出处】

成语“程门立雪”出自《宋史·杨时传》。比喻尊敬老师，诚心求学。

宠辱不惊

唐朝太宗年间，有一个官员名叫卢承庆，其职务是“考功员外郎”，即是替朝廷考核、选拔官吏的人，史载此人知人善任，善于选择官员。有次卢承庆代表朝廷考核官吏。有个运粮官，在督运粮船时，因遇到大风，将船刮沉，结果整船的粮食掉到了河中。卢承庆因此将他考核为“中等下级”，并将结果让他看。这个人看了后，没有露出恼怒和沮丧的表情。卢承庆见此情景，改口说，中途遇风，也不是人力可以挽救的。情有可原，升升吧，考核为“中等中级”。那人听了也没露出庆幸的喜色。卢承庆感慨地说，受辱不惊，受宠也不惊，很有修养啊！应该升为“中等上级”。

【出处】

成语“宠辱不惊”出自《新唐书·卢承庆传》：“……承庆嘉之曰‘辱不惊，考中上。’其能著人善类此。”意思是对得宠和受辱都是无动于衷，指把得失置之度外。

出尔反尔

春秋时期,有两个小国邹国和鲁国发生了战争。结果,邹国大败,国君邹穆公非常恼火,因为在战争过程中,邹国的百姓根本不支持他们,从而导致了战争的失败。邹穆公就对孟子说:"我国的老百姓对我们的战争一点也不支持,他们对我们的失败也无动于衷,我真不知道为什么。"

孟子说:"这是有原因的。记得有一年邹国发生了一场大灾荒,老百姓们陷入了衣食无着的困境中,生活得十分悲惨。青壮年外出逃荒的有一千多人,老弱残疾者时常饿死在山沟荒野中,那情景真是令人惨不忍睹。那时候,官吏们没有把这么严重的灾情上报给大王您,听任老百姓挨饿受苦,求助无门。这些官吏拿着国家的俸禄,受着老百姓的供养,却不为老百姓做事。他们丝毫不关心百姓的疾苦,只知道贪图享乐,在老百姓头上作威作福,祸国殃民。老百姓怎么能愿意为这样的官吏拼命呢?

"您记得孔子的学生曾子说过的话吗?他告诫人们说,要警惕啊!你用什么方式对待别人,别人也将会用什么方式对待你。如今那些官吏们陷入了困境,老百姓当然也会用同样的手段来对待他们了。"

孟子又对邹穆公说:"因此,我劝您不要对您的百姓施行惩罚。如果您实行仁政,让官员们多爱护百姓,百姓也自然会拥护他们的长官,愿意为他们献出生命了。"

【出处】

成语"出尔反尔"出自《孟子·梁惠王》:"曾子曰:'戒之,戒之!出乎尔者,反乎尔者也。'"比喻前后矛盾,反复无常的意思。

初出茅庐

东汉末年，曹操在消灭了北方各大小军阀之后，便准备南下，灭掉孙权和刘备，以统一全国。由于刘备势力较小，因此曹操决定首先解决刘备。当时刘备仅有数千人马驻扎在新野县城，而曹操却派了夏侯惇率十万大军征伐他。而这一战恰好是诸葛亮出山后的第一仗，因此，他决定给曹操以迎头痛击。

诸葛亮召集众将前来听令。他命令关羽、张飞各带一千人马，埋伏到博望城（新野县附近的一个小城）左右的山谷里，望见南面火起，立即出兵截杀，烧毁曹军粮草。命令关平、刘封领五百人，准备好放火器具，在博望坡后等候，曹军一到，立即放火。命令赵云前去诱敌，只许败不许胜。请刘备亲自带领一支人马，驻扎在博望山下，望见曹军就丢弃营盘退走，等到火起后，再回军冲杀。众将不知其中奥妙，勉强接令行动。

夏侯惇带领大兵扑向博望，正遇赵云引兵前来。夏侯惇亲自出阵，赵云假装败走。夏侯惇领兵追赶，追到博望坡前，突然一声炮响，刘备领兵杀来。夏侯惇哈哈大笑，对众将说："这就是他们的伏兵，有什么可怕的！我今晚不打到新野决不收兵！"说罢与刘备交战，刘备虚晃一枪，便与赵云一起退去。夏侯惇继续催军追赶。

夜半时分，曹军追到一条狭窄的小路上，只见路边树木茂密、芦苇丛生。曹将于禁提醒夏侯惇防备火攻，夏侯惇猛然惊醒，传令赶快撤退。话音刚落，背后喊声震天，火光四起，道路两旁的芦苇立刻燃烧起来，风助火威，火仗风势，烧得曹军焦头烂额，哭爹叫娘，曹兵自相践踏，死伤不计其数。赵云乘机回兵冲杀，夏侯惇冒着烟火狼狈逃窜。关羽、张飞率领伏兵拦住去路，两面夹攻，直杀得曹军尸横遍野，血流成河。

这一仗由于诸葛亮的巧妙策划和指挥，刘备军队大获全胜，因此被认为是诸葛亮初出茅庐后的第一功。

【出处】

成语"初出茅庐"出自《三国演义》："直须惊破曹公胆，初出茅庐第一功。"原指诸葛亮崭露头角。后多比喻初次做某项工作，缺乏经验。

唇亡齿寒

春秋时代，各大小诸侯国出于利益上的需要，互相算计，互相征伐。大国侵略小国，小国依靠策略周旋于大国之间。晋国是北方的大国，它的南边有虞、虢两个小国。虢国在虞国的南面，所以，攻打虢国必须经过虞国。虢国又分为南虢和北虢两部分。南虢在黄河南岸，北虢在黄河北岸。

公元前 658 年，晋献公采纳了正卿（相国）荀息的策略，以宝马和璧玉作为交换，向虞国借道，以讨伐虢国；虞国弱小，不敢拒绝，结果晋国军队经过虞国灭了北虢。过了两年，即公元前 655 年，晋国又再次借道伐南虢；晋国的打算是在灭虢以后，回师返戈，顺道消灭虞国，这样，原先送给他们的宝马、璧玉自然仍归晋国。

晋国的这个诡计被虞国大夫宫之奇识破。他劝虞国国君，千万不能再次借道给晋国。他说：虢国是虞国的外围，虢国灭亡，虞国会随之灭亡。不可让晋国通过，敌寇是不好玩的；一次就够受了，还可再次借道给晋国吗？俗话说得好，嘴唇和牙齿互相依存，唇亡必定齿寒。但虞公不听，又一次借道给晋国，结果，晋国在灭掉虢国之后，回师途中，顺便又把虞国灭掉了，虞公自己也做了俘虏。

【出处】

成语“唇亡齿寒”出自《左传·僖公五年》：“宫子谏曰：“虢，虞之表也。虢亡，虞必从之。……谚所谓辅车相依，唇亡齿寒者，其虞虢之谓也。”指嘴唇没有了，牙齿感到寒冷，比喻双方关系密切，利害与共。

摧枯拉朽

公元318年，驻守在武昌的东晋大将军王敦由于势力日益强大，他决定反叛朝廷，并拉拢另外一个将军梁州刺史（梁州的地方行政长官）甘卓共同起兵，甘卓是一个优柔寡断的人，他本不想反叛，但惧怕王敦的势力，被迫答应。

到了出发那天，王敦登上战船，甘卓却没有到，只是派了一个名叫孙双的参军到武昌来，劝说王敦不要反叛。王敦非常吃惊，心想："事情都到这一步了，居然还劝我不要反叛。"但他仍然想拉拢甘卓，就装模作样地对孙双说："甘将军没有明白我上次和他谈论的意思。此番发兵只是去清除皇帝周围的坏人，绝无他意。"孙双回来告诉了甘卓，甘卓的一个参谋李梁劝甘卓采取观望态度，按兵不动，既不要帮助王敦，也不要帮助朝廷，这样，如果王敦取胜，他必将重用甘卓；如果王敦失败，朝廷也会重用甘卓。这样，无论哪一方取胜，甘卓都不会吃亏，只会得到好处，因此不能轻易兴兵出战。

另外一名将军邓骞反对李梁的意见。他认为应帮助朝廷攻打王敦。他指出，如果甘卓脚踩两只船，必招祸患。邓骞分析说："王敦兵马不过万余，守卫武昌的不足五千；甘卓的军队二倍于敌，进军武昌定能取胜。"邓骞劝甘卓说："如果发兵攻打武昌就像摧毁干枯的草和拉倒腐朽的树木一样容易，希望将军不要顾虑。"可甘卓仍是犹豫不决，不知道到底是应该帮助哪一方。

甘卓的大本营在襄阳。王敦觉察到甘卓可能不会与自己一起起兵反叛，就勾结了襄阳太守（相当于市长）周虑等人将甘卓暗害了。甘卓得到这样一个下场完全是他自己优柔寡断的结果。

【出处】

成语"摧枯拉朽"出自《晋书·甘卓传》："溯流之众，势不自救，将军之举武昌，若摧枯拉朽，何所顾虑乎？"比喻来势凶猛、势如破竹的意思。

打草惊蛇

五代十国时，南唐的王鲁担任当涂县令，他整日不务正业，一心经营私产，利用手中的权势，贪赃枉法，假公济私，搜刮了不少钱财。而衙门中大大小小、上上下下的官吏，见县令如此，也都心照不宣，互相勾结，串通一气，收受贿赂，对百姓敲诈勒索，无恶不作。

后来，有人写了一份状子，告王鲁的主簿（相当于现在的秘书职务）贪污受贿。

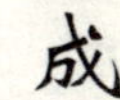

王鲁接过状子，打开一看，却不免心中打起了寒战。因为状子上写的那些主簿的罪行，都是证据确凿的事实，和他所干的坏事大同小异，有些就是在他包庇纵容下干出来的。

更令人可怕的是，其中不少罪行和他有牵连。王鲁有些害怕，但又感到十分幸运，因为状子落在他的手中，要是落在别人手上，他不仅罪行暴露，而且县令这个官位也保不住。

他越想越为自己庆幸，随手就在案卷上批了八个字：

"汝虽打草，吾已惊蛇。"

这八个字的意思就是说，你们虽然打的是草，可是我这条藏在草中的蛇，却已受惊而有所警惕、戒备了。

"打草惊蛇"这一成语原意为惩办某人或某一些人，却使有同样情况的人受到震动，引起警惕。

现用来比喻行动做事不慎密，致使对方觉察到其秘密的意图而有所防备。

【出处】

成语"打草惊蛇"出自《七修类稿》卷二十四：部人诉主簿贪污，鲁曰："汝虽打草，吾已惊蛇。"原意是控告了别人，自己也受惊。后来多比喻保密不够，使对方有所警戒，有所防备。

大材小用

南宋时期有一位伟大的爱国词人辛弃疾，他能文能武，既擅长诗词，又懂得军事，通晓用兵之术。他迫切希望能为国效力，收复被金人占领的大片疆土。但南宋小朝廷偏安江南，统治者得过且过，再也不想收复国土了。辛弃疾的政治主张是抗金，因此与南宋统治阶层总是格格不入。直到他 46 岁时，南宋政府中专权的大官僚韩侂胄想利用抗金来巩固自己的位置，就重新启用辛弃疾，任命他为浙东安抚使兼绍兴知府。

当时，80 岁的著名爱国诗人陆游也住在绍兴，他与辛弃疾是好朋友，两人常在一起谈论国家大事。第二年春天，宋宁宗赵扩突然召辛弃疾进京，征询他对北伐的意见。辛弃疾把这个消息告诉陆游。陆游也很高兴，特地写了一首长诗送给辛弃疾，诗中有两句：

“大材小用古所叹，管仲萧何实流亚。”

陆游的意思是，辛弃疾是古代大政治家管仲、萧何那样的一流人才，只做个区区的浙东安抚使实在是大材小用，鼓励他努力收复失地，不要因为受排挤而郁郁寡欢。辛弃疾读了，很受感动，同时也受到了极大鼓舞。

到了临安，他向韩侂胄提出许多好的建议。但韩侂胄对他的建议并不重视，整天和一班纨袴子弟吃喝玩乐。

而辛弃疾只被任命为镇江知府。但他并不灰心，在镇江组织了一支抗金部队，为北伐作准备。

公元 1206 年，韩侂胄不听辛弃疾的劝告，仓促北伐，结果大败而归。辛弃疾非常痛心，他在一年前就被韩侂胄撤职，离开镇江回家闲居。不久，韩侂胄又想请辛弃疾出来支撑残局，但辛弃疾已经身染重病，无法行动了。终于，一代爱国词人辛弃疾在忧愤中去世。

【出处】

成语“大材小用”出自宋代陆游《送辛幼安殿撰造朝》：“大材小用古所叹，管仲萧何实流亚。”比喻才高者居下位，指使用不当，造成浪费。

大放厥词

唐朝著名的文学家柳宗元，字子厚。柳宗元自幼刻苦勤学，10 岁以后，他的诗文就受到人们的称赞。公元 793 年，21 岁的柳宗元，凭他的才华考取了进士。26 岁担任集贤殿书院正字，替唐王朝编辑、整理图书，有机会阅读了许多书籍。政治上，他主张改革，曾积极参加王叔文革新集团的活动。革新失败后，被贬为永州（现在湖南省零陵县）司马，过了 10 年再贬为柳州（现在广西柳州市）刺史。公元 819 年，病死在柳州，时年 47 岁。

柳宗元一生创作丰富，议论文、寓言、游记都有佳作。他的散文风格自然流畅，幽深明净，议论文笔锋犀利，逻辑严密；寓言想象丰富，寓意深刻，多讽刺时弊；他的山水游记最为脍炙人口，山水游记在柳宗元手中发展成为一种独立的文学体裁。他死后的第二年，即公元 820 年，唐朝著名文学家韩愈曾写了《祭柳子厚文》这篇文章，其中用了这样两句来赞扬柳宗元的文学才华："玉佩琼琚，大放厥词。"意思是说文笔秀美，尽力铺陈词藻，美如晶莹净洁的玉石。

【出处】

成语"大放厥词"出自《韩昌黎全集·祭柳子厚文》。原是用来赞美柳宗元写出了大量的文字，含褒义。现在常用来讽刺人大发议论，含贬义。

大器晚成

三国时,在曹操手下,有崔琰和崔林兄弟俩,他们均担任着较高的官职。崔琰生得仪表堂堂,气宇轩昂,少年时喜欢舞刀弄枪,直到二十多岁时,才开始埋头做学问。他拜当时的大学者郑玄为师,由于刻苦努力,终于学有所成。起初,他在袁绍营中为谋士,曹操打败袁绍后,聘其为谋士。崔琰为人正直,对曹操多有劝谏。有一次,曹操想废掉曹丕立曹植为太子,他坚决反对,虽然曹植为其侄女婿,但他认为废长立幼极易引起内部争斗和兄弟相残。

崔琰有一个堂兄弟崔林,在少年时代没有什么显著才能,连丈母娘家的人都瞧不起他,认为他没出息。唯有堂兄崔琰对他十分器重,常对别人说:“能做大事的人,往往要经过长期的磨炼。崔林是个人才,将来一定会取得大的成就。”果然如崔琰所料,在曹魏王朝建立后,崔林任御史中丞;不久升为司空,成为朝廷中最高级别的官员“三公”之一。

【出处】

成语“大器晚成”出自《三国志 · 魏志 · 崔琰传》:“此所谓大器晚成者也。”指大才的人成就大的事业往往较晚些。后人仍沿用原意。

大义灭亲

春秋时期,卫国国君卫桓公被其弟州吁杀掉,之后,州吁就取代他当了国君。因为他是杀兄篡位,所以总是担心有人会效法自己,就同其心腹石厚商量如何才能巩固自己的位置,石厚也参与了杀害卫桓公的阴谋,石厚向自己的父亲石碏请教。石碏很早就不满州吁与石厚的犯上作乱,现在他感到除掉二人的机会来了。于是他建议二人带礼物到陈国请求陈桓公向周天子美言几句,得到周天子的认可后,他们的位置才能安稳。

于是,州吁和石厚带了厚礼,来到陈国。陈桓公让大夫子铖接待他们。子铖早已接到好友石碏的密信,要他帮卫国除害。在征得陈桓公同意后,子铖立即把石厚和州吁带到事先安排好的太庙。

州吁见门口挂着一块写着“不忠不孝、无德无义者,不准入庙内”的白牌,不由大吃一惊,忙问子铖这是何意。子铖说:

“这是我国先祖的遗训,没有别的意思。”

两人这才放心地进入庙中。刚进庙,子铖就大喝一声:

周天子有令:‘捉拿弑君乱国之贼!’”

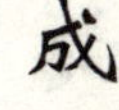

两旁武士一拥而上，州吁和石厚还来不及反抗，就双双被擒。陈桓公想将两人当场处死，子铖说："慢！石厚是石碏的儿子，我们杀他恐有不当，还是让卫国自己来处置吧！"

陈桓公派人通知石碏。石碏召集众大夫商议，石碏说："他俩人犯的都是十恶不赦之罪，应该马上派人去陈国将二人杀掉！"

一位大臣说："乱臣贼子，自然该杀，但我建议处斩州吁，对从犯石厚还是宽大处理吧！"

不料石碏毫不领情，义正辞严地说："岂有此理，没有我那逆子，州吁也不会干出伤天害理的事。我虽然爱儿子，但也不能只顾私情而忘了大义啊！不要多说了。"于是派了他的家臣到陈国将州吁和石厚正法。当时，石碏这种大义灭亲的行为博得了人们的一致赞扬。

后来，人们就用"大义灭亲"这个成语来指为了维护国家人民的利益，对犯罪的亲人不徇私情，使其受到应得的惩罚。

【出处】

成语"大义灭亲"出自《左传·隐公四年》："大义灭亲，其是之谓乎。"原指为维护君主之义而不顾亲属私情。今指为保护国家和人民的利益，对亲属不徇私情，使之受到国法制裁。

呆若木鸡

春秋时期，流行一种斗鸡的娱乐活动。王公大臣与黎民百姓都对斗鸡充满了兴趣，于是就出现了许多斗鸡训练师，而一个名叫纪渻子的人是其中的佼佼者，他被国王周宣王聘为斗鸡训练师。

周宣王很关心驯鸡的进展情况，过几天就来看看。十天以后，他见鸡昂首挺胸，一副好斗的模样，就问："这鸡驯得差不多了吧？"纪渻子说："鸡的性情骄矜，高昂着头，瞧不起别人，这还不行啊！"

又过了十天，周宣王忍不住又来问："这回斗鸡训练好了吧？"纪渻子回答说："不行啊，别的鸡走动或叫唤，它还受到影响，这样不算成功。"

一个月过去了，纪渻子还一点动静也没有，周宣王很着急，每天都往驯鸡的地方跑。纪渻子知道周宣王的意思，就主动对他说："这鸡还没完全驯好。它的意气过于强盛，心神过于激动，眼睛看东西太急切。还得训练一些日子，要驯它沉得住气。"

纪渻子又把斗鸡训练了四十天，才告诉周宣王，鸡驯好了，可以参加比赛了。他把那只鸡放在鸡群里，要周宣王仔细观察，并说："你看这鸡，既不骄矜，心神又安定，别的鸡叫唤挑衅，它也不害怕，看上去简直像木头雕刻的一样(呆若木鸡)。这样的鸡参加比赛，往那儿一站，别的鸡就会害怕而逃跑，不敢同它斗。大王您现在可以试一试了。"

【出处】

成语"呆若木鸡"出自《庄子·士卷·达生》："纪渻……曰：'几矣！鸡虽有鸣音，已无变矣，望之若木鸡矣，其德全矣！'""呆若木鸡"形容呆傻死板的样子，现在有时用以形容惊讶发愣的样子。

代人捉刀

东汉末年，曹操统一北方后，声威大震，各少数民族部落纷纷归附。北匈奴派使者送来了大批奇珍异宝，使者请求面见曹操。曹操认为自己长得不是太威武，身体不够高大，不能镇服匈奴使者，便将声势高扬、眉目疏朗的崔琰召来，要他代替自己接见使者。接见时，崔琰正中端坐，接受了匈奴使者的拜贺，曹操却扮作侍卫模样，手握钢刀，挺立在坐榻旁边。

接见完毕后，曹操派亲信去询问匈奴使者对魏王的印象如何。使者不假思索地说："魏王儒雅俊美，很有神采，而在旁边提刀而立的那个人(代人捉刀)则气度威严，让人一望就有惧怕的感觉。不是一般人所能比的。他才是一个真英雄。"

亲信就如实地告诉了曹操，曹操十分惊讶，想不到这个使者的眼光如此地敏锐，将来一定是个劲敌，这样的人岂能留他。他便派自己的儿子在使者返回的路上将他杀了。

【出处】

成语"代人捉刀"出自南朝宋刘义庆《世说新语·容止》："……帝自捉刀立床头。既毕，令间谍问曰：'魏王如何？'匈奴使者曰：'魏王雅望非常，然床头捉刀人，此乃英雄也！'"比喻代替别人写文章，有时也比喻代人操劳的意思。

当断不断

西汉初期,汉高祖刘邦死后吕后(刘邦妻)掌权,吕后死后,其兄弟吕铲等掌握了朝中的大权,他们准备乘机作乱,夺取汉家天下。由于惧怕朝中元老大臣如周勃、陈平等,一时间也不敢轻举妄动。但他们的这一阴谋被朱虚侯刘章(刘邦之孙)知道了,他一方面联合周勃、陈平等人准备铲除吕家兄弟,另一方面又联络他的哥哥——齐王刘襄(刘邦长孙),告诉他赶快带兵来长安,帮助诛杀吕家兄弟,事成之后,他就可能当皇帝。

刘襄听到这个消息十分高兴,便和亲信商量起兵之事。谁知这件事被刘襄的丞相召平知道了。诸侯王的丞相,均由皇帝直接任命,负有监督诸王的职责。所以召平便点起军队,包围了王宫。这一来,可把刘襄给吓坏了。多亏他的亲信——"中尉"魏勃出谋划策,才转危为安。

魏勃出宫对召平说:"齐王要发兵,必须接到朝廷的兵符,不然他不敢轻举妄动,同时,我们也不允许他乱动。您是丞相,带兵保卫王宫是十分正确的。不过,我身为中尉,理应执行这一保卫任务,您辛苦了,回相府休息去吧!"召平听了,信以为真,果真把部队交给他,便回相府去了。结果,召平刚回去,魏勃便调兵把相府给包围了。召平知道上了当,后悔地说,本应当机立断的事,而没有抓住时机解决,自己反而遭到了祸害!说完,拔剑自杀了。

这时,刘章等已诛杀了诸吕。大臣们商议立刘襄为皇帝。但与刘襄不和的琅邪王刘泽(刘邦的堂兄弟)却说:"刘襄的舅父家,十分霸道,与吕家不相上下,不如立代王刘恒好。一来,刘恒是刘邦的儿子,而刘襄则是刘邦的孙子;二来,刘恒舅父家无权无势,正直善良。"结果,刘恒被立为皇帝,就是汉文帝。刘襄只好仍做他的齐王,回到齐都,不到一年就气死了。

【出处】

成语"当断不断"出自《史记·齐悼惠王世家》:"当断不断,反受其乱。"比喻坐失良机,反受其害的意思。形容遇事犹豫不决,不能当机立断。

党同伐异

公元前141年,刘彻即位,史称汉武帝。刘彻即位后,雄心勃勃,希望大汉王朝在他的治理下能够有一个新的局面。他决定先从思想领域入手。西汉建立后,思想领域并不统一,诸子百家的学说仍然盛行,于是便有一个儒家学者——董仲舒,提出了"罢黜百家,独尊儒术"的主张,即抑制其他学说,大力发展儒家学说。这一主张非常合乎汉武帝的心思,便采纳了它。为了推广儒家,汉武帝在京城长安设置了专门的教育机构——太学,招收儒家学者和儒家弟子们,讲解和传授儒家学问。学生们学成之后便可到政府内任职。于是儒家学说便得到了很快的发展。

到汉宣帝刘询当政的时候,儒家思想已经成为维护封建统治的正统思想,儒家学说更是盛行,刘询自己也让名儒萧望之来教授太子。但由于当时儒生们对儒家经典著作有不同的理解,所以宣帝决定进行一次大讨论。

公元前51年,由萧望之主持,在皇家藏书楼兼讲经处的石渠阁,进行了一次大规模的学术讨论。在讨论过程中,儒生们把和自己观点一样的人作为同党,互相拉帮结派,而对观点不一样之人,则进行大肆攻伐。辩论进行得非常激烈,最后由汉宣帝亲自出面才平息了不同派别之间的争论,形成了统一的认识。

【出处】

成语"党同伐异"出自《后汉书》:"至有石渠分争之论,党同伐异之说。"意思是纠合同党攻击异己。

道听途说

战国时期，有这样两个人，一个叫艾子，一个叫毛空，艾子学富五车，门下有许多学生，而毛空则游手好闲，不务正业，又喜欢吹牛。毛空对艾子不服气，总想在艾子面前显示一下自己的见多识广。

一日，艾子从楚国回到齐国。刚进都城，正好碰见了毛空。毛空急忙过去，与艾子寒暄了一阵，便很神秘地对艾子说："你听说过吗，一只鸭子一次能下一百个蛋？"

艾子听后便说："要是那样的话，我不知道你说的鸭子有多大？"

毛空自鸣得意地说："鸭子大小与下蛋多少无关，大象可是很大，可是它一个蛋也生不下来。"艾子说："如果把一百个鸭蛋放在一起，那么一只鸭子能往哪装它呢。"

毛空马上说："这当然是装在鸭肚子里了。"

艾子说："一只鸭子哪能装一百个鸭蛋呢？"

毛空说："要么是两只或三只鸭子下的，这你总该相信了吧。"可艾子还说，这是不可能的。

毛空一看说服不了艾子，便又说了一件事，他说："上个月，天上掉下了一块长三十丈，宽二十丈的大肉。"艾子说："天下什么动物的肉会这么大呢！"

毛空一看艾子不信，忙改口说："那就长十丈，宽十丈吧！"

艾子一看毛空不着边际地瞎说，便问道："这样一块肉比十头牛还大，究竟是什么肉呢？请你告诉我，鸭子是谁家的，肉掉在什么地方，那样我才相信！"

毛空只好说："我是在路上听别人说的。"

艾子听后，大声笑着对身边的学生说："你们千万不要像毛空那样道听途说，否则会很难堪的。"

【出处】

成语"道听途说"出自《论语·阳货》："道听而涂（途）说，德之弃也。"比喻在路上听到的传闻，又传给他人。指不可靠的传闻。

得陇望蜀

东汉光武帝刘秀的大将军岑彭，善于行军打仗，有勇有谋，攻必克，战必胜，为东汉王朝的建立立下了汗马功劳，颇为刘秀所倚重。中原平定后，刘秀封岑彭为将军，随自己一起征讨西部，统一全国。当时，占据西部的是隗嚣的军队。隗嚣在王莽时曾占据陇西，后来投降了刘秀，并为刘秀立过战功。但是，他不甘心屈居刘秀之下，又与盘踞蜀地的公孙述勾搭上了，不久公开背叛了刘秀。刘秀这次西进的目的，就是要平定陇、蜀二地，完成统一全国的大业。刘秀和岑彭率大军攻克了天水后，在西城这个地方把隗嚣的军队围困住了。刘秀见胜局基本上已稳操在自己手中，就打算留下岑彭完成平定陇、蜀的任务，自己先回洛阳去。因为他很担心洛阳有人趁他不在时篡夺大权。

刘秀回洛阳后，又恐岑彭不积极进攻，就下了一道诏书给他，命令他："西城攻克后，你可派兵去攻打蜀地。人都是不知足的，既已平定了陇地，还想得到蜀地(即平陇，复望蜀)。每一次出兵征战，头发和胡须都要变白一些啊！"

岑彭得到刘秀的诏书后，就加紧攻城。西城城墙高大坚固，难攻易守。岑彭就用灌水的方法攻城。可是水深还没到一丈，蜀国的兵马就来到，将隗嚣救走了。岑彭的军队粮草不足，只好领兵撤回洛阳。

后来，岑彭再一次率兵西进，终于平定了陇、蜀两地。

【出处】

成语"得陇望蜀"出自《后汉书·岑彭传》："人苦不知足，既平陇，复望蜀。"即已经取得陇后，还想攻取西蜀。比喻得寸进尺，贪得无厌。

得意忘形

阮籍是西晋初年的著名诗人。当时西晋的政治比较腐败，贵族们生活奢侈，互相攀比，甚至有些贵族公开地比富斗富，如石崇和王恺等人，这些行为使得攀比之风盛行，大大地败坏了社会风气。一些正直的文人如阮籍等对晋朝的统治非常不满，但又不敢表示自己的态度，便把抑郁和愤慨寄托在饮酒、做诗上。他曾写《咏怀诗》八十二首，在诗中，他以迂回曲折的语言来表达了忧国忧民和无可奈何的心情。

他的好朋友嵇康，也是当时著名的作家，两人的关系亲密。阮籍的好友除了嵇康之外，还有山涛、向秀、刘伶和王戎，他们志同道合，意气相投，连同阮籍的侄子阮咸在内，一共七人，形成了一个小集团，经常在一所竹林里闲谈、狂饮，做诗、弹琴，高兴时就纵声大笑，一不高兴就痛哭一阵。后人称他们为“竹林七贤”。

这七人当中，阮籍最是疯疯癫癫，哭笑无常。当他快乐时，就发疯得忘乎所以，甚至连他自己是什么样子都不知道了。所以《晋书·阮籍传》说：“当其得意，忽忘形骸”，即是说阮籍高兴之时，总是失去常态。

【出处】

成语“得意忘形”出自《晋书·阮籍传》：“嗜酒能啸，当其得意，忽忘形骸。”原意是高兴时，忘掉了自身形体的存在，达到“物我两忘”的超然境界。后来变成贬义词，形容高兴过头的丑态。

雕虫小技

“雕虫”本指雕刻虫书。所谓虫书,是古代篆字的一种。汉字是由象形文字发展而来,古代的虫书这种篆字,即由纤细曲长的笔画所写的字体,多由鸟虫形体发展而来。现在仍有“雕虫篆刻”一语,说的就是这种虫书的篆刻,意指微不足道的小技艺。

西汉文学家杨雄在一篇文章中曾经写道:“有人问我杨雄:‘你少年时喜欢写辞赋吗?’我回答:‘是的。只不过是孩童雕虫篆刻的小技能罢了。’稍停一会儿我又说:‘大丈夫是不会干那小玩意儿的啦!’”显然这里把填辞赋比做小事、小技能,“雕虫篆刻”是令人看不起的儿童画图般的“小儿科”呢!所谓“小技”指小的技巧,小的技能等,后人便从这个故事中引出了“雕虫小技”这一成语。

【出处】

成语“雕虫小技”出自杨雄《法言·吾子》:“或问:‘吾子少而好赋?’曰:‘然。童子雕虫篆刻。’”雕,雕刻。比喻小技或微不足道的技能。

东窗事发

南宋时期，大奸臣秦桧当上宰相之后，加快了南宋向北方金国求和的步伐。而金国大元帅金兀术认为岳飞是他们议和的障碍，暗示秦桧除掉岳飞。秦桧于是首先寻找借口将岳飞抓了起来，接着便寻思找个什么借口才能将岳飞杀掉。

秦桧和他的老婆王氏在卧室东窗之下密谋对策，王氏阴险地说：

“相公，缚虎容易纵虎难。如果现在不想办法把岳飞治死，将来后患无穷！”

“夫人说得很对！我一定把岳飞治死。”秦桧说。

于是，秦桧授意谏议大夫万俟禹等人捏造证据，将岳飞和他的儿子岳云、部将张宪诬陷成罪，以莫须有的罪名把岳飞、岳云、张宪杀死在狱中。

传说岳飞父子被害之后，有一天，秦桧独自乘坐华丽的游船，正在玩赏西湖。突然，船头出现一个彪形大汉，义正词严地列举了秦桧祸国殃民的一件件罪状，秦桧吓得浑身发抖，冷汗直冒。秦桧回到家里，过了不久便死了。

王氏心神不宁，便请来一个道士祈禳。那道士对秦桧及其老婆的卖国行为十分痛恨，装神弄鬼一阵子之后，便告诉王氏他见着了秦桧，秦桧要他传话说东窗事发了。王氏不由吓呆了，过了不久，她便也死了。

【出处】

成语“东窗事发”出自田汝成《西湖游览志余》：“可烦传语夫人，东窗事发矣。”比喻密谋败露，罪案被揭发了出来。

东床快婿

东晋有两个世家大族:王家和谢家。王家的当家人是王导,当时的丞相,谢家的当家人是谢安。这两大家族在社会上势力极大。当时朝廷中太尉郗鉴,有一个女儿准备出嫁。他的这个女儿,才貌双全,郗鉴爱如掌上明珠,这么一个宝贝疙瘩,得找个门当户对的人家才行。

郗鉴觉得王家与自己情谊深厚,又同朝为官,听说他家子弟甚多,个个都才貌俱佳。一天早朝后,郗鉴就把自己择婿的想法告诉了王丞相。王丞相说:“那好啊,我家里子弟很多,您到家里任意挑选吧,凡你相中的,不管是谁,我都同意。”郗鉴就命心腹管家,带上重礼到了王导家。

王府子弟听说郗太尉派人觅婿,都仔细打扮一番出来相见。这个管家寻来觅去,一看少了一人。王府管家便领着郗府管家来到东院的书房里,就见靠东墙的床上一个露着肚皮仰卧的青年人,对太尉寻婿一事,无动于衷。

郗府管家回去向郗鉴报告:“王家的少爷个个都好,只是他们听到了相公要挑选女婿的消息以后,个个都打扮得齐齐整整,装模作样地循规蹈矩;唯有东院的床上有位公子,露着肚皮躺着若无其事。”郗鉴说:“那个人就是我所要找的好女婿!”于是马上派人再去打听,原来那人就是王羲之。郗鉴来到王府,见到王羲之既豁达又文雅,才貌双全,当场下了聘礼,择为快婿。现在我们流传的“东床快婿”的成语,就是指这个故事。

郗鉴为什么会选中王羲之呢?他大概认为这个青年纯真,不矫饰做作,而且不把个人的事儿放在心上,精力集中于其书法事业上,这正是有出息的表现,有这样的钻劲、迷劲,是不愁不成才的。

【出处】

成语“东床快婿”出自《晋书·王羲之传》:“……惟一人在东床坦腹食,独若不闻。鉴曰:‘正此佳婿邪!’访之,乃羲之也,遂以女妻之。”后来,这句成语成了贵婿的代称。

东山再起

东晋时有一个著名的人物，名叫谢安，他从小天资聪颖，博览群书，博学多才且擅长书法。虽然兼具才学，谢安却不喜欢做官，多次谢绝朝廷的征召，他向往那种山水田园清静无忧的生活。

谢安隐居在会稽的东山，与当时的大书法家王羲之等人交往甚密。他们一起游山玩水，写诗作文，很是悠闲。他常坐在山中的石窟中，面对着峡谷大川，悠然叹道："我这样的生活离古代的隐士伯夷又有多远呢？"

当时，谢安的弟弟谢万当了征西中郎将，很受朝廷重用。但他的名气还是没有谢安大，人们都认为谢安是治国平天下、辅佐君王的大才。谢安的妻子见谢万当了官后，家门富贵，而谢安却安于平淡的生活，就对他说："大丈夫不求功名，不求富贵，还求什么呢？"谢安仍不为所动。

不久，其弟弟被罢官，谢安决定接受朝廷的征召。

在他要上任的那天，许多朝廷命官都来为他送行。有个叫高灵的官员和他开玩笑说："你过去多次违背朝廷旨意，不肯出来做官，高卧东山，悠闲得很。今天你到底出来了（东山再起）。"谢安听了，感到很羞愧。

谢安后来一直官至宰相，在著名的淝水之战中，他指挥有方，以少胜多，打了大胜仗。

【出处】

成语"东山再起"出自《晋书·谢安传》。原指谢安隐退后再任要职。后泛指失势后重新得势。

东施效颦

相传,春秋时期越国有一个绝色的美女,名叫西施。这西施出落得花容月貌,明眸皓齿,人见人爱。后来,西施为了报效国家,就自动献身于吴王,迷惑吴王。最后越国终于打败了吴国。

西施在故乡时,家乡的父老乡亲们就很喜欢她。每当她在街上走时,人们都要放下手里的活儿欣赏她:锄地的拄着锄头站着;挑担的扶着扁担站着;姑娘、媳妇手捏着缝针忘了往衣料里扎,羡慕地望着她。西施有心口疼的毛病,因此她经常用手按住胸口,紧皱着眉头。人们见了,都说西施皱眉的样子很好看。

离西施家不远,有个长得很丑的姑娘名叫东施。这东施长得极丑。可她却一天到晚涂脂抹粉,扭扭捏捏,乡亲们都很讨厌她。东施见大家总夸西施长得美,很羡慕,就想学西施的样子。看见西施捂着胸口皱着眉头从街上走过,她也做出眉头紧皱的病态表情(东施效颦),以为这样就美了。结果,同村的富人看见了,赶紧把门闭了起来;穷人见了,拉着妻子就走,人们觉得她比以前更丑了。

【出处】

成语"东施效颦"出自《庄子·天运》:"其里之丑人见而美之,归亦捧心而矉其里。其里之富人,坚闭门而不出;贫人见之,挈妻子而去之走。"比喻仿效不像,更加丑了。也讽刺生搬硬套,形式上的仿效。有时也用于自谦。

独当一面

楚汉战争期间，刘邦率领大军向东进攻项羽，出发时，他派人送信给淮阴侯韩信、将军彭越，要他们各自领兵来和他会合，齐力攻楚。谁知他攻下彭城，进军固陵后，韩信和彭越的兵马还是迟迟不来。项羽见刘邦援兵不至，立即组织反击，汉军大败。刘邦带兵仓促撤退，逃到下邑。刘邦打了败仗，很是恼怒，他跳下马来，向张良道："谁能助我打败项羽，我宁愿把函谷关以东的地方送给他。你看谁有这个资格？"

张良想了一下说："九江王英布，是楚国的猛将，他和项羽有矛盾，我们可以利用他。彭越和齐王田荣正在梁地起兵反对项羽，这两个可以赶快派人联系。至于汉王您的部下，只有韩信可以独当一面。您如果要把关东的地方送给替您立功的人，那么分给这三个人最合适了。您只要派人去告诉他们分封土地之事，他们马上就会出兵来助您攻楚的。"

刘邦听从了张良的意见，立即派人去联络英布和彭越，许以封地；又许愿破楚后封韩信为齐王，让他领兵抄袭项羽的后路。英布、彭越和韩信很快出兵，把项羽围困在垓下（今安徽灵璧东南），终于大败楚军。项羽自杀，刘邦一统天下，建立汉朝。

【出处】

成语"独当一面"出自《史记·留侯世家》："而汉王之将，独韩信可属大事，当一面。"指单独负责某一个方面的工作。

对症下药

华佗(tuó)是东汉末年著名的医学家,他精通内科、外科、妇科等,医术高明,诊断准确,在我国医学史上享有很高的地位。

华佗给病人诊疗时,能够根据不同的情况,开出不同的处方。

有一次,州官倪寻和李延一同到华佗那儿看病,两人诉说的病症相同:头痛发热。华佗分别给两人诊了脉后,给倪寻开了泻药,给李延开了发汗的药。

两人看了药方,感到非常奇怪,问:"我们两人的症状相同,病情一样,为什么吃的药却不一样呢?"

华佗解释说:"你俩相同的,只是病症的表象,倪寻的病因是由内部伤食引起的,而李延的病却是由于外感风寒,着了凉引起的。两人的病因不同,我当然得对症下药,给你们用不同的药治疗了。"

倪寻和李延服药后,没过多久,病就全好了。

【出处】

成语"对症下药"出自《三国志·魏书·华佗传》。用来比喻要善于区别不同的情况,针对问题所在,正确地给予处理。

多端寡要

东汉末年，由于朝廷软弱，地方上出现了军阀割据的局面。出身于豪门家族的袁绍借助于自身的优势逐渐变成了北方一个比较大的军阀。为了实现自己的政治野心，他广泛地招揽人才，礼贤下士。结果，他手下的文臣、谋士及武将是当时其他军阀无可比拟的，但一度极其强大的袁绍却被势力比他弱小许多的曹操打败了。袁绍的失败是因为他虽拥有很多人才，但却不会用人。

当时，二十七岁的青年郭嘉为了实现自己的政治理想，也曾投靠过袁绍，在袁绍的大营里呆过短短的十几天时间，但就在这短短的一段时间内，郭嘉却对袁绍的为人和性格缺陷把握得非常清楚。他对其他谋士说："智谋之士，首先要选择好明主，有了好明主，才谈得上建立功名、事业。袁绍想仿效周公多用贤才，但不懂用人之道，头绪纷繁，分不清主次，虽好谋略，欠缺果断，你想与他共同图谋天下大事，难啊！"于是，他离开了袁绍，投奔了曹操，曹操与其交谈后，对郭嘉的见识和才能大为欣赏，对其他人说："能够助我完成大业的必定是此人。"后来，郭嘉果然不辜负曹操对他的期望，为曹操统一北方献计献策，立了很大功劳，先后帮助曹操灭掉了袁绍势力及其他的一些割据政权，后因病死于行军途中。

【出处】

成语"多端寡要"出自晋代陈寿《三国志·魏书·郭嘉传》："袁公徒欲效周公之下士，而未知用人之机。多端寡要，好谋无决。"意思是头绪太多，抓不住中心和重点。

咄咄怪事

殷浩，东晋人，博学多闻，善于言辞，东晋皇帝司马岳任命他为“建武将军”，都督扬州、豫州、徐州、兖州、青州五地的军马。由于中原当时被北方的少数民族政权占领，他便以收复中原为己任，经常率军北伐。有一次，他北伐失利，朝中的大臣桓温便上书皇帝指责他的失败，被废为庶人，即平常老百姓，于是，他从建康（南京）迁移至信安县居住。

扬州等地百姓很是怀念他，纷纷移居信安，去看望安慰他。他对自己的罢官并没有多少怨言，但常常用手指对空写字。百姓们跟着他的手指看，原来写的是“咄咄怪事”四个字。因为他不理解朝廷为啥在这节骨眼上罢了他的官，使北伐落空。

后来，许多大臣对殷浩的罢免表示同情，便建议桓温重新启用他，桓温在朝中很有权力，就任命他为尚书，殷浩便给桓温写了一封书信表示感谢。他写好信后，怕有漏误、错字，拆开信封，看之再三。谁知，越是小心，越出差错，竟然把几页白纸装进信封。当桓温接到信后，拆开一看，认为是侮辱他，大怒。自然殷浩没当成尚书，几年之后就病死了。

【出处】

成语“咄咄怪事”出自南朝宋·刘义庆《世说新语·黜免》：“殷中军被废，在信安，终日恒书空作字。扬州吏民寻义逐亡，窃视，唯作‘咄咄怪事’四字而已。”指代不合常理，难以理解的怪事。

尔虞我诈

春秋时期，楚宋两国由于外交纠葛，关系恶化，楚国就发兵攻宋。弱小的宋国经不起楚国的长期围攻，就派人向晋国求救。晋国打算在楚国的军力消耗得差不多的时候再发兵攻楚。于是派解扬到宋国，告诉宋国再坚持一段时期，就可得到救援。

谁知，解扬路过郑国时被抓了起来。郑人又把他献给了楚国。楚王给了他许多钱，要他对宋国人讲相反的话，解扬不答应。楚王再三逼迫，解扬假装同意了。于是，楚王就让解扬登上楼车，把他带到宋国都城前，要他向宋人喊话。解扬趁机把晋君的命令传达给了宋国。

楚王见解扬欺骗了自己，不禁大怒，下令把解扬杀了。在刑场上，楚王的使者宣布了解扬的罪状："你既已答应了楚王，又后悔，是你不讲信用，快接受你应受的刑罚吧！"解扬毫无惧色，从容不迫道："我接受了我们国君的命令，如果不执行才是不讲信用。我答应楚王，是为了完成我的使命，即使死了我也无悔。"楚王对解扬的忠贞非常佩服，便又把他放了。

宋国坚决不降，楚国久攻不下，粮草也快完了。楚王准备退兵，大臣申叔时献计说："听说宋国人已用人骨当柴烧，交换死掉的孩子当饭吃。我们只要让士兵盖房子，种粮食，装作要长期住在这里，宋国人的军心就会涣散，还能不投降吗？"楚王觉得很有道理，就采纳了他的意见。

这天夜里，宋军将领华元悄悄潜入楚营，溜进了楚帅子反的军帐，子反无防备，被华元挟持，华元说："我们现在已是吃人肉烧人骨了。但是，我们宁可让国家灭亡，也不投降。但我知道，你们基本上也没有粮食了。所以，我们可以订立一个和约。"在华元的挟持下，子反无任何反抗余地，于是当即就订了和约。在和约上有这样一句话："尔无我诈，我无尔虞。"后人据以演化出成语"尔虞我诈"。

【出处】

成语"尔虞我诈"出自《左传·宣公十五年》："尔无我诈，我无尔虞。"意思是彼此猜疑，互相欺骗。

二桃杀三士

春秋时期，齐景公手下有三个勇士，一个叫田开疆，一个叫公孙接，一个叫古冶子，号称“齐国三杰”。这三个人个个勇武异常，深受齐景公的宠爱，但他们却恃功自傲，不把其他人放在眼中。当时齐国的田氏势力日益变大，直接威胁着国君的统治。而田开疆正属于田氏宗族，相国晏婴担心“三杰”为田氏效力而危害国家，屡谏景公除掉“三杰”，然而景公爱惜勇士，没有表态。

适逢鲁昭公访问齐国，齐景公设宴款待。齐相国晏婴和鲁国大夫叔孙在旁奉陪，君臣四人坐在堂上，“三杰”佩剑立于堂下，态度十分傲慢。晏子心生一计，决定乘机除掉这三个心腹之患。

当两位君主酒至半酣时，晏子说：“园中桃子已经熟了，摘几个请二位国君尝尝鲜吧?”齐景公大悦，传令派人去摘。晏婴忙说：“金桃很难得，还是臣亲自去吧。”一会儿的功夫，晏婴带着园吏端来了 6 个桃子。众人一见，只见盘子里放着的 6 个桃子，个个硕大新鲜，桃红似火，香气扑鼻，令人垂涎。晏婴恭恭敬敬地献给鲁昭公和齐景公一人一个桃子。鲁昭公边吃边夸奖桃味甘美。景公说：“这桃子实在难得，叔孙大夫和晏婴大夫都是贤能之人，对国家又有功劳，应当各吃一个。”二人一听，赶紧上前拜谢，然后把桃吃了。

这时，盘中还剩有两个桃子。晏婴说：“请君王传令群臣，谁的功劳大，谁就吃桃，如何?”齐景公同意，于是传令下去。话音刚落，公孙接率先走了过来，拍着胸膛说：“有一次我随国君打猎，突然从林中蹿出一头猛虎，是我冲上去，用尽平生之力将虎打死，救了国君。如此大功，还不应该吃个金桃吗?”晏婴说：“冒死救主，功比泰山，可赐酒一杯，桃一个。”公孙接饮酒食桃，站在一旁，十分得意。

古冶子见状，厉声喝道：“打死一只老虎有什么稀奇！当年我送国君过黄河时，一只大鼋兴风作浪，咬住了国君的马腿，一下子把马拖到急流中去了。是我跳进汹涌的河中，舍命杀死了大鼋，保住了国君的性命。像这样的功劳，该不该吃个桃子?”景公说:“当时黄河波涛汹涌，要不是将军斩鼋除怪，我的命早就没了。这是盖世奇功，理应吃桃。”晏婴忙把剩下的一个桃子送给了古冶子。

一旁的田开疆眼看桃子分完了，急得大喊大叫:“当年我奉命讨伐徐国，舍生入死，斩其名将，俘虏徐兵5000余人，吓得徐国国君俯首称臣，就连邻近的郯国和莒国也望风归附。如此大功，难道就不能吃个桃子吗?”晏婴忙说:“田将军的功劳当然高出公孙接和古冶子二位，然而桃子已经没有了，只好等树上的桃子熟了，再请您尝了，先喝酒吧。”田开疆手按剑把，气呼呼地说:“打虎、杀鼋有什么了不起。我南征北战，出生入死，反而吃不到桃子，在两位国君面前受到这样的羞辱，我还有什么面目站在朝堂之上呢?”说罢，竟挥剑自刎了。公孙接大惊，也拔出剑来，说道:“我因小功而吃桃，田将军功大倒吃不到。我还有什么脸面活在世上?”说罢也自杀了。古冶子也沉不住气了，大喊道:“我们三人结为兄弟，誓同生死，亲如骨肉，如今他俩人已死，我如何苟活，于心何安?”说完，也拔剑自刎了。

【出处】

成语“二桃杀三士”出自《晏子春秋·谏下二》。原意指用两个桃子就杀死了三个猛士，后来用以比喻施展阴谋手段借刀杀人。

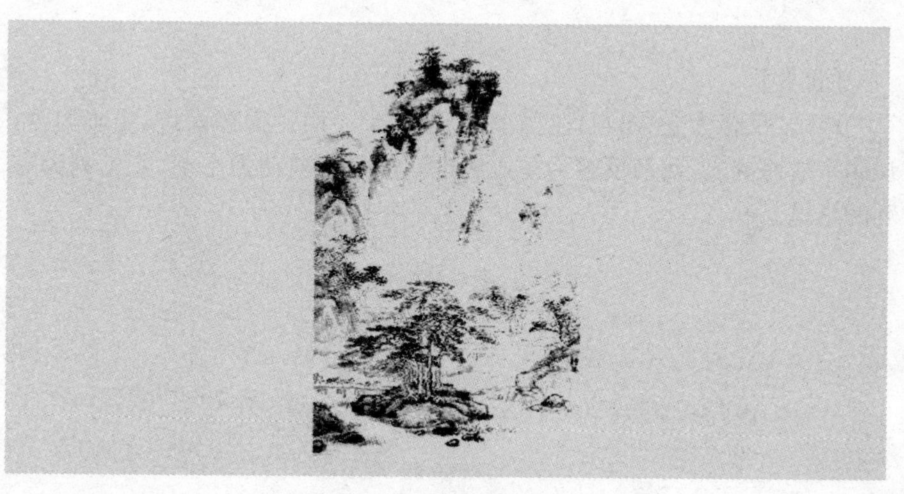

反客为主

曹操打败张鲁，夺取汉中后，并没有趁势南下，攻打刘备的西蜀，而是带领大军返回了中原。临走时，曹操命其手下大将夏侯渊和张郃领兵，留守汉中。曹操回到中原后，刘备的一个谋士法正认为，此时汉中将少兵弱，正是攻打和夺取汉中的好时机。因为曹操及其主力大军正驻扎在中原，即使前来增援也需很长时间，未必能赶得上。夺取汉中后，可将汉中作为蜀军的根据地，进可攻，退可守。刘备和军师诸葛亮都认为这一建议很不错。

诸葛亮便开始调兵遣将，命令黄忠及法正率领一部人马攻打定军山。定军山是进入汉中的要道，由夏侯渊把守。法正深知夏侯渊的弱点，他便对黄忠说，夏侯渊为人轻举妄动而性情急躁，凭着自己一身好武艺而缺少谋略。我们可以激励士卒，拔寨前进，走一段路扎一个营寨，引诱他来追击，然后可以擒拿，这就叫"反客为主"的计策。黄忠采纳了法正的建议，引诱夏侯渊出战，尽管曹操一再嘱咐他谨慎小心，但他好勇争功，结果，被黄忠斩于定军山南。夏侯渊死后，曹军大乱，黄忠乘机领兵夺取了定军山。

【出处】

成语"反客为主"出自《三国演义》第七十一回："拔寨前进，步步为营，诱渊来战而擒之，此乃反客为主之法也。"比喻变被动为主动，变不利为有利的意思。

方寸已乱

三国时期，有一个著名的谋士，名叫徐庶。徐庶少年时并不喜读书，却喜欢干些行侠仗义之事，曾经为人报仇而被捕入狱，经同伴解救后出狱而逃，来到了荆州一带，在那里隐姓埋名，并开始拜师求学。在那里他与诸葛亮相识并结为好友。学成之后，他投奔了刘备，为其出谋划策，曾多次挫败曹军，曹操感到非常吃惊。当他得知是徐庶在替刘备谋划时，便千方百计地想得到他。

曹操的谋士程昱告诉他说徐庶是个孝子，只要把他母亲骗到这儿来，就不怕徐庶不来了。曹操于是派人将徐母俘到了许昌，然后派人通知徐庶，徐庶闻讯后，非常焦急，急忙向刘备告别。他对刘备说："本想和将军您共图大业，以报答您的知遇之恩，但现在老母被曹操虏去，我心里乱透了，我必须到曹营看一下究竟。"刘备虽然舍不得，但不得不让他走。徐庶骑马走了好远，回头一望，发现刘备仍然伫立在山头瞭望，他忽然想起一件事，便掉转马头返了回来。他对刘备说："在襄阳城外的隆中有一个名叫诸葛亮的人是当世奇才，只要您得到他，就大事不愁了。"然后，徐庶便骑马来到了曹营。

到曹营后徐庶见着了母亲，但母亲并不高兴，反而责备他说："曹操是奸贼，刘备是汉室的后代，要想匡救汉室，就不应该离开刘备而来辅佐曹操，忠孝自古两难全。"之后，为了不拖累徐庶，徐母自缢而死。从此，徐庶虽身在曹营，但从来没为他出一计策，即是民间所说的"徐庶进曹营——一言不发"。

【出处】

成语"方寸已乱"出自《三国志·蜀志·诸葛亮传》："本欲与将军共图霸之业者，以此方寸之地也。今已失老母，方寸乱矣。"指心绪已被扰乱，比喻情绪紊乱。

防微杜渐

东汉汉和帝时，窦太后掌握朝中大权，她的兄长窦宪也因此有了很大权利，官员们争着巴结他，窦宪在朝中一手遮天，致使朝廷政局混乱不堪。窦家仗势横行乡里，没有人敢揭发他们的恶行。

当时的司徒（相当丞相）丁鸿借着日食出现的机会，向和帝密奏说："太阳是君王的象征，月亮是代表臣子的。日食出现，是象征做臣子的侵夺君王的权力，陛下千万要小心。在历史上记载，日食出现了三十六次，国君被臣子杀死的有三十二人，都是因为臣子的权力太大了！"他非常痛恨窦宪仗着太后的权势，包揽朝政，独断专行，想借此机会搬倒窦宪。

接着他又说："日食的出现，是上天在警诫我们，我们就应该注意危害国家的灾祸发生。穿破岩石的水，一开始都是涓涓细流，长到天上的大树，也是由刚露芽的小树长成的。人们常忽略了微小的事情，而造成祸患。如果陛下能亲自处理朝政，从小地方着手，在祸患还在萌芽的时候消除它，这样就能够安定汉室王朝，使国泰民安。"汉和帝听从了丁鸿的建议，革掉窦宪的官职，消减窦家的势力，朝廷政局开始有了好转。

【出处】

成语"防微杜渐"出自《后汉书·丁鸿传》："若敕政责躬，杜渐防萌，则凶妖销灭，害除福凑矣。"意思是指在错误或坏事刚冒头的时候就加以制止，不使其发展。

分道扬镳

南北朝时，北魏有两个大臣：元志和李彪，元志是都城洛阳的太守（市长），李彪是朝廷中的御史中尉（负责监察百官）。虽然都是魏孝文帝的大臣，但二人素来不和，互相瞧不起。一天，两个人在路上迎面走来，狭路相逢，元志虽然官职比李彪低许多，但他自恃后台强硬（其爷爷为河间敬王），倒也不把李彪放在眼中。李彪见他这样轻狂骄逸，目中无人，便怒火中烧，当众责问元志：“我乃堂堂的御史中尉，官职比你大多了，你为什么不给我让路？”

元志并不认李彪的理，反而振振有词：“我是这儿的地方官，你在我眼中，不过是洛阳的一个住户而已，哪有地方官给住户让路的道理！”

他们两个互不相让，争吵不已，最后闹到孝文帝那里。

孝文帝听了他们各自的陈词，觉得两人的话都有点道理，并且都是自己的臣子，也不好作评判，便笑着说：“洛阳是我的京城，你们说的也都有道理。我看你们还是分路扬镳吧。”于是二人走出朝廷之后，用尺子量了道路，各取其半，各自扬起马勒口，纵马而去。这就是成语“分道扬镳”的由来。

【出处】

成语“分道扬镳”出自《北史·魏诸宗室河间公齐传》：“……孝文曰：‘洛阳，我之丰、沛，自应分路扬镳。自今以后，可分路而行。’”镳，马嚼子的两端露出嘴外的部分。意指分路而行。比喻因志趣、目标不同，而各奔各的前程或各干各的事。

逢人说项

唐代掌管国子监(封建时代最高教育管理机关)的官员杨敬之,本身学问渊博,而且乐于培养人才,提携后辈,见到有才华的年轻人,总是非常高兴,尽自己的力量帮助他们。

有一次,从江南来了一位叫项斯的读书人。项斯家境贫寒,虽然诗文很好,但长期不被人重视,因此生活落魄,他听说杨敬之具有"爱才"之名,就抱着试一试的心情,托人把自己的诗集带给杨敬之。杨敬之读了,非常赞赏,认为他是一个可造之才,就立即邀请项斯见面。

项斯来到杨家。一见之下,杨敬之觉得项斯不但才学过人,而且风度儒雅,品格高超,比他读项诗时的想象还要好。杨敬之十分高兴,热情地接待和鼓励了他。

这以后,杨敬之碰到了人,就赞扬项斯,介绍项斯的人品和才华以及项斯的诗文,很快项斯的诗在长安城中被争相传抄,项斯也开始名声大振。第二年,他在长安应试,考中了进士之后被朝廷任命为丹徒县尉。

杨敬之知道后非常高兴,为了祝贺项斯,他写了一首诗,诗中写道:"平生不解藏人善,到处逢人说项斯。"意思是说,我杨敬之不喜欢埋没别人的长处,自从见了项斯这样的年轻人后,更是打心眼里感到高兴,愿意向人们介绍和赞扬他。

【出处】

成语"逢人说项"出自唐代杨敬之《赠项斯》一诗,比喻到处宣传别人的长处或某事的好处。

奉公守法

赵奢是战国时期赵国的名将，颇善于用兵，但他并不是出身于行伍。最初，他只是赵国的一个收税的小官。

有一次，他带人到平原君赵胜家去收税。平原君是赵惠文王的弟弟，战国时著名的四君之一（其余三人为齐国的孟尝君、魏国的信陵君、楚国的春申君）。他家有食客上千人，朝廷里的许多事，都是他说了算，在赵国很有势力。平原君的管家一向狐假虎威，不把国家法令放在眼里，见赵奢竟敢上门收税，他指挥家丁，围攻谩骂，拒绝缴税。赵奢见他们如此嚣张，十分气愤，便依据法律，把九个带头闹事的人抓起来杀掉了。平原君知道后大发雷霆，带了一帮人上门问罪，并扬言要处死赵奢。

赵奢面对气势汹汹的平原君，毫无惧色。他义正辞严地说道："您是赵国的贵公子，如今却纵容家人违反国家法令。国家法令受到损害，国家就要受到侵犯，甚至使赵国灭亡。到那个时候，你还能保住今日的荣华富贵吗？像您这样显贵的人，如果能够带头奉公守法，上下就公平了，老百姓不会有怨言，国家也才能强盛起来。"

赵奢的一番话，使平原君深受感动。从这件事中，他看出赵奢是个办事公正、严于执法的贤能之人，于是把他推荐给赵惠文王。赵惠文王任命他掌管全国的赋税。赵奢上任之后，严格执行国家法令，办事公平合理，很受老百姓拥护。

【出处】

成语"奉公守法"出自《史记》："以君之贵，奉公如法则上下平。"指办事以公事为重，不违法徇私。

凤毛麟角

谢超宗，南北朝时宋人，他是著名文学家谢灵运的孙子，谢超宗聪明好学，后来的宋孝武帝（刘骏）很赏识他。

谢超宗曾任新安王（孝武帝第八子）的手下官员，王府中重要文件布告等，都是谢超宗起草的，文章写得非常漂亮。新安王的母亲逝世时，谢超宗写了一篇纪念性的文章。孝武帝读后，非常喜欢，称赞道："文章写得好极了，简直是谢灵运再世。超宗身上还真有几根凤毛呢。"

凤毛是凤凰身上的毛，而凤凰又是传说中的一种神鸟，因此凤毛是稀世的珍宝，所以人们用它来比喻少有的优秀人才。

史书《北史·文苑传》在评后北朝的学者时说："学者如牛毛，成者如麟角。"意思是说北朝的学者多如牛毛，但有成就的文人却像麟角那样少。麟，麒麟，传说中的一种神兽。因"凤毛"和"麟角"都是珍贵稀有的事物，因此，人们将其合起来用来比喻极其优秀的人才。

【出处】

成语"凤毛麟角"出自《南史·谢超宗传》："超宗殊有凤毛。"又，《北史·文苑传》："学者如牛毛，成者如麟角。"比喻稀有的人才和事物。

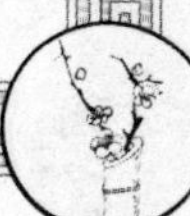

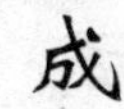

负荆请罪

战国时期，赵国有一个非常有名的大臣名叫蔺相如，他有勇有谋。在秦王和赵王的渑池之会上，蔺相如曾冒着生命危险，聪明而又巧妙地同秦王进行了斗争，使赵国免受损伤，并为赵王挽回了面子，为此他为赵国立了大功。赵王很赏识他，把他提升为上卿。

当时，赵国还有一位老将军叫廉颇，他是有功之臣，为赵国立了很大的功劳，因此他很自傲。他对提升蔺相如很不服气，并对别人说："作为赵国的大将军，历年来在战场上出生入死，为国家立了多少功劳。他蔺相如算老几，只是靠说话，就立功了，官位还比我高，怎能让人忍受得了。我实在感到没有脸见人了。"还扬言："我要是遇见了蔺相如，非给他一点颜色看不可！"

蔺相如听说这件事后，尽量不与廉颇见面，减少摩擦，处处忍让。每逢赵王有事要召见大臣时，蔺相如就说有病请假，有意不与廉颇见面。蔺相如身边的人，都说他胆小，太软弱了，感到羞惭，纷纷要求离开他。蔺相如挽留他们，说："各位比比看，廉颇将军和秦王哪个人更厉害？"

大家说："当然是秦王了。"

“秦王那么威风，那么厉害，我都敢在文武百官面前斥责他，难道我单单害怕廉颇将军?”

“那么你为什么对廉将军总是躲躲闪闪呢?”大家问他。

蔺相如说:“我是考虑到，强大的秦国不敢侵略我们赵国，就是因为我们文武百官能同心合力，团结一致。如果我与廉颇将军不和，如同两只老虎相斗，最后是两败俱伤，这对秦国有利，而对赵国是不利的。我之所以这样做，因为我首先考虑到国家的安危，才不计较个人的恩怨。”

这一番话，传到了廉颇那里，老将军听到之后，感到非常惭愧。于是，为了表示自己认错的诚意，他光着上身，背着荆条，来到蔺相如的家里，跪在地上，向蔺相如请罪，并说:“我是个粗鲁的人，不知道您是如此的宽宏大量，请您用荆条打我吧!”蔺相如连忙扶起廉颇说:“咱们两个人都是赵国的大臣。将军能够体谅我，我已经万分感激了，怎么还来给我赔礼呢?”廉颇非常感动，从此二人成为亲密朋友。

【出处】

成语“负荆请罪”出自《史记·廉颇蔺相如传》:“廉颇闻之，肉袒负荆，因宾客至蔺相如门谢罪。”是说背着荆条向对方请罪。表示诚恳认错，请求责罚。

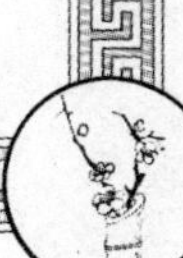

覆水难收

商朝末年，有个足智多谋、深通兵法的人物，姓姜名尚，字子牙，人称姜太公。因先祖曾经被封在吕地，又名吕尚。他辅佐周文王、周武王攻灭商朝，建立周朝，立了大功。后来封在齐地，是春秋时齐国的始祖。他虽然很有才学，深通兵法，可是在年轻时乃至中年都一事无成，一直很贫穷。他的妻子马氏，见他年纪渐老，还没有什么出息，便不愿和他继续过贫苦的生活，撇下他走了。

后来，姜尚来到渭水附近，在水边搭了间茅屋，以钓鱼为生，住了下来。渭水一带是周部落的地区，首领就是周文王姬昌。姜尚很希望能遇见周文王，以使自己的才能有施展的机会。在他八十岁那一年，有一天在水边钓鱼时，刚好周文王在附近打猎。当文王看到一个满头白发，穿着破烂的老头在河边钓鱼时，就走上前同他交谈。姜太公等待这一刻已经很久了，他充分地向文王展示了自己的才能。周文王同他一交谈，也吃惊地发现这老头不简单。无论在谈到治理国家，还是行军打仗、天下大势等方面的事情，他都能侃侃而谈，并且见解独到，是一个既懂军事又懂政治的人才。文王立刻把他带回了王宫中，封他为宰相，辅佐自己。这就是民间传说的“太公八十遇文王”的故事。

姜太公后来果然帮助周武王（文王之子）灭了商朝，建立了周朝。因为他的功劳很大，周武王便封他为齐王。这时，姜太公从前的妻子马氏得知了这一消息，感到非常后悔，当姜太公前呼后拥地到齐国去时，在路上遇见一个妇女跪着哭泣，一看，正是前妻马氏，她叩头要求恢复夫妻关系。姜太公不肯原谅她，叫人取来一盆水，泼在地下，然后要她把水收回到盆子里去。但怎么可能呢？姜太公说：“若是你那样走了，竟然还能恢复关系，那么这盆水泼了，你也一定能收回来！”

【出处】

成语“覆水难收”出自《汉书·朱买臣传》。另，尚有周代姜子牙与其妻子马氏离异的故事。比喻事情已成定局，无法挽回。

改过自新

西汉文帝年间,有一个名叫淳于意的人,他从小就喜欢钻研医术,曾向名医公乘阳庆学习。公乘阳庆那时已七十多岁,没有儿子,就把自己珍藏多年的秘方和黄帝、扁鹊的医书都传给了淳于意。由于有名师指点,再加上刻苦钻研,淳于意医术越来越高明。三年后,他为人治病,手到病除,许多人都慕名前来求医。

后来,淳于意被任命为齐太仓令,即太仓县的县官。有一次,他犯了失职罪,被官府抓了起来,押解到长安。按照当时的法律,犯失职罪的要受肉刑,要割鼻或断足,他的五个女儿都急得大哭,但也无能为力,因为在那个时代,女人只能呆在家里,不能出头露面,面对五个女儿,淳于意叹道:"我只有女儿,没有儿子,现在遇到急事,也没有人能解救我。"

淳于意的小女儿缇萦听到父亲的话非常伤心,决心去救父亲。她一直跟着父亲来到长安,写了封书信给汉文帝,信中说:"我的父亲做官的时候,当地人都称赞他为人正直、公正廉洁。现在他犯了法要受刑,我痛苦地感到,一个人死了再也不能复活,因受刑而伤残的身体也再不可能复原,虽然有改过自新的愿望,也无济于事了。为了使父亲有改过自新的机会,我宁愿进官府当奴婢,替父亲赎罪。"

汉文帝读了缇萦的书信,为她的一片孝心所感动,就下令赦免了淳于意。

【出处】

成语"改过自新"出自《史记·扁鹊仓公列传》:"妾切痛死者不可复生而刑者不可复续,虽欲改过自新,其道莫由,终不可得。"意为改掉过失或错误,重新做人。

刚愎自用

春秋时期的郑国，国小力弱，经常受到晋、楚两国的欺凌，郑国为了生存，只得在南北两个大国之间，采取骑墙的态度：哪国的势力一时处于优势，对它进逼得紧迫，它便跟随这个国家，一旦形势发生变化，它便转而投靠另一个大国。

公元前 597 年，郑国与楚国结盟之后，又结交晋国，楚王得知后大怒，亲率大军包围郑国。郑襄公以臣仆的礼仪——脱衣露体，手里牵着一只羊迎接楚庄王进城，哀求给郑国一条出路。楚王同意，郑国派公子去疾到楚国作为人质。

当楚军围攻郑国，逼郑国臣服时，晋国不甘心失去郑国，便派荀林父等将领率军前去援救郑国，军队到达黄河岸边时，听说郑国已跟楚国媾和，楚军已撤走，于是在是否继续追击楚军的问题上大家展开了争论。中军统帅荀林父主张撤兵回国，上军主帅士会极力赞同，但荀林父的助手，副帅先縠却反对这一意见，他说：“晋国之所以能够称霸诸侯，是因为军队作战勇敢，文臣武将尽力。现在我们失去了郑国，却又临阵退缩，这不是

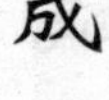
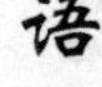

大丈夫所为，我做不到，我宁愿过河追击楚军。”于是，不等荀林父答应，先縠便率领着自己的一部人马渡过了黄河。看到先縠过了河，司马韩厥向荀林父建议道：“先縠过了河，您作为中军统帅自然也要过河，说不定我们过河后能够打败楚军，收复郑国呢。”于是晋军全部渡了河，开始追赶楚军。

当楚军听说晋军在追赶自己时，内部也产生了分歧。楚王打算撤兵回国，他的宠臣伍参却要作战，他对楚王说：“晋国目前管事的都是一些新手，没有权威去行使命令。晋国统帅的副手先縠这个人，刚愎自用，不肯服从命令。他们的三个主帅，想自己说了算吧，可又都办不到；想服从命令吧，可又没有能统一指挥的上级。军队听谁的命令？这次晋国一定失败。而且您以国君的身份而逃避晋国臣下带领的军队，若让天下人知道了岂不被耻笑？”楚王听罢，觉得伍参说得倒也有道理，于是，便率军北上，决心与晋军决一胜负。结果这次战争以楚国的胜利而告终。

【出处】

成语“刚愎自用”出自《左传·宣公二十年》：“其佐先縠，刚愎不仁，未肯用命。”刚愎，倔强固执，不接受别人的意见。意思是专横固执，自以为是。

高山流水

春秋时期，有个叫俞伯牙的人，精通音律，琴艺高超，是当时著名的琴师。俞伯牙年轻的时候聪颖好学，曾拜高人为师，琴技达到很高的水平，但他总觉得自己还不能出神入化地表现对各种事物的感受。

伯牙的老师知道他的想法后，就带他来到东海的蓬莱岛上，让他欣赏大自然的景色，倾听大海的波涛声。伯牙举目眺望，只见波浪汹涌，山林树木郁郁葱葱，如入仙境一般。一种奇妙的感觉油然而生，他情不自禁地取琴弹奏，音随意转，把大自然的美妙融进了琴声，伯牙体验到一种前所未有的境界。老师告诉他："你的弹琴技巧已经达到很高的境界了，要想再进一步，就只有靠自己领悟了。"于是，伯牙便辞别了老师。

离开师傅之后，伯牙乘船在长江上游览。面对巍巍的高山和奔腾的江水，他又弹起琴来，琴声悠扬，渐入佳境。忽听岸上有人拍手叫绝。伯牙闻声走出船来，只见一个背着木柴的樵夫站在岸边，他感到奇怪，就问樵夫："小哥怎会在此？"樵夫说："小人砍柴回家，路过此地，恰好听到先生的琴声，便听上了瘾。"伯牙听樵夫如此说便高兴地问道："你既然听琴，可

知我刚才弹的是什么曲子吗?”樵夫答:“略知一二。方才先生所弹的是对高山和江水的感慨。先生的琴音是那么雄伟而厚重,就像巍峨的高山一样。有时琴音又是那样浩浩荡荡,就像滔滔江水一样。在先生的琴声中,我还听到了山间江水流动的声音,有平缓、有激流。真是太美了。”

俞伯牙感到非常吃惊,想不到一个樵夫居然如此懂琴理。他推琴而起,拱手作礼道:“真是荒山藏美玉,黄土埋名珠。今日遇小哥,实乃三生有幸啊。”于是邀樵夫上船,与他促膝而谈,这才知道樵夫名叫钟子期,学识渊博,深通音乐,具有高尚的志趣与情操,同时,钟子期也知道伯牙是一个情操高尚的人,二人就结为了好友。临别时,伯牙对子期说:“我与子期弟知音一场,就把刚才弹的曲子叫《高山流水》吧!”两人约定来年春暖花开之际在此聚首,以叙衷肠。

转眼到了第二年,俞伯牙又来到长江口,却不见钟子期来与他会面。一打听才知道,子期已于年前病逝!伯牙听了顿时热泪长流。来到子期的坟前捶打着墓碑道:“可怜我遍访天下才遇到您这样一个知音,但你却先我而去。”

俞伯牙跪在琴前,热泪泣洒在琴上。仰天叫道:“子期呀,且听伯牙再为你弹一曲吧……”俞伯牙弹完此曲,泪流满面,泣不成声地说:“从此知音绝矣!”说完,他拿起琴,对着钟子期墓前的石头用力一摔,琴身粉碎,从此俞伯牙终生不再弹琴,却给后人留下一曲《高山流水》和摔琴谢知音的佳话。

【出处】

成语“高山流水”出自《列子·汤问》:“伯牙鼓琴,志在高山。钟子期曰:‘善哉,峨峨兮若泰山!’志在流水,钟子期曰:‘善哉,洋洋兮若江河!’伯牙所念,钟子期必得之。”比喻乐曲高妙,也比喻为知音、知己。

高屋建瓴

韩信为汉高祖刘邦夺取天下，建立汉朝立下了汗马功劳，为此，刘邦封韩信为楚王。刘邦称帝后的第六年，在刘敬等人的建议下，把都城定在了长安。同年十二月，韩信被告谋反，刘邦大为吃惊，他征询大臣们的意见，询问大家应该怎么办，大臣们都说："这小子怎么能这样，赶快发兵把他活埋算了。"刘邦听后默然不语，他知道这是大臣们在吹牛，因为在他们当中没有人是韩信的对手。刘邦便向陈平问计，陈平建议刘邦以巡游为名，到陈县约见诸侯，到那时，韩信一定会来拜见他，然后趁机把他抓起来就可以了，根本不用动武。刘邦按照这一计策果然抓住了韩信。

抓住韩信对刘邦而言是解决了一个心头之患，为此当地的名士田肯前来向他祝贺，他对刘邦说："陛下抓捕了韩信，又定都关中，真是两件大好事呀。关中一带，地形有利，地势险要。它面临黄河，背靠秦岭，一旦诸侯叛乱，在这里发兵控制他们，就像在高高的屋顶上倾倒瓮中的水一样，来势凶猛，不可阻挡。陛下又封您的同姓子弟为王，镇守各地，天下可以说是万无一失了。"田肯的言外之意就是，既然你的江山如此稳固，就没必要再诛杀功臣了，有为韩信讲情的意思，刘邦因此没有杀掉韩信，只是降了他的官，把他由楚王降为淮阴侯。

【出处】

成语"高屋建瓴"出自《史记·高祖本记》："（关中）地势便利，其以下兵于诸侯，譬犹居高屋之上建瓴水也。"建：倒水，泼水；瓴：盛水的瓶子。把瓶子里的水从高层顶上倾倒。比喻居高临下，不可阻遏。

高阳酒徒

秦朝末年,在刘邦的起义队伍中,有一个著名的谋士名叫郦食其。他是陈留高阳(今河南杞县)人,喜好读书,深通谋略,但家境贫寒,缺吃少穿,刘邦东征过陈留时,他已六十岁了,虽已暮年,但仍想建功立业。于是便登门拜访刘邦。他走到刘邦的行辕门外,十分客气地求门官通报,并把自己的名片递了上去。门官还算不错,便把郦食其求见的事报告了刘邦。这时,刘邦正让侍女洗脚。他问:"门外这个人,是什么模样?"门官回答说:"看样子像个大儒,穿着儒家的服装。"刘邦说:"你出去对他说:我现在正谋划天下大事,没时间见读书人。"

门官出来后,把刘邦的意思转告了郦食其。郦食其一听,大为恼火,知道刘邦不喜欢读书人,便大声斥责说:"你再去禀告一次,就说我是高阳的酒徒,根本不是什么读书人!"门官被他吓坏了,急忙跑回去报告刘邦,说:"门外的客人,不是什么儒者,是天下的壮士!他对臣说,回去告诉你们头儿,我是高阳的酒徒!"刘邦一听,觉得此人大有来头,赶紧迎接郦食其。

郦食其确实有本事,三言两语,就把刘邦给说服了。于是,刘邦拜郦食其为客卿,他劝刘邦进荥阳,占据敖仓,逼得项羽南逃。又亲赴齐国,劝齐王田广归汉,不战而下齐七十余城。消息传来,全军振奋。可韩信,嫉妒其功,仍进兵齐国。齐国没来得及准备,仓促应战。齐王田广认为被郦食其出卖了,便把郦食其扔到油锅炸死了!西汉建立的第十二年,即刘邦在位的最后一年,想起了郦食其的大功,便把他的儿子郦疥封为高梁侯。

【出处】

成语"高阳酒徒"出自《史记·郦生陆贾列传》:"郦生嗔目按剑叱使者曰:'走!复入言沛公,吾高阳酒徒也,非儒人也。'"泛指好饮酒而狂放不羁的人,也形容与儒生相反的粗俗人。

高枕无忧

战国时期，闻名天下的四君子之一的孟尝君曾经豢养了数千门客，这些门客帮助他出谋划策，解决难题。冯谖是其中一个比较有名的门客，但当初冯谖被介绍给孟尝君时，孟尝君听说他没有任何专长，很是瞧不起他。但后来发生的两件事却让孟尝君不得不对冯谖刮目相看。

薛地有许多人欠孟尝君的债，需要有人去讨，这种事情大多人不喜欢干，于是冯谖自告奋勇到薛地讨债。但他到薛地后，不但没有把钱讨回来，反而把债券都给烧掉了。孟尝君知道后，十分恼火。后来孟尝君被齐王解除了相国的职务，前往薛地，受到了当地人的欢迎和保护。孟尝君这才知道冯谖之所以烧毁债券的目的。冯谖却对孟尝君说："狡兔有三窟，才能免除一死。现在您仅有一窟，还不能高枕无忧，我愿意替您再凿两窟。"

于是冯谖去见梁惠王说："齐国解除了孟尝君相国的职务，使诸侯有了任用孟尝君的机会。谁如果先把他请去治理国家，一定能够富国强兵。"梁惠王听到这话，就派使臣带着黄金千斤和车马百辆，去请孟尝君到梁国做相国。冯谖又抢先回来，建议孟尝君不要答应梁国的聘请，梁国的使臣跑了三趟，都没有把孟尝君请去。齐王知道了这件事，害怕孟尝君会到梁国去做官，赶紧用隆重的礼节，请孟尝君回去仍做相国。冯谖又劝孟尝君向齐王请求赐给他先王传下来的祭器，让他放在薛地建立宗庙，以保证薛地的安全，当宗庙建成后，冯谖对孟尝君说："现在三窟已经凿成，你可以'高枕无忧'了。"

【出处】

成语"高枕无忧"出自《战国策·齐策》。形容做事准备周全，平安无事，不用害怕的意思。

各自为政

春秋时期，郑国和宋国一直不和，两个国家之间常常发生战争。有一次，郑国侵占了宋国的一块土地，于是宋国派元帅华元率兵反击。交战前夕，华元为了鼓舞士气，下令宰牛杀羊，准备好好犒赏一下将士们，忙乱中，华元一时大意忘了分给他的马夫羊斟一份，羊斟非常生气，决定设法报复。

第二天，决战开始，羊斟替华元驾车，华元命令羊斟把战车赶向郑军右方兵力薄弱的地方，以便指挥宋军向这里突破，可是羊斟却反向而驰，将战车赶往郑军左方兵卒密集的地方。华元大叫："停车！停车！"羊斟得意地回答说："昨日吃羊的事你做主，今日赶车的事我做主！"说完，挥鞭把战车赶到郑军阵地。一群郑兵趁机蜂拥而上，把华元捉住。宋军见主将被俘，军心大乱，很快便败下阵来。

【出处】

成语"各自为政"出自《左传·宣公二年》。比喻各人按各人的主张办事，不顾整体，不互相配合。

功败垂成

谢玄，东晋大诗人谢安的侄子，历史上著名的以少胜多的战役——淝水之战的指挥者。

公元383年，前秦皇帝苻坚率90万大军南下，企图一举消灭东晋。前秦的军队一直打到淝水，望着浩浩荡荡的队伍，苻坚自负地说："只要命骑兵在江中投入马鞭，江水就可断流。"谢玄等将领只率领八万军队迎战，他们派人通知苻坚，要求前秦略向后移，空出一片场地，以便晋军渡河，摆开阵势决战。苻坚欲待晋军半渡时猛攻，同意后撤。但许多士兵不肯为苻坚卖命，竟然把后退当做了逃跑，晋军趁势大喊"秦军败了"，士兵们跑得更快了，结果谢玄率军乘胜追击，大获全胜。

不久，谢玄收复了北方大片领土，就在这时，孝武帝的同母弟弟司马道子命令他撤回军队，坐镇淮阴。谢玄痛惜已取得的成果都将付之东流，在南下途中忧愤交加，不幸病倒。两年后，年仅46岁的谢玄不幸病逝。唐朝名相房玄龄在为谢玄作传时，不禁哀叹道，老天给他的年龄太短了，致使他的功业在即将成功之际失败了。

【出处】

成语"功败垂成"出自《晋书·谢玄传论》："庙算有遗，良图不果，降龄何促，功败垂成。"指事情快要成功时遭到失败。

狗尾续貂

晋武帝司马炎死后，儿子司马衷继位，司马衷是历史上有名的白痴皇帝，对朝政一窍不通，于是大权便落到了皇后贾南风手中。贾后生性凶狠狡诈，她执掌朝政后，把朝廷搞得一塌糊涂。司马炎的兄弟赵王司马伦以此为借口带兵冲进宫廷，杀了贾后，接掌了政权，自封为相国。

后来，司马伦干脆废掉了司马衷，自己当起了皇帝，然后便开始大封官员，朝中与司马伦有交情的大臣都升了官，帮助司马伦篡位的大臣更是加官晋爵，就连其府中的管家、官员、小卒、差役都被封了官。

当时有官职的人帽子上都有一条貂尾作装饰。由于司马伦封的官太多了，致使貂尾严重不足，于是只好用狗尾代替貂尾作装饰。一时间，许多戴着狗尾帽的人招摇过市，有人便讽刺这是“狗尾续貂”。

【出处】

成语“狗尾续貂”出自《晋书·赵王伦传》：“每朝会，貂蝉盈坐，时人为之谚曰：‘貂不足，狗尾续。’”意在讽刺赵王伦封官太多太滥。后用以比喻拿不好的东西续在好东西的后面，前后不相称，多指文学作品。

孤注一掷

北宋时期，契丹军队经常侵犯宋朝边境。有一年，契丹军队攻陷了德清，直逼檀州（今河南濮阳），宋朝军队无力抵抗，节节败退，边境告急文书不断送往京城。此时，朝中的宰相寇准，接到告急文书后反而扣而不发，像平时一样从容镇定，不露半点惊慌。

很快，这件事被宋真宗知道了，他非常震怒，责问寇准道："边关军情如此紧急，你为什么隐情不报？"寇准笑着对真宗说："陛下息怒，消灭契丹军队的计划臣已谋划好了。臣以为只要陛下御驾亲征，敌人定会不战而逃。"宋真宗听到这话，有点犹豫，但在寇准的再三请求下，他终于同意亲征。

12 月，宋真宗率领文武百官，冒着严寒来到了檀州。檀州的军民听说真宗皇帝亲临前线都大受鼓舞，更加坚定了打退敌人的决心。寇准奉命指挥军队，他采取以逸待劳的战术，给前来攻城的契丹军队以沉重打击，一举将敌兵斩获大半，迫使敌人仓皇退兵。

檀州一役，寇准功不可没，从此，宋真宗对寇准更加重用。朝中另外一位大臣王钦若嫉妒寇准的功劳，便在真宗面前陷害他："陛下听说过赌博吗？赌输的赌徒往往会把所有的钱押上作为最后一次赌注，叫做孤注一掷。寇准再三要求陛下亲征，陛下岂不是成了寇准的'孤注'了吗？这难道不是在拿陛下的生命冒险吗？"宋真宗虽然并不完全相信王钦若的话，但他倒真觉得寇准没拿他的生命当回事，不由得生了气，随后便罢了寇准的宰相之职。

【出处】

成语"孤注一掷"出自《宋史・寇准传》："博者输钱将尽，乃罄所有出之，谓之孤注。"意思是，把所有的本钱一次押上去，决一输赢。比喻使出全部力量，做最后一次冒险。

刮目相看

三国时东吴的大将吕蒙是一个博学多才的人。鲁肃死后，他继任为东吴的大都督。吕蒙上任后，办的最大的一件事就是设计打败并捉住了蜀国的荆州守将关羽，从而夺取了荆州。

起初，吕蒙本来是一个不务正业不肯用功的人，除了行军打仗外，什么也不懂。鲁肃见了他，觉得没有什么可取的地方，很瞧不起他，称他为“吴下阿蒙”。

后来，吕蒙凭借军功当上了将军，孙权看他文化少，就劝他说：“如今你是掌管大事的国家要人，应当学些文化以开心智。”为了让吕蒙有效学习，孙权还给他开了书单，有《孙子》、《六韬》、《左传》、《国语》，还有一些其他的史书。从此，吕蒙便开始看书，并且非常努力，他读书越来越多，有的书连当时的儒生也没读过。

有一天，鲁肃到陆口去，路过吕蒙的军营，和他一起聊天。他惊奇地发现，吕蒙的学问大长，自己常常被他问住。鲁肃拍着吕蒙的肩膀说：“我总认为你不过只有武略罢了，今天看来，弟学识渊博，再不是当年的吴下阿蒙了。”吕蒙说：“士别三日，当刮目相看呀！”

【出处】

成语“刮目相看”出自《三国志·吕蒙传》及《江表传》。“蒙曰：‘士别三日，即更刮目相待。’”刮目，擦眼睛，意指去掉过去的看法。比喻改变旧眼光，用新眼光看人。

司馬倫

寇准

瓜田李下

古乐府诗《君子行》里面有两句诗文:“瓜田不纳履,李下不整冠。”意思是说:站在瓜田里面的时候,最好不要弯下身体去拔鞋子,站在李子树下的时候,最好不要伸起手去整理头上的帽子。因为,当你在弯下身去拔鞋时,很容易被人误会你在偷瓜;而当你在举手整理帽子的时候,就很容易被人怀疑你是在偷摘李子。

唐文宗时,大书法家柳公权忠良耿直,能言善谏,官职担任工部侍郎。当时有个叫郭宁的官员把两个女儿送进宫中,于是皇帝就派郭宁到邮宁(今在陕西)做官,人们对这件事议论纷纷。皇帝就以这件事来问柳公权:“郭宁是太皇太后的继父,官封大将军,当官以来没有什么过失,现在只让他当邮宁这个小地方的主官,又有什么不妥呢?”柳公权说:“议论的人都以为郭宁是因为进献两个女儿入宫,才得到这个官职的。”唐文宗说:“郭宁的两个女儿是进宫陪太后的,并不是献给朕的。”柳公权回答:“瓜田李下的嫌疑,人们哪能都分辨得清呢?”

【出处】

成语“瓜田李下”出自《乐府诗集·相和歌辞七·君子行》。比喻那些容易发生嫌疑或误会的地方、境地。有时也叫“瓜李之嫌”。

管鲍之交

管仲和鲍叔牙都是春秋时期的齐国人，从小即是朋友，二人的友情始终如一、互为知己，而被后世传为美谈。两人曾经一同做过小本生意，在分盈利的时候，管仲总要多拿一些，鲍叔牙知道管仲家庭贫困，因此从来不对此抱怨。管仲曾三次当官，三次都被罢了官，鲍叔牙并不认为他没有才干，因为鲍叔牙知道他没遇到赏识他的人，没有发挥才干的机会。管仲三次参加作战，每次都逃跑了，鲍叔牙也不认为他胆小怕死，因为知道他家有老人要奉养。鲍叔牙对管仲了解得如此深透，所以管仲感慨地说："生我的是父母，知我的是鲍叔牙啊。"

后来，两人都当上了齐襄公弟弟的师傅。齐襄公有两个弟弟：公子纠和公子小白，管仲是公子纠的师傅，鲍叔牙是公子小白的师傅。由于怕他们篡位，齐襄公把他们赶出了国外。不久，齐国发生政变，齐襄公被杀。公子纠和公子小白得知消息后，都急忙往国内赶，想抢先得到君位。管仲一面派人护送公子纠回国，一面亲自带人去拦截公子小白。他们在半路上遇到了公子小白的车队，管仲劝小白和鲍叔牙退回去，他俩不肯，管仲就取出了箭来，一箭射去，公子小白大叫一声，口吐鲜血，往后一倒。管仲以为公子小白被射死，就返回去，护送着公子纠不慌不忙地向齐国进发。谁知公子小白并没死，管仲那一箭正巧射中了他的衣带钩，他急中生智，咬破舌头，然后倒下，假装被射中，骗过了管仲。管仲走后，他命令抄小路加速前进，终于抢先赶回国都，当上了国君，称为齐桓公。

齐桓公要杀掉管仲，以报那一箭之仇。但鲍叔牙竭力阻止，说管仲有治国安邦的才能，能帮齐国称霸于天下，极力劝说齐桓公任用管仲为相。于是，齐桓公接受了鲍叔牙的劝告，赦免了管仲，并任命他为相国，而鲍叔牙则心甘情愿地当管仲的助手。"管鲍之交"一时传为佳话。

【出处】

成语"管鲍之交"出自《列子·力命》："管仲尝叹曰：'……生我者父母也，知我者鲍子也。'此世称管鲍善交者。"比喻朋友的交谊深厚。

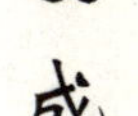

管宁割席

三国时期，魏国有两个年轻人，一个叫管宁，一个叫华歆，二人都是好学之人，求学于同一个老师。可二人却有着不同的性格和志向，管宁刻苦好学，生活俭朴，不喜欢荣华富贵；而华歆则羡慕权贵，追求荣华。

有一次，管宁和华歆在一块锄地，管宁锄到了一块金子，但却视而不见，继续锄他的地。而华歆看到这块金子后，立即抛掉锄头，捡起金子跑回了家。

还有一次，他们二人正在读书，忽然从外面传来马蹄声和铃声，华歆一看，是一位官员坐着一辆华丽的马车路过。华歆马上放下书本，跑到外面去看，直到车子过去，他才回来，并且不住口地夸赞那马车如何漂亮，那官员如何威风。

正在专心读书的管宁越听越有气，取出一把刀，把他们共同坐用的席子割成两半，并对华歆讲："我们并不能做真正的朋友，以后也不能在一起读书了。"此后，两人的交情就断绝了。

【出处】

成语"管宁割席"出自《世说新语·德行》："（管宁、华歆）又尝同席读书，有乘轩冕过门者，宁读如故，歆废书出看。宁割席分坐，曰：'子非吾友也。'"比喻朋友之间断绝交往。

管中窥豹，略见一斑

东晋的著名书法家王献之从小聪明伶俐，他有一个爱好：喜欢玩牌。一次，他父亲王羲之的学生们在一起玩樗蒲牌，他站在一旁观看。当看到双方互有胜负时，便说“南风不竞”。学生们听了，觉得他小小的年纪，还懂点牌艺，便说：“我们的小师弟，从竹管中看豹子，居然也看到豹子身上一点半点斑纹。”

这些大学生们，虽然看不起他，但毕竟肯定了他的看法。谁知，王献之听了却很生气，说：“我的牌艺是不高，比荀奉倩、刘真长（二人都是当时玩牌的高手）差远了！”言外之意，比你们几个强多了。说完甩了甩袖子，走了。

【出处】

成语“管中窥豹”出自《晋书·王献之传》：“门生曰：‘此郎亦管中窥豹，时见一斑。’”比喻只看到局部，没有看到整体。有时也比喻可以观察到的部分推测全貌。

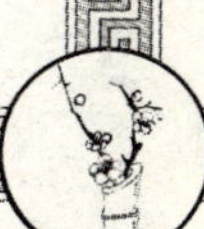

衮衮诸公

唐朝玄宗年间,有个名叫郑广文的人,能诗能文,且善于谱曲,曾在宫廷中替玄宗谱曲,深受玄宗赏识和重用。虽然在朝中为官,他的俸禄并不很高,且由于好周济朋友,他的生活实际上比较清贫。据传,他由于经常写诗文,但无钱买纸,便四处搜集柿叶,藏了好几间屋子,然后用来写诗。有时,兴致来了,他还绘画,在柿叶上加上花边图案,玄宗看到了,十分赞赏,便要了一些去,并亲笔提名曰:广文三绝。

玄宗后期,发生了安史之乱,安禄山带兵攻进了长安,官员们纷纷随玄宗逃了出去,但郑广文未来得及逃出,便被安禄山抓了去。听说其名望很高,安禄山就给了他一个官做,但郑广文坚辞不就,独自躲了起来。后来,安禄山失败,被赶出了长安,玄宗及其他官员又返了回来。为了表彰那些随皇帝一块逃难的官员,朝廷将他们都升了官;对那些投降安禄山并在其手下任职的官员,朝廷对其严惩,大部分人被判为死罪,其中也包括郑广文,因为他曾被安禄山授予水部郎中的官,但经过大臣们的求情,说他从未到任,最终朝廷从轻发落,给了他一个降职的处分。对于这种不公平的处理,大诗人杜甫写诗为其鸣不平:"诸公衮衮登台省,广文先生官独冷",意思是说许多人都升了官,一个个趾高气扬,只有郑广文先生反而被降了职。后人便从这句话摘出了"衮衮诸公"这一成语。

【出处】

成语"衮衮诸公"出自唐·杜甫《醉时歌》:"诸公衮衮登台省,广文先生官独冷。"衮衮,这里指相继不绝之意。这则成语是指一群一伙的达官显贵。

国士无双

韩信，西汉王朝的开国功臣之一，自小便有大志，希望干一番大事业。秦末农民起义爆发以后，他先投奔项羽，并未受到重用，后来，他又投奔了刘邦。

可是刘邦也不重用韩信，只让他当了小官。不久，韩信犯了法，被判了死刑。在法场上，同判死罪的另外十三个人都已被斩，最后轮到了韩信。韩信一点也不慌张，抬起头来对监斩的滕公说："汉王不想得天下吗？为什么斩壮士？"听了他的话感到很惊奇，又见他相貌非凡，就把他释放了。和他一交谈后，更加赏识他，把他推荐给了刘邦。刘邦也只是让他当了个管粮的小官，还是不重用他。韩信见自己仍得不到重用，就逃走了。

刘邦的谋士萧何常和韩信交谈，感到韩信与众不同，一听说韩信逃走，来不及请示刘邦，就急忙去追。

刘邦听人报告，说萧何也逃走了，不由大怒，几天闷闷不乐。到第三天，萧何来见刘邦，刘邦见萧何回来了，又高兴又生气，骂道："你为什么也要逃跑？"

萧何说："我不是逃跑，是追逃跑的人！"

刘邦问他追谁，他说是追韩信。刘邦不由得又火了，骂道："将领逃亡的有十几个，你都没追，偏偏要追韩信？"

萧何回答说："那些将领容易得到。至于像韩信这样的人是国家中独一无二的人才（国士无双），大王如果决心争夺天下，除了韩信，没有其他人能帮助您了。"刘邦接受了萧何的建议，拜韩信为大将军。

后来，韩信果然在帮助刘邦打天下的征战中，起了巨大的作用，立下了汗马功劳。

【出处】

成语"国士无双"出自《史记·淮阴侯列传》："至如信者，国士无双。"指韩信是国中独一无二的杰出人才。现常比喻才能出众，无与伦比之人。

过河拆桥

元朝时期，有一年大臣彻里帖木尔到浙江巡查，恰逢省城举行科举考试，因此他得以耳闻目睹了许多营私舞弊之事，他认为这都是由科举考试造成的，于是决定向皇上建议废除科举制度。回朝后，他就这件事向皇上写了一个奏章。另外一个大臣许有壬得知后，就劝阻他说："废除科举制度，天下的读书人会怨恨的。"彻里帖木尔说："若不废除，将会有更多的贪赃枉法之事。"许有壬反驳说："没有科举考试时，不照样有贪赃枉法之事吗？"宰相伯颜听许有壬说得有理，便对他说："诏书已经下了，不可能再更改了，否则会损害皇上的威信。"许有壬一听也就不再坚持了。

第二天，宣读诏书时，彻里帖木尔故意安排许有壬跪在第一排，有意羞辱他。许有壬不敢争辩，只好勉为其难。听读完诏书后，百官纷纷回府，许有壬满脸不高兴地低头走路，这时一个名叫普化的官员凑着他的耳朵冷嘲热讽地说："科举出身的人，竟然带头拥护废除科举制度，真是过河拆桥呀。"许有壬听了又羞又气，加快脚步离开。之后，他借口有病，再也不上朝了。

【出处】

成语"过河拆桥"出自《元史·彻里帖木尔传》："治书侍御史普化诮(许)有壬曰：'参政可谓过河拆桥者矣。'"比喻达到某种目的后，就把帮助过自己的人一脚踢开。

邯郸学步

战国时期，燕国寿陵有一个少年人，听说赵国都城邯郸的人善于走路，且走路姿势优美，他感到十分羡慕，就不远千里来到邯郸向当地人学习走路。

每天一大早，这个少年就站在邯郸繁华的街头看人走路。邯郸人走路虽好看，却也各有各的样：小孩子蹦蹦跳跳，大姑娘轻盈飘逸，小伙子矫健，老大爷稳重。即使是同样的少年人，走路的姿势也不尽相同：富家子弟昂首阔步，白面书生斯文持重，店里的伙计急急匆匆。少年一会儿观察这个人的走路姿势，跟在后面走几步，一会儿又琢磨那个人的走路特点，跟在后面走几步，学来学去，总是学不好。

观察了老半天，仍然没有看出门道，他想，我干脆丢掉原来的步法，从头学习走路。从此，他每走一步都很吃力，既要想着手脚如何摆动，又要想着腰腿如何配合，还得想着每一步的距离……弄得手足无措。他奇异的举动，引来了街上行人的围观，少年毫不理会，他想："我一定要学会你们走路的姿势。"

他一连学了几个月，不但没有学会邯郸人的步法，而且把自己原来的步法也忘掉了。人们说他"邯郸学步，越学越差劲"。他的钱已经花光，不得不返回寿陵。可是他已经不会走路了，只好爬了回去。

【出处】

成语"邯郸学步"出自《庄子・秋火》："且子独不闻夫寿陵余子之学行于邯郸与？未得国能，又失其故行矣，直匍匐而归耳。"比喻生搬硬套，机械地模仿别人，不但学不到别人的长处，反而会把自己的优点和本领也丢掉。

含沙射影

唐朝大诗人白居易有一首《读史》诗，它的内容如下："含沙射人影，虽病人不知，巧言构人罪，至死人不疑。"自此，"含沙射影"作为一个成语开始流传下来。

相传古时候水里有一种虫，名叫蜮，又叫短狐，有时也称作射卫或射影。它的头上长有角，背上长有甲，没有眼睛，长有三只脚，有翅膀，能够在水面上飞翔，嘴里长着像弩一样的东西，形状像鳖，耳朵非常灵敏。当它在水边时，如果听见有人从它身边经过，就会从嘴里喷出一种气体，直射向人体，人如果中了这种气体就会全身生病。它在水面时，如果听见有人的脚步声走近，就会用嘴含着细沙朝人或人倒映在水里影子喷射，人体或人影被射中后，人也会生病不起。

【出处】

成语"含沙射影"出自唐代白居易《读史》。比喻用心险恶，手段卑劣的人进行造谣、诬蔑，打击或者陷害别人的行为。

汗牛充栋

春秋时期的大思想家孔子,后世尊他为圣人,当时曾经有三千人跟随他学习。为了教学的需要,孔子曾经整理和修改过史书《春秋》等。孔子说"春秋以义",也就是要用《春秋》来让人们明白"义"。但是孔子一生没有写什么自己的著作,只是讲课而不写书。

《论语》中说,有一次子贡向孔子请教"天道"的问题,孔子说:"我不想说这个。"子贡说:"夫子如果不说的话,我们如何能照着去做呢?"孔子说:"天道怎么能说得清呢——四季因它而运行,万物因它而生长。天道怎么能说得清呢?"这也许是孔子不写的原因吧。

唐代柳宗元说:"自从孔子修改过《春秋》以后,给它作注解的人就多起来了,当时就有《左传》、《公羊传》、《谷梁传》等。后来历朝历代,都有成百上千的人为它们作注讲疏,写出了很多见解不一的著作。这些书堆起来能塞满屋子,运出去要使牛马都累得出汗。"

【出处】

成语"汗牛充栋"出自柳宗元《陆文通先生墓表》:"其为书,处则充栋宇,出则汗牛马。"栋,屋子。书运输时把牛累得出汗,存放时可堆至屋顶。形容藏书很多。

沆瀣一气

唐朝晚期，政治腐败，行贿受贿之风非常盛行。特别是在考场上，考生经常贿赂主考官，考中者往往会根据贿赂多少排定名次。因此，许多出身贫穷的考生感到非常的不公平。“沆瀣一气”便是在这种背景下产生的，反映了当时的一种情绪。

唐僖宗时，有个叫崔沆的大臣，有一年皇帝派他担任科举考试的主考官。他办事认真，一丝不苟，考试工作进行得非常顺利。等放出金榜时，其中有个名叫崔瀣的考生被录取了。旁观者看了后都忍不住大笑起来，因为主考官叫崔沆，而中榜者叫崔瀣，如果把他们的名字连在一起就是“崔沆瀣”，而“沆瀣”在古代被认为是夏天半夜里上升的地气，本没什么可笑之处，但二人是同姓，联想到他们是否做过一些见不得人的勾当，所以考生就讥笑他们是“座主（主考官）门生，沆瀣一气”。

【出处】

成语“沆瀣一气”出自《南郭新书·戊集》：“又乾符二年，崔沆放崔瀣，谭（谈）者称座主门生，沆瀣一气。”比喻臭味相同的人结合在一起。

好整以暇

春秋时期,晋厉公六年,郑国背叛晋国而与楚国结盟,晋厉公大怒,率兵攻打郑国,郑国弱小,不敌晋军,向楚国求救。楚共王亲率军队前来救援。楚军和晋军在焉陵相遇。

两军交锋前,厉公大将栾针对厉公说:“过去,我出使楚国时,见到楚国公子、令尹子重。他曾问起晋国军队为何那么英勇。我回答说:‘晋国国君要求军队整齐而有秩序。’他认为军纪在军队中是第一重要的事情,只有保证了军纪,才能保证军队的战斗力。他又问:‘还有什么?’我说:‘也喜欢从容和闲暇。我国国君认为,军队也不能每时每刻都处于紧张状态,应该有自己的娱乐和休闲活动,只有这样才能保证军队有良好的士气。’现在晋楚交战,我看见楚国统帅的旗帜上写着子重的名字。在交战前,我们若不先派使者前往问候,就显不出我国好整以暇的作风了。我请君主派个人前去阵前,先敬他一杯酒。”晋厉公同意了栾针的建议,派使者前去敬酒。楚国元帅子重接过饮了说:“晋军真是好整以暇啊。”之后,两军开战,由于楚共王被晋军射伤了眼睛,因而战败,楚共王带领其军队狼狈逃了回去。

【出处】

成语“好整以暇”出自《左传·成公十六年》:“子重问晋国之勇,臣对曰:‘好以众整。’曰:‘又如何?’臣对曰:‘好以暇。’”整,严整;暇,不急通。形容既严整,又从容。也指事情虽多,仍旧从容不迫。

河东狮吼

北宋时有一文人，名叫陈季常，性情豪爽，喜欢交友、喝酒，也喜欢舞剑，与苏轼是好朋友。他常常与苏轼谈论古今成败故事，并以当世豪杰自居。但陈季常非常怕自己的夫人柳氏。一次，陈季常在宴请宾客时，请了一些声妓助兴。柳氏对此非常恼火，便以手杖敲打墙壁，警告丈夫，谁知这么一来，把客人们也给吓跑了。看着客人一哄而散，陈季常却不敢和柳氏争辩。

还有一次，苏轼邀陈季常春游，柳氏担心他与妓女鬼混，不准他去。陈季常作了保证，如有妓女愿受罚跪，柳氏这才答应。后来柳氏打听到，仍然有妓女陪他们游逛，非常愤怒，回来之后便厉声质问他，陈季常一看老婆凶巴巴的样子，心中害怕，膝盖一软便跪了下来。不知怎的，这件事被苏轼知道了，苏轼便嘲笑他，虽然自恃为英雄豪杰，但老婆的一声河东狮吼（柳氏为河东人）就把他吓得心胆俱裂，不知如何是好。

【出处】

成语“河东狮吼”出自宋代洪迈《客斋三笔·陈季常》：“忽闻河东狮子吼，拄杖落手心茫然。”比喻妻子妒悍，丈夫惧内的意思。

合浦珠还

东汉时，合浦郡（今广西合浦县一带）盛产珍珠，这里产的珍珠又圆又大，色泽纯正，一直誉满海内外，人们称它为“合浦珠”。当地人以采珍珠为生，他们在海中采得珍珠后拿到市场上去卖，由于珍珠属于比较贵重的商品，因此采珠的收益很高。一些官吏非常眼红，就乘机贪赃枉法，敲诈勒索，为了捞到更多的油水，他们不顾珠蚌的生长规律，一味地叫珠民去捕珠，结果珠蚌越来越少，百姓逐渐无珠可采，生活日益贫困。

人们纷纷说：“珍珠不愿住在合浦境内，都跑到交趾（与合浦相邻，今越南）去了。”事实上可能是珠蚌的生长环境被破坏，因此迁移到了交趾。为了改变这种状况，朝廷派孟尝到合浦当太守。孟尝到合浦后经过实地调查，摸清了珍珠减产的原因，于是定出制度，严禁不法行为，大力鼓励和保护珍珠生产，保护珠蚌的生长环境，严禁滥捕乱采，不到一年，海里的珍珠又多起来了，产量连续上升，市场活跃起来，百姓生活也逐渐好转，人们又纷纷传：“珍珠又都回来了。”

【出处】

成语“合浦珠还”出自《后汉书·孟尝传》：“（孟尝）迁合浦太守，……尝到官，革易前敝，求民病利。曾未逾岁，去珠复还。”原赞美孟尝为官清廉。后比喻物失而复得或人去而复还。

鸿鹄之志

秦朝末年，秦二世统治残暴，民不聊生，怨声载道。公元前209年，在通往渔阳（今北京密云西南）的泥泞的道路上，有一支大约九百人的队伍在缓慢前行，他们是被派往渔阳把守边关的。这九百人中除了领头的两个军官外，还有两个助手——陈胜和吴广。

走到大泽乡时，由于连绵大雨，道路完全被淹没了，无法前进，只好停在原地等待，这样将导致队伍的延期到达。而按照秦朝的法律，被征用的农夫如果误了期，要被处死。陈胜就跟吴广商量说："我们已经误了期，到了渔阳是要被砍头的，如果开小差，被抓住也免不了一死。不如我们反了，说不定还有一条活路。"

商定之后，陈胜吴广杀死了两个军官，然后集合队伍，陈胜说："二世统治残暴，我们无法生存，现在因大雨误期，到渔阳肯定要被杀头。大家说，我们应该怎么办？"几百号人齐声叫道："反了，反了。"陈胜说："好，从今天起，我们开始造反，杀掉那些狗官，为我们自己打开一条生路。"这样，在陈胜领导下爆发了中国历史上第一次大规模的农民起义。

陈胜能有这样的壮举，并不是偶然的，他年轻时就有干一番大事业的志向。他出身贫苦，家中没有土地，他只能靠给地主人家打长工为生，但即使如此他仍念念不忘自己的大志与理想。在闲暇时，他常给一块打工的人说："将来如果谁富贵了，千万不要忘记我们这些人。"

同伴笑着说："你是给别人卖力气种地的，怎么能富贵呢？"

陈胜说："那不一定。燕雀怎么知道天鹅的志向呢？"

"鸿鹄之志"这一成语就是从陈胜的这句话演变过来的。

【出处】

成语"鸿鹄之志"出自《史记·陈涉世家》："陈涉太息曰：'嗟乎！燕雀安知鸿鹄之志哉。'"比喻远大的志向。

红叶题诗

唐僖宗时，后宫中有许多宫女，她们长年被关在深宫之内，根本见不到君王一面，她们很寂寞，非常想到宫外看一看外面的世界。其中有一位宫女天真地想："如果我写一首诗，放在溪流中，随水流出宫外，要是有人拾到的话，他会不会救我出去？"她知道这是一个很傻的念头，但还是决定试一试，于是就捡了片很红很红的红叶，在上面题了一首诗，然后放入了宫中的溪流。望着随水而流的红叶，她不禁浮想联翩。

这一年，京城长安举行科举考试，在前来应试的举子中，有一位叫于佑，也是一位诗人。这天，他偶然来皇宫外的城墙根下闲逛，看见水中漂一片红叶，红得像一团烈火，就忍不住捡起来；再一看，大为吃惊，原来，在红叶上竟题着一首诗："流水何太急，深宫尽日闲。殷勤谢红叶，好去到人间。"于佑看后，便明白原来是一位宫女因为内心寂寞而写的一首诗，他当然不可能跑到皇宫中把那位宫女救出来，就带着那片红叶回去了。

几年后，于佑已中了进士做了官。唐僖宗为了减少宫中开支就遣散了几百名宫女，并允许官员从中挑选作为自己的妻子。于佑有幸和一名叫韩翠苹的宫女结为连理。花烛之夜，他想起御河漂叶之事，便将自己拾得红叶取出，问翠苹可认得是宫中谁人手笔。

韩翠苹赫然发现那片红叶正是自己所遗，非常惊讶，连忙告诉于佑是她当年所题。二人都非常感慨，想不到这段姻缘居然是由红叶做媒。

【出处】

成语"红叶题诗"的出处有多种说法，即：唐宣宗时卢渥与宫女成婚的故事；德宗时贾全虚的故事；僖宗时李茵的故事；玄宗时顾况的故事；僖宗时于佑的故事，情节大都雷同。这里取最后一种说法，见《青琐高议·流红记》，原指唐代宫女良缘巧合，后多指男女奇缘。

侯门如海

唐代末年有一位秀才,名崔郊,诗和文章都写得很好。年轻时,崔郊曾在其姑母家住过一段时间。姑母家有一个丫头,生得端庄秀丽,性格温柔。崔郊很是爱怜,这个丫头对崔郊同样是敬慕爱恋,可谓是两情相悦,但受封建礼教束缚,又因婢女地位低下,不敢明言。后来他的姑母把这个丫头卖给了当地的一个大官于頔为妾。从此,他们很少见面,崔郊对她很是想念。

来年开春,清明节时,于頔率妻妾郊游,被崔郊碰见。那个丫头同样也注意到了崔郊,二人四目相对,彼此都有千言万语要说,但他们不可能在一起再诉衷肠了。崔郊感到很痛心,回去后,便写了一首诗:"公子王孙逐后尘,绿珠垂泪滴罗巾。侯门一入深如海,从此萧郎是路人。"在诗中,崔郊感叹道:只因你嫁入官家,昔日的情人,从此以后却要变成路人了。有人将这首诗给了于頔,于頔看到后,很受感动,便把她还给了崔郊,这对有情人最终走到了一起。

【出处】

成语"侯门如海"出自唐代崔郊诗《赠去婢》:"侯门一入深似海。"形容显贵之家门禁森严,外人不能随便出入。

后来居上

汉武帝刘彻的老师汲黯为人正直严肃，刘彻即位后，有次派他到河北视察火灾之事，他到那儿一看，原来是居民房屋失火，延烧到了周围的邻居，并不是很严重，他很快就处理好了这件事。之后，在返回途中，他看到黄河泛滥，赤地千里，饥民遍地，感到很悲惨，于是自作主张，命令河南太守开仓放粮，赈济灾民。事办完后，他回朝廷向汉武帝交差说："火灾事小，不足为虑；水灾事大，因此我没有请示就私自办理了，请皇上处分。"汉武帝并没有责怪他，反而嘉奖了他，说他是一位贤臣，但后来武帝却任命他为荥阳县令，还是对他不信任。汲黯感到十分不满和羞愧，便辞职回了家。

由于汲黯很有才能，汉武帝后来又把他召了回去，任命为东海太守。汲黯到任后，虽然体弱多病，但很快就把东海郡治理得井井有条。于是，汉武帝就把他调回了朝廷，升了他的官。但同时武帝又提升了另外两个人：公孙弘和张汤，并且超过了他。这让汲黯纳闷，一方面，这两个人原来的官职远低于他，另外一方面他觉得这两个人并没有什么才能，公孙弘只不过是一个会写点文章且又喜奉承拍马之人；张汤更是一个以整人为能且心肠毒辣的酷吏，怎么一下子都当上了那么大的官呢？汲黯不理解，就直率地对武帝说："皇上使用官吏不讲秩序，像堆放柴火一样，后来的倒放在上面。"武帝听了没说什么，等他走了后，武帝对旁边的人说："人不能不学习啊，你们听听汲黯的话，越来越粗野了。"

后来，汲黯又被武帝调到淮阴做太守，最后病死在那里。他死后，汉武帝才深切地感受到了他的正直，就提拔他儿子当了官。

【出处】

成语"后来居上"出自《史记·汲郑列传》："陛下用群臣如积薪耳，后来者居上。"原意是对汉武帝用人原则的讽刺，反映资格浅的新臣反居资格老的旧臣之上，现多指后起之秀超过前辈，成了褒义词。

后起之秀

东晋时，王忱在少年时代就显露出才气，很受亲友的推崇。他的舅父范宁，是当时著名的经学家，对王忱也很器重，有著名文人拜访，他总让王忱到场接待。

有一次，王忱去看望舅舅，遇到了比他早出名的张玄。舅舅要他俩交谈交谈。张玄早就听说王忱志趣不凡，很想与他谈谈。他年龄比王忱要大，自然希望王忱先给自己打招呼，就端正地坐着等候。不料，王忱见张玄这等模样，看不上眼，也默默坐着，一言不发。张玄见他这样，自己又放不下架子，对坐了一会，怏怏不乐地离去。事后，范宁责备王忱说："张玄是吴中的优秀人才，你为什么不好好与他谈谈?"王忱傲慢地回答说："他要是真心想和我来往，完全可以来找我谈谈嘛。"范宁听了这话，倒反而称赞起外甥来了："你这样风流俊逸，真是后来的优秀人才。"王忱笑着回答说："没有您这样的舅舅，哪来我这样的外甥?"

后来，范宁把王忱的话告诉了张玄，张玄觉得在理，便整理衣冠正式登门拜访，王忱以宾主之礼相待。从此俩人便成为好朋友。

【出处】

成语"后起之秀"出自南朝宋·刘义庆《世说新语·赏誉》：范豫章谓王荆州："卿风流逸望，真后来之秀。"表示后辈中的优秀者。

后生可畏

相传孔子到东方游历，在荆山下碰到三个小孩。其中两个在一起玩耍，另一个小孩站得远远的。孔子对此非常奇怪，他问站在一边的小孩为什么不去玩耍。那个小孩回答说，激烈的打闹能伤害人命，拉拉扯扯的玩耍会伤害人的身体，退一步说，即使不伤害身体，有时也可能撕破衣服，总之没有任何好处。后来，又有一个小孩用泥土堆积成一座城，他自已坐在里面，眼看孔子的车子要过来，他还不躲避。孔子忍不住问他，为什么不避让车子呢。这小孩振振有词地说，他只听说过车子避城，还没听说过城避车子的。

孔子觉得小孩的话很有意思，就赞扬他虽然年纪不大，但是知道的道理还不少。这个小孩听到孔子说自己年龄小后，有些不高兴，就反问孔子道："我听说鱼生下三天后，就能在江海中潜游；兔子生下来三天，就能在三亩地的范围内活动；马生下三天，就能跟在母马后面行走；人生下三个月就能认识父母。这些都是天地间的自然现象，有什么大惊小怪的呢？"孔子听后惊讶地说："这些孩子太让我吃惊了，我现在才知道少年人实在可怕啊（后生可畏）！"

【出处】

成语"后生可畏"出自《论语·子罕》："子曰：'后生可畏，焉知来者之不如今也？四十、五十而无闻焉，斯亦不足畏也已。'"后生，指后辈、年轻人。形容青年人能超过前辈，年轻人是可敬畏的。

狐假虎威

战国时期,楚国楚宣王手下有个大将,叫昭奚恤,这个人非常善于打仗,北方诸侯都很敬畏他。昭奚恤因此而闻名于诸侯国,楚宣王对他既嫉妒也怀疑,于是就问他的大臣们:"北方的诸侯国很怕昭奚恤,难道他真的很英勇吗?"一个叫江乙的大臣立刻便明白了楚宣王的用意,便给他讲了一个故事:

"从前,有一只老虎,在森林里寻找猎物,抓到了一只狐狸,老虎正要吃狐狸时,狐狸开口道:'你怎么敢吃我!我是天帝派来管理百兽的,你今天吃了我,是违抗天帝的旨意,天帝会降罪于你的。'

"老虎知道狐狸一向以狡猾闻名,有些不相信他的话。但听他说得一本正经,又不敢不信。正犹豫间,狐狸又说:'你如果以为我说的是假话,我们可以到森林里走一趟,我在前面,你跟在后面,看看那些野兽见了我害怕不害怕。'

"老虎同意了,就跟着狐狸到森林里去。森林里的野兽看见跟在狐狸后面的老虎,都吓得拼命逃跑。可是老虎却不知道百兽是害怕自己而逃的,以为它们真的是害怕狐狸呢!

"大王您现在占有着五千多里方圆的地盘,还有雄兵百万,这百万大兵都归昭奚恤管辖,所以北方的几个国家都怕他。其实他们是害怕您的兵马,这就如同'狐假虎威'一样啊!"

楚宣王听到这话后,非常高兴,就重赏了江乙。大臣们也都很佩服江乙的机智和口才。

【出处】

成语"狐假虎威"出自《战国策·楚策一》,指狐狸假借老虎的威势。比喻依仗别人的势力欺压人,或假借别人的威势吓唬人。

华而不实

春秋时，晋国有一个叫阳处父的大臣，长得相貌堂堂，一表人才，且善于谈吐，第一次见面时总能给人家留下好印象。有一次，他出使到魏国去，回来路过宁邑，住在一家客店里。店主姓嬴，看见阳处父相貌堂堂，举止不凡，看上去真是个漂亮人物，这店主就悄悄对妻子说："我早想投奔一位品德高尚的人，可是多少年来，我随时留心，都没找到一个合意的。今天我看阳处父这个人不错，我决心跟他去了。"

店主征得阳处父的同意，就离别妻子，跟着他走了。一路上，阳处父同店主东拉西扯，不知谈些什么。店主一边走，一边听，就这样他们来到了晋国都城，在和阳处父相处几天后，店主却突然告别了阳处父，返回了家。他的妻子见他回来，问道："你好不容易遇到这么个人，怎么不随他去呢？你不是决心很大吗？家里的事你尽管放心好了。"

"我看到他长得一表人才，以为他可以信赖，谁知道通过和他交谈，我发现他喜欢夸夸其谈，言过其实，说话不着边际。通过观察他的行为，我发现他言行不一，并且性格刚强偏激，他既无才能又胸无大志。本来以为他是个人物，原来却是一个徒有其表、华而不实的人。跟这样的人在一起，容易遭受祸害，又无法使自己得到进步，所以我打消了原来的主意。"店主说。

后来，阳处父果然被人杀死了。

【出处】

成语"华而不实"出自《左传·文公五年》："且华而不实，怨之所聚也。"实，果实。光开花不结果实。比喻外表好看而没有实际内容。也指表面上很有学问，实际腹中空空的人。

画饼充饥

三国时候，魏国有个人叫卢毓。他十岁就成了孤儿，两个哥哥又先后去世。在兵荒马乱中，他辛勤努力养活着寡嫂和侄儿，日子过得很艰难。虽然如此，卢毓仍然勤勉地读书做学问，长大后成了一个博学的人。

后来卢毓在魏国做了官。他为官清正，并且很有才能，任职三年多，提出了不少好建议，魏文帝很信任他。那时选拔官吏，一般是凭人推荐，而推荐者往往只推荐有名的人物，这些名人多数只重清谈，不务实际，互相吹捧，有些人虽很有名气，但却没有一点本领，因此魏文帝很不满意。在选拔中书郎时，魏文帝就下令说："这次选拔，要由卢毓来推荐。选拔的人不要只看名声。名声就像在地上画个饼一样，其实是不能吃的。"

卢毓回答说："靠名声是不可能衡量有才能的人，但是，可以发现一般的人才。由于修养高，行为好，而有名的，不应该厌恶他们。我以为主要的是对他们进行考核，看他们是否真有才学。现在废除了考试法，全靠名誉提升或降职，所以真伪难辨，虚实混淆。"魏文帝采纳了卢毓的意见，下令制定考试法。

【出处】

成语"画饼充饥"出自《三国志·魏志·卢毓传》："选举莫取有名，名如画地作饼，不可啖也。"比喻徒有虚名，无益实用。后常用以比喻用空想安慰自己。

画龙点睛

南北朝时，南方的梁朝有位著名的画家，名叫张僧繇，特别善画云龙等物，简直是栩栩如生。传说有一年，他给金陵安乐寺作壁画。他在墙上画了四条龙，画得惟妙惟肖，鳞甲俱全，四条张牙舞爪的龙好像随时会腾空飞去，真是活灵活现。老百姓听说张僧繇画了四条像真的一样的龙，都纷纷跑来观看，人人赞不绝口。

忽然有个人发现了一个问题，失声叫道："咦，这龙怎么没有眼睛呀？"大伙仔细一瞧，四条龙果然都没有眼睛，刚才只顾赞叹了，竟没发现。于是，大家七嘴八舌地向张僧繇问道："你为什么不画眼睛呀？"

张僧繇说："如果画上眼睛，它们就会飞走的。"

人们以为他在开玩笑，却不相信，强烈地要求他给龙点上眼睛。张僧繇见大伙儿都恳切请求，无法推辞，就拿起笔来，给壁画上的龙轻轻点上眼睛。他刚点完第二条龙的眼睛时，忽然电光一闪，轰隆一声响雷，把大伙都吓了一跳。一时间风雨交加，天昏地暗，雷鸣电闪中，只见两条龙挣破墙壁，腾空而起，一会儿就不知去向了。再看那墙壁，只剩下两条尚未点眼睛的龙了。围观者都目瞪口呆地站在那儿，他们都不相信眼前所发生的一切。

【出处】

成语"画龙点睛"出自唐·张彦远《历代名画记》卷七："武帝（梁武帝）崇饰佛寺，多命僧繇画之。……金陵安乐寺四白龙不点眼睛，每云'点睛即飞去'……二龙未点眼者见在。"常用比喻作文或讲话时在关键处用一二句点明要旨，使内容更为精辟有力。

画蛇添足

战国时期，楚国的昭阳奉楚怀王之命攻打魏国，连续夺得八城，楚怀王非常高兴，就授予他"上柱国"之职，地位仅次于"令尹"（宰相）。昭阳君很得意，楚王又让他去攻打齐国。齐国君臣一听，很是害怕，便派大夫陈轸前往楚国去说服昭阳君不要攻齐。见到了昭阳君，陈轸讲了"画蛇添足"这个故事。

他说，楚国有个人去祭祀，祭祀完毕后，剩下半壶酒，便赏给了跟随他祭祀的仆人。仆人们商量说，几个人喝，不够；一个人喝，绰绰有余。有人出了个主意说："让我们大家在地上画条蛇，谁先画成，谁就喝酒。"大家听了觉得有趣就同意了。不一会儿有个人画完了，他拿起酒壶准备饮酒，可又得意地说："我还有时间给蛇添上几条腿呢！"这时有个人也画完了，夺过酒壶说："蛇本来就没有足，你怎么能给它添上足呢！"于是将酒一饮而尽。那个给蛇添足的人，虽然是最早画完，但却没喝上酒。

陈轸劝告他说："你现在功成名就，假如攻齐不胜的话，你的前程就会完了，就和给蛇添足的人一样，连酒也喝不上，还想当什么令尹？另外，即使你侥幸成功，楚王能升你为令尹吗？毕竟你们国家已有了令尹。退一步讲，即使楚王同意，你们的令尹也不会同意的，恐怕他会在楚王面前讲你坏话的，到那时你就危险了。"陈轸的一番话把昭阳君吓得冷汗直流，他赶忙向陈轸表示谢意，感谢陈轸对他的提醒，并说自己再也不会攻打齐国了。

【出处】

成语"画蛇添足"出自《战国策·齐策二》："楚有祠者，赐其舍人卮酒。……一人蛇先成，引酒且饮之，乃左手持卮，右手画蛇曰：'吾能为之足。'未成，一人之蛇成，夺其卮曰：'蛇固无足，子安能为之足！'遂饮其酒。"多比喻做事节外生枝，不但无益，反而害事。

环肥燕瘦

中国古代的皇家后宫可谓是佳丽如云，其中，汉代的赵飞燕，唐朝的杨贵妃(杨玉环)是比较有名的两位。

赵飞燕出身贫寒，原本是汉成帝姐姐阳阿公主家的婢女。她在阳阿公主家学得精绝的舞技，汉成帝做客阳阿公主家时，为献舞的飞燕曼妙的舞姿而倾倒，便将她召入宫中，并封为昭仪，不久又废掉许皇后而立飞燕为皇后。赵飞燕身体细长消瘦，轻盈如燕，故名“飞燕”。有一天，她和成帝游太液池，一时兴起，翩然起舞，为成帝助兴。不料一阵飙风旋卷而来，将飞燕轻轻托起，她身上的紫裙也随风舞动，非常美丽。旁边的宫女唯恐她被风吹走，急忙拉住她的裙子。一阵风居然能将她吹起来，可见她是多么的瘦。

杨玉环因其相貌艳丽，被选给唐玄宗第十八子——寿王李瑁为妻。有一次，李瑁带着杨玉环共同拜见父皇唐玄宗，唐玄宗见到杨玉环后，立刻被其美貌倾倒。在侍臣高力士的安排下，唐玄宗最终把她从自己的儿子身边夺了去，变为自己的妃子。杨玉环被封为贵妃，于是人们便称她为杨贵妃。杨贵妃虽体态丰盈，但极善于歌舞，喜欢音乐和戏曲，深得唐玄宗的宠爱。

宋代大诗人苏轼在评价这两位历史上有名的美女时写道：“短长肥瘠各有志，玉环飞燕谁敢憎。”意思是说短的长的胖的瘦的各有各的美，就像杨玉环和赵飞燕一样谁人不爱呢？后人便从中引出“环肥燕瘦”一语。

【出处】

成语“环肥燕瘦”出自宋代苏轼《孙莘老求墨妙亭诗》。比喻女子体态不同，各擅其美的意思。有时也引申比喻艺术作品的风格不同，各有所长的意思。

黄粱美梦

唐朝的时候，有个书生姓卢，人称卢生。有一年，卢生赶赴京城长安参加考试。到了邯郸以后，就住进了一家客店里。正巧在店里遇见了一个叫吕翁的道士。卢生一见道士，大有相见恨晚之意，接着便与道士聊起了家常。

卢生说："我家境贫困，又无依无靠，念了不少书，考了几次试也没考中。这次又来京城参加考试，希望能考中，得到功名，有朝一日出人头地，做个大官，过上几年好日子，威风威风。"道士听了以后，不解地问："我能帮助你做些什么吗？"卢生恳求地说："您一定得给我指点一个能帮助我实现这个愿望的方法！"

道士想了想，便从随身携带的行囊中取出一个青瓷枕头来，递给卢生。卢生接过青瓷枕头看了又看，觉得很奇怪就问："这是干什么用的？"道士说："你只要枕着它睡上一觉，就会实现你的美好愿望。"卢生大喜，于是小心翼翼地把青瓷枕头放好。这时候，店主人刚刚煮上一锅黄小米饭，卢生等不及了，赶忙睡下。他把头枕在青瓷枕上，很快就进入了梦乡。

卢生梦见自己中了进士，又当了大官衣锦还乡，众乡亲都跑来迎接他。后来，他又领兵征战，立下赫赫战功。皇上十分赏识他，又让他当了丞相，住进深宅大院，还娶了一位贤惠貌美的妻子，生了五个儿子，后来又有了十个孙子。儿孙们个个都金榜题名，功成名就，官居高位。一人之下、万人之上的他，享尽了人间的荣华富贵，一直活到八十多岁……

正当他在梦乡中十分得意的时候，忽然觉得腹中饥饿难忍，好梦被打断了。他醒来以后，伸了伸懒腰，又揉了揉双眼，向四周环顾，发现自己仍旧睡在邯郸的客店里，身上穿的仍旧是那件破旧的衣衫，道士也还坐在自己的身边，就连店主人那锅黄小米饭也还没有煮熟，只是肚子里“咕咕咕”的叫声更响了。“黄粱美梦”这一成语就是从这个故事概括而来的。

【出处】

成语“黄粱美梦”出自唐沈既济《枕中记》：“卢生欠伸而寤……主人蒸黄粱尚未熟，触类如故，蹶然而兴曰：‘岂其梦寐耶。’”亦作“一枕黄粱”。意思是黄米饭尚未蒸熟，一场好梦已经做醒。多比喻虚幻的事和欲望破灭。

毁家纾难

春秋时期，楚国楚成王的宰相子文，因是私生子，在刚出生时，他的姥姥便把他扔在了草泽中，但他恰巧碰到了一只母虎新死了小虎，便把他奶大了。后来，他的姥爷在打猎时，又发现了他，然后把他带回家中养大成人。他后来成为楚国历史上一位非常有名的宰相和忠臣。

他为政勤辛，天不明就上朝，直到日落才回家吃饭。他关心国家困难，体贴百姓疾苦。楚成王八年（成王仅十几岁），元帅公子元攻打郑国，得胜而归，成王设宴犒赏。谁知，公子元乘着酒劲，就赖在王宫不走，还想与成王之母、文王之妻调情。公子元的无耻行径惹恼了楚国的文武大臣，有一员名叫申公的武将率兵包围王宫，抓住公子元，并把他杀了。

这一来，楚国大乱，这时的宰相正是子文，他费了九牛二虎之力，甚至把自己的家产都散尽了，才把国难缓和下来，社会秩序才得以安定，成王在位四十六年，便是明证。他在做了二十八年宰相后，病死。死后，人们在他家中没有发现任何值钱的东西，孔子称赞他是忠臣的典范。

【出处】

成语“毁家纾难”出自《左传·庄公三十年》：“斗谷於菟为令尹，自毁其家，以纾楚国之难。”纾，缓和，解除。指捐献所有家产，帮助国家减轻灾难。

祸起萧墙

春秋时，鲁国的大夫季康子的封地在费邑，他虽然职位是卿大夫，但权势极大，甚至超出国君鲁哀公。季康子为了进一步扩大和巩固自己的统治权力，想攻伐附近一个叫颛臾的小国（鲁国的附属国），把它并吞过来。孔子的学生冉有和子路当时都是季康子的谋士，他俩觉得季康子这样做不合适，便劝阻他，但季康子拒绝接受他们的意见，于是他们便问孔子该怎么办。

孔子怀疑这是冉有的主意。冉有说："这是季康子的主意，我和子路都想制止他。"孔子说："你俩既然辅佐季康，就应该尽力劝阻他。"冉有说："不过，如今颛臾的国力越来越强大。现在不攻取，以后可能会成为祸患。"孔子说："这话不对！治理一个国家，不必去掠夺土地和人口；而应该多去想想怎样使百姓安居乐业。百姓一安宁，国家就会富强。这时再施行仁义礼乐的政教来广泛招致远方的百姓，让他们能安居乐业。而你们辅佐季康子，使得远方的百姓离心而不来归附，国家分裂而不能集中；在自己的国家处于分崩离析的情况下，还想去用武力攻伐颛臾，我恐怕季康子的麻烦不在颛臾，而在萧墙之内。"

"萧墙"是国君宫门前的照壁。孔子的意思是季康子的麻烦在宫内，这里暗指鲁哀公。因为季康子当时和鲁君的矛盾很大。季康子怕鲁哀公利用颛臾的有利地势来袭击他的费邑，于是他先下手为强，攻伐颛臾。

【出处】

成语"祸起萧墙"出自《论语·季氏》："吾恐季孙之忧，不在颛臾，而在萧墙之内也。"指祸患的起因在于内部。

鸡鸣狗盗

战国时期，出现了四位贤达之人，被人称之为“四君子”，他们分别是齐国的孟尝君田文，楚国的春申君黄歇、魏国的信陵君魏无忌、赵国的平原君赵胜。“鸡鸣狗盗”就是与孟尝君有关的故事。孟尝君，齐国公子，养了几千名门客，这些门客各有不同的技能。有一年，孟尝君出访秦国，并送给秦昭王一件名贵的白狐狸皮袍子。秦王知道孟尝君是位非常有才能之人，这对秦国将会非常的不利，于是便把他扣留了下来。

孟尝君便暗暗派人去找秦昭王的宠妃，请她帮忙让秦昭王放了自己。妃子同意了，但要求孟尝君把那件白狐狸皮袍子送给她。这下孟尝君为难了：怎么才能从秦昭王那里拿回白狐狸皮袍子呢？他思来想去，毫无办法，十分焦急。这时一个门客自告奋勇说，自己有装狗偷盗之术，可以将袍子盗出来。当天夜里，他便神不知鬼不觉地偷出了那件白狐狸皮袍子。接着，他来到那位妃子的住处，说孟尝君派他献上白狐狸皮袍子。妃子非常高兴，收下了皮袍子。第二天她在秦昭王面前替孟尝君说情，请求放掉孟尝君，秦昭王稀里糊涂答应了。

孟尝君担心秦昭王说话不算数，连夜带着门客赶路。他们来到秦国的边境，却被关卡拦住了，守兵说必须等鸡叫时才让人进出。此时正是午夜时分，孟尝君十分焦急，这时门客中有一个会学鸡叫的人，偷偷学着公鸡啼鸣，霎时间附近的公鸡全部啼叫起来。于是，孟尝君顺利地出了关卡，逃出秦国。

【出处】

成语“鸡鸣狗盗”出自《史记·孟尝君列传》：“……最下坐有能为狗盗者，曰：‘臣能得狐白裘。’乃夜为狗，以入秦宫臧中，取所献狐白裘至，以献秦王幸姬。……客之居下坐有能为鸡鸣，而鸡齐鸣，遂发传出。”原意是说孟尝君门客中有各式各样的能人。后多比喻某种微不足道的或见不得人的技能，多含贬义。

加官进禄

在南宋末年，北方的金国金章宗年间有一个绝色美人，姓李，名师儿，出身于贫寒之家，因其美貌被选入宫，她不但美丽，而且聪明伶俐。入宫之后，在进行宫女礼仪及常识方面的培训时，宫中的教练发现她学习新技能非常快，别人需要几遍乃至几十遍的练习才能掌握的东西，她基本上一遍之后就会了，于是把她推荐给金章宗，章宗非常高兴。当时，皇后去世，章宗想立李氏为皇后，但因她出身寒微，大臣反对，只好立为元妃，地位与皇后相同。

在一次宴会上，章宗让宫中的优伶（宫中歌手之类的人）唱歌时，优伶便唱了《凤凰四飞歌》。歌中唱道："难道诸位没见过凤凰飞行吗？它向四个方向飞行，分别代表四种吉祥之事：向上飞，表示风调雨顺；向下飞，表示五谷丰登；向外飞，表示四国来朝；向里（李）飞，表示加官进禄。"这个歌手是在奉承李元妃（师儿）以讨皇帝欢心。最后，李师儿的兄、弟都因她而做了大官，哥哥被封为安国军节度使，弟弟被封为少府监，甚至其已死的父亲也被追封为上柱国，一时间，权倾朝野。

【出处】

成语"加官进禄"出自《金史·后妃传》："优曰：'……向外飞，则四周来朝，向里飞，则加官进禄。'"指提升官职，增加俸禄。

家徒四壁

西汉时，四川成都有个大才子，名叫司马相如，他年轻时曾任过汉武帝的侍从官等职，但他喜欢舞文弄墨，弹琴吟诗，而武帝不欣赏这些，司马相如就离开了武帝，投靠了梁王。过了几年，梁王死了，司马相如只好回到了成都。

司马相如家里很穷，日子过得很艰难。他有个朋友叫王吉，在临邛当县令，司马相如就去投奔他。临邛县里有一位大富豪，叫卓王孙，一次，他设宴招待王吉和司马相如。在席间，王吉请司马相如弹琴助兴，司马相如也不推辞，就弹一曲。他的琴艺高超，悦耳的琴声让人们大饱耳福。

卓王孙有个女儿，叫卓文君，她长得非常漂亮，刚死了丈夫不久，住在娘家。她这天听到了司马相如的琴声，不由得被深深吸引住，就来到屏风后偷看。她看到司马相如仪表堂堂，风度翩翩，顿时起了爱慕之心。司马相如觉察到了这些，他也被卓文君的美貌所吸引，就弹一首《凤求凰》，抒发了自己的爱慕之情。卓文君听了，立刻领会了司马相如的意思，感到非常激动。

当天晚上，司马相如就买通了卓文君的侍女，转给了卓文君一封信。在信中，司马相如向卓文君表露了心迹，并向她求婚。卓文君怕自己的父亲反对这门亲事，就偷偷地跑了出来，和司马相如一起私奔了。她们回到成都司马相如的家里，卓文君发现他家里非常穷。除了四面墙壁以外，空荡荡的什么也没有（家徒四壁）。司马相如怕她受不了穷，可卓文君一点也不嫌弃。她卖了一些首饰，和司马相如一起开了一家小酒店，两人过着艰苦而恩爱的日子。后来汉武帝读到了司马相如的文章十分欣赏，认为他很有才华，便把他召进了京城去，给了他一个官职，司马相如从此远近闻名。

【出处】

成语“家徒四壁”出自《汉书·司马相如列传》：“……相如乃与驰归成都，家居徒四壁立。”家中只有四面墙壁，形容穷困之极，一无所有。

嫁祸于人

战国时期，为了争夺土地和人口，诸侯国之间经常进行战争。有一年，秦国为了谋取韩国的上党地区，就派兵攻击韩国。韩国弱小很快便守不住了，便派使者向赵国求救。那使者非常恳切地对赵国的国君孝成王说："贤明的赵王，我们韩国就快要守不住上党了。可恶的秦国想把它吞并过去，可是那里的百姓却非常想让大王您去统治那里。韩国决定把上党郡的十七座城池送给赵国。"

孝成王听后非常高兴，得意地召见平阳君赵豹，想听听他对此事的意见。

赵豹不同意接受这块地区。他说："无缘无故而得到好处，圣人常将这看做是大祸害。"

孝成王有点儿不高兴，他反问了一句："上党的人民感激我的恩德，憎恨秦国的严刑苛法，你怎么说是无缘无故呢？"

赵豹解释说："上党是一块好地方，秦国蓄谋已久，并且费了好大的劲儿去攻打它，到现在还没有得到。韩国始终没想放弃上党，现在守不住了，想到要将上党转给赵国，这实际上是想把同秦国进行战争的祸害转嫁给赵国。现在赵国白白地得到秦国费尽周折都没有得到的上党，怎么不能说是无缘无故地得利呢？大王一定不要接受，这实际上是祸患呀！如果接受的话，秦赵之间是将会有一场战争的。"

孝成王不听赵豹的话，接受了上党的土地。后来，正如赵豹所料，秦国和赵国之间因此而爆发了一场战争。

【出处】

成语"嫁祸于人"出自《史记·赵世家》："韩氏所以不入于秦者，欲嫁其祸于赵也。"把祸害转嫁到别人身上。

兼听则明，偏信则暗

魏征是唐朝初期的杰出政治家，唐太宗李世民时为谏议大夫（负责向朝廷提意见的官员）。魏征很有学识，正直无私，敢于向皇帝直言和提出各种建议，在朝中享有很高的威信，李世民对他也相当敬重。有一次，李世民问魏征："一个皇帝是因为什么而成为明君的，又是因为什么而成为昏君的？"

魏征回答说："贤明的皇帝之所以贤明，是因为他能广泛听取各方面的意见；而有些皇帝之所以糊涂，是因为他只偏信少数人的话。"魏征举了两个贤明的皇帝为例说，上古的尧帝能详细地询问下情，所以在有人作乱时能够及时地知道；舜帝能多方面了解情况，听取多方面的意见，所以他手下的官员工、鲧等就不能蒙蔽他。然后魏征把话题一转，说："相反，秦二世胡亥偏信丞相赵高，结果在望夷宫被他杀害了；梁武帝萧衍偏信散骑常侍朱异，结果被叛将侯景攻进了台城（今南京市，当时梁的京城）。"魏征诚恳地对李世民说："以前的历史和教训就是我们的老师。陛下若能够做到听取各方面的意见，杜绝偏信少数人的意见，我大唐就一定能够繁荣昌盛。"李世民听后，连连称赞魏征回答得非常好。

在魏征的影响下，唐太宗虚心听取大家的意见，主动采纳正确的建议，而魏征就像一面镜子，每天都照出皇帝的言行举止是否正确，所以当魏征去世后，唐太宗非常伤心地说："用历史做镜子，可以知道王朝更替的原因；用人做镜子，可以知道自己的成绩与过错。今天魏征不在了，我真是失掉了一面好镜子啊！"

【出处】

成语"兼听则明，偏信则暗"出自《资治通鉴·唐太宗贞观二年》："……对曰：'兼听则明，偏信则暗。'"听取多方面的意见就能明辨是非，单信一方面的话必然昏聩糊涂。

见利忘义

汉高祖死后，新继位的小皇帝年幼，其母亲吕后便乘机掌握了朝廷的大权。吕后掌权后，开始大肆分封吕家的人为王。不久，吕后去世，她在遗诏中指定吕产为相国，吕禄统领京都禁卫军（驻扎在京城长安的军队）。吕氏家族掌权后，准备反叛朝廷夺取政权。当时的太尉（相当于国防部长）周勃和丞相陈平秘密商议，决定铲除吕家兄弟，安定汉家天下。

首先是要夺取吕禄的兵权以控制京城，因为吕禄掌握着京城的部队，作为太尉的周勃无法对这支部队发布命令，于是就绑架了郦商。郦商是郦寄的父亲，而郦寄又是吕禄的朋友。周勃等胁迫郦寄去说服吕禄放弃兵权，郦寄没有办法，就跑到吕禄那儿对他说：“朝廷中的大臣们之所以怀疑您，是因为您虽然有自己的封国，但不去那儿上任，却仍呆在京城中控制京城的部队，引起了皇帝和大臣们的不安。只要您交出兵权，到您的封国去，就不会再有人指责和反对您了。”吕禄听信了郦寄的话，就把军队和帅印交给了周勃。

周勃得到帅印后，立即进入了军营，为了检验部队是否忠于朝廷，周勃把部队集合起来，对士兵们说：“效忠朝廷的人请举起右臂，效忠吕家的人请举起左臂。”士兵们都表示要效忠朝廷，这样，周勃就完全控制了部队。有了军队作保障，周勃开始逮捕吕家的人。吕禄及其爪牙先后被抓，吕产被杀死在宫廷中，吕氏家族最终被铲除了。在这次斗争中，郦寄因为立了大功，获得了皇帝的封赏，当时的人都认为郦寄出卖了朋友，说他见利而忘义（见利忘义）。

【出处】

成语“见利忘义”出自班固《汉书·赞语》：“当孝文时，天下以郦寄为卖友。夫卖友者，谓见利而忘义也。”指看到有利可图就忘掉了道义。

见猎心喜

北宋著名的学者程颢，世称明道先生。他从小聪明，青年时代在洛阳讲学，非常有名气。他的弟弟程颐也是著名的学者，经常讲学，人们称他们为“二程”。后来，他们的学说被朱熹继承和发展，人们称之为“程朱学派”。程颢十六七岁的时候，非常喜爱打猎。稍大后开始集中心思研究学问，再没有时间和精力去打猎了。有一次，他惋惜地对友人说：“打猎的爱好我今后没有啦！”

有个名叫周茂叔的朋友听到这话，特地去对程颢说：“你说的话不一定就是如此。千万不要说得那么容易。我看你不是不喜爱打猎，而是把这种心思隐埋起来罢了。说不定哪一天这种心思萌发起来，你还是会像年轻时一样，高高兴兴地去打一阵子猎的。”程颢对周茂叔的话未置可否，只是哈哈大笑了一阵。

周茂叔的这席话，在十二年后得到了验证。一次程颢外出讲学归来。在田野里见人打猎，顿时想起了打猎的乐趣，高兴得手痒起来。但他忽然回忆起周茂叔说过的话，便硬是压制了要打猎的欲望，径自走回家去。

【出处】

成语“见猎心喜”出自《二程全书·遗书七》：“明道年十六七时，好田猎。十二年，暮归，在田野间见田猎者，不觉有喜心。”原指见人打猎，便萌起昔日所好而心喜。后喻旧习难忘，触及所好，使心情愉悦，而跃跃欲试。

见异思迁

春秋时期，著名的政治家管仲在齐国为相，辅佐齐桓公。为了迅速实现富国强兵，称霸诸侯的梦想，齐桓公就向管仲询问道："怎样才能使民众安居乐业，使大家都能做好自己的本职工作呢？"

管仲回答说："士、农、工、商四种身份的人作为国家的基本民众不可杂处而居，不然就会混乱。就拿读书人来讲，把读书人集中到州里邻近学堂的地方，做父兄的见了面，互相谈论的便是'义'；那些给君主办事的人，谈的便是'敬'；老人们谈的便是如何爱护晚辈；年纪小的谈的便是如何尊重父兄。他们从早到晚，以此来教育子弟，从小学习什么，就会爱好什么，心志就安定了，就不会见了别的东西而变更已养成的志趣了。父兄言传身教，子弟自然养成习惯。所以说，念书人的子弟，仍然是念书人。"

接着管仲又谈到如何安排农、工、商行业的人。他说，农民应住在田野乡间；从事体力劳动的工人应住在官府附近，便于召唤；经商的人一定要住在靠近市场的地方。这样，他们能够方便地学习本行业的技能，以及相互学习和交流。同时对其后代也有好处，其后代可以自然而然地获得本行业的技能，所以能够安于本行业，而不会"见异物而思迁"。

【出处】

成语"见异思迁"出自《管子·小匡》："少而习焉，其心安焉，不见异物而思迁焉。"意思是，看见不同的事物，就改变原先的主意。

将欲取之，必先与之

春秋末期，晋国内部出现了四大家族，分别为智伯、韩、赵、魏四家。四家之间矛盾重重，勾心斗角，互相征伐。其中智伯家族势力相对较大，故依仗自己的势力欺负其他家族。有一年，智伯向魏恒子家族提出领土要求，遭到魏恒子的断然拒绝。

魏恒子有个谋士名叫任章，听到这消息，求见魏恒子，劝说他割让土地给智伯。任章献了一条计策，说："请不要正面拒绝智伯，不妨满足他的要求。现在智伯无缘无故强行向您索取土地，您给他尝一些甜头，他得了土地，一定更加骄横轻敌，贪得无厌，继续向其他大夫伸手，索取土地。其他大夫就会惊恐不安，那时他们一定会联合起来，团结一致对抗智伯。您想，几家兵力联合在一起，声势浩荡地去征讨一个独立无援而又骄横轻敌的智伯，智伯的末日还会远吗？《周书》上不是这样说吗：想要打败他，必须姑且帮助他；想要夺取他，必须姑且给予他（将欲取之，必先与之）。现在，您想要战胜智伯，夺取他的土地，不妨给他一点诱饵，割让一部分土地给他，最后才能战胜他，达到你的目的。"

魏恒子听后，抚掌大笑，认为此计甚妙，于是痛痛快快地答应了智伯的要求。

智伯得到了土地，得意忘形，立刻又向另一位姓韩的大夫提出要求，索取土地，得到了满足，于是又向赵家索要土地，赵大夫态度坚决，一口回绝。智伯勃然大怒，率领队伍围攻赵大夫封地。赵大夫说服魏恒子和韩大夫，三家联合组成大军，齐心协力回击智伯，最终打败了智伯，瓜分了他的土地。这样，魏恒子不仅收回了原先割让出去的土地，还分到了更多的土地。

【出处】

成语"将欲取之，必先与之"出自《战国策·魏策一》。比喻想得到大利，必须先失点小利的意思。

姜太公钓鱼，愿者上钩

姜太公姓姜名尚，又称姜子牙，是我国古代一位伟大的军事家，他在没有得到文王重用之前，隐居在陕西渭水边一个地方。那里是周族领袖姬昌（即周文王）统治的地区，他希望能引起周文王的注意，从而能够建立功业。

太公常在河边垂钓。一般人钓鱼，都是用弯钩，但太公的钓钩却是直的，上面不挂鱼饵，也不沉到水里，并且离水面三尺高。他一边高高举起钓竿，一边自言自语道："不想活的鱼儿呀，你们愿意的话，就自己上钩吧！"

一天，有个打柴的樵夫，见太公用不放鱼饵的直钩在水面上钓鱼，便对他说："老先生，像你这样钓鱼，100 年也钓不到一条鱼的！"太公举了举钓竿，说："实话对你说吧，我不是为了钓到鱼，而是为了钓到王和侯！"

太公奇特的钓鱼方法传到了周文王那里。周文王知道后，最初他并不在意，认为是这老头在故弄玄虚。后来有一次文王外出游玩时听到附近的农夫、樵夫等人在唱歌，歌声非常好听，他又细听歌词，歌词大意是歌颂周国民风淳朴、政治清明、百姓安居乐业，又骂纣王无道、政治腐败，必将失去天下。文王一听觉得歌词写得好，就问田间的农夫这歌是谁教给他们的，农夫们回答说是用直钩钓鱼的姜子牙，文王改变了对姜子牙的看法，想见他一面，但那天姜子牙没有钓鱼，因此没见着。

终于在一次打猎时，文王恰好碰见正在钓鱼的姜子牙，就同他聊了起来，并询问了军国大计，发现他是一个奇才，于是就聘他为自己的丞相，辅佐自己。在姜子牙的帮助下，周国开始强大起来。到文王的儿子周武王时，终于消灭了残暴的纣王，建立了周朝。

【出处】

成语"姜太公钓鱼，愿者上钩"出自《封神演义》。原指姜太公心有谋算，在等待着赏识他的人前来访贤。后多比喻心甘情愿地上别人的当或跟着别人走。

揭竿而起

秦朝末年，秦二世统治残暴，大肆挥霍，奢侈无度，刑法严苛，搞得民不聊生。他不顾人民死活，继续增加徭役和兵役。阳城人陈胜、吴广及八九百名贫苦农民被征调到渔阳守卫边境，队伍到了大泽乡，由于连日大雨，道路被冲坏，无法前行，眼看将要误期，按照秦朝法律，误期当斩，于是，陈胜、吴广商议："误期是死，造反也是死，不如造反吧，或许有活路。"

两人商议已定，为了制造舆论，就定下两条计策，按计行事。吴广预先在一块白布上写上"陈胜王"三字，塞进买来的鱼腹中。第二天厨师剖鱼时发现了白布，把这事传扬出去，壮丁们议论纷纷，都对陈胜另眼相看。然后，吴广趁着黑夜，在远处丛林中点起篝火，学着狐狸的声音鸣叫："大楚兴，陈胜王！"壮丁们在半夜里听到叫声，都说天意指示陈胜做皇帝，心中都拥护他，决心跟着他闯天下。

陈胜、吴广见时机成熟，故意激怒两个看押的军官，趁机杀了他们。随后，二人召集九百名壮丁，宣布起义。壮丁们早有准备，齐声欢呼，一致赞同起义，推举陈胜、吴广为首领。陈胜自封为将军，吴广为都尉，打着秦朝太子扶苏和原楚国将军项梁的旗号，定国号为张楚，正式率队起义。起义军首先占领了大泽乡，于是，又有很多人加入了起义队伍，由于缺乏武器，他们就拿起锄头、木棒作武器，砍下竹竿作旗杆。中国历史上第一次轰轰烈烈的农民起义自此开始了。

【出处】

成语"揭竿而起"出自汉·贾谊《过秦论》："斩木为兵，揭竿为旗。"指高举义旗，起来斗争，泛指人民起义。

结草衔环

“结草”的典故出自于春秋时期。公元前594年，秦桓公出兵伐晋。秦军和晋军在晋地辅氏（今陕西大荔县）展开交战。交战中，晋将魏颗和秦将杜回相遇，二人厮杀在一起，正在难分难解之际，魏颗突然见一老人用草编的绳子套住杜回，使这位堂堂的秦国大力士站立不稳，摔倒在地，当场被魏颗所俘，使得魏颗在这次战役中大败秦师。

晋军获胜收兵后，当天夜里，魏颗在梦中见到白天为他结绳绊倒杜回的老人，老人说：“我就是你把她嫁走而没有让她为你父亲陪葬的那女子的父亲。我今天这样做是为了报答你的大恩大德！”

原来，晋国大夫有位爱妾，魏武子刚生病的时候嘱咐儿子魏颗说：“我死之后，你一定要把她嫁出去。”不久，魏武子病重，又对魏颗说：“我死之后，一定要让她为我殉葬。”等到魏武子死后，魏颗并没有把那爱妾杀死陪葬，而是把她嫁给了别人。魏颗说：“人在病重的时候，神智是混乱不清的，我不能听从他此时的吩咐，因而根据他清醒时的吩咐，把她嫁了出去。”

“衔环”的故事发生在东汉时期，主人公为杨宝。杨宝九岁时，曾救了一只受伤的黄雀，当其伤好之后，又放其飞去。于是，有天夜里，一黄衣童子出现在杨宝卧室里，对他拜了三拜之后说自己是西王母的使者，感谢他的相救之恩，然后又给杨宝四枚白环说，可使杨宝的子孙品德高尚，洁白如玉，长大当官，可以担任三公的职务。后来果然如黄衣童子所料，杨宝的儿子杨震、孙子杨秉、曾孙杨赐、玄孙杨彪，都是既贤且贵，为政清廉，位至三公的大臣。这本是两个故事，后人常把它们连在一起使用，作“结草衔环”。

【出处】

成语“结草衔环”出自《左传·宣公十五年》和《后汉书·杨震传》。比喻感恩报德，至死不忘。

嗟来之食

战国时期，各诸侯国互相征战，老百姓不得太平，如果再加上天灾，老百姓就没法活了。这一年，齐国大旱，一连三个月没下雨，田地干裂，庄稼全死了，穷人吃完了树叶吃树皮，吃完了草苗吃草根，眼看着一个个都要被饿死了。可是富人家里的粮仓堆得满满的，他们照旧吃香的喝辣的。

有一个富人名叫黔傲，看着穷人一个个饿得东倒西歪，他反而幸灾乐祸。他想拿出点粮食给灾民们吃，但又摆出一副救世主的架子，他把做好的窝窝头摆在路边，施舍给过往的饥民们。每当过来一个饥民，黔傲便丢过去一个窝窝头，并且傲慢地叫说："叫花子，给你吃吧！"有时候，过来一群人，黔傲便丢出去好几个窝窝头让饥民们互相争抢，黔傲在一旁嘲笑地看着他们，开心取乐。

这时，有一个瘦骨嶙峋的饥民走过来，只见他满头乱蓬蓬的头发，衣衫褴褛，他一边用破旧的衣袖遮住面孔，一边摇摇晃晃地迈着步，由于几天没吃东西了，他已经支撑不住自己的身体，走起路来有些东倒西歪了。

黔傲看见这个饥民的模样，便特意拿了两个窝窝头，还盛了一碗汤，对着这个饥民大声吆喝着："喂，过来吃！"饥民像没听见似的，没有理他。黔傲又叫道："喂，听到没有？给你吃的！"只见那饥民突然精神振作起来，瞪大双眼看着黔傲说："收起你的东西吧，我宁愿饿死也不愿吃这样的嗟来之食！"

黔傲万万没料到，饿得这样摇摇晃晃的饥民竟还保持着自己的人格尊严，黔傲满面羞惭，一时说不出话来。

【出处】

成语"嗟来之食"出自《礼记・檀弓下》："予唯不食嗟来之食，以至于斯也！"指带有侮辱性的施舍。

竭泽而渔

春秋时期,各诸侯大国为了实现自己称霸的野心,相互混战,楚国和晋国很快成为势力较大的两个国家,称霸的野心也日益膨胀。当楚国发现宋国不肯服从而投靠晋国时,楚国国君楚成王勃然大怒,于是发兵攻宋。

宋国国君宋成公急忙向晋国国君晋文公求教。晋文公收到告急文书,把大臣狐偃找来商量。

晋文公说:“敌强我弱,要战胜他们恐怕很不容易!”

狐偃说:“我们可以用欺诈的办法,先寻找借口讨伐曹国和卫国,再挑起秦、齐对楚不满,让秦、齐出兵参战,这样,我们一定能打败楚军!”

晋文公又询问大臣雍季的意见,雍季反对用欺诈的方法,比喻说:

“有个人要捉鱼,他把池塘里的水全部放干了,当然可以捉到很多鱼,但下一次池塘里便没鱼了。一个人要捕捉野兽,他把山上的树木烧光了,当然可以捉到很多野兽,可是往后山上没野兽了。用欺诈的办法去战胜敌人,就像竭泽而渔、焚林捕兽一样,虽然一时可行,但绝不是长久之计。”

可是,雍季又想不出更高明的办法,晋文公经过权衡和分析,就采用了狐偃的计策。结果在城濮之战中一举战胜了楚军。城濮之战以后,晋文公威名大振,成了当时的霸主。晋文公论功行赏,雍季得到的赏赐比狐偃还多。有个近臣以为晋文公赏错了,问:“这次获得胜利,狐偃功劳最大,怎么雍季的赏赐比狐偃还多呢?”

晋文公解释说:“雍季的话,是长远之计;狐偃的计策,是权宜之计,所以应该得到重赏的是雍季!”

【出处】

成语“竭泽而渔”出自《吕氏春秋 · 十四卷 · 义赏》。比喻只图眼前利益,不作长远打算。

金屋藏娇

汉武帝刘彻从小与表姐阿娇是青梅竹马，两小无猜。刘彻四岁那年，就被封为胶东王。一天，刘彻在皇家御园里游春，他的姑母长公主刘嫖逗他说：“侄儿，你想不想娶媳妇呀？”刘彻天真地回答：“当然想。”刘嫖指着周围随侍的上百个漂亮的侍女问他：“你看那一个好，姑母就给你，好吗？”没想到小刘彻两眼一翻说：“都不好！”刘嫖又指着自己的女儿问：“那阿娇好不好？”刘彻顿时眉开眼笑：“阿娇好！如果能娶得阿娇做媳妇，我就造座金屋让她住在里面。”

后来，刘彻果然娶了阿娇，并专门为她造了一座华丽的屋子。刘彻称帝后，阿娇就成了皇后，但阿娇当皇后十余年，一直不能生育，这让武帝非常烦恼，渐渐地冷落了她。加之后宫嫔妃如云，阿娇又性格暴躁，武帝最终厌倦了她，将她打入了冷宫——长门宫。为了脱离冷宫的孤苦生活，阿娇让大才子司马相如为她写了一篇赋，进呈武帝，武帝看后，觉得她可怜，便把她迁出了冷宫，但未再临幸她。

【出处】

成语“金屋藏娇”出自汉·班固《汉武故事》：“指其女问曰：‘阿娇好不？’于是乃笑对曰：‘好，若得阿娇作妇，当做金屋贮之也。’”指以华丽的房屋让所爱的妻妾居住。也指娶妾。

金玉其外，败絮其中

明朝时期，有一个善于卖柑的人，他的柑从外表看上去，漂亮极了，颜色鲜亮，金黄如新，因此吸引了众多的买柑者。一天，明朝初期的宰相刘伯温漫步街头，被蜜柑所吸引，就买了一些回去。回到家打开一看根本就不能吃，里面的柑肉已经干瘪得像破旧的棉絮一般，并且有一股呛人的烟味。

刘伯温十分生气，就找卖柑的理论："你卖的是什么柑呀？我看这柑根本就是金玉其外，败絮其中。"谁料，卖柑人非但没生气，反而笑着说："老兄，我干这一行也不是一年两年了，少说也有十年八载。我就是靠这个行当养家糊口。我卖蜜柑，别人买蜜柑，你情我愿，我还没听谁有什么怨言，只有老兄你不满意。唉，话又说回来了，当今这世上行骗的人到处都是，岂止我一个？您瞧那些腰别虎符，坐在虎皮椅上威风凛凛的武将们，看起来似乎比孙子、吴起还神气，可他们果真有和孙子、吴起一样的谋略吗？再看看那些头顶高帽，身穿宽大朝服，腰上拖着长长绶带的重臣们，看似气宇轩昂，伟岸不凡，一个个好似国家栋梁，难道他们真有伊尹、皋陶那样治理国家的本事吗？如今，寇盗四起，他们不知如何抵御；百姓困苦，他们却夜夜笙歌，不知如何救助；贪官污吏横行乡里，他们束手无策；法统败坏，他们不知怎样整饬。而他们这些人哪一个不是大把大把拿着国家白花花的银子，住着华美宽敞的房舍，骑着高头大马，吃着山珍海味，喝着玉液琼浆呢？又有哪一个不是金玉其外，败絮其中呢？今天你老兄不去追究这些人和事，却来挑剔我的蜜柑，真是岂有此理。"

卖柑人一番话说得刘伯温哑口无言。回到家后，刘伯温义愤之下写成了《卖柑者言》一文，记下了他的亲身经历。

【出处】

成语"金玉其外，败絮其中"出自明·刘基《卖柑者言》："……又何往而不金玉其外，败絮其中也哉？"比喻外表虚有其华，本质很坏的人和事。

噤若寒蝉

东汉时，有一个叫杜密的人，他为人质朴严肃，且很有才能，为乡邻所称赞。朝廷中的官员——司徒胡广听说后，便提拔他做代郡的太守。杜密做官后，为官清正，选贤任能，执法公平，把当地治理得井井有条。后来因为其他人的排挤，杜密被迫辞去了官职。

杜密辞官回家后，依然对政事十分关心。因为他是前任官员，当地太守王昱对他比较尊敬，杜密因此能够经常接近王昱。每次他拜访王昱时，总是同他讨论一些关于百姓生计及官吏违法乱纪之事，同时也不忘荐举地方上的贤人。当时，还有一个叫刘胜的官员是杜密的老乡，他也已退休在家闲居。但他的为人正好和杜密相反，他是明哲保身，从来不管地方上的闲事。

有一次，太守王昱对杜密称赞刘胜是个清高之士。杜密知道王昱醉翁之意不在酒，名为称赞刘胜，实则批评自己好管闲事。便对王昱说："刘胜地位很高，受到上宾的礼遇。但他知道好人不推荐，听到坏事不作声，就像冷天的蝉一样，哑口无言。他只求自己平安无事，但对国家不负责任。这样的人其实是个罪人，有什么可称赞的！"接着，杜密又说："我发现贤人就向你推荐，对违法的坏人敢于向你揭发，使你能赏罚分明，不也是为国家尽了一点力吗！"王昱听了这番话，很是敬佩，便愈加厚待杜密了。

【出处】

成语"噤若寒蝉"出自《后治书·杜密传》："刘胜任为大夫，见礼上宾。而知善不荐，闻恶无言，隐情惜己，自同寒蝉，此罪人也。"比喻胆小怕事，一言不发的意思。

惊弓之鸟

战国末期，强大的秦国严重威胁着魏、楚等六国的安全。燕国宰相苏秦游说各国，最终形成了统一战线，联合起来抗秦。每个国家须选出一个领兵将领，以便于协同作战。楚国的春申君准备让临武君担任这一要职。赵国大夫魏加知道此人曾屡次被秦军打败，不适合这一重任，但又不能明确劝阻春申君，于是便给他讲了个故事。

魏加说："我年轻时喜欢射箭，曾经听过一个故事，非常有趣。"然后魏加就有声有色地讲述起来：

魏国有一个人叫更赢，很会射箭。有一天，他和魏王在一起谈话，忽然天上传来雁叫声，抬头一看，一只大雁正在天空飞翔。更赢看了一会儿，对魏王说："大王，我只要拉一下弓，不用搭上箭射出去，就能把这只雁射下来。"魏王笑着说："你简直是开玩笑！我不相信你射箭的本领能有这样高超。"更赢取来弓，等那只大雁飞到近处，立刻把弓拉开，对准那只大雁"嘣"地一声弹了一下，并没有射出箭去，然而那只大雁已随着那声弦响，一头栽下地来。

魏王吃惊不已，不由夸奖道："当真本领高强，不愧是神射手。"更赢放下弓，指着地上的雁谦虚地说："不是我本领高强，其实这只雁受过箭伤。"魏王走近大雁细察，果然不假，感到更加奇怪，问道："你怎么知道它受过箭伤呢?"更赢不慌不忙地说："我发现它飞得很慢，叫声凄惨。飞得慢，说明伤口疼痛；叫声惨，说明它失群孤单。旧伤未了，心惊胆战，听到弓弦响，以为有人用箭射它，用力高飞而伤口破裂，所以自己栽落下来。"

然后魏加又谈论起临武君，他说："临武君与秦作战，每战必败，已被秦国吓破了胆；这次又派他任主将，只怕如惊弓之鸟，令人担忧，请先生三思。"听了魏加的一席话，春申君最终接受了他的意见。

【出处】

成语"惊弓之鸟"出自《战国策·楚策四》："闻弦音引而高飞，故疮陨也。"原指被弓箭吓怕的鸟。比喻受过惊吓，遇事胆怯的人。

九牛一毛

西汉武帝时期,汉朝北方边境经常受到匈奴族的骚扰。抗匈名将卫青和霍去病死后,汉武帝派将军李广利和李陵带兵抵御匈奴。战斗中由李陵带领的一支小股部队遇到了匈奴的主力部队,最终寡不敌众而投降。武帝得知这一消息后大为恼怒,朝中大臣们也纷纷谴责李陵。但太史令司马迁觉得这样对待李陵不公平便为他辩护道:“李陵孤军奋战,屡战屡胜,但却未得到李广利(带领主力部队)的协助,五千人马被八万匈奴兵团团围住,依然冒死相争,连战十余天,杀死敌兵一万多人。李陵实在是个了不起的将领啊!至少他的功劳能够抵补他的罪过吧!”

汉武帝听出司马迁一方面在为李陵辩护,同时指责了他的亲戚李广利也有不可推卸的责任,武帝顿时火冒三丈,立即下令把司马迁打入死牢,接着又给他施行了当时最残酷、最耻辱的刑罚——宫刑。司马迁遭受到如此巨大的打击,几乎想一死了之,可是转念一想,像自己这样地位低微的人,即使死了也不过如同“九牛之一毛”,没有任何价值,同时还会遭到人们的耻笑。于是,他决心活下去,忍辱负重,最终完成了那部历史巨著《史记》。

【出处】

成语“九牛一毛”出自汉·司马迁《报任少卿书》:“假令仆伏法受诛,若九牛亡一毛,与蝼蚁何以异。”许多牛身上的一根毛,喻极大数量中的极少数,微不足道。

举案齐眉

东汉章帝时期有一位文人，名叫梁鸿，博览群书，很有学问。他年轻时在太学里念书，因为家境贫穷，课余时间他就帮助地主家放猪，有时也做雇农，以此来支撑自己读书。从太学毕业后，他回到了家乡——扶风平陵县。由于梁鸿人品才学俱佳，当地有不少人愿意把自己的女儿嫁给他，但他都一一拒绝了。

县里有个女子叫孟光，长得虽然很丑，但却有很好的德操，她因此在县里很有名气，许多有钱人家的儿子向她求婚，她都不答应。30 岁那年，父母问她为什么要拒绝婚配，她说要选一个像梁鸿那样的人才肯结婚。梁鸿听说后就托人来求婚，孟光很高兴地答应了。

结婚后不久，他们搬到霸陵山中隐居，靠种地和织布过日子。有一次，梁鸿路过都城洛阳，作了一首《五噫之歌》。在这首诗中，他一方面流露了对百姓生活困苦的同情，同时又批评了官府的腐败，当地官员就下令捉拿他。为了躲避官府的追捕，梁鸿改名换姓同妻子逃亡到山东一带。不久又搬到吴中，借住在富翁皋伯通的家里。梁鸿以帮人舂米来维持夫妻两人的生活，每次舂米回来，孟光早就把饭菜准备好了。给丈夫端饭时，她总是把装饭菜的托盘举到跟眉毛齐平，恭恭敬敬地给丈夫，梁鸿也总是客气地把托盘接过去。房东皋伯通看到这对夫妻在生活如此潦倒的情况下还能够相敬如宾，互敬互爱，就对他们非常尊重，赠给了他们几间房子，并与他们结为好友。

【出处】

成语“举案齐眉”出自《后汉书·梁鸿传》：“每归，妻为具食，不敢于鸿前仰视，举案齐眉。”原指孟光送饭时，把托盘举到和眉毛齐，表示对丈夫的尊敬。后形容夫妻互敬、和睦。

举棋不定

春秋时期,在各诸侯国内,宫廷政变,权臣废立国君之事经常发生。那些手握大权的臣子为了自己的利益,稍有不满便把国君赶下了台或驱逐出国外,卫国的卫献公就是这样一个国君。由于得罪了权臣孙林父和宁惠子,二人便联手将卫献公赶下了台,逐出了国外。

二人推翻卫献公后,立卫献公的叔叔为国君,称为卫殇公。卫殇公由二人所立,本应感谢他们,但卫殇公却丝毫不承他们的情,并且不愿受控于这两个人。此时,宁惠子已死,他的儿子宁喜继承了他的位置,他看到卫殇公难以控制,便想废了他再把卫献公接回来。与此同时,卫献公也开始了复国活动,他派人回国与宁喜联系,并向宁喜许诺:复国后,绝不干预国政大事,只掌管宗庙、祭祀等一类的事。这个答复让宁喜非常高兴,因为他非常希望能够大权独揽。

但是,不少大夫反对献公复位。大夫右宰谷见了献公以后,回来劝宁喜说:“献公虽在外流亡十二年,但粗暴的脾气一点没有变,要让他回来,大家的死期就到了。”另一位大夫大叔仪也警告宁喜说:“做事情要前后一贯,你们宁家一会儿参与驱逐国君,一会儿又要接他回来,这好比下棋。棋手下棋如果举棋不定就要失败,何况在对待国君的废立问题上,如此轻率,一定会有灭族之祸。”

可是宁喜独断专行,不听劝告,一心要独揽大权。后来他灭了孙林父等人,杀掉了卫殇公,迎回了献公。

虽然卫献公曾答应过不干涉国政大事,但这仅仅是欺骗宁喜的计谋,待他坐稳自己的位置后,开始清除那些对自己不忠的人。虽然在自己复位的过程中,宁喜立有大功,但总的祸根却在他们家,于是卫献公命令大夫公孙免余带兵攻入了宁喜的府第,杀了宁喜及其家人,从而报了自己被宁氏驱逐之仇。

【出处】

成语“举棋不定”出自《左传·襄公二十五年》:“弈者举棋不定,不胜其耦(ǒu)。”拿着棋子,不知走哪一着为好。比喻做事犹豫不决。

卷土重来

秦朝末年，农民起义爆发，群雄并起，逐鹿中原。最后剩下两支比较强大的武装力量：刘邦集团和项羽集团。在两派相争的初期，项羽的力量远大于刘邦。但项羽刚愎自用、好大喜功，且不善于用人，手下的将士离心离德；而刘邦则善于用人，善于笼络将士，于是他的势力越来越强，而项羽的势力则越来越弱。最后，刘邦的大将韩信以“十面埋伏”之计在垓下消灭了项羽的主力。

项羽率八百名壮士奋力突破垓下之围，南逃至乌江（今安徽省和县东北）。此时此刻，他的身边只剩下二十八个人了。危难之际，乌江亭长撑着一只小船靠了过来，亭长对他说：“江东地方虽小，但也有土地一千里，人口几十万，你还可以在那里称王。现在我这里只有一只船，请你赶快上来，否则汉军追来，你是无法过江的。”但项羽拒绝坐船，他认为自己今日的失败是天意，是天要亡他，他对亭长说：“想当初，我和叔父带领八千名子弟兵起兵反秦，如今其他人都死了，只有我一个回去，我还有什么脸面再见江东父老呢？”然后将自己心爱的乌骓马送给了亭长，然后又转身连杀数十名汉军，最后自刎于乌江边，时年三十一岁。

后来，唐代诗人杜牧外出游览途经项羽自杀的乌江边，想起当年项羽和八千子弟兵的英勇和失败，感慨颇多，认为当初如果项羽听从劝告渡江而去，也许养精蓄锐数年后还会卷土重来。于是在乌江亭上题了一首诗：

胜败兵家事不期，　　包羞忍耻是男儿。
江东子弟多才俊，　　卷土重来未可知。

根据这个故事和杜牧的诗句，后人引申出“卷土重来”这句成语。

【出处】

成语“卷土重来”出自唐·杜牧《题乌江亭》诗。形容失败后组织力量，重新猛扑过来。

开诚布公

三国时期，刘备的军师诸葛亮替刘备出谋划策，使刘备由最初的弱小逐渐变得强大起来，最终建立了蜀国基业，为此，刘备对诸葛亮很是信任，可以说是言听计从。刘备临终前，把自己16岁的儿子刘禅托付给了他，请他帮助刘禅治理天下；并且刘备还向诸葛亮表示，你能辅佐他就辅佐他，若他胡作非为花天酒地的话，你就可以取代他。

刘备死后，由于刘禅年纪尚小，不足以担当治理国家的重任，因此所有的担子都压在了诸葛亮的肩上，他既要治理国家，又要谋划军事，讨伐曹魏，责任非常重大。为了不辜负刘备的重托，诸葛亮对自己严格要求。有一次，有人建议他称王，被他严词拒绝；还有一次，由于军事上的失利，诸葛亮主动承担责任，让刘禅把自己降为右将军，同时他还要下属批评和指正他的缺点和错误，这是非常难能可贵的。对于他的下级，诸葛亮尽量做到公平，公正，赏罚分明，不徇私情。马谡是他非常看重的一位将军，在攻打曹魏时被委以先锋的重任，但他违反节制，导致街亭失守。虽然二人私交不错，诸葛亮还是严守军纪，忍痛杀了他。对于有才能者，诸葛亮积极提拔，委以重任，如姜维、向宠等人，在诸葛亮死后，这些人都成了蜀国的支柱。

公元234年，诸葛亮由于日夜操劳，积劳成疾，最后病死于军中。史书《三国志》评价诸葛亮的为人，说他诚意待人，坦白无私(开诚布公)。

【出处】

成语“开诚布公”出自《三国志·蜀书·诸葛亮传》：“诸葛亮之为相国也……开诚心，布公道。”比喻诚意待人，坦白无私。

开卷有益

宋朝的第二任皇帝宋太宗赵光义非常喜欢读书，他希望比较系统地了解一下宋代以前的文化、政治、经济等方面的东西，但当时并没有一种这样比较全面而系统的书籍。于是他就命令宰相李昉主持编辑这么一部书。李昉接到命令后，就组织了全国相关的专家、学者日夜工作，很快便编出了三部巨著：《太平编类》、《太平广记》、《文苑英华》。《太平编类》是其中分量最重的一本书，它分门别类地编录了以前朝代各方面的知识，有四百多万字，具有丰富的学术价值。

当《太平编类》编好献给宋太宗赵光义后，他非常高兴，喜爱万分，决定把全书看完。这部书很厚，赵光义看得又非常仔细认真，他给自己做了规定，每天一定要看三卷，如果因为事情忙，当天完不成看书计划，那么第二天一定要补。就这样，赵光义在处理国家大事的繁忙事务中，每天抽出时间看书，一年之内，终于把这部书全部看了一遍。因此这部书又叫《太平御览》。

当时有的大臣认为皇帝日理万机，精力有限，每天还要阅读这部大书，实在太辛苦了，便劝他少看一些，应保重身体，注意休息。赵光义听后回答说："我生来喜爱读书，很能够从读书中得到无穷的乐趣，读书大有好处（开卷有益），哪里是白白地浪费精力呢！"

【出处】

成语"开卷有益"出自宋·王辟之《渑水燕谈录六·文儒》："太宗日阅《御览》三卷，因事有阙，暇日追補之。尝曰：'开卷有益，朕不以为劳也。'"形容只要打开书本读书总有益处。

开门揖盗

东汉末年，曹操挟持汉献帝占据中原，孙策则占据着江东一带。江东的吴郡太守许贡为了结交曹操，便写信给他，提醒他将孙策调走，否则，随着孙策势力的壮大，将难以控制。不料，许贡的信被孙策手下截获，之后，许贡便被孙策设计杀掉了。

许贡的三个门客，决心为许贡报仇。他们利用孙策打猎的机会，埋伏在路旁，用箭射伤了他。从打猎场回来，孙策伤势日益严重，最终不治身亡。临死时，孙策嘱托长史张昭等大臣要尽力辅佐孙权，巩固东吴基业。

孙策死后，年仅 15 岁的孙权十分伤心，整日痛哭不止。张昭劝他说："现今奸邪作乱，互相争夺，豺狼当道，如果只顾悲哀，而不去考虑大事，这就好像开着门请强盗进来一样，岂不自招祸患。"

听了张昭的劝说，孙权终于止住了悲伤，张昭请孙权脱去丧服，换上战袍，然后扶他上马，到各地去视察军队。东吴有了新主，人心开始稳定。在张昭等人的辅佐和治理下，东吴日益变得强盛起来。

【出处】

成语"开门揖盗"出自《三国志·吴书·孙权传》："是犹开门而揖盗，未可以为仁也。"比喻请来强盗、引进坏人的意思。

侃侃而谈

周朝是一个等级制度森严的社会。在周朝的等级制度中，大夫是诸侯下面的一个等级。其中又分为两等，最高一级称为卿，即上大夫，其余称为下大夫。

孔丘是春秋末期的思想家、教育家，又是个儒家学派的创始者。但他在当时的地位仅相当于下大夫。

孔子大力宣传"仁"的学说，并提出"仁"的执行要以"礼"为规范，极力维护贵族等级秩序，所以他一举一动、一言一行都力求合乎周礼。在家乡，在朝廷上：和上大夫说话，和下大夫说话，他都有不同的举止和言语。

平时，在家乡与乡亲们谈话，他显得温和恭顺，好像不善辞令的样子；但在祭祀和朝见君王的场合，他却十分善言，只是比较谨慎罢了。在朝廷上，当国君不在场时，与下大夫说话，他言谈比较放松，侃侃而谈，显得从容不迫；但和上大夫说话，他和颜悦色，十分谦恭；如果国君临朝，在国君面前，他一切都按朝廷礼仪去做，小心谨慎，生怕有不妥之处。

孔子提倡的礼教，是中华民族传统文化的组成部分，即使从现在来说，也仍有一定的积极意义。

【出处】

成语"侃侃而谈"出自《论语·乡党》："朝，与下大夫言，侃侃如也。""侃侃"形容说话理直气壮而从容的样子。比喻说话时不慌不忙，从容不迫的样子。

刻画无盐，唐突西子

无盐，原名钟离春，因其是春秋时齐国无盐（今山东东平县）人，所以被称为无盐女。传说，无盐非常丑陋，头发黄黄，且稀稀落落，眼睛深陷，二目无光，颈部肥粗，腰部弯曲无法直起，皮肤无比的黑。在其三十岁时，拜见齐宣王，要求当他的后宫妃子。人们都说她颇有才华，知军事，懂治国之道，且有高尚的人格，深远的见识。于是齐宣王立她为王后。在她的辅佐下，齐国变得强盛起来。西子，即西施，春秋时代越国美女，越国把其献给了吴王夫差，致使夫差沉湎于酒色，疏忽于政事，最后终于国破身亡。后人常以无盐指丑女，以西施代指美女。

东晋时的中书令庚亮，和滑稽才子周𫖮开玩笑说："别人都拿你比况老乐。"周𫖮知道他在开玩笑，便故意问："哪个老乐？是战国时代的武将乐毅那个武夫吗？"庚亮回答说："不是。是美男子、伟丈夫乐广啊！"周𫖮听了，知道他在嘲笑自己，便说："啊呀，我与乐公怎么能相比呢？这真是百般美化无盐，竭力丑化西施啊！"言下之意是说："我这么痴傻丑陋，乐广那样潇洒俊美，我怎么能和他相提并论呢？"

【出处】

成语"刻画无盐"出自南朝宋代刘义庆《世说新语·轻诋》："周曰：'何乃刻画无盐，以唐突西子也。'"意思是精细地描摹丑女无盐。比喻以丑比美，引喻比拟得不恰当。

刻舟求剑

战国时期有一位楚国人，搭乘一条渡船过江去。渡船上有好几个渡客，大家都在船上一边观看江景，一边谈天，这位楚国人恰好站在船舷边。渡船行到江中，忽听“扑通”一声，楚国人不小心，将那把宝剑滑落到江里去了。一位好心的渡客劝这位楚国人赶紧跳下江去打捞，这位楚国人笑着摇摇头，不慌不忙地说：“我自有妙法！”原来，他想起了一个樵夫的故事。有一天他看见一个樵夫把斧头从悬崖上掉了下去，那位樵夫在悬崖上做了一个标志，然后根据这个标志在悬崖下找到了斧头。于是，他就借了一把小刀，在船舷上剑掉下去的地方，刻了一道深深的记号，自言自语地说：“我的剑是从这儿掉下去的！”然后他站起身，招呼船家继续行船。同船的渡客见他举止奇怪，都感到莫名其妙。

渡船在江上行了很久，终于到了岸边。这位楚国人这才从容不迫地脱了衣服，从船舷边他所刻的记号那里跳下水去。他在水中捞来捞去，怎么也捞不到那把剑，浮出水面惊讶地说：“我的剑明明是从这儿掉下去的，怎么找不到呢？”同船的渡客见他这副模样，全都哄然大笑起来。有人笑他说：“渡船早已走得老远了，而掉在水中的剑是不会走的，怎么能刻舟求剑呢？你不是太糊涂了吗？”

【出处】

成语“刻舟求剑”出自《吕氏春秋·察今》：“楚人涉江者，其剑自舟中坠于水，遽契其舟曰：‘是吾剑之所从坠。’舟止，从其所契者入水求之。舟已行矣，而剑不行，求剑若此，不亦惑乎。”比喻办事刻板，拘泥而不知变通。

口蜜腹剑

唐玄宗时期，有个宰相名叫李林甫。此人出身于官宦家庭，善写善画，多才多艺，且又善察上意，很快就被唐玄宗提拔为宰相兼兵部尚书。

可是李林甫的品德却很恶劣。他善于谄媚逢迎，拍马屁的本领极高，竭力迎合唐玄宗，看皇帝眼色行事，竭尽歌功颂德、曲意巴结之能事，骗取皇帝的信任。对玄宗喜爱的心腹宦官和宠妃，他是想方设法讨好卖乖，取得他们的欢心，之所以这么做，是因为他想从这些人的口中探听出皇帝的意向、动静及官场的升迁变动。他就是依靠这种特殊的本领蒙蔽了皇帝和皇帝身边的人，在朝中高居宰相之位，达十九年之久。

李林甫一方面巴结皇帝及其身边的人，另一方面对其同事和下级官员又大耍两面派手法。对于那些不能威胁自己地位的人，他态度谦恭，平易近人，办事公正，看起来像正人君子；对于有权有势者，他则大肆地拉拢、结交，结党营私；对于那些有学有识或被皇帝重用、厚待的人，他则一手遮天，千方百计地从中作梗，阻挠皇帝对他们的任用。有一次他听说唐玄宗要重用兵部侍郎卢绚，便立即把卢绚调到外地，不久又把卢绚降职，却对唐玄宗说卢绚有病，不能重用。又有一次他知道唐玄宗想重用严挺之，就把严挺之请到京城来看病，然后告诉唐玄宗，说严挺之年老体衰，正在医治。李林甫就是这样一个阴险狡猾、诡计多端的人，世人都称他是"口有蜜，腹有剑"（口蜜腹剑）。

【出处】

成语"口蜜腹剑"出自《资治通鉴·唐纪玄宗天宝元年》："李林甫为相……尤忌文学之士，或阳与之善，啖以甘言而阴陷之。世谓李林甫'口有蜜，腹有剑'"。比喻嘴甜而心毒。

口若悬河

晋朝时，有一个大学问家，名叫郭象，他是一个善于思考的人，并且喜爱读书，因此是一个既博学又有自己独到见解的人。他比较喜爱研究中国古代哲学家老子和庄子的学说。在年轻时，就已读完了《老子》和《庄子》等古书，并且能一口气背诵出来。所以，他对老庄的学说有非常深刻的理解。因为他很有学问，并且口才很好，年纪轻轻就已经很有名气了。

当时，有不少人慕名而来，请他出去做官，他都一概谢绝，每天只是埋头研究学问，或者和志同道合的人谈论哲理。他认为，只有这样，才能得到永恒的快乐，活得充实自在。又过了些年，朝廷一再派人来请他，他实在推辞不掉，只得答应了，到朝廷中做了黄门侍郎（皇帝的侍从）的官。

到了京城，由于他的知识很丰富，所以无论对什么事情他都能说得头头是道，再加上他的口才很好，而且又非常喜欢发表自己的见解，人们都喜欢听他的讲演，大家都说听他说话是一种享受。

当时有一位太尉王衍，十分欣赏郭象的口才，他常常在别人面前赞扬郭象说："听郭象说话，就好像一条悬起来的河流（口若悬河），滔滔不绝地往下灌注，永远没有枯竭的时候。"

【出处】

成语"口若悬河"出自南朝·宋·刘义庆《世说新语·赏誉》："王太尉（衍）云：'郭子玄（象）语议如悬河泻水，注而不竭。'"形容能言善辩，滔滔不绝。

胯下之辱

韩信出身寒微，但他立志要有所作为，干出一番事业。在他年轻时日夜钻研《孙子兵法》，最终对这部书有了很独到的理解，可是他却未遇到发挥的机会。曾经很长时间他生活窘迫，被迫四处流浪。

有一天，韩信在一家小酒馆借酒解愁。但他酒量不大，喝了几杯后他就走出酒店了。正当他在街上走时，一个无赖突然拦住了他，要与他比剑。韩信想想后认为没有必胜的把握，便礼貌地推辞了。但那无赖不肯放过韩信，仍继续纠缠，韩信耐住性子再一次推辞了他。那无赖见韩信只是一味退让，更是不依不饶，用手一指韩信说："看你长得又高又大，整天带把剑转来转去，其实你的胆子很小，有本事的话，你就用剑刺我一下，如果不敢，就从我胯下钻过去。不然，咱们今天没完。"

这时，人们都围上来看热闹。韩信怒视那无赖，正要发作。但他转念一想，杀人要偿命，未免因小失大。于是他不顾人们的嘲笑，强忍满腔怒气，从那无赖的胯下钻了过去，然后，大踏步地走了。

后来韩信终于得到了汉王刘邦的赏识和重用，帮助刘邦打败了项羽，夺得了天下，并因功被封为楚王。之所以能成就这么一番事业，是因为韩信是一个有度量和远大抱负的人。

【出处】

成语"胯下之辱"出自《史记·淮阴侯列传》："淮阴屠中少年有侮信者……众辱之曰：'信能死，刺我；不能死，出我胯下。于是信孰视之，俯出胯下，蒲伏。"常比喻暂时忍受屈辱。

脍炙人口

春秋时，有父子两人，他们同是孔子的弟子。父亲叫曾哲，儿子叫曾参。曾哲爱吃羊枣（一种野生果子）；儿子曾参是个孝子，父亲死后，竟不忍心再吃羊枣。这件事情在当时曾被儒家子弟大为传颂。

到了战国时，孟子的弟子公孙丑对这件事不能理解，于是就去向老师孟子请教。公孙丑问："老师，脍炙和羊枣，哪一样好吃？"

"当然是脍炙好吃，没有哪个不爱吃脍炙的！"公孙丑又问："既然脍炙好吃，那么曾参和他父亲也都爱吃脍炙的了？那为什么曾参不戒吃脍炙，只戒吃羊枣呢？"

孟子回答说："脍炙，是大家都爱吃的；羊枣的滋味虽比不上脍炙，但却是曾哲特别爱吃的东西。所以曾参只戒吃羊枣。好比对长辈只忌讳叫名字，不忌讳称姓一样，姓有相同的，名字却是自己所独有的。"

孟子的一席话使公孙丑明白了其中的道理。后人从孟子的一席话中引出了成语"脍炙人口"。

【出处】

成语"脍炙人口"出自《孟子·尽心下》。孟子曰："脍炙，所同也，羊枣，所独也。"脍，切细的肉；炙，烤熟的肉。比喻人人赞美的事物和传诵的诗文。

蓝田生玉

三国时，诸葛亮的兄弟诸葛瑾在东吴为官。他有个儿子叫诸葛恪，从小聪明伶俐，口才极好，善于言辞，在吴国小有名气。

有一次，孙权在朝廷设宴，六岁的诸葛恪随父亲参加。诸葛瑾的脸长得特别长，孙权想开他的玩笑，乘着酒兴，命人牵来一头毛驴，在驴的长脸上写了“诸葛子瑜”四个字，借以讥讽诸葛瑾脸长似驴。众人见了，捧腹大笑，诸葛瑾也感到很尴尬。诸葛恪见了，不慌不忙地走到孙权席前，请求添写二字。孙权命人将笔拿来给他。诸葛恪在“诸葛子瑜”四字后面添写了“之驴”二字，这样就成了“诸葛子瑜之驴”。满座大臣见了无不惊讶叹服，孙权见诸葛恪如此机敏，十分高兴，当场把毛驴赏赐给他。

又有一次，孙权问诸葛恪：“你父亲和你叔父诸葛亮相比，到底是谁高明?”诸葛恪答道：“我父亲高明。”

孙权要他说出因由，他不假思索地说：“我父亲懂得侍奉明主，而我叔父却不懂得这个道理，当然是我父亲高明。”

孙权对诸葛瑾说道：“人们都说蓝田生美玉，名门生贤良，真是名不虚传呀!”

【出处】

成语“蓝田生玉”出自《三国志·吴书·诸葛恪传》：“恪少有才名……权见而奇之，谓瑾曰：‘蓝田生玉，真不虚也。’”蓝田生玉的意思是比喻名门出贤良。

滥竽充数

战国时期，齐国有一位南郭先生，他没有任何技能，整天依靠投机取巧，耍小聪明过日子。有一天，他听说齐国国君齐宣王打算组织一个三百人的吹竽队，他感到机会来了，就托朋友走后门混进了乐师队伍。从此以后，作为宫廷乐队的一员，他开始为齐宣王吹起竽来。

当乐队表演吹竽时，南郭先生也像其他人一样，把竽抱在面前鼓起腮帮子吹，当然他并不敢吹出声音。他装得像极了，其他的乐师居然没有觉察出来。因为齐宣王喜欢竽，所以这些乐师的待遇就非常丰厚。他虽然不会吹竽，但作为一个"乐师"，也能够在齐国宫廷里享受起荣华富贵的生活。就这样，他在乐队里平安地混了好多年，直到齐宣王死，齐湣王继位。

这位新任的国君也非常喜欢听吹竽，南郭先生听后很高兴，以为能继续混下去。谁知齐湣王不喜欢听合奏，偏偏要乐师们一个一个单独演奏给他听。当乐师们个个紧张地练习乐曲，准备在齐湣王面前大显身手时。只有南郭先生一人惊慌失措，因为他这几年来根本连一个音也没吹奏过，并且也从没学过吹竽，这下再也无法滥竽充数了。三十六计走为上策，南郭先生只得扔下竽，悄悄地溜走了。

【出处】

成语"滥竽充数"出自《韩非子·内储说上》："齐宣王使人吹竽，必三百人。南郭处士请为王吹竽，宣王说(悦)之，廪食以数百人。宣王死，湣王立，好一一听之，处士逃。"喻没有真实本领的人，混在里面凑数。或比喻以次充好，有时也表示自谦。

諸葛恪

狼子野心

春秋时期，楚国有一个名叫斗越椒的人，是一个射箭能手，同时也曾做过楚国的宰相。据说，在他出生时，有一个有趣的故事。他刚出生不久，他的伯父子文来看他并向其父母贺喜。但当他的伯父对着他看了半天后，脸色开始暗淡下来，越椒的父母感到很困惑，就问伯父，这个伯父说："这个孩子脖长嘴尖，这种面相的人，内心狠毒，而他的哭声像豹狼嗥叫，俗话说，狼崽子很小，可是它的心很野啊，他将来将是一个像狼那样残忍的人，会把我们整个若敖氏家族断送掉的。"伯父建议越椒的父母不要养他，他的父母当然不相信伯父的话，但当斗越椒长大后，他的人生历程与其伯父的预测简直是一模一样。

斗越椒的伯父子文曾经做过楚国的宰相，父亲子良做过楚国的司马。二人去世后到了楚庄王时，斗越椒也做了司马，他的堂兄斗般则做了楚国令尹（宰相）。谁知斗越椒野心勃勃，还想夺权当令尹；于是陷害斗般，结果，楚庄王听信谗言，杀了斗般，斗越椒就做了令尹，而司马则由伯嬴氏的后人苏贾担任。过了一段时间，斗越椒对苏贾也有了意见，于是便发兵包围了苏贾的住宅，而且把他杀了。后来，斗越椒又准备夺权，攻打楚庄王，这次却失败了，结果楚庄王不仅把他杀了，而且还把若敖氏家族的所有人统统杀掉了。

【出处】

成语"狼子野心"出自《左传·宣公四年》："谚曰：'狼子野心。'是乃狼也，其可畜乎？"比喻本性凶恶，用心狠毒之意。

老当益壮

东汉初期，汉光武帝刘秀手下有一名大将叫马援。此人英勇善战，一生攻城略地，战功无数，为刘秀统一全国立下了汗马功劳。

刘秀称帝后，为了消灭隗嚣的割据势力，亲自率领大军征讨陇西，谁知山高路险，人地生疏，征伐进行得非常不顺利。刘秀就向马援问计，因为马援曾在隗嚣那儿做过官，深知隗嚣内部不和，所以，他认为这次征伐战争一定能够取得胜利。他依靠自己对陇西地形的熟悉，为刘秀制定进军路线，提出作战计划。结果第一仗就把隗嚣军队打得措手不及，接着汉军连连取胜，隗嚣的军队最终土崩瓦解，刘秀终于平定西部地区。接着马援又先后平定了陇西和陇右地区羌族人的叛乱。

不久，岭南交趾（今越南北部）地区的征侧、征贰姐妹起兵造反，征侧自立为帝，南方几个地区纷纷响应，很快，东汉的几十座城池便落入叛军手中。在这关键时刻，马援率领大军乘海船抵达交趾，分兵两路，在浪泊地区大败敌军，俘虏近万人。接着马援乘胜追击，几天后就平定了岭南地区，抓获征侧、征贰姐妹。光武帝接到捷报，大为兴奋，封马援为新总侯，马援并没有因为被封侯而脱离了与下级和战士的良好关系。他居功不傲，深深地赢得了手下人的尊敬。

在马援六十二岁时，他再次带兵出征平定武陵叛乱，但战事不顺，且军营疾病流行，马援自己也病倒了，最后病重死去。马援死在疆场，实现了平生的志愿。他生前常对朋友说："大丈夫要有志气，越穷困，志气越要坚定，年老了，志气更要雄壮（老当益壮）！"马援一生征战疆场，不恋名利，以国家为重，他的这种品格为后世所敬仰。

【出处】

成语"老当益壮"出自《后汉书·马援传》。原指年纪老了，志气应当更壮。现多形容人老干劲大。

老马识途

春秋时期，齐国在管仲的治理下，国力强盛，于是齐国很快就确立了霸主地位。作为霸主国，自然要承担一些当时各国间的政治任务，不久，燕国受到山戎部族的进攻，就向齐国求援，齐桓公率兵亲征，相国管仲也随军出征。

山戎无法抵挡住齐、燕两国的联合进攻，迅速败逃到孤竹国，向孤竹国求救，孤竹国就派黄花元帅带兵迎战。由于国力弱小，齐军一举把山戎及孤竹全部灭掉了，然后凯旋回国。

齐军是春天离开齐国的，辗转作战，长途行军，几乎打了一年的仗。现在已是秋去冬来，夜里寒冷难耐，更糟糕的是因他们春天出征，现在是冬季返回，因季节及沿途景物都变了，所以找不到归途了。将领们长吁短叹，士兵们饥渴难忍。

这时相国管仲忽然说："有办法了！老马的智慧可以帮助我们呀！听说老马有记路的能力，我们不妨找几匹老马试一试。"一句话提醒了齐桓公，他急忙命令把部队中的老马挑选出来，放开缰绳，让它们在前面引路。这些老马果然朝着一个方面跑去，齐国大军跟在后面，不久就离开沙漠，走出迷谷，找到了回国的大路。将士们喜笑颜开，一片欢腾。

【出处】

成语"老马识途"出自《韩非子·说林上》："管仲曰：'老马之智可用也。'乃放老马而随之，遂得道。"意思是说老马认识路。比喻富有经验的人对情况熟悉，能起引导作用。

老生常谈

管辂，三国时魏国人，对占卜、算命、易经、玄学之类的东西很有研究，是当时的占卜大师，经常为人占卜算命，在京城洛阳很有名气。有一次，何晏、邓飏请管辂为他们卜卦。二人都是当时的大官，何晏为吏部尚书，邓飏为侍中尚书，他们都投靠了大将军曹爽，自恃后台强硬，经常胡作非为。管辂决定借此机会劝谏他们一番。

何宴对管辂说："听说你的占卜很灵验，快替我算一卦，看我能不能再有机会升官发财。另外，这几天晚上，我总是梦见苍蝇叮在鼻子上，这是什么预兆?"管辂想了一想，说："从前周公忠厚正直，辅助周成王建国立业，国泰民安；现在你的职位比周公还高，可感恩你的人很少，惧怕你的人却很多，这恐怕不是好预兆。你的梦按照卜术来预测，也是个凶兆啊!"管辂接着又说："要想逢凶化吉，消灾避难，只有效仿周公等大圣贤们，发善心，行善事。"邓飏在一旁听了，很不以为然，连连摇头说："这些都是老生常谈，没什么意思。"何宴面无表情，一语不发。管辂见了，叹道："虽说是老生常谈的话，却不能加以轻视啊!"

不久，便传来消息说何宴、邓飏与曹爽一起因谋反而遭诛杀。管辂知道后，连声说："老生常谈的话，他们却置之不理，所以难怪有如此下场啊!"

【出处】

成语"老生常谈"出自《三国志·魏志·管辂传》："此老生之常谭。"指老年书生常说的话。比喻听惯了的并无新意的话。

劳苦功高

秦朝末年，统治残暴，农民起义爆发，刘邦、项羽等先后起兵。楚怀王与各地的反秦首领约定，谁先进入咸阳，谁就是关中王。结果，刘邦首先攻入了咸阳，按照约定，刘邦应为关中王，但由于项羽的势力较大，他拒绝遵守事先的约定。当他听说刘邦准备在关中称王时，非常恼火，便要攻打刘邦。刘邦听说项羽要攻打自己，非常着急，最后在张良等人的建议下，刘邦亲自来到了项羽的大营向项羽赔罪道歉，并且申明自己绝无在关中称王的意思。项羽听了刘邦的解释，转怒为喜，设宴招待了刘邦一行。

在宴会上，项羽的谋士范增一心想致刘邦于死地。他对项庄说："你以舞剑助兴为名，借机将刘邦杀掉。"项庄便开始在宴会上舞剑，并逐渐接近刘邦。

张良看到形势危急，就跑到外面将守候在那里的樊哙叫了进来。樊哙听说刘邦有危险也非常着急，便带剑持盾闯了进来。他虎眼圆睁，怒视项羽。项羽问刘邦，他是何人。张良回答说，他是汉王的护卫樊哙将军。项羽说，是位壮士！便赏他酒和肉。吃过之后，樊哙便开始数落项羽的错误。他说，像汉王这样劳苦功高的人，不但没有得到霸王您的奖赏，反而您听了小人的谗言，竟想杀掉有大功的人。这种做法与秦王朝屠杀功臣的做法一样，我希望大王不要做那种亲痛仇快的事情！项羽听后，无言以对，便命项庄退了下去。之后，刘邦以"入厕"为名，迅速逃出了项羽大营。

【出处】

成语"劳苦功高"出自《史记·项羽本纪》："劳苦而功高如此。"指历尽艰辛，立下大功。

乐不思蜀

公元223年，蜀主刘备去世，其16岁的儿子刘禅即位，史称后主。刘禅是个昏庸无能的人。诸葛亮在时，蜀国还算强盛，诸葛亮去世后，蜀国国力开始变弱。公元263年，魏国大将邓艾逼近成都，刘禅投降，蜀国灭亡。刘禅被押往洛阳，司马昭并没杀他，反而封他为安乐公，赐给他住宅和仆人数百名。刘禅对此很满足，又开始在洛阳过起快乐的生活。

有一天，司马昭设宴款待刘禅，为了助兴，演奏起歌舞。当演奏到蜀地乐曲时，蜀国旧臣们油然涌起国破家亡的伤怀之情，个个泪流满面。而刘禅却麻木不仁嬉笑自若。司马昭见状，便问刘禅："你思念蜀吗?"刘禅答道："这个地方很快乐，我不思念蜀。"他的旧臣郤正闻听此言，连忙找个机会悄悄对他说："陛下，等会儿若司马昭再问您，您就哭着回答：'先人坟墓，远在蜀地，我没有一天不想念啊！'这样，司马昭就能让陛下回蜀了。"刘禅听后，牢记在心。酒至半酣，司马昭果然又发问，刘禅赶忙把郤正教他的话学了一遍，还勉强挤出几滴眼泪。司马昭听了，说道："咦，这话怎么像是郤正说的?"刘禅惊奇道："你怎么知道的！"司马昭及左右大臣全笑开了。

司马昭见刘禅如此老实，就不再怀疑他。刘禅就这样在洛阳安乐地度过了余生，传下了这令人捧腹的"乐不思蜀"典故。

【出处】

成语"乐不思蜀"出自《三国志·蜀书·后主禅传》："问禅曰：'颇思蜀否?'禅曰：'此间乐，不思蜀。'"比喻在新的环境中得到乐趣，不再想回到原来环境中去。

李代桃僵

汉朝时，有兄弟五人。一天，他们突然得到皇帝赏识，当上了侍中郎。从此，他们就荣华富贵起来了。他们住的宅第，就像王府一样富丽堂皇。厅堂上，时常摆着各种樽，以供他们整夜宴请宾客。在宴饮时，美丽的女乐工们为他们演奏音乐。每当朝官休假沐浴的日子，五兄弟在大批随从簇拥下乘车回家。他们骑的马，马络头都用黄金镶着，闪闪发亮，街道上挤满了看热闹的人。

有一天，兄弟中有一个人犯了法，将要被判刑，其他兄弟害怕受到牵连，都纷纷躲得远远的，有的因为平时有关利益之事，此时甚至趁机落井下石，打击报复。在他们兄弟间没有一点友爱存在，有的只是冷漠和仇恨。

当地的人对他们的这种做法极端地鄙视，于是就编了一首诗嘲笑和讽刺他们。这首诗的最后几句是："桃生露井上，李树生桃旁，虫来啮桃根，李树代桃僵，树木身相代，兄弟还相望。"大意是：井边有一株桃树，桃树的旁边有株李树。害虫来咬桃树的根，李树虽然没有遭到虫害，却勇敢地以身相代，替桃树受难而死去了。桃李这样的树木，竟能同情互爱，以身相代，而同胞兄弟却还有把手足之情忘得一干二净的呢！

【出处】

成语"李代桃僵"出自《乐府诗集·相和歌辞三·鸡鸣》。指李树代替桃树而死。原为桃李共患难来比喻兄弟互爱互助。后多比喻互相顶替或代人受过。

厉兵秣马

春秋时期，有一年郑文公病死了，帮助郑国守卫京城北门的秦国将领杞子，看到是个好机会，便派人向秦穆公建议说："现在我掌管着郑国都城北门的钥匙。如果派兵来偷袭郑国，到时，我把城门一开，郑国就灭亡了。"秦穆公决定派兵袭郑。

由秦国到郑国，中间还夹着晋国。这时晋文公也死了，他的儿子姬欢刚刚即位，就是晋襄公。因为晋国君臣百姓都在为文公服丧，所以，就没有阻拦秦军。秦军顺利地通过了晋国，到达了滑国，即今河南偃师县时，因为已接近郑国的边防地区，决定休整一下。而此时，郑国商人弦高正好赶牛路过此地到洛阳去卖，当他听说秦军要攻打郑国时，就决定拜访一下秦国统帅孟明视，他对孟明视说："我们郑国国君，听说秦军光临敝邑，特地派我前来慰劳。"说着，就让人把一群牛送到了秦军营中。然后赶紧派人回郑国报告。

郑穆公(郑文公的儿子姬兰)听了，十分惊慌，赶紧派人悄悄到宾馆察看秦将杞子等人的动静，见这些打着保护郑国幌子的秦国将领杞子、逢孙、扬孙三人，正和随从们捆的捆，装的装，磨刀的磨刀，喂马的喂马，已准备里应外合袭取郑国都城了。于是，郑穆公派大夫皇武子到宾馆向杞子等人道歉，说："你们捆起行李来准备走呀？准是我们招待不周到了！"杞子等人听后，赶紧逃出了郑国，也不敢回秦国，跑到齐国和宋国去了。由于"弦高犒师"，郑国避免了一场大难。秦军统帅孟明视知道郑国有了准备，只好就地撤军回国。

【出处】

成语"厉兵秣马"出自《左传·僖公三十三年》："郑穆公使视客馆，则束载、厉兵、秣马矣。"磨好了兵器，喂饱了战马，指作好了战斗准备。

力不从心

东汉时，班超受明帝派遣，率领几十个人出使西域，联络西域诸国，向他们表示汉朝的友好。凭借自己的智谋和勇气，班超成功地使这些国家和汉朝建立了联系，为加强西域和内地的经贸往来作出了重要贡献。然而，班超在西域经历了 27 个年头，年事已高，身体衰弱，思家心切，于是就写了封信，叫他的儿子捎至汉朝，请求和帝刘肇（此时明帝已死）把他调回，但此信一直未得到回音。

他的妹妹班昭又上书皇帝，申明哥哥的意思。信中有这样的几句话："班超在和他同去西域的人中，年龄最大，现在已过花甲之年，体弱多病，头发已白，两手不再灵活有力，耳朵不再灵敏，眼睛不再明亮，身体不再矫健和强壮，扶着手杖才能走路……如果有猝不及防的暴乱事件发生，班超的气力，不能顺从心里的意愿了（力不从心），这样，对上会损害国家的长治之功，对下会毁坏忠臣好不容易取得的成果，实在令人痛心呀！"和帝刘肇深深地感动了，马上下旨调班超回汉。班超回到洛阳不到一个月，就因胸病加重而去世，终年 71 岁。

【出处】

成语"力不从心"出自《后汉书·班超传》："如有卒暴，超之气力不能从心，……诚可痛也。"内心想做，可是力量够不上。

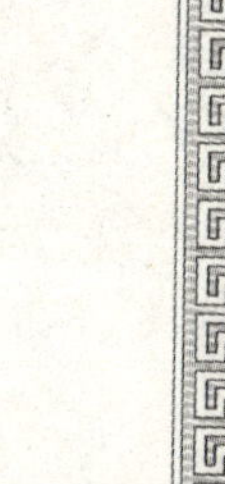

量体裁衣

张融,南北朝时南朝吴郡(今苏州)人,是一个颇具传奇性的官员。他出身贫寒,但非常好学,自学成才。当官之后,他为官清廉,且能体恤百姓之苦。在宋孝武帝年间时,他在朝廷中任官,虽然职位很高,家里仍然很穷。孝武帝为照顾他,就把他改为地方官,孝武帝的意思是让他能贪就贪一点,不必那么苦。谁知,他不会也不想贪污、盘剥。当地的饥民造反,把他捉了去,要杀了他吃肉,他也不畏惧,嘴里还念《洛生咏》,饥民见他从容,放了他。有次,坐船到交州,遇上大风,人人畏惧,他却正在构思《海赋》。种种奇闻,传之极广。

当时,宋孝武帝大将萧道成很器重他,认为他是个奇才。萧道成说:"像张融这样的人,不可以没有一个,不过,也不能有两个!"萧道成建立南齐当了皇帝后,任张融为中散大夫。一来,他穷;二来,他也不爱穿戴,总是破破烂烂地上朝。萧道成很是过意不去,就把自己的一件袍子改了改,送给他穿,还写了一道诏书。诏书说:"现在,送你一件旧衣服,我的意思是,它虽旧点,却胜过新的,因为是我所穿过的,已让裁缝匠修改得适合你的身体了。"并说:"有了袍子穿,你还没有像样的靴子,所以,我也送你一双靴子穿。"

张融虽很穷,但乐于周济比他更穷的人。父亲的恩人竺超民死后,他去吊唁,看到竺家子孙衣服破烂,他把自己的官服脱下,给了他们,自己披了一块牛衣回了家。到了齐明帝时病死,年仅五十四岁。

【出处】

成语"量体裁衣"出自《南齐书·张融传》:"太祖手诏赐融衣曰:'……今送一通故衣,意谓虽故乃胜新也,是吾所著,已令裁减称卿之体。'"比喻根据实际情况办事的意思。

梁上君子

东汉时期，太丘县有一个县令，名陈寔，他办事公正，为人心地宽厚，也从不纵容自己的子女，因此在当地很有声望。

一天夜里，一个小偷溜进了陈寔的家里，躲在房梁上，被陈寔发现了。他没有喊叫，装着没看见一样。他穿好衣服后，就把儿孙们叫醒来到自己的房间里，非常严肃地对他们说："你们长大了一定要爱惜名声，努力向上，从严要求自己，不能做那些损害别人的事。有些人原来并不坏，而是对自己放松了要求，染上了坏习惯，又不及时改正，慢慢地变坏了的。这些人如果严格要求自己，也可以做君子的。"

陈寔说到这里，用手指向房梁上边说："你们看，梁上的那位君子堕落到了这般地步，是慢慢地变成的啊！"

躲在梁上的小偷听到后，又惭愧，又惊慌，连忙从房梁上跳下来，向陈寔磕头认罪。陈寔的儿孙们要找绳索捆绑小偷，但被他制止了。陈寔见小偷苦苦求饶，便说："看你这个样子，并不像个坏人，你大概是因为生活上贫困，才不得不这样做的吧。"

说完，让家人取出两匹绸缎，送给小偷，劝他改邪归正。小偷痛哭流涕，感恩不尽地一再表示今后决不当小偷了，要重新做人。

【出处】

成语"梁上君子"出自《后汉书·陈寔传》："不善之人未必本恶，习以性成，遂至以此。梁上君子者是矣。"梁上君子喻指小偷、窃贼。

临渴掘井

鲁国的鲁昭公当上国君后,并没有掌握实际的权力,因为鲁国的大权实际上被季孙、叔孙和孟孙三大家族共同掌握着。这样,鲁昭公就成了一个有名无实的君主。为了改变这种尴尬的局面,鲁昭公决定攻伐这三家,但由于势单力薄,缺乏其他人的帮助,鲁昭公很快失败了,被赶出了鲁国。他无处可去,便跑到了齐国,齐国国君齐景公收留了他。

齐景公问他:"你年纪很轻,正是身强力壮的时候,怎么被你的大臣赶出来了呢?"昭公说:"初当国君时,人们对我很好。有很多人经常鼓励我,给我提出比较中肯的意见,而我没有亲近他们,有些人经常规劝我,而我也没有听信他们。因此,逐渐地我既没有可以信任的人,也无群众,成了一个孤家寡人。爱护我的人一个也没有,奉承我,说好话欺骗我的人倒很多。这样,我就好比秋天的蓬,表面枝叶似乎还很好看,其实根本都已枯萎,秋风一起,于是就连根拔掉了。"

景公觉得他这话很有道理,就转告相国晏子,并且询问晏子:"若让昭公回去,他会成为一位贤良的国君吗?"晏子说:"不会的,凡掉在水里的人,原先都是不防备失足的;迷途的人,原先都是不注意路径的。一定要等到掉在水里以后,才想起应该防备失足,迷失方向之后,才意识到应该注意路径,这岂不是已经晚了?这就好比一个人口渴得很厉害的时候,才想起要挖井取水,是无济于事的。"因此,昭公再也没能回到鲁国。

【出处】

成语"临渴掘井"出自《晏子春秋》。比喻事先没有准备,事到临头才想办法。

流芳百世

东汉末年,曹操灭掉了袁绍之后,俘虏了袁绍的家眷,发现了一个被称作甄氏的女人非常漂亮,后经询问得知她是袁绍次子袁熙的妻子。曹操就将这个绝色美人赏给了自己的儿子曹丕做夫人。曹丕非常高兴,对甄氏也非常爱惜。但当曹丕当上皇帝之后便开始对甄氏有所冷落了。一方面因为甄氏年龄已大,人老珠黄;另一方面则因为三宫六院内嫔妃美人数不胜数,曹丕有了新欢。甄氏对此是非常恼火并且经常向曹丕抱怨,曹丕无法忍受,就赐给了她一根白绫子,让她自杀了。本来甄氏是皇后,她死后,就有了新问题:谁来当皇后?这在封建社会是一个大问题。

甄氏死后,曹丕准备立后宫中的郭贵妃为皇后,这下引起了许多大臣的反对。大臣们纷纷阻拦说:“郭贵妃出身贫寒,她的父亲郭永也只做过南郡太守(相当于现在的市长),恐怕不具备做皇后的资格和素质。”大臣们又引经据典说:“古代立皇后,十分重视,黄帝娶的是嫘祖,是她教会人民养蚕、织布,再看舜帝娶了尧帝的两个女儿,她们以孝顺公婆而闻名天下,给民众作出了很好的榜样,使得人们尊老爱幼,于是天下太平富裕。这些妇女的贤名,从上古一直流传到现在(流芳百世)。”曹丕没听他们的话,一意孤行,最后还是立了郭贵妃为皇后,郭贵妃无子,就抚育甄后之子曹睿为己子。

曹睿后来继曹丕当了皇帝。他总认为自己的生母之死与郭后有关,是郭后所为,他就经常痛哭流涕地向郭太后追问自己生母的死因,郭太后终于不堪忍受,就自杀了。太后无缘无故自杀对皇帝来讲是一件很大的丑闻,曹睿为了掩饰,就追封郭后为文德皇后,郭后之父为侯,也算是搪塞一下世人的耳目。

【出处】

成语“流芳百世”出自《三国志 · 魏志 · 后妃传》:“英娥降妫,并以贤名,流芳百世。”指好的名声永远流传下去。

龙骧虎步

东汉末年，政治腐败，民不聊生，终于爆发了黄巾大起义。一些地方官员纷纷以镇压农民起义为名，招兵买马，扩大自己的武装，然后静观天下形势的变化。而在京城长安的宫廷之中，汉灵帝昏庸，信任太监，朝中的大权被十个太监所把持，皇宫内被搞得乌烟瘴气，许多大臣想杀掉这十个太监，但被汉灵帝所阻拦，由得他们胡作非为。

机会终于来了。有一天，灵帝死了，灵帝的儿子刘辩即位，由于新皇帝年幼，便由皇帝的生母何太后暂时临朝听政，处理军国大事。何太后有一个哥哥名叫何进，本来就是一个大将军，现在借其妹妹之势，进一步掌握了国家的大权。掌权之后，何进决定杀掉那十个太监，但何太后不同意，原因是这些太监曾与她有恩，于是何进就想调地方上的武将进京以削夺太监之权。此时，何进府中的主簿（秘书职务）陈琳便力劝何进说："现在皇帝年幼，一切大权都在将军之手，真可以说像神龙飞腾，猛虎跳跃（龙骧虎步），如何布置朝廷的未来动向均在您的掌握之中。想夺太监的大权并不困难，只要计划保密，行动迅速，一举便可成功。可是，现在您调集地方上的武将进京，那伙人如狼似虎，一旦带兵进入京城，他们还听您指挥吗？到那时您还能控制国家局势吗？"

何进不听陈琳劝告，召地方武将董卓等人进京，但董卓到京之前，何进已被太监们设计杀掉了。董卓进京后，不但独霸朝中大权，而且在长安城中残害百姓，他的行为引起了上至朝廷大臣下至地方官员的不满和厌恶，于是纷纷起兵讨伐他。

【出处】

成语"龙骧虎步"出自《三国志·魏书》："今将军总皇威，握兵要，龙骧虎步，高下在心。"骧，高昂，飞腾。形容威武雄壮的气概。

鹿死谁手

晋朝时期,我国北方的少数民族逐渐强盛起来,先后建立了十几个国家,史称"五胡十六国",其中由氐族建立的前秦和羯族建立的后赵实力最强。

后赵的开国皇帝石勒,是我国古代少数民族中一个富有传奇性的人物,也是一个有所作为的皇帝。他出身于北方的一个少数民族——羌族。少年时,即有大志,但他早年的经历较为坎坷,在很长的时间内,他依靠帮人耕种土地为生。石勒的发迹起源于西晋王朝的内乱,当时,一些手握重兵的地方武将趁内乱之机起兵,如刘渊等。西晋政府派兵镇压,在此过程中,刘渊的势力逐渐壮大,石勒就投奔了他,由于其杰出的军事指挥才能,刘渊称帝后封其为大将军。此时,中国北方尚未统一,石勒继续南征北伐,最后终于统一北方,建立后赵政权,并且逼得西晋政府迁至长江以南,形成南北对峙局面。

有一次,石勒宴请高丽使者,酒足饭饱之后,得意地问大臣们:"从古至今的帝王中,我算哪一类的,与谁好比?"大臣徐光说:"陛下的谋略超过了汉高祖刘邦,雄武超过了魏武帝曹操;除了尧、舜、禹和商汤、周文王、周武王外,无人可与您比!陛下可能比黄帝轩辕氏差点儿吧?"石勒听了徐光一顿恭维,笑了,说:"人要有自知之明,你吹得太过火了!我要是碰上汉高祖刘邦的话,我将给他当臣子,和韩信、彭越等人一块,跃马扬鞭,听从高祖指挥;若遇上光武帝刘秀,我将和他并马齐驱,争夺中原,追赶秦之亡鹿,这只鹿究竟死于谁手?还不知道呢!"(所谓"鹿",即指秦朝的天下,"亡鹿",即是秦失去了天下。)

【出处】

成语"鹿死谁手"出自《晋书·石勒载记》:"朕若逢高皇(刘邦),当北面而事之,与韩、彭竞鞭而争先耳;脱遇光武(刘秀),当并驱于中原,未知鹿死谁手。"原指谁获得政权,后泛指谁获得胜利。

洛阳纸贵

左思是西晋时著名的文学家，但他并不像其他文学家那样，少年时即有才名。少年时的左思身材矮小，貌不惊人，说话结巴，反应迟钝，他的父亲因此瞧不起他，甚至在左思成年后，他的父亲还常对朋友们说："左思虽然成年了，可是他掌握的知识和道理还不如我小时掌握的多呢。"

左思不甘心受到这种鄙视，开始发愤学习。当他读过东汉班固写的《两都赋》和张衡写的《两京赋》后，虽然很佩服文中的宏大气魄，华丽的文辞，写出了东都洛阳和西都长安的京城气派，可是也看出了其中虚而不实、大而无当的弊病。

于是，他决心依据事实和历史的发展，写一篇《三都赋》，把三国时魏都邺城、蜀都成都、吴都南京写入赋中。为写《三都赋》，左思开始收集大量的历史、地理、物产、风俗人情方面的资料。收集好后，他闭门谢客，开始苦写。他在一个书纸铺天盖地的屋子里日夜冥思苦想，常常是好久才推敲出一个满意的句子。经过十年，这篇凝结着左思甘苦心血的《三都赋》终于写成了。

可是，当左思把自己的文章交给别人看时，他却受到了讥讽。那些文人们一见作者是位无名小卒，就根本不予细看，摇头推手，把一篇《三都赋》说得一无是处。左思不甘心自己的心血遭到埋没，找到了著名文学家张华。张华读了之后不由得为文中的句子深深感动了。他越读越爱，到后来竟不忍释手了。他称赞道："文章非常好！那些世俗文人只重名气不重文章，他们的话是不值一提的。皇甫谧先生很有名气，而且为人正直，让我和他一起把你的文章推荐给世人！"张华就把这篇文章推荐给了皇甫谧，皇甫谧看过后也是感慨万千，他对文章予以高度评价，并且欣然提笔为这篇文章写了序言。

在这些名家的推荐之下，《三都赋》很快风靡了京城，人们争着买纸传抄这篇佳作，一时洛阳的纸张供不应求，价格顿时上涨。曾经讥笑过左思的著名文学家陆机读了《三都赋》之后，也惊叹不已，他原本也打算写一篇同样的文章，但看到左思的这篇文章之后，就放弃了。

【出处】

成语"洛阳纸贵"出自《晋书·左思传》："于是豪贵之家竟相传写，洛阳为之纸贵。"形容文章、著作写得好，深受欢迎，广泛流传。

马革裹尸

马援，东汉光武帝刘秀的大将，他出身贫寒，念书不多。年轻时任郡督邮。有一次押解囚犯，他看到这些人都是穷苦百姓，都有家人老少，非常同情他们，便把他们放了。这一来，他不敢回衙门，便跑到了北地郡。在那里，他进行畜牧业和农业生产，几年后就拥有了几千头牛羊，几万石粮食，成了富翁。但他并不看重财富，他把所有的财富都送给亲朋好友及当地牧民们后，便投靠了西州大将军隗嚣。

在隗嚣那里呆了一段时间后，他发现隗嚣是个胸无大志的地方军阀，转而投靠了东汉光武帝刘秀，从此，才算找到了一个明主。他在军事上很有才干，在破隗嚣战争中，他"聚米为山"，为光武帝刘秀讲解阵势。他随刘秀转战南北，为东汉王朝平定了许多叛乱，稳定了社会局势。后来他被拜为伏波将军，封为新息侯，刘秀还和他结成了儿女亲家，他的女儿嫁给了刘秀的儿子刘庄，后来成了皇后。

马援常对家人与朋友说，大丈夫立志应当越穷越坚定，越老越雄壮。有一次，在朝廷为他举行的欢迎宴会上，他说："当今，匈奴和乌桓尚在侵扰北方边境，我想亲自率兵前去剿灭。男子汉大丈夫应当战死于疆场，用马皮裹尸体送回家乡安葬，这才是我的理想。"在他六十二岁时，仍率军出征，最终死于战场，实现了自己的诺言。

【出处】

成语"马革裹尸"出自《东观汉记·马援传》："男儿要当死于边野，以马革裹尸还葬耳，何能卧床上，在儿女子手中邪？"用马皮把尸体包裹起来，形容军人战死沙场。多用以抒发战士誓死保卫边疆的决心和豪情。

马首是瞻

春秋时期，晋国、鲁国伙同齐、宋、卫等小国一起攻打秦国。晋国是联军的首要国家，晋国派大将军荀偃统一领导联军向西进发。

到了泾水边，各国军队却都停止前进，不肯渡河。晋大夫叔向为此去同鲁卿叔孙豹商量，叔孙豹却念了《诗经》中的一首诗。诗的大意是：葫芦有苦叶，渡河有深水；水深准备一身湿，水浅撩衣走过去。古人在战争前喜欢用优美的文章来表明决心和鼓励士气。

叔孙豹的意思是既然没有渡河的工具，那就只好泅渡过去。

秦国见各国联军集中在泾水边上，就在泾水上游暗下毒药，当联军渡河时，被毒死了许多人马。渡河之后郑国军队首先向秦军发动进攻，各国军队跟着一齐出击，一直冲到域林（今陕西华县）一带，可是秦军并没有降服的表示。此时，联军内部开始出现不同的意见，有的说既然秦军不降，我们不如撤军算了，有的说，仗都打到这个地步了，如果秦军不降，我们就打到它老窝，把秦国灭了算了。

成语故事

这时，晋国的中军统帅荀偃下了一道命令："说明天清晨鸡一叫全军就要驾好兵车，准备进击；把做饭用的井填了，把灶拆了，以我的马头为目标，我的马走向哪里，你们都得跟向哪里（马首是瞻）。"

荀偃这道命令的用语过于自负，引起了联军内部一些将领的不满，晋军内部下军将领栾黡认为荀偃的命令过于专权独断，心怀不服，说："晋国还从来没有下过这样的命令呢，我的马头偏要向东！"于是，他向后转走了，他所率领的下军便跟着他撤退，他这一退，给联军内部带来了极其不良的影响，联军的军心开始浮动，士气开始瓦解。荀偃觉得自己下的命令的确不妥，造成内部的不团结，眼看不能战胜秦国了，只得再下一道命令，叫全军一齐撤回。这次战争就如此草草收场。

【出处】

成语"马首是瞻"出自《左传·襄公十四年》："荀偃令曰：'鸡鸣而架，塞井夷灶，唯余马首是瞻。'"指看马头行事，原意是作战时，将士看着主将的马头决定行动的方向。后比喻服从指挥或追随别人。

满城风雨

宋代有一个诗人名叫潘大临，从小聪明机敏，家庭贫寒，但非常喜爱读书。成年后，诗作和文章都比较好，此人亦好交游，与宋代大词人苏轼、黄庭坚、张耒等人交往颇多。这些文人雅士们经常互相写诗来交流彼此的人生体会与心情。其中，潘大临的诗最是意境清新，苏轼、黄庭坚、张耒等都特别推崇他的诗。

有一次，潘大临给朋友写了一封信，信中说道，秋天来了，几乎所有的景物都可以写成诗，写成佳句。昨天，阴天下雨，就在家中闲呆了一天，忽然听到屋后风吹树林雨打树叶的声音，就有了写诗的感觉。谁知，刚写了一句"满城风雨近重阳"，忽然收租的人来了，于是诗兴也就被破坏了，再也想不出其他的诗句来。就这一句交给你吧！

【出处】

成语"满城风雨"出自宋代潘大临《题壁》诗："满城风雨近重阳。"城里到处刮风下雨。比喻某一事件传播很广，到处议论纷纷。

芒刺在背

西汉汉武帝年间，有一位大臣，名叫霍光，此人是大名鼎鼎的霍去病的兄弟。霍光为人老成持重，深得汉武帝的赏识，汉武帝临死时，封霍光为大司马大将军，辅佐汉昭帝刘弗陵。

刘弗陵即位初期，政局不稳，因为刘弗陵是十三四岁的孩子，朝中的一些大臣如上官桀、桑弘羊等欲借此时机除掉他们的政敌霍光。他们联合其他王室之内的人诬告霍光私自调兵要谋害皇上。不料这一阴谋被年仅十四岁的刘弗陵当场拆穿了。刘弗陵说："如果霍光想要谋害我，他根本用不着千里之外调兵来京。"阴谋败露后，在昭帝支持下桑弘羊等被霍光杀掉。从此，霍光牢牢地把持住了朝中的大权。

不久，昭帝死，霍光立刘贺为帝，因其胡作非为，花天酒地，不久又将其废掉，立刘询为帝，史称汉宣帝。刘询即位后，按照惯例，需要朝拜高祖刘邦庙，由大将军霍光陪着前往。二人坐在同一辆马车上，由于霍光板着面孔，非常严肃，又加之霍光势力极大，自己的废立生死都掌握在他手中，所以宣帝内心非常恐惧，就像芒刺扎在脊背上一样，很是紧张，最后勉强地行完朝拜大礼。

【出处】

成语"芒刺在背"出自《汉书·霍光传》："宣帝始立，谒见高庙，大将军光从骖乘，上内严惮之，若有芒刺在背。"形容内心惶恐，坐立不安。

毛遂自荐

战国时期，在秦、赵的长平之战中，赵军四十五万人全部被秦将白起活埋，接着秦军继续进攻赵国，围攻都城邯郸，形势危急，平原君赵胜被派往楚国求救。赵胜准备在门客中挑选二十名文武俱备的人才，同往楚国。但挑来挑去，仅得十九人。

这时，从下等门客中走出一个人来。赵胜一看此人不认识，经过询问，原来是自己的门客，叫毛遂，三年前来这儿的。赵胜对他说："我听说有才能的人处于世上，就像针锥处于口袋中一样，锥子尖儿立即就捅出来了；可先生您，在我这里做客三年了，我从来没听过您有什么才学。毛遂回答说："那是因为我没有处于口袋中啊，如果早就把我放入袋中，我早就脱颖而出了。"其他十九个人见毛遂如此地大言不惭，都在一旁窃笑。平原君听了毛遂的话觉得有道理，便同意他随行。

平原君向楚顷襄王陈说利害，请求发兵救赵，从早上一直谈到中午，因楚王刚即位不久，不想多管闲事，所以一直没有结果。这时毛遂走到殿前，按着剑把，拉住了楚王的衣袖，据理力争，慷慨陈词，楚王终于下了决心，毛遂即请取来牛血涂唇，发誓订盟。于是楚王令春申君黄歇率兵救赵。事后，其他的人都非常佩服毛遂，毛遂对大家说："事情的困难不在于能否做成，而在于你是否敢做。如果迈出了第一步，其他的也就容易了。"

邯郸解围后，论功行赏，平原君说："毛先生三寸之舌，强于百万之师！"从此把毛遂敬为上宾。

【出处】

成语"毛遂自荐"出自《史记·平原君虞卿列传》："（平原君）门下有毛遂者，自赞于平原君曰：'遂闻君将合从于楚，……今少一人，愿君即以遂备员而行矣。'"原意是毛遂自我推荐。后多比喻自告奋勇，自我推荐。

门户之见

隋代有一个官员，名韦云起，在隋文帝和隋炀帝时都是朝中高官。他性格耿直，敢说敢当，同时也是一个洁身自好的人。他敢于直谏，虽然面对暴君杨广也毫不畏惧，因此他在当时非常闻名。

隋炀帝时期，有些大臣结党营私，拉帮结派，许多人对此睁一只眼，闭一只眼，假装没看见，但韦云起不同，他对此非常担忧，便上书隋炀帝，建议对这些人予以惩罚。他说，现在朝廷大臣中，山东人不少，他们抱团结伙，自成宗派，拉拢下级，欺骗皇上，结为死党，不制止其首领，必酿成大乱。为此，他专门写了奏章，一条一条陈述小团伙的罪行。于是，炀帝命大理寺卿调查，结果属实，便把一些带头官员，如郎蔚士、郎楚士等人，撤职罢官。

后来因看不惯隋炀帝杨广到扬州花天酒地地游玩，劳民伤财，便辞职回家务农。李世民建立唐朝后，又重新出来做了官。

【出处】

成语“门户之见”出自《新唐书·韦云起传》：“今朝廷多山东人，自作门户。”门户：派别。因派别不同而产生的成见。

门可罗雀

汉代史学家司马迁曾在其史书《史记》中列举了三个官员先贵而后贱的事而感叹人情冷暖、世态炎凉。其中一个大臣名叫汲黯，汲黯在西汉武帝时曾做过东海太守的官，后来被调入京城，主管京城的治安事；另一位官员名叫郑当时，曾任济南太守及大农令（主管农业）等官。二人在当时都是位高而权重，受人敬畏，他们的府上每日都是车如流水马如龙，巴结逢迎者不计其数。后来，二人失势，宾客尽散，门前冷落车马稀。汲黯闲居在家时，看见自己家大门前总有许多麻雀在寻觅食物，嬉戏跳跃。他自嘲地说："从前我当官，宾客盈门，现在不当官，我可以在门前张网捉鸟了（门可罗雀）。"

第三位官员是翟公，汉文帝时任廷尉，在任时，来往宾客很多，把门都堵塞住了。罢官后，门庭冷冷清清，整天没有一个人来探望，简直可以在门前设网捕雀了。后来他又当了廷尉，宾客们又想去拜访依附，可翟公有了上次的教训，便大大地在门上写道："一死一生，乃知交情的深浅；一贫一富，才知交情的态度；一贵一贱，才知交情的真假。"宾客一见，羞得再也不敢上门了。最后，司马迁说，汲、郑二人的处境与翟公相同。世情如此炎凉，真是令人感慨。

【出处】

成语"门可罗雀"出自《史记·汲郑列传》："下邽翟公月言，始翟公为廷尉，宾客阗门；及废，门外可设雀罗。"门前可以张网捕雀。比喻门庭冷落，宾客稀少。

门庭若市

战国时期，齐国的相国邹忌是个美男子，他长得身材高大，面容端正，他也常常对此很得意。一天早晨，他穿好朝服，戴好帽子，对着镜子端详一番，然后颇为自负地问他的妻子说："我和城北徐公比起来，谁长得英俊？""你英俊极了，徐公怎么比得上你呢？"妻子说。

徐公是齐国出名的美男子，邹忌听了妻子的话，不太相信，于是又问了他的爱妾，爱妾回答说："徐公怎能比得上你呢？"

第二天，邹忌家中来了一位客人，邹忌又问了客人，客人说："徐公绝对不会有先生您俊美。"过了几天，正巧徐公到邹忌家来拜访，邹忌便乘机仔细地打量徐公，拿他和自己比较。结果，他发现自己实在没有徐公漂亮。"既然我没有他漂亮，为什么身边的人都说我比他英俊呢？"他想了好长时间，终于知道是为什么了。

第二天，邹忌上朝时对齐威王说："大王，这几天我碰到了一件很有意思的事，我……""说来听听。"齐王可能空闲时间比较多，想找件事消磨一下时间。于是，他对齐威王说："您知道，徐公是我国的美男子，我本来不

如徐公漂亮，但妻、妾、客人都说我比他漂亮，为什么呢？这是因为妻子护我，妾畏惧我，客人有事求我，所以他们都恭维我，不说真话。由此我想到了我们齐国……”“齐国怎么了？”威王一听说与齐国有关，就开始认真起来。邹忌看到时机成熟，就开始劝谏齐王：“您看，我们齐国地方这么大，宫中上下，谁不偏护你，满朝文武，谁不畏惧你，全国百姓谁不希望得到你的关怀，看来恭维你的人一定很多，你一定被蒙蔽得非常严重了！所以，为了大王您着想，为了齐国着想，大王如能开诚布公地征求意见，一定对国家有益。”齐威王听了，觉得很有道理，立刻下令说：“无论是谁，能当面指出我过失的，给上赏；上奏章规劝我的，中赏；在朝廷或街市中议论我的过失，并传到我耳中的，给下赏！”命令一下，前去进谏的群臣川流不息，朝廷门口每天像市场一样热闹……从此齐国开始强盛起来。

【出处】

成语“门庭若市”出自《战国策·齐策一》：“群臣进谏，门庭若市。”门前和庭院里如同集市。原形容进谏的人很多。现多形容来客众多，非常热闹。

面壁功深

南北朝时，有个和尚名叫达摩，据传，他是古代印度人，生于贵族之家。由于厌恶了世俗的荣华富贵及贵族间的勾心斗角，他就出家当了和尚。

在中国的南北朝，梁武帝年间，达摩从海上来到了中国。他听说梁武帝非常信佛，并且非常支持佛教的发展，在京城建业（今南京）建了许多寺庙，他就来到了建业，想感受一下中国的佛教氛围。梁武帝得知他是印度的高僧就召见他，谁知二人的交谈并不投机，达摩就离开了建业，渡江北上来到了当时的北魏，在著名的嵩山少林寺落了脚。

达摩在少林寺做了些什么呢？据后人记载，他日日夜夜面壁而坐，一言不发，一动不动，两目微闭，也不同人讲话，人们都觉得这个印度僧人真是高深莫测。其实，这是他的一种修行方式，他这样坐着修行，整整九年，最后死去。

也许他的诚心感动了佛祖，据传在少林寺的一个殿内，供着一块大石壁，从外表看是一块很粗糙的石头，并没有什么奇异之处，但如果你站在距石壁五六尺远的地方，你会隐隐约约地发现石壁上浮出一个达摩静坐的姿态，并且腮边短须好像在轻轻飘动。人们都说这就是达摩面壁九年而修行成功的见证。

【出处】

成语“面壁功深”出自宋·释普济《五灯会元》卷一：“（初祖菩提达摩大师）寓止于嵩山少林寺，面壁而坐，终日默然，人莫之测，谓之壁观婆罗门。”原指和尚默坐静修，道行很深。比喻某人在某方面造诣很深。

名列前茅

春秋时期，晋国是北方的一个大国，楚国是南方的一个大国，而弱小的郑国恰好处在两国之间，两面都受到大国的威胁，处境比较困难。楚国觉得郑国小，比较好欺负，就经常攻打它。有一年，楚国又派兵伐郑，郑国赶紧向晋国求援。可是，当晋军到达黄河岸边时，郑国已投降了楚国。楚军也开始撤离郑境。

于是，荀林父召集晋军将领商议，是追击楚军好，还是撤兵回国好？将军士会说："楚国是讨厌郑国朝晋暮楚的。郑国居于晋、楚两大国之间，他们也很作难。郑既然已投降了楚国，我看算了，不必使他们为难了。"士会继续说："再说，那楚国的宰相孙叔敖，是个大军事家，考虑周到，办事稳妥。前锋部队戒备森严，中军领导很强，后军实力很充足，我们要追击人家，肯定会吃亏的！"但有些将领还是渡河追击楚军，最后，晋军终于全体渡河追击楚军，但都被楚军打得大败。

所谓"前茅"是指在行军过程中，前哨部队的士兵拿着茅草当做旗子，当遇到敌人或紧急情况时，举起茅草作为信号告诉后面的部队，以提高警惕，及时应变。后人便从中演绎出"名列前茅"这一成语。

【出处】

成语"名列前茅"出自《左传·宣公十二年》："孙叔傲之为宰，择楚国之令典，……前茅虑无，中权厉劲。"比喻名次列在前面。

名落孙山

在我国封建社会，经过数年苦读的读书人若想做官，必须经过一级一级的考试，称为科举考试。在宋代时候，有一年秋天，有个名叫孙山的读书人准备上省城去应考。孙山能说会道，滑稽诙谐，外号叫“滑稽才子”，乡邻们对他中举都寄予厚望。

临行前几天，乡里一位老人来拜访孙山，希望孙山与他儿子一起应考，以便他儿子能得到一些照应。孙山比那老人的儿子长几岁，当即一口答应。两人到省城后，顺顺利利地参加了考试。

考完后，两人就在省城及附近的一些名山大川玩玩，等待发榜。发榜的那天终于盼到了。张榜处拥挤不堪，孙山好不容易才挤到了一个勉强可以看出榜上名字的地方，乍一看，并没有自己的名字，他的头上、手心中顿时冒出了许多汗，呼吸也变得沉重起来，再仔细一看，才发现自己是最后一名，他不禁欣喜若狂。

接着又看乡人儿子的姓名，一连看了几遍，都榜上无名，于是返回旅馆。踏进房间，见老人儿子斜躺在床上发呆，原来他也知道自己落榜了，

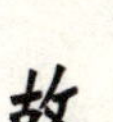

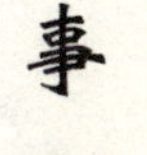

闷闷不乐。他对孙山说自己要在省城多呆几天散散心，孙山听后，便告别了他，独自返回家乡。孙山回到家里，左邻右舍听说他中了举，纷纷表示祝贺。那老人也来到他家，见儿子不在，焦急地问道："我的儿子考中了没有？"

孙山看着这个满脸皱纹、饱经风霜的老人和他那期盼的眼神，他实在不忍心打击他，犹豫了一会儿，念了两句诗："解名尽处是孙山，贤郎更在孙山外。"

老人听了，一时都不知道是什么意思。但稍一领会，就清楚了。

原来，当时中了举人再到京城去参加考进士的，都是由地方解送入京的。所以乡试第一名为解元，榜上的举人名字都称解名。

这两句诗的意思是：举人的最末一名是孙山，你儿子的大名还落在我孙山之后呢。

后来，人们就把投考没有录取说成是"名落孙山"。

【出处】

成语"名落孙山"出自宋·范公偁《过庭录》："解名尽处是孙山，贤郎更在孙山外。"比喻投考学校或参加各种考试没有被录取。

明眸皓齿

东汉末年，曹操和袁绍是北方的两大军阀，最终曹操消灭了袁绍，袁绍的家眷也被曹操抓获。在被抓获的人中，有一个叫甄氏的女人，她是袁绍二儿子袁熙的妻子，是一个远近闻名的美人。曹植早已闻其名，于是就向其父曹操求情，希望能得到甄氏，曹操没有同意，却把她给了他的大儿子曹丕。甄氏后来因曹丕当了皇帝，自己就成了皇后，但最终被曹丕所宠爱的妃子——郭妃所陷害，自杀身亡。

曹丕当皇帝的初期，曹植入朝参拜，曹丕就把甄皇后的一个遗物玉缕金带枕给了他。在返回自己的封地路过洛水时，夜间睡在船上，头枕着这个金带枕，曹植不禁又想到了甄氏的花容月貌，天香国色，心中感慨万千，于是就写了一篇文章——《感甄赋》。到了魏明帝曹叡（甄皇后的儿子）时，因嫌其有碍皇家体统和母亲荣誉，遂改其名为《洛神赋》。

在文章中，曹植抒发了自己对甄氏的思念之情，其中有几句话描写了甄氏的外貌：红红的嘴唇，外部显得十分明朗；白白的牙齿，里面显得十分清洁；明亮的黑眼珠，多么会看人；深深的酒窝，衬托着舒展的前额。

【出处】

成语“明眸皓齿”出自三国时代魏国曹植《洛神赋》：“丹唇外朗，皓齿内鲜，明眸善睐，靥辅承权。”眸，瞳仁。明亮的眼睛，洁白的牙齿。形容女子容貌美丽，也指美丽的女子。

明目张胆

西晋统一全国初期，社会局面还算比较安定，但到了西晋的后期，由于王室内乱，北方的少数民族乘机起兵反叛，西晋政府被迫迁到长江以南的建康（今南京），史称“东晋”。

在东晋初期又出现了一个野心勃勃的大臣，名叫王敦，此人是西晋第一任皇帝司马炎的女婿，经历过好几个皇帝的更换，到了东晋初期，他以老臣自居，开始骄横霸道，唯我独尊，不再把晋元帝放在眼中。由于他是征南大将军，手中握有兵权，加之朝中党羽众多，元帝对他又恨又怕，后来元帝实在忍受不了他的霸道，就与大臣刘槐密谋除掉他，不知怎的被王敦知道了，王敦就杀了刘槐，并且反叛了朝廷，晋元帝忧愤而死。他的儿子司马绍即位，史称“明帝”。明帝年轻有为，英明果断，亲自率军讨伐王敦，兵至武昌时，王敦已死，明帝打开其棺材把他的头割了下来，挂在都城的城门上。王敦的堂兄弟王含也随王敦参加了叛乱，遭到部将的反对，被部将掼入江中淹死。

王敦二人在反叛朝廷时，曾约他们的另外一个堂兄弟，时任东晋丞相的王导，支持他们，参加叛乱。王导写信给王含，把二人痛骂了一番，王导说：“当今时局，我要睁大眼睛，壮大胆量来告诉你们：‘带兵公然反叛朝廷，是十恶不赦的大罪；我身为朝廷的官员，一定要率军平叛。宁可做忠臣而死，决不做无赖而生。’你们的叛乱不得人心，必然会失败。你们辜负了先人的教导，死后，还有什么脸去见祖先和先帝呢！”

【出处】

成语“明目张胆”出自《晋书·王敦传》：“今日之事，明目张胆，为六军之首，宁忠臣而死，不无赖而生矣。”原意为有胆有识，敢作敢为，现在则比喻为无所顾忌，大干坏事。

明珠暗投

邹阳，西汉初期人，富有学识和口才。汉景帝时，他投奔到吴王刘濞那里，做他的门客。后来，他发现刘濞招兵买马，扩大武装，并且私自与其他小国联络，他意识到刘濞想要造反，就规劝刘濞，现在国家统一不久，人们渴望社会稳定，厌恶战争，在这种情况下，你起兵反叛是不会有好结果的。刘濞不听劝告，一意孤行。邹阳怕将来会受到牵连，便辞别刘濞，来到梁王刘武那里当门客。由于其颇有才学，其他门客如羊胜等人非常嫉妒，就在梁王面前说他的坏话，梁王一怒之下便把邹阳投入了监狱。

邹阳在狱中向梁王上书自白。他说："我听说明月一般的珍珠，夜中发光的璧玉，悄悄丢在路边上；如果被人们发现，没有不睁大眼睛相看的，因为宝物太珍贵了。可因为天黑夜暗，这颗珍珠混迹于草丛和泥土之中，无法被人发现，自然人们也就不能接近和欣赏它了。"

他的意思是，自己没有机会接近梁王，所以无法展示自己的才能。梁王看了他的信，觉得他说的很有道理，就把他放了，并尊他为上宾。邹阳果然是一个很有才能的人。梁王因自己没有被立为皇太子，便怀疑是景帝的大臣袁盎造成的，就派人刺杀了袁盎。景帝大怒，调查之后，发现是梁王所为，便要杀他，多亏邹阳为梁王出谋划策，外加皇太后的庇护，才得以化险为夷。

【出处】

成语"明珠暗投"出自《史记·鲁仲连邹阳列传》："臣闻明月之珠，夜光之璧，以暗投人于道路，人无不按剑相眄者，何则？无因而至前也。"原指把闪闪发光的珍珠偷偷丢到路上，行人谁也不敢拾取。后比喻珍贵的东西落到不识货的人的手中。亦比喻有才能的人得不到重用或好人误入歧途。

磨杵成针

我国唐代的大诗人李白一生写下了很多美丽的诗歌，被后人称为“诗仙”。人们都认为他天生就是写诗的料，其实并不是这样，他能写出这么多诗歌与他少年时的勤学苦读是分不开的。

李白小时是一个聪明顽皮的孩子，在他 5 岁的时候，小李白就开始坐在窗前摇头晃脑地背诵前人的文章了，他背书背得特别快，老师教的内容他也能很快领会和吸收。有一天，他忽然觉得，先生讲的东西太简单了，没有意思，不如在外面玩有趣。于是他就一个人在附近的村庄上转悠起来。

走着走着，他来到了一所茅草房边，看到一个老婆婆在很吃力磨一根粗大的铁棒，他感到很好奇，就走到老婆婆跟前，很有礼貌地对她说：“婆婆，您磨这么粗的大铁棒干什么呢?”老婆婆继续磨着铁棒，头也不抬地说：“我呀，我要把它磨成一根细细的绣花针。”李白更感到奇怪了：“这么粗的铁棒能磨成针吗?”老婆婆这才转过头，看了看李白，慈祥而认真地对他说：“好孩子，只要功夫深，铁棒也能磨成绣花针。”李白像是突然明白了一个深奥的道理，使劲地点了点头。这件事给李白留下了深刻的印象，也对他以后的学习产生了积极的影响。每当读书遇到困难时，他总会想起老婆婆的教导。有一段时间，他为了专心读书，甚至搬到一所道观中去学习。正是凭着这种不懈努力的精神，少年李白阅读了大量的书籍，为他以后的诗歌创作打下了牢固而深厚的基础。

【出处】

成语“磨杵成针”出自明·陈仁锡《潜确类书》卷六十：“李白少读书，未成，弃去。道逢老妪磨杵，白问其故。曰：‘欲作针。’白感其言，遂卒业。”原指把铁杵磨成了针。比喻只要有恒心，再难的事也能做成。

莫予毒也

春秋时期，晋楚两国是大国，都想争做当时的霸主。一些小的诸侯国被楚国胁迫，纷纷跟随楚国，但宋国不愿臣服楚国，楚国就攻打宋国，宋国向晋国求救。晋国将军先轸认为援助宋国将会大大提升晋国的威望，从而有利于他们的称霸事业。晋文公就派先轸为元帅，率领晋军援助宋国。双方军队在城濮（今山东濮县）相遇。元帅先轸以诱敌深入的战术打败了楚军。

楚军大败的消息传到郢都，成王很不高兴，认为楚军统帅成得臣丧师辱国，应该斩首。大夫子西和孙伯竭力为成得臣求情，说成得臣是楚国不可多得的将领，一败不至于成死罪，但成王仍不原谅。当成得臣率领残兵败将回到楚国都城郢都郊外的连谷镇时，见到了楚成王派来的使臣。使臣传达了成王的诏命，说："你若回到国都，那死了的大批将士怎么办啊？他们的父母能放过你吗？"成得臣一听，知道成王没有赦免他的意思，便自杀了。

这一消息传到晋国，文公重耳听到后，面有喜色地说："这可除了我的心头大患了！"因为成得臣是楚国有名的将领，很善于用兵，是晋国一个有力的对手，成得臣一死，楚国再也无力同晋国争霸了。

【出处】

成语"莫予毒也"出自《左传·僖公二十八年》。原指再也没有人威胁、危害我了。现多指毫无顾忌，可以为所欲为。

墨守成规

战国时期，有一个著名的思想家，人称“墨子”，他姓墨名翟，鲁国人。他的思想主张是“兼爱、非攻”，意思就是人与人之间应互相爱护，应和平相处，不应互相攻战。墨子非常同情下层人民和弱者。他不但是一个思想家，而且还是一个能工巧匠，善于制造车辆和守城器械。墨子还曾经凭他的技术成功地阻止了一次大国对小国的侵略战争。

有一回，楚国要攻打宋国，鲁班为楚国特地设计了一种云梯，准备攻城之用。墨子得到这个消息，决定到楚国去劝阻。他的一个弟子劝他的老师说：“先生，您准备去劝说楚王停止攻宋?”墨子说：“对的。”徒弟说：“我看您还是算了吧。楚国想吞并宋国已不是一天两天的事儿了。楚王也许不会接见您的。”墨子说：“宋国并没有侵犯楚国的利益，楚国侵略宋国是极其不讲道理的行为，我不能允许这事发生。”徒弟说：“道理？这不是一个讲道理的时代。”墨子说：“行不行只有试一下才知道。”徒弟无奈，叹了口气，摇摇头转身离去。

墨 子于是踏上了南去的征程。他没有马车，是步行的，一气走了十天

十夜才到达楚国的都城——郢，立刻找到鲁班，一同去见楚王。墨子竭力说服楚王和鲁班停止攻打宋国。楚王终于同意了，但是他们都舍不得放弃新造好的攻城器械，想在实战中试试它的威力。墨子说："那好，咱们就当场试试吧。"说着解下衣带，围作城墙，用木片作武器，与鲁班分别代表攻守两方进行表演。鲁班九次用不同方法攻城，九次都被墨子挡住了。鲁班攻城的器械已经使尽，而墨子的守城计策还绰绰有余。鲁班不肯认输，道："我有办法对付你，但是我不说。"墨子说："我知道你要怎样对付我，但是我也不说。"楚王听不懂，问是什么意思。墨子说："公输子是想杀害我。他以为杀了我，就没有人帮宋国守城了。他哪里知道我的门徒约有三百人早已守在那里等着你们去进攻。"楚王看到没有取胜的把握，便说："好了，我决定不攻打宋国了。"

【出处】

成语"墨守成规"出自《墨子·公输》。该成语后来已改变了原意，比喻因循守旧，固执己见，不肯改进，成了贬义词。

目不识丁

唐朝中后期唐宪宗年间，有个幽州节度使张弘靖，当时的节度使权力非常大，主管地方上的军事和民政，又加之当时唐朝中央政府软弱无力，无法控制地方上的节度使，张弘靖就成了当地的土皇帝，他鱼肉百姓，搜刮民财，老百姓对他恨之入骨。他有两个副官，一个叫韦雍，一个叫张宗厚。两人仗势欺人，横行霸道，十分粗暴恶劣。他们经常吃喝玩乐，直到深夜才散，还要让侍卫人员带大队兵马，前呼后拥地护送他们回家，灯笼火把照得满街通亮，闹得鸡犬不宁。他们一不高兴，就拿士兵和百姓出气，殴打谩骂，耀武扬威，无法无天。有一次，他们喝醉了酒，又开始骂士兵："现在天下太平无事，又不打仗，你们这些饭桶，有什么屁用！能拉得两石的弓（两石，二百斤），还不如识一'丁'字……"

这是侮辱士兵，讥笑他们没有文化，只有粗力气，听人指挥打仗卖命，平时就好像什么用处也没有。士兵们都很气愤，背地议论纷纷，总想找个机会把这两个人教训一下。恰巧这时又发生了这样一件事：张弘靖收到一笔犒赏士兵的经费，他从中贪污，并私分了一部分。士兵们知道后，人人怒火满腔，他们再也不能忍受了，于是一齐造反，把韦雍、张宗厚都杀了，还把张弘靖抓住，关了起来，并把他的住处团团包围。因为全体士兵和下级官吏齐心一致，当地老百姓也都同情支持他们，上级衙门和朝廷没有办法，只好把张弘靖降职调走了事。

【出处】

成语"目不识丁"出自《旧唐书·张弘靖传》："今天下无事，汝辈挽得两石力弓，不如识一丁字。"形容人一个字也不认识。

沐猴而冠

项羽小的时候，素有大志，但却不好好读书，后来改学剑，也不肯下功夫，他的叔父很生气。项羽说："读书有什么用，只能记名姓而已。学剑也只能抵挡一个人，我要学能抵挡万人的本事。"他的叔父便教他兵法，但他学了一段时间后，又厌烦了，不肯学完。

秦末农民起义爆发后，项羽带兵攻入咸阳，杀了秦二世子婴，烧了秦朝的宫殿，收拾了秦朝许多宝贝财物后准备回去。这时有一谋士蔡生向他建言："关中这个地方很险要，土地肥沃，可以建都称霸。"项羽见宫殿都烧毁了，咸阳一片狼藉，他又想着赶快回家乡，便对蔡生说："富贵了不回家乡，就像穿着锦绣衣服在黑暗中行走一样，谁会知道呢！"蔡生听后叹道："都说楚人像只戴着帽子的猕猴，徒有虚名，果然不错。"不料这句话被项羽听到了，项羽便将蔡生抓了起来烹煮了。

后来项羽在垓下打了败仗，逃到了乌江，乌江亭长有一支小船，劝他渡江，说："江东虽然小，也有方圆千里的地方，几十万人口，也可以称王啊。"项羽说："是老天要亡我，我为什么要渡江呢！开始我和八千江东子弟渡江而来，现在无一生还，即使江东父老可惜我，让我称王，我又有什么面目见他们呢？"说完，便自杀了。

【出处】

成语"沐猴而冠"出自《史记·项羽本纪》："人言楚人沐猴而冠耳，果然。"沐猴，猕猴；冠，戴帽子。猴子穿着衣服，戴着帽子，究竟不是真人。比喻虚有其表，没有真正的能力。

南柯一梦

唐朝初年，有个叫谆于棼的人，家住在广陵。他家南边有一棵古老的大槐树，有几百年的历史，这棵大槐树长得根深叶茂。大槐树的周围正好是一片平坦的空地，于是它就成为了人们乘凉和聊天的地方。

当时，恰逢四五月份，正是暮春时节，春光明媚，谆于棼觉得总想做点什么，不然岂不是辜负了这春色。于是，他就约了二三个知己，置酒席一桌，放在大槐树下。“知己、美酒、美景，人生的快乐也不过如此啊!”谆于棼感叹道。

谆于棼是不胜酒力的，但“酒逢知己千杯少”，他此时能做的就是一杯接一杯地喝，很快他便醉了，然后就躺在了一张凉席上，沉沉睡去。恍惚中，他看到有两个公差模样的人走过来，手上拿着写有“圣旨”字样的东西，他想，自己没有做什么不法之事，不用怕他们。只听得那两个人说：“我们奉槐安国王之命特来邀您，请上车。”谆于棼什么也没想，就跟着那两个人登车而去。很快就到了王宫中，只见一个国王模样的人向他宣布道：“现在本王命你同本王的公主结婚，不得违命。”谆于棼自忖道：“这不

是逼婚吗？不过自己也吃不了多大的亏，何况还是公主呢。”于是欣然从命，当然，国王有自己的打算：这个公主越早嫁出去越好，免得她整天在宫里胡闹，把个王宫搞得不像样子。至于嫁的是什么人，他并不很在意。

虽然这桩婚姻是“拉郎配”，但婚后生活倒也美满，谆于棼安享他的荣华富贵，只是公主依旧顽皮。槐安国王看在眼里，烦在心里，于是，他决定把谆于棼调到南柯郡任太守，这样公主就不会烦他了。这样，谆于棼就来到了南柯，在那里当太守，一当就是 20 年。他虽然没有什么丰功伟绩，倒也是太平年间好官，把当地治理得井井有条，官员都比较遵法守纪，没有太多的税收和劳役，老百姓能够安居乐业。当地的老百姓都对他交口称赞。

忽然，有一天他被一纸急令召回了京城，原来是敌国来犯，国王要召开军事会议研究对策。会议上，由于诸位将军很多年没打过仗，对战争再也提不起兴趣，当国王问谁愿带兵退敌时，无人吱声。谆于棼想：“眼看这国王没有儿子，说不定将来这个王国就是我的，我现在为国王而战就是为自己的将来而战。”于是他慷慨领命，率兵出征，结果他由于不懂军事，大败而归。国王大怒，要将其斩首，谆于棼吓得大叫一声，从梦中醒来。醒来一看，他的朋友正在聚精会神地下棋，只是四周很静，他惘然若失地朝后面望了望，发现槐树根部有一个很大的蚂蚁窝。“原来所谓的槐安国是这个东西。”他自言自语道。

【出处】

成语“南柯一梦”出自唐・李公佐《南柯太守传》，指做梦。比喻荣枯得失无常。今多比喻一场空欢喜。

南山可移

唐朝时期，有一位赫赫有名的公主——太平公主，她是我国历史上第一位女皇武则天的女儿。由于生活在皇家，太平公主从小就骄横放纵，长大后更是凶狠毒辣，仗着朝廷势力，常常胡作非为，侵人田地，夺人财物，凡是自己看中的东西，一定要得到手。

有一年冬天，太平公主到雍州游玩，途经一个寺院时，相中了寺院里的一盘水磨。她甚至不给寺院里的和尚们打招呼，就吩咐随从准备将其装车运往京城，归为己有。寺院和尚迫于太平公主的权势，不敢当面阻拦，立即告到雍州司户李元纮那里。司户只是分管民事纠纷的，是个比七品芝麻官还要小的小吏。但是，李元纮不畏权势，公正刚直，当即受理此案。调查之后得知，该石磨是寺院的合法财产，太平公主无权霸占，随即将水磨判给寺院和尚。

这个判决和尚当然很满意，可是李元紘的上司雍州长史窦怀贞知道后，却急得不得了，马上赶去找李元紘，说道："你不知道强占石磨的是太平公主吗？咱们怎敢开罪于她，你还不快些把判决书改一改！"李元纮却说："我不管这人是公主还是公子，在我这儿只有法律。"说完，又在原判后面写上了八个大字："南山可移，判不可摇！"南山，是长安城南的终南山，李元纮的意思是说：这判决比南山还要坚定，绝对不能动摇。

【出处】

成语"南山可移"出自《旧唐书·李元纮传》："……元纮大署判后曰：'南山或可改移，此判终无摇动。'"表示既经定案，不可改变。

难能可贵

孔子一生有很多弟子，子路、子贡和冉有等是其中比较杰出的几个。子路很勇敢。子路 63 岁时是卫国大夫孔悝的家臣。鲁哀公十五年，卫国发生内乱，孔悝被劫持，子路知道消息后，马上赶往京城救难。到了城外，遇到卫国大夫高柴由城内逃出，高柴劝子路不要进去，子路说："我拿孔悝的俸禄，就应该救孔悝的难。"结果，进城后被杀。

子贡的言语绝世无双。叔孙武叔说："子贡比孔子贤能。"子贡知道后，说："拿个墙来作比喻吧，我的墙齐肩高，站在墙外，就能看到我家里富丽堂皇；孔子的墙几丈高，如果找不到门进去，就看不见雄伟壮观、多姿多彩的景象。进得去门的人太少了，叔孙先生这么说，也是可以理解的！"

冉有有治国才能。鲁国的大夫季康子问孔子："冉有可以从政吗？"孔子说："冉有多才多艺，从政有什么不可以的？"季康子就请冉有辅佐自己。鲁哀公十一年，齐国军队攻打鲁国，冉有力排众议，率领鲁国军队抵抗强敌，获得了胜利。

宋代的苏东坡说："子路的勇敢，子贡的辩才，冉有的智慧都是非常了不起的啊！"

【出处】

成语"难能可贵"出自宋·苏轼《荀卿论》："子路之勇，子贡之辩，冉有之智，此三子者，皆天下所谓难能而可贵者也。""难能可贵"指不容易做到的事居然能做到，非常了不起。

鸟尽弓藏

春秋末期，吴、越争霸，越国被吴国打败。越国以金银财宝贿赂吴国的大臣伯嚭，让其为越国讲情，同时又送给吴王美女西施，吴国总算没有把越国灭掉，同意其求和。

越王勾践卧薪尝胆，任用大夫文种、范蠡整顿国政，十年生聚，十年教训，使国家转弱为强，终于击败吴国，洗雪国耻。吴王夫差兵败出逃，连续七次向越国求和，文种、范蠡坚持不允。夫差无奈，把一封信系在箭上射入范蠡营中，信上写道："兔子捉光了，捉兔的猎狗没有用处了，就被杀了煮肉吃；敌国灭掉了，为战胜敌人出谋献策的谋臣没有用处了，就被抛弃或铲除。两位大夫为什么不让吴国保存下来，替自己留点余地呢？"文种、范蠡还是拒绝议和，夫差只好拔剑自刎。

越王勾践灭了吴国，在吴宫欢宴群臣时，发觉范蠡不知去向，第二天在太湖边找到了范蠡的外衣，大家都以为范蠡投湖自杀了。可是过了不久，有人给文种送来一封信，上面写着："飞鸟打尽了，弹弓就被收藏起来；野兔捉光了，猎狗就被杀了煮来吃；敌国灭掉了，谋臣就被废弃或遭害。越王为人，只可和他共患难，不宜与他同安乐。大夫至今不离他而去，不久难免有杀身之祸。"文种此时方知范蠡并未死去，而是隐居了起来。他虽然不尽相信信中所说的话，但从此常告病不去上朝，日久引起勾践疑忌。一天勾践登门探望文种，临别留下佩剑一把。文种见剑鞘上有"属楼"二字，正是当年吴王夫差逼忠良伍子胥自杀的那把剑。他明白勾践的用意，悔不该不听范蠡的劝告，只好饮剑自尽。

【出处】

成语"鸟尽弓藏"出自《史记·越王勾践世家》："范蠡遂去，自齐遗大夫种，书曰：'飞鸟尽，良弓藏；狡兔死，走狗烹'。"比喻大功告成后，功臣遭到废弃或杀害的意思。

宁为玉碎，不为瓦全

在我国的南北朝时期，北方的少数民族政权东魏在末期时，皇帝软弱，朝中的一个大臣——高洋趁机拉帮结派，大肆培植自己的势力，最终他控制了朝廷的大部分权力。然后，他就逼迫皇帝让位，最终夺取了政权，他称帝后建立了新的政权——北齐。他篡位后，为了不留后患，又派人把孝静帝及其三个儿子毒死了。

高洋当皇帝第十年六月的一天，出现了日食。他担心这是一个不祥之兆，自己篡夺的皇位快保不住了。于是，把一个亲信召来问道："西汉末年王莽夺了刘家的天下，为什么后来光武帝刘秀又能把天下夺回来？"那亲信说不清这是什么道理，随便回答说："陛下，这要怪王莽自己。因为他没有把刘氏宗室人员斩尽杀绝。"

残忍的高洋竟相信了亲信的话，大开杀戒；把东魏宗室近亲 44 家共 700 多人全部处死，连婴儿也无一幸免。

消息传开后，东魏宗室的远房宗族也非常恐慌，生怕什么时候高洋的屠刀会砍到他们头上，他们赶紧聚集起来商量对策。有个名叫元景安的县令说，眼下要保命的唯一办法，是请求高洋准许他们脱离元氏，改姓高氏。

元景安的堂兄元景皓，坚决反对这种做法。他气愤地说："怎么能用抛弃本宗、改为他姓的办法来保命呢？大丈夫宁可作玉器被打碎，不愿作陶器得保全。我宁愿死而保持气节，不愿为了活命而忍受屈辱！"元景安为了保全自己的性命，卑鄙地把元景皓的话报告了高洋。高洋立即逮捕了景皓，并将他处死。元景安因告密有功，高洋赐他姓高，并且升了官。

但是，残酷的屠杀不能挽救北齐摇摇欲坠的政权。三个月后，高洋因病死去。也许这就是他大肆屠杀无辜者的报应吧！

【出处】

成语"宁为玉碎，不为瓦全"出自《北齐书·元景安传》："岂得弃本宗逐他姓？大丈夫宁可玉碎，不能瓦全！"这则成语的意思是宁可作玉器被打碎，不愿作陶器完整保留。比喻宁愿保持高尚的气节死去，而不愿屈辱地活着。

弄巧成拙

北宋时期,有位画家叫孙知微,擅长人物画。一次,他受成都寿宁寺的委托,画一幅《九耀星君图》。他用心将图用笔勾好,人物栩栩如生,衣带飘飘,宛然仙姿,只剩下着色最后一道工序。恰好此时有朋友请他去饮酒,他放下笔,将画仔细看了好一会,觉得还算满意,便对弟子们说:“这幅画的线条我已全部画好,只剩下着色,你们须小心些,不要着错了颜色,我去朋友家有事,回来时,希望你们画好。”

孙知微走后,弟子们围住画,反复观看老师用笔的技巧和构图的高妙,互相交流心得。

有人说:“你看那水暖星君的神态多么逼真,长髯飘洒,不怒而威。”

还有的说:“菩萨脚下的祥云缭绕,真正的神姿仙态,让人肃然起敬。”

其中有一个叫童仁益的弟子,平时专门卖弄小聪明,喜欢哗众取宠,只见他故作高深地说:“水暖星君身边的童子神态很传神,只是他手中的水晶瓶好像少了点东西。”

众弟子一看,纷纷说道:“对呀,好像少了一只花!”于是大家就在瓶口画了一枝鲜艳的莲花。

后来,孙知微回来了。学生们满心欢喜地呈上着完色的画,期待着老师的夸奖,哪知孙知微一看那枝莲花,顿时变了脸色,他气愤地问:“是谁叫你们把莲花添上去的?”学生们答道:“是我们自己呀!您看,添上莲花,不是更好看了吗?”孙知微只好无可奈何地说:“你们这不是弄巧成拙吗?”那童子手中的瓶子是水暖星君用来镇妖伏魔的宝贝,是不应该有花草的。添上一枝莲花,它就不是宝贝,而是一只普通的花瓶了。你们的色虽然上得不错,但这幅画却毁掉了啊。”

学生们这才恍然大悟,十分后悔地低下了头。

【出处】

成语“弄巧成拙”出自《宣和画谱》。指原想卖弄聪明,结果反而做了蠢事。

呕心沥血

唐朝是我国诗人辈出的时代。在唐朝中期出现了一位著名的青年诗人李贺。据说他在少年时期已很有才华，六七岁时已能写诗作文，但当时的文学大师韩愈却不相信，就亲自到他家去考察。他让李贺当场写一首诗，李贺拿起笔，很快就写出了一首文辞和立意都很好的诗。韩愈看后，大为惊异，叹其为天才。

李贺很善于做诗。他才思敏捷，下笔很快，但他写诗并不是先定好题目，然后再拼凑内容，而是先深入到生活中去，到大自然中亲身体会，遇到有可写的，才写出来。他经常带着一名书童，骑着一匹马，一面在郊外漫漫地散步闲走，一面思索，遇到好的题材，随即写成诗句，放进书囊，回家以后，再将书囊中的诗句整理成篇。他做诗非常刻苦、认真。每夜都睡得很晚。他曾说："长歌破衣襟，短歌断白发。"意思是说：他为了写一首长诗，衣襟都磨破了，为了写一首短诗，白发都弄断了许多根。李贺身体很弱，他母亲看他近乎玩命地写诗，很心疼他。每天回家，母亲便让婢女查看他的书囊，如果发现里面的诗句太多，便责怪他说："你这孩子，要把心呕出来才罢休吗?"

由于过于劳累，同时仕途上又很不得意，李贺总是郁郁寡欢，心情不好，又加之身体很弱，他很快就去世了，死时年仅二十六岁。他给后人留下了二百多首诗，其中大部分是佳作。

韩愈曾写过这样两句诗："刳肝以为纸，沥血以书辞。"意思是说：把肝剖出来作为纸，让血滴出来作为墨水，来书写文章。人们便根据这两个诗人的故事，概括出了"呕心沥血"这个成语。

【出处】

成语"呕心沥血"出自《新唐书·李贺传》和韩愈《归彭城》诗。比喻苦思冥想，费尽心血的意思。

盘根错节

东汉时期，有一个正直的大臣，名叫虞诩。他出身贫苦，小时死去了父母，由其祖母抚养成人，长大成人后，为报答祖母的养育之恩，他始终和祖母住在一起，侍奉祖母，一直到她逝世，他才应当地官员李修的邀请，出任郎中这样一个官职。

在东汉汉安帝初年，位于北方和西北方的匈奴和羌族同时侵犯和骚扰东汉王朝的西北边境凉州地区，大将军邓骘主张放弃凉州，而虞诩反对这一意见，他上书汉安帝说："凉州是我们的先祖用血汗换来的土地，轻易放弃怎么对得起他们的在天之灵；凉州的人民都希望接受陛下的管辖和治理，放弃他们，把他们推入虎口岂不是辜负了他们的心意，我建议委任凉州当地人为凉州的官吏，这样可以得到当地豪富的支持，以加强边防。"后来的事实证明他的建议是很有效的。

这么一来，邓骘便对虞诩怀恨在心。不久，朝歌（今河南淇县）一带由于天灾，农民收成减少，许多人没有吃的，于是就开始干起拦路抢劫和翻墙入户的盗窃勾当，社会治安极其不好。邓骘就公报私仇，向安帝建议，任命虞诩到朝歌做县令。虞诩接受了这个任命，临行前，朋友劝阻他："朝歌这个地方，民风强悍，强盗四起，很难治理，如果治理不好，怎么向皇上交代，弄不好甚至有可能把自己的性命搭上。"虞诩说："接受皇帝的命令是自己的职责，不遇上这样的事又怎知谁是英雄，谁是草包？就像刀斧不遇上盘根错节的树根、树枝又怎知它是否锐利？"他到朝歌后，首先安抚百姓，以稳定人心，又开仓放粮以赈济灾民；同时打击盗贼以稳定治安，然后又带领农民进行生产自救以抗天灾，进而恢复当地经济，最后总算把这个地方治理得井井有条。

【出处】

成语"盘根错节"出自《后汉书·虞诩传》："志不求易，事不避难，臣之职也；不遇盘根错节，何以别利器乎？"原形容树木根干盘曲；枝节交错，不易砍伐。比喻事情错综复杂，很难处理。也比喻势力根深蒂固，不易消除。

攀龙附凤

西汉的开国皇帝刘邦，出身于一个农民家庭。刘邦原名“季”，是指他在家中排行老三，直到做了皇帝，才改名为邦。

刘邦三十岁时，当了秦朝沛县的一个乡村小吏——亭长。他为人豁达大度，胸怀开朗，做事很有气魄，很多人都和他合得来。当地的萧何、樊哙、夏侯婴等，都是他的好朋友。这些人后来都为刘邦建立汉朝出了大力。

樊哙是刘邦的同乡，是个卖狗肉的。陈胜、吴广发动起义后，沛县县令惊恐万分，打算响应陈胜，就派樊哙去召刘邦来相助。当刘邦带了几百人来时，县令又反悔起来。于是，刘邦说服城里人杀了县令，带领两三千人马誓师起兵。夏侯婴与刘邦也早就有了交情。他原来是县衙里的马夫，每次奉命为过往使者赶车，回来时经过刘邦那里，总要与刘邦闲谈很长时间，直到日落西山才走。后来夏侯婴当了县吏，与刘邦交往更密切了。一天刘邦与他闹着玩，一不小心打伤了他，有人控告刘邦身为亭长，动手打人，应当严惩，夏侯婴赶紧为他解释。不料，后来夏侯婴反以伪证罪被捕下狱，坐了一年多班房。后来刘邦在沛县起兵，他和樊哙主动参加，并担任部将。

刘邦的势力逐渐发展后，有个名叫灌婴的人又来投奔他。灌婴是睢阳人，本为贩卖丝绸的小商人，后来也成为刘邦的心腹，领兵转战各地，立了不少战功。公元前 207 年初，刘邦大军兵临陈留，把营扎在城郊，当地有个名叫郦食其的小吏前来献计。郦食其对刘邦说："现在您兵不满万人，又缺乏训练，要西攻强秦，如进虎口。不如先攻取陈留，招兵买马，等兵强马壮后再打天下。"郦食其还表示，他和陈留县令相好，愿意前去劝降；如县令不降，就把他杀了。刘邦采纳了郦食其的计谋。郦食其连夜进陈留城劝说县令，但那县令不肯起义。于是郦食其半夜割下了他的头颅来见刘邦。第二天刘邦攻城时，把那县令的头颅高悬在竹竿上，结果守军开城门投降。在陈留，刘邦补充了大量粮食、武器和兵员。接着郦食其又推荐了他颇有智勇的弟弟郦商，郦商又给刘邦带来了四千人。刘邦就任命他为副将，带领这支队伍西攻开封。后来，刘邦战胜项羽，在公元前 202 年即皇帝位，建立了西汉王朝。刘邦当皇帝后大封功臣，樊哙、夏侯婴、灌婴、郦商等人也先后被封为舞阳侯、汝阴侯、颖阴侯和曲周侯。

【出处】

成语"攀龙附凤"出自班固《汉书·叙传下》。指投靠帝王、权贵，追求个人名利。

旁若无人

战国末期，秦国渐强，六国渐弱，秦国逐渐暴露出其吞并六国统一天下的野心。面对秦国的咄咄逼人，六国中豪杰之士开始想尽办法来阻止秦国的兼并和侵略。起初有苏秦的“合纵”抗秦，后来又发生了荆轲刺秦王的事件。

荆轲本是卫国人，卫国灭亡之后，他来到了燕国。荆轲素有大志，希望干出一番惊天动地的事业。他在平时，一言一行、一举一动就与常人不一样。他喜欢击剑，整天和朋友一起练剑习武，切磋武艺。每天早晨，天刚亮，他就起身去练剑，直练到汗水淋漓，才收剑休息。后来他成为战国时期著名的侠士。

荆轲到了燕国以后，和卖狗肉的高渐离成了知己。每天，两个人一起在闹市上喝酒，一直要到喝醉后才肯罢休。高渐离也是一名勇士，不仅如此，他还善于演奏一种名叫“筑”的古乐器。他们还常趁着酒兴，到闹市上引吭高歌。

一次，荆轲和高渐离两人又在闹市上喝酒。当酒喝到八九成时，他们俩来到了闹市中央。高渐离击筑，荆轲和着乐声放声高歌。两人越唱越高兴，歌声越来越激昂。高亢的歌声引来了许多围观的人，而且越聚越多。他们对于人们的指点和围观熟视无睹，一点也不在乎。当唱到悲切慷慨处，两人还相对放声痛哭，泪如雨下，旁若无人，仿佛这个世界上只有他俩存在一样。

正是由于这种豪迈和旁若无人的气概，荆轲受到了燕太子丹的赏识，引为上宾，委以重任。公元前 222 年，他带着夹有匕首的燕国地图到咸阳去刺杀秦王，结果刺杀未成，不幸身死。

【出处】

成语“旁若无人”出自《史记 · 刺客列传》：“高渐离击筑，荆轲和而歌于市中，相乐也，已而相泣，旁若无人者。”形容神态自若，目无他人的样子。今有傲慢之意。

抛砖引玉

唐朝有一位名叫赵嘏的诗人,人们都说他很有诗才。他曾写过这样一首诗,诗中有一句“长笛一声倚人楼”,据说这句诗深得大诗人杜牧的赞赏,并且赵嘏因此而被人们称为“赵倚楼”。当时还有一位诗人,名叫常建,他的诗写得也不错,但是他特别欣赏赵嘏的诗,认为他的诗意境清新,用词优美。

有一次,赵嘏到苏州去游玩。常建正好在苏州,听到这个消息非常高兴。他说:“这是个好机会,千万不能错过,一定要设法让赵嘏留下几句好诗来!”但是用什么方法呢?他想:“灵岩寺是苏州的一大名胜,赵嘏既到苏州,必然要去灵岩寺,如果预先在寺中写下两句诗,说不定会引起赵嘏的诗兴。”

于是,常建就在灵岩寺的墙上写了两句诗。赵嘏果然来到灵岩寺游览,看到墙上的诗只有两句,便提笔在后面添上两句,成了完整的一首。常建安排的计策竟然获得了成功:用自己不太高明的两句诗,换来了赵嘏续接而成的很精彩的一首诗。

后来人们都说,常建的这个方法,真可谓“抛砖引玉”了。

【出处】

成语“抛砖引玉”出自宋·释道原《景德传灯录》卷十:“比来抛砖引玉,却引得个墼子(砖坯)。”抛出砖去,引回玉来。比喻自己先发表粗浅的文字、不成熟的意见,引出别人的佳作、高见。

赔了夫人又折兵

东汉末年，曹操在平定了北方的大小军阀后，率兵南下，准备消灭孙权和刘备。两军在赤壁相遇，最终，孙、刘联军在赤壁之战中大败曹操，曹操狼狈逃回中原；而刘备则趁机占领了荆州和原属于东吴的南郡地区。孙权对此非常不满，屡次向刘备讨要，均遭到拒绝，便采用大将周瑜的计谋，骗刘备到东吴来娶孙权的妹妹为妻，乘机把他扣下当人质，借以讨还南郡。

刘备临行时，诸葛亮给负责护卫的大将赵云三个锦囊，叫他在适当的时候依次打开，照其中写的妙计行事。一行人到了东吴的都城，赵云打开第一只锦囊，按照里面写的行事：让五百名军士和随从采办喜庆礼物，使全城老少都知道刘备已来娶亲；同时拜访孙权的舅父乔国老，并通过他转告孙权的母亲吴国太。吴国太不知孙权要替妹妹办喜事，问了孙权才知道他是想把刘备骗来当人质，便大骂孙权，并且当场决定约刘备第二天到甘露寺见面，她看中就把女儿嫁给他，看不中听任孙权处置。孙权马上命部将贾华，第二天带三百名刀斧手埋伏在甘露寺，看他的眼色行事。第二天，吴国太在甘露寺见刘备相貌堂堂，谈吐举止得体，非常高兴。这时，赵云发现两廊埋伏许多刀斧手，急忙告诉刘备，刘备马上跪请吴国太做主。吴国太责问孙权，孙权只好把事情推在贾华身上。吴国太大怒，命左右将贾华推出去斩首。亏得刘备求情，才留他性命。

甘露寺会见后，吴国太怕有人加害刘备，便叫他搬到府中书院暂住，并择日完婚。婚后，刘备夫妇非常恩爱，吴国太也很喜欢刘备。孙权见事情弄假成真，南郡没有讨回，反把妹妹赔给了刘备当夫人，非常气恼，于是写信问周瑜怎么办。周瑜再次献计，要他让刘备过安逸享乐生活，丧失意志，使他与诸葛亮等疏远，届时再取回荆州。孙权依计，为刘备整修府第，在里面摆设金玉锦绮等好玩之物，又赠送女乐数十人，让刘备沉迷于优裕的生活环境之中。果然，刘备乐而忘返，把荆州丢在了脑后。

到了年底，曹操率五十万精兵杀向荆州，刘备听到这一消息，大惊失色，心事重重。在孙夫人的再三追问下，他才说了实话。孙夫人慨然表示，她愿跟随刘备一起回荆州。为了防备孙权阻挡，孙夫人决定不辞而别。正月初一那天，刘备夫妇向吴国太谎称去江边遥祭刘家祖坟，获得同意，便出城与赵云会合，向江边出发。孙权得知刘备逃走，先命两名部将率五百精兵去追捕刘备夫妇；后又担心他们不敢对孙夫人下手，便解下佩剑交给另外两名部将，要他们领一千兵马取刘备夫妇脑袋。刘备一行人来到周瑜驻军的柴桑地界，被两名将领拦住。赵云赶紧打开第三只锦囊，依计叫刘备请孙夫人解救。在孙夫人的责骂下，那两名将领只得放行。

过了一会儿，孙权派出的第一批人马追了上来。这时，刘备已带领一部分人先奔向江边。孙夫人又严词痛斥，两名部将不敢违抗夫人；又见赵云在边上怒目横眉，准备厮杀，怕有个闪失，只好眼看一行人离走。一行人走不多远，孙权派出的第二批人马又追了上来。这时刘备等已到了江边，只见那里停着二十多条船，正好容纳下他们一行。上船后才发现，诸葛亮早已在此迎候。等追兵抵达江边，刘备等乘坐的船只已驶到了江心。但不久又听到江上喊声大震，原来是周瑜亲自领着水军追来。诸葛亮命船靠上北岸，登陆而走。周瑜见刘备等上岸，亲自率水兵上岸追赶。眼看快要追上，山谷里一阵鼓响，拥出大批刀斧手，为首的是大将关羽，紧接着，两侧又杀出两支军队。原来诸葛亮早就在此埋下了伏兵。周瑜率领的水兵不惯陆战，丢盔弃甲，只得退到江边登船南返。就在这时候，岸上的荆州追兵齐声高喊："周郎妙计安天下，赔了夫人又折兵！"周瑜听了又羞又气，顿时昏倒在船上。

【出处】

成语"赔了夫人又折兵"出自《三国演义》第五十四、五十五回。比喻本想占便宜，结果反受到双重的损失。

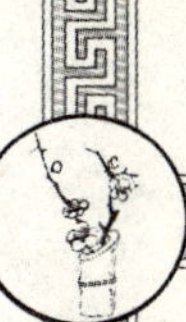

匹夫之勇

秦朝灭亡后，刘邦和项羽就开始了为争夺天下而进行的楚汉战争。楚汉战争期间，出现了一个极善于用兵的军事天才——韩信，他起初投奔项羽，没有被重用，便改投刘邦，经过萧何的竭力推荐，刘邦拜他为大将军。刘邦的封地在汉中，既狭小，又偏僻，难于发展。项羽的地盘主要在长江中、下游和淮河一带，是既广又富的地方。刘邦当然不想一辈子都呆在汉中，他的目标是全国，然而他的对手项羽却极为强大，兵多将广，且又占据着富庶的地方。于是，刘邦就向韩信问计，怎样才能打败项羽？

韩信直截了当地对刘邦说："目前争夺天下的主要对象，不就是项羽吗？"刘邦说："是啊！"韩信便反问道："您认为自己在勇、仁、强各方面，比项羽如何？"刘邦沉默不答，好半天才说："我都不如他。"韩信拜道："不错，我也觉得您不如他。不过，我当过他的部下，对他比较了解。项羽之勇，一声呼喝，可以压倒几千人，但是他不善于任用贤能的将领，不善于听取谋士的建议，只能算是'匹夫之勇'；说到仁，项羽对人也还比较关心，有人生了病，他能够同情地流下眼泪来，并把自己的食物送给他们吃，然而也只是小恩小惠，不能顾及大体。在授予有功将领的官职时，他把官印放在手中玩弄得棱角都没了，还不想给人家。而且分封地盘不公，诸侯都很有意见。军队扰害地方，百姓怨恨在心，人们虽然暂时归附他，只不过怕他一时的威势而已。所以他目前虽然强，其实很快就会弱的。您只要处处跟他相反，自能受到拥护，转弱为强，取得胜利……"

刘邦听了，非常高兴。在韩信的建议下，开始向东进军。后来，终于打败项羽，完成统一，建立了汉朝。

【出处】

成语"匹夫之勇"源自《孟子·梁惠王下》和《史记》，意思是逞强斗狠，不计后果地蛮干。

皮之不存，毛将焉附

春秋时的魏国在魏文侯当政期间，有一年，魏国的东阳地方向国家交售的钱粮布帛比往年多出十倍，为此，满朝廷的大臣一齐向魏文侯表示祝贺。魏文侯对这件事并不乐观。他在想："东阳这个地方土地没有增加，人口也还是原来那么多，怎么一下子比往年多交十倍的钱粮布帛呢？即使是丰收了，可是向国家上交也是有比例的呀。"他分析这必定是各级官员向下面老百姓加重税收得来的。这件事使他想起了一年前他遇到的一件事。

一年前，魏文侯外出巡游。一天，他在路上见到一个人将羊皮统子反穿在身上，皮统子的毛向内皮朝外，那人还在背上背着一篓喂牲口的草。魏文侯感到奇怪，便上前问那人道："你为什么要反穿着羊皮衣，把皮板露在外来背东西呢？"那人回答说："我很爱惜这件皮衣，我怕毛露在外面被搞坏了，特别是背东西时，我怕毛被磨掉了。"魏文侯听了，很认真地对那人说："你知道吗？其实皮板更重要，如果皮板磨破了，毛就没有依附的地方了，那你想舍皮保毛不是一个很错误的想法吗？"那人依然执迷不悟地背着草走了。

于是，魏文侯将朝廷大臣们召集起来，对他们讲了那个反穿皮衣的人的故事，并说："皮之不存，毛将焉附？如果老百姓不得安宁，国君的地位也难以巩固。希望你们记住这个道理，不要被一点小利蒙蔽了眼光，看不到实质。"众大臣深受启发。任何事情都是一样的道理，基础是根本，是事物赖以存在的依据，如果本末颠倒，那将是得不偿失的。

【出处】

成语"皮之不存，毛将焉附"出自《左传·僖公十四年》："皮之不存，毛将焉傅（附）。"皮都没有了，毛依附在哪儿？比喻事物失去基础不能存在。

萍水相逢

王勃，唐初著名的文学家。他少年时即有才学，6 岁时能写文章，14 岁时，已能即席赋诗。王勃与杨炯、卢照邻、骆宾王以诗文闻名，合称“初唐四杰”。他 15 岁应举及第，曾经担任参军（将军府幕僚），后来因犯罪被免去了官职。

公元 676 年，王勃去交趾（今在越南）探望做县令的父亲。途经洪都（今江西南昌）时，都督阎伯屿因重修的滕王阁落成，定于九月九日重阳节在那里宴请文人雅士和宾客朋友。他的女婿吴子章很有文才，阎伯屿叫他事先写好一篇序文，以便到时当众炫耀。王勃作为当时有名的文士，也在被邀请之列。

重阳节那天，宾客云集，高朋满座。阎伯屿端起酒杯故作姿态地说：“今日恰逢滕王阁建成，可谓是盛事；又刚好是九月九日重阳节，乃是良辰；各位又都是文人雅士，才高八斗。所以，我想诸位中是否有人愿意写一篇文章以纪念这次难得的盛会？”他的用意很明显：如果没有人写，那他正好可以借这个机会把其女婿的文章拿出来炫耀一番。毕竟，当场写出

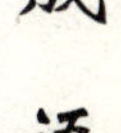

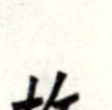

一篇很好的文章并不是一件容易的事，宾客们都沉默不语，王勃看到这里，便站起来说道："在下不才，愿意当场一试，以助酒兴。"于是，笔、墨、纸、砚很快备好，众人屏息而待，眼光都集中在王勃身上。王勃站在桌子前面，极目远视，洪都的胜景尽收眼底，稍一思索，便挥笔如飞，一气呵成，转眼间，那篇流传千古的美文《滕王阁序》便现于纸上。众人争相观看，无不啧啧称奇。阎伯屿读后也深为钦佩，认为这篇序文比自己女婿写的要高明得多，也就不再让吴子章出场献文了。

《滕王阁序》构思精绝，文气通顺畅达，而又纵横交错。序文在铺叙盛会胜景的同时，也流露出王勃壮志难酬的感慨："关山难越，谁悲失路之人？萍水相逢，尽是他乡之客。"这几句的意思是：关山重重，难以攀越，有谁为失路的人悲哀？今天与会的人像萍浮水面，偶然相遇，都是他乡之客。表达了他生不逢时，感叹自己命运不佳的心情。不久，王勃离开洪都，前往交趾。不幸的是在渡海时遇难，死时才 26 岁。

【出处】

成语"萍水相逢"出自《王子安集·滕王阁序》。萍，在水面上浮生的一种蕨类植物。这则成语比喻素不相识的人偶然相遇。

破釜沉舟

陈胜、吴广领导的农民起义爆发后，项梁、项羽叔侄也组织了一支约八千人的队伍在吴中（今苏州市）举起了起义的大旗。不久，陈胜被叛徒杀害，项梁就约集各地义军领袖召开军事会议，推荐原楚国怀王的孙子熊心为王，也称楚怀王。随后，楚怀王接到赵国义军领袖赵王的求救信，楚怀王就派宋义、项羽、范增等人带兵到巨鹿救援。由于宋义胆小怕事，不敢攻击秦军，项羽就杀了宋义，取代宋义做了主帅。

项羽下令士兵每人带足三天的口粮，然后又下令砸碎全部行军做饭的锅。将士们都愣了，项羽说，“没有锅，我们可以轻装前进，立即挽救危在旦夕的赵国！至于吃饭嘛，让我们到章邯军营中取锅做饭吧！”大军渡过了漳河，项羽又命令士兵把渡船全部凿沉，同时烧掉所有的行军帐篷。战士们一看退路没了，就下定决心打赢这场仗。

项羽指挥楚军很快包围了秦将王离的军队，同秦军展开了9次激烈的战斗，渡河的楚军无不以一当十，以十当百，个个如下山猛虎，奋勇拼杀。沙场之上，烟尘蔽日，杀声震天。楚军将士越斗越猛，直杀得山摇地动，血流成河。经过多次交锋，楚军终于以少胜多，把秦军打得大败。原六国旧贵族派来的援军由于惧怕秦军，不敢参战，只是在坐观项羽军队与秦军的战斗，看到项羽大获全胜，又是佩服，又是害怕。从此项羽就做了上将军，诸侯的军队都归他统率。

巨鹿之战后，章邯带领残兵败将败逃几十里，派人到咸阳求救，久久得不到回应，章邯终于对朝廷完全绝望，投降了项羽。他的投降标志着秦军的主力基本被消灭。不久，刘邦带兵进入咸阳，秦朝灭亡。

【出处】

成语“破釜沉舟”出自《史记·项羽本纪》：“项羽乃悉引兵渡河，皆沉船，破釜甑，烧庐舍，持三日粮，以示士卒必死，无一还心。”即打破饭锅，沉掉渡船。比喻下定决心，一拼到底。

破镜重圆

南北朝末期，隋文帝杨坚在统一北方之后，准备举兵南下，灭掉南方的最后一个小朝廷——陈朝。而此时的陈朝皇帝陈叔宝却仍在花天酒地，寻欢作乐，陈朝眼看就要灭亡。

有一位名叫徐德言的是陈后主的妹妹乐昌公主的丈夫，他预感到陈国即将灭亡，夫妻在一起的时间不会太久了，便对公主说："国破家亡就在眼前，你我不能相守了，以你的美貌与才能，陈国灭亡后，你必定会落入帝王富贵人家。倘若我不死，希望能有重新团聚的日子。"他取出一面圆形的铜镜，一破两半，一半交给乐昌公主，另一半自己留下，徐德言又说："如果你真的被送进富豪人家，就在明年正月十五那天，将你的半片铜镜拿到街市去卖，假若我有幸在世，那一天就一定会赶到都城，通过铜镜探听你的消息。"

陈国不久被隋灭掉，乐昌公主果然被俘，送往隋都长安，成为隋朝大臣、越国公杨素的侍妾。为了寻找自己的妻子，徐德言历经千辛万苦，终于在约定时间前到达京城。元宵节那一天，他如约拿着半面铜镜上街去卖，在灯市上转来转去，忽然发现一位老仆人也在叫卖半面铜镜，但价格出奇地高。徐德言仔细地观察了一下铜镜，心中已明白七八分。就对那老头讲："老人家，您的镜子我买了，但我身上没有带太多的银子，您和我一块到我家去取吧。"老人就跟了他到他住的地方，进屋之后，徐德言把两片镜子一对，正好吻合。然后，向这位老人一打听，才知道乐昌公主已落入杨府，料想无法再见，愈加伤心起来。他忍不住在半面镜子上写下了一首《破镜诗》，托老仆人带回去。

乐昌公主见了徐德言的诗，一连几日不吃不睡，以泪洗面。杨素发现后，问明了原委，被这对夫妻的真情深深感动，便召来徐德言，把乐昌公主还给了他，并设宴祝贺"破镜重圆"。此后二人同归江南，白头偕老。

【出处】

成语"破镜重圆"出自唐·韦述《两京新纪》。比喻夫妻散而复聚。

扑朔迷离

《木兰诗》是我国古代的一首民歌，这首诗是赞扬我国古代一位智勇双全代父从军的青年女子。

在古代，有个姑娘名叫花木兰，他的父亲原是朝廷的武将，后来年纪大了，退休在家。花木兰小时候，曾经跟父亲习武，十八般武艺，样样精通。有一年，国家发生战争，朝廷征召民众出来为国家效力，花木兰的父亲也在被征召之列。花木兰看到父亲年纪大了，身体又不好，而弟弟年龄还小，不能代父从军，于是就想自己女扮男装，代父亲前去从军。

她把自己的想法给父母说了，她的父亲起先坚决不肯，但后来被她的孝心所感动，并且一时之间也无其他办法，最后终于同意了。

花木兰辞别了父母，随着大军辗转到边疆去作战。她虽然是个女子，但武艺高强，反应灵敏，聪明机智，在战场上表现得十分英勇，屡次建立了奇功。这样经过十年的苦战，花木兰终于和她的战友们一起打败了敌人，凯旋荣归。

朝廷论功行赏，花木兰的功劳最大，皇上一定要封花木兰为兵部尚书。可是，她却再三辞谢，说："谢谢皇上的恩典，但我不想做兵部尚书，只求皇上赐给一匹千里马，让我早日回家和父母团圆。"

不久，花木兰如愿以偿回到家里。当她脱下战袍，重新穿上女装时，她那些一起征战多年的伙伴才大吃一惊地说："一块相处了十二年，竟然不知木兰是女郎!"

《木兰诗》的最后几句写道："雄兔脚扑朔，雌兔眼迷离；双兔傍地走，安能辨我是雄雌。"人们从这首诗中引出成语"扑朔迷离"。

【出处】

成语"扑朔迷离"出自宋·郭茂倩《乐府诗集·古辞·花木兰》。这则成语的原意是把兔子捏住耳朵提起来，雄兔脚乱踢，雌兔眼半闭，可是在地上跑的时候就辨认不出雌雄了。形容事物错综复杂，不易看清真相。

七步之才

曹操有四个儿子，其中曹植和曹丕是同母兄弟，他们两个都想继承曹操的位置。曹植天资聪颖，具有非凡的文学才华，深得曹操的喜爱。曹丕不如曹植聪明，但他貌似忠厚老实，他依靠这一点赢得了曹操的信任。曾经在一次曹操率军出征时，曹丕、曹植二人去送别，曹植洋洋洒洒说了许多祝福之类的话，而曹丕则什么都不说，只是一个劲地流泪，这让曹操深为感动。

正当曹操为选谁作为自己的继承人而犹豫时，曹丕和他的手下开始了行动，拥护曹丕的一些朝中大臣大多比较接近曹操，他们整天在曹操面前说曹丕的好，并且说废长立幼（曹植是三子，比曹丕小）是违反传统的，国家将会因此出现动乱。曹操终于下定决心立曹丕为太子。为了稳住自己的地位，曹丕想尽方法使曹操对曹植反感。曹植生性随便，不注意遵守禁令，几次遭到曹操处罚，从而没有机会使曹操改变对他的看法。汉献帝延康元年（公元 220 年），曹操因病去世，曹丕继任丞相。就在这一年，曹丕废献帝自立为帝（即魏文帝）。

曹丕称帝后，对曹植仍不放心，总想找机会把他除掉，于是借口曹植在父丧期间礼仪不当，把他拿下问罪。这罪犯得很重，当时要被处死。在审问的时候，曹丕指责他仗自己有才学，故意蔑视礼法，接着说："父亲在世时，常夸你的诗文，我一直怀疑有人为你代笔。今天限你七步成诗一首，如若不成，休怪我问你死罪！"

曹植点点头，说："请皇上赐题。"曹丕说："就以兄弟为题，但不许出现兄弟二字。"

曹植略一思忖，便迈开脚步，走一步吟一句："煮豆持作羹，漉豉以为汁。萁在釜下燃，豆在釜中泣。本是同根生，相煎何太急？"这几句诗的意思是：要煮豆子做豆豉，抱来豆梗当柴烧。豆梗在锅下呼呼燃烧，豆子在锅里被煮得又哭又叫："咱俩都是一条根上长出来的，为什么这样狠心地煮我不轻饶？"

曹植吟完，正好走了七步。曹丕的母亲一直担心曹丕会害死曹植，听了这首诗后就从屏风后走了出来对曹丕说："难道你要逼死你的弟弟吗？"曹丕听了，不敢违抗，就免去了曹植的死罪，将他贬为安乡侯。曹植七步成诗的事很快传开，人们也因此而称赞他有"七步之才"。

【出处】

成语"七步之才"出自宋·刘义庆《世说新语·文学》。形容有才气，文思敏捷。

旗鼓相当

东汉初年，刘秀的政权刚刚建立，此时国家尚未统一，还有一些地方军阀没有消灭掉，一个是盘踞在益州（今四川）的公孙述，其力量相对来说比较大；另一个是盘踞在甘肃一带，自称上将军的隗嚣，力量较小。

起初，刘秀派征西大将军冯异带兵西进攻打公孙述的盟军——吕鲔的部队。吕鲔也是一个军阀，不过势力较小，因而就依附着公孙述。吕鲔的部队有数万人，与公孙述相互勾结，侵扰长安、咸阳一带。这不仅威胁到了新建东汉王朝的安全，也威胁到了隗嚣的地盘。所以隗嚣就派军队支持冯异，共同击退了吕鲔。胜利之后，隗嚣派使者向光武帝刘秀报捷。

刘秀得到这个消息非常高兴，就亲手写了一封书信给隗嚣。刘秀先是大大地夸奖了一番隗嚣，说："这场胜利将军真是帮了我的大忙，如果不是将军之力，吕鲔就很难被击败，那么长安和咸阳一带的地区将会被贼人掠去。"接着，刘秀又说："目前，我们比较弱小，并且还有许多小股山匪强盗不断骚扰当地百姓和地方政府，这些事真是搞得我焦头烂额，不知如何是好。假如西南边的军阀公孙述突然袭击长安、咸阳一带，那不但对我们国土而且对将军您的地盘都将是一个大的威胁。而公孙述的力量又比较大，单打独斗我们的力量都无法与他相比。所以，我希望能与将军联合起来，到那时，双方的力量将会是旗鼓相当，不相上下，我们就不用怕他了。如果将军能够这样做，我们将分割一些土地以酬将军的相助之恩。"其实，这是刘秀的一个策略，他希望引诱隗嚣与他联合共同消灭公孙述，之后剩下隗嚣一人就好对付了。

【出处】

成语"旗鼓相当"出自南朝宋·范晔《后汉书·隗嚣传》。比喻势均力敌，不相上下的意思。

曹植

劉秀

骑虎难下

东晋在晋成帝司马衍时，大臣庾亮由于其姐姐是太后，因而便掌握了朝中大权。将军苏峻由于讨贼有功，且他的部下又是兵强马壮，渐渐地就不把朝廷放在眼中，庾亮害怕苏峻将来会造反，便对他采取措施，于是二人的矛盾便公开化了。祖约作为前朝老臣，在新皇帝即位时，其他的大臣都能升官，而自己却没份，他怀疑是庾亮从中做了手脚，于是祖约就和苏峻约定起兵叛乱。由于他们部队精锐，战斗力强，很快便攻入了都城，挟持了晋成帝。

江州刺史温峤组织了以征西将军陶侃为核心的联军征讨叛军。由于叛军势大，而联军将少粮缺，初战接连失利。陶侃见军心浮动，心中焦急，就对温峤说："现在军中大将奇缺，粮食也所剩无几，如果再不能添将增粮，我只能下令撤军，待条件具备再起兵吧！"温峤耐心地劝说："现在皇上蒙难，国家处在危急关头，我们仗义讨伐逆贼，乃正义之师。苏峻、祖约之辈欺世盗名，有勇无谋，目前叛军势猛，我军又遇许多困难，但这是暂时的，只要联军上下团结一致，定可以寡敌众，现正是我们杀敌报国的时候，现在我们就像骑在猛虎背上，中途怎么能下来，只有勇猛向前，才有出路！"陶侃听了温峤的劝告后，齐心协力，克服重重困难，最终平定了叛乱。

【出处】

成语"骑虎难下"出自《晋书·温峤传》："今之事势，义无旋踵，骑猛兽安可中下哉！"骑在老虎背上不能下来。比喻做事中途遇到困难，迫于形势而不能中止。

奇货可居

战国时期，有一个大商人名叫吕不韦，他非常善于经商，深晓物稀价高的道理。有一年，他在赵国都城邯郸做生意。一天黄昏，他正在宾馆附近的餐馆内吃饭。他临窗而坐，不经意地向窗外一瞥，一个年轻人引起了他的注意，这个人身材修长，穿着打扮却颇为寒酸，但从他的神情看，却是气宇轩昂，气度不凡，没有丝毫落魄的神情。吕不韦不禁心中一动，问随从："这个人是谁？"随从答道："这个人是秦昭王的孙子，太子安国君的儿子，名叫异人。正在秦国做人质。"吕不韦问："既是秦昭王之孙，为何如此寒酸？"随从答道："现在秦赵两国不和，赵国就有意为难和冷落异人，弄得他非常贫苦，缺吃少穿的。秦昭王即使知道这种情况也没有办法。"吕不韦思索片刻，不禁自言自语道："此奇货可居也。"他的意思是要把异人当做一个稀奇的货物等待时机赚大钱。

吕不韦回到寓所，问他父亲："种地能获多少利？"他父亲回答说："十倍。"吕不韦又问："贩运珠宝呢？"他父亲又答说："百倍。"吕不韦接着问："那么把一个失意的人扶植成国君，掌管天下钱财，会获利多少呢？"他父亲吃惊地摇摇头，说："那可没办法计算了。"

吕不韦听了他父亲的话，决定做这笔大生意。他首先拿来一大笔钱，买通监视异人的赵国官员，结识了异人。之后，他把与自己早已暗中同居，身怀有孕的赵姬让给异人为妻。他对异人说："我想办法，让秦国把你赎回去，然后立为太子，那么，你就是未来的秦国国君。你意下如何？"

异人又惊又喜地说："那是我求之不得的好事，真有那一天，我一定重重报答你。"

吕不韦立即到秦国，用重金贿赂安国君左右的亲信，把异人赎回秦国。

安国君有二十多个儿子，但他最宠爱的华阳夫人却没有儿子。吕不韦给华阳夫人送去大量奇珍异宝，让华阳夫人收异人为嗣子。

秦昭王死后，安国君即位，史称孝文王，立异人为太子。孝文王在位不久即死去，太子异人即位为王，即庄襄王，立赵姬所生之子政为太子。

庄襄王非常感激吕不韦拥立之恩，拜吕不韦为丞相，封文信侯，并把河南洛阳一带的十二个县作为封地，以十万户的租税作为俸禄。庄襄王死后，太子政即位，即秦始皇，称吕不韦为仲父。吕不韦以"异人"为"奇货"，终于获得了很大的利益，在政治上和经济上都居于很高的地位。但这个大投机商由于长期官居高位，大权独揽且行为不轨，终于引起了秦王嬴政的猜忌，被迫服毒而死。

【出处】

成语"奇货可居"出自《史记·吕不韦列传》："子楚居处困，不得意。吕不韦贾邯郸，见而怜之，曰：'此奇货可居。'"囤积珍奇的物品，等待高价出售。后比喻挟持某一专长或某种事物作为资本，借以图谋私利。

歧路亡羊

战国时期，有一个著名的学者，名叫杨朱，大家都称他为杨子。有一天，杨子邻居的小儿子在放了一天的羊后，把羊赶回了家，到家里一数，发现羊少了一只，于是，这个邻居立即召集全家老小，并邀请杨子的童仆一起去寻羊。杨子在一旁不以为然地说："咳，才丢一只羊，何必兴师动众，派这么多的人去找？"邻人说："山野、田间岔路多，人少了分派不过来。"杨子觉得这话有理，便没说什么。他目送着这一行人出了村口。

那邻人带领大家先沿赶羊回家时经过的大路走，一遇到岔路就派一个人沿岔路去搜寻。没过多久，他带去的人被分派完毕，剩下那邻人只身走大路。可是没走多远，前面又出现了岔路，他站在岔路口左右为难。焦急中任选了一条前去的路径。走着走着，只见前面又有岔路。那邻人无可奈何。他看到天色已近黄昏，只好往回走。沿途碰到其他的寻羊人也说自己遇到过同样的困难。

第二天，杨子问邻居，"羊找到了没有？"邻居答："嗐，别提了，瞎忙乎了一场。"杨子问："你的这么多人去找一只羊怎么还找不到呢？"邻居答到："岔路太多，大路两旁有许多岔路，每条岔路又有许多小岔路，那只羊不知走向哪条岔路去了，人再多又有什么用？"

杨子听了邻人说的这番话，有些闷闷不乐，他眉头紧锁，一言不发。那一天大家再也没有见到他露出一丝笑容。杨子的门徒都觉得有点奇怪，因此不解地问："羊并不是什么值钱的牲畜，而且又不是先生的，您这样闷闷不乐，究竟是为什么呢？"杨子说："我并不是惋惜丢了一只羊，我是从这件事联想到做学问也与寻找丢失的羊一样，如果不能确定自己的方向，也会无功而返啊。"

【出处】

成语"歧路亡羊"出自《列子·说符》。原意是因岔路太多无法追寻而丢失了羊。比喻事理复杂多变，因辨不清正确方向而误入歧途。

杞人忧天

从前在杞国有一个胆子很小的人，他总是担心会发生这样或那样的事，在一般人看来，他的那些担心都是胡思乱想。例如，有一天晚上，晴朗的夏夜，他坐在自家门前乘凉，他仰头对着满天繁星的天空看了半天，又开始担心起来："假如有一天，天塌了下来，那该怎么办呢？我们岂不是无路可逃而被活活压死吗？"旁边的人都知道他有胡思乱想的毛病，没有理他，而这个人却认真起来，整天为此而担心，愁得睡不着觉，吃不下饭。

有个人看他这样忧愁，很为他担心，就去开导他说："天不过是很厚很厚的气积聚在一起罢了，没有一个地方没有气。你一举一动，一呼一吸，从早到晚都生活在天的中间，怎么会担心天塌下来呢？"

那个忧天的人听了，又说："如果天是很厚的气，那么太阳、月亮和星星不会掉下来吗？"

那个开导他的人说："太阳、月亮和星星，也都是会发光的气积聚而成的，即使掉下来，也不可能把人打伤。"

忧天的人又问："如果地塌陷了怎么办呢？"

开导他的人回答说："大地是土块积聚而成的，它充塞四野，无处不有，你在它上面随便行走、跳跃，整天在它的上面生活，怎么担心它会塌陷呢？"

那个忧天的人终于明白了所谓的天和地是怎么一回事，非常高兴并且不再担心了，那个来劝他的人见这个人终于不再担心"天塌地陷"之类的事情，也替他感到高兴。后人根据这个故事总结出了成语"杞人忧天"。(故事中的某些观点是古人的观点，并不科学。)

【出处】

成语"杞人忧天"出自《列子·天瑞》："杞国有人忧天地崩坠，身亡(无)所寄，废寝食者。"杞国有个人忧虑天塌下来。比喻缺乏根据的和不必要的忧虑。

气壮山河

南宋大臣赵鼎出身贫寒，四岁就失去父亲，在母亲抚养和教育下成长。他二十一岁考中进士，当官时敢于批评权贵，受到宰相吴敏赏识，被调到都城开封任职。

1125年冬，北方的金国出兵南侵。次年秋攻陷太原，严重地威胁到宋朝的安全。昏庸懦弱的宋钦宗惊慌失措，赶紧召集文武大臣商议对策。

一些贪生怕死的大臣，主张割让土地向金国求和。赵鼎与这些大臣的看法不同。他说，“祖先留下来的国土，怎能拱手送给别人？望陛下千万不要考虑这种意见！”

可是，钦宗非常惧怕金兵，决心屈膝投降，把大好山河割让给金国。金军使者来谈判时，要求把黄河以北的土地全部割让给金国，钦宗不敢违抗，竟答应了金军提出的要求。

但是，金国统治者并不满足，他们命令部队继续南下。这年底，金兵抵达开封城下。胆小如鼠的宋钦宗不等金军攻破城池，就亲自到金军营中乞求投降。

不久，金兵统帅扣留了钦宗，让部下进城掠夺，然后把钦宗和他的父亲徽宗当做俘虏，连同掠夺到的大量金银财宝，一起运回金国。北宋王朝就此灭亡。

不久，钦宗的弟弟康王赵构在南京建立了南宋王朝，史称宋高宗。宋高宗即位初期，起用了一些主战派的大臣，赵鼎也在其中。

曾经担任过宰相的秦桧，是主和派的头目，因结党专权而被罢职。赵鼎对他很警惕，曾经向同事表示过，此人如果得志，他们就没有立足之地。

不料，后来秦桧果然被任命为宰相。他知道高宗只想偏安江南而不真心抗金，便竭力促使高宗与金国讲和。赵鼎对他自然反对。于是，秦桧经常在高宗面前说赵鼎的坏话，使高宗对他逐渐失去信任。后来，高宗终于将他贬到外地去当官。

赵鼎离京时，秦桧假惺惺地为他送行。但赵鼎并不领情，只是轻蔑地瞧了他一眼，拱拱手就走了。为此，秦桧更加嫉恨赵鼎，将他越调越远，最后调到朱崖。赵鼎在朱崖住了三年，熟人都不敢去看望他，生活非常困苦。秦桧知道他的处境后，认为他不会活得很久了，便嘱咐地方官每月向自己呈报他是否还活着。

赵鼎六十二岁那年，终于患了重病。临死前，他把儿子叫到床前，悲愤地说道："秦桧非要置我于死地。我不死，他可能会对你们下毒手；我死了，才可不再连累你们！"

说罢，他叫儿子取来一面铭旌，在上面书写了一行字："身骑箕尾归天上，气作山河壮本朝"。它的意思是：我身骑箕尾两座星宿回归上天，我的气概像高山大河那样雄壮豪迈地存在于本朝。几天后，赵鼎不食而死。

【出处】

成语"气壮山河"出自宋·陆游《老学庵笔记》："赵鼎被谪朱崖，病亟，自书铭旌：'身骑箕尾归天上，气作山河壮本朝。'"释义：比喻人的豪迈之气如同高山大河。

千里送鹅毛，礼轻情意重

唐朝初年，太宗李世民在位期间，对四周的少数民族采取和睦相处的和平政策，许多少数民族为大唐帝国的恢弘气派及太宗皇帝的气度所折服，纷纷派使节来到唐都长安以表示友好和臣服。云南土司缅氏为了表示对唐王朝的拥戴，特派部属缅伯高带了一批礼物和一只长得十分可爱的天鹅去京城朝见唐太宗。一路上缅伯高对白天鹅精心照料。谁知到了湖北沔阳湖边时，缅伯高看到白天鹅口渴，便慈心大发，放白天鹅到湖边饮水。白天鹅拍着翅膀扑腾扑腾地来到湖边饮水饮足后却展翅高飞而去。缅伯高赶紧扑上去，只抓住了一根鹅毛。这可把他急坏了。后来，他只好硬着头皮把这根鹅毛用锦缎包好，并写了一首诗。

到了长安，在旅馆安顿好之后，缅伯高便带着礼物及那根鹅毛来到唐朝宫廷拜见太宗皇帝。对于唐太宗李世民，缅伯高早有所耳闻，对他甚是佩服。待行完参拜大礼之后，缅伯高便把他的那首诗给了唐太宗，诗中写道："天鹅贡唐朝，山高路远遥。沔阳湖失宝，倒地哭号啕。上复唐天子，请饶缅伯高。礼轻情意重，千里送鹅毛。"它的意思是说：我本来给您带了一只白天鹅，但在湖边却不小心让它飞了，当时我倒在地上号啕大哭，现在希望皇上能够饶恕我，虽然千里迢迢只送了一根鹅毛，但我们的情意却很贵重。唐太宗看了这首诗后，不但没有责怪缅伯高，反而高兴地收下礼物，并回赠丝绸、茶叶、玉器等中原特产，缅伯高深为感动，久跪谢恩。后来，人们就用"千里送鹅毛"来形容"礼轻情意重"了。

【出处】

成语"千里送鹅毛"出自明·徐谓《路史》。常用来比喻礼品虽轻，却含有深厚的情意。

千虑一得

韩信在打败魏王豹之后，接着进攻项羽的另外一个诸侯王——赵王。韩信的部队在井陉口(在今河北境内)和赵军相遇。赵王的谋士李左车主张一面堵住井陉口，一面派兵抄小路切断汉军的粮草，韩信的部队一旦缺粮，就一定会败走。但这一建议被领兵大将陈余拒绝，结果，两军交战后，赵军大败，陈余阵亡，赵王和李左车都被俘。韩信深知李左车是深通谋略的智能之士，曾下令说有能生擒李左车者赏千金。李左车被俘后，韩信把他当做自己的老师，以礼相待，虚心向他请教。当时韩信准备继续攻取燕国和齐国，问李左车怎样才能顺利成功。

李左车客气了几句，便说："你从关中出兵，渡过黄河向东，一举灭魏，再举破赵，名闻海内，威震天下，这是你目前的优势。然而现在兵力已经疲乏，如果攻燕，万一不能很快取胜，时间拖得久了，燕既攻取不下，齐必充分准备，那样，你的弱点就不免要暴露了。善于用兵的将军，总是善于运用自己的优势而利用对方的弱点，从来没有以自己的弱点而战胜对方的优势的。"韩信问道："那么，该怎么办呢?"李左车答道："依我之见，不如先在这里休整军队，一面大力宣传攻燕，一面可以派一个极有口才的人，带着信去见燕王，故意显示你的优势，让燕王不敢不服。燕王投降后，齐王也就容易对付了。"韩信听了李左车的建议，十分赞同，就照办了。后来，派使者出使燕国，燕王便投降了韩信。

李左车向韩信提出这番建议时，态度非常谦虚，他说："我听人说：'智者千虑，必有一失；愚者千虑，必有一得。'我的建议未必全部可取，不过贡献一点愚者的忠言，供您参考罢了。"

【出处】

成语"千虑一得"出自《史记·淮阴侯列传》："智者千虑，必有一失；愚者千虑，必有一得。"即使愚笨的人，在许许多多的考虑中也总会有一次想对的。现多用来表示自谦。

千金市骨

战国时期,燕国由于燕王哙(kuài)把自己的王位传给了相国而没有传给太子,引起了一场内乱,齐国乘燕国内乱之机进攻燕国,差点灭掉了燕国,最后燕国太子在军民的帮助下当了国王,史称燕昭王。燕昭王刚即位就开始用重金招揽人才,想用这些人为燕国报仇。然而,他不知道怎么做才好,于是就同老臣郭隗(wěi)商量:“我想要有才能的人与我共同治国,以雪先王之耻,那么我怎样才能招到有才能的人呢?”郭隗说:“要想招到有才能的人,就首先要拜见他们。”昭王说:“我拜见谁合适呢?”郭隗说:“让我先给您讲个故事吧。”

郭隗对燕昭王说:“我听说古代有一个国君,用千金购买千里马,三年没买到,他的一个随从就跟他说:‘请您让我去买吧。’国君就派这个人去了,他用三个月找到了千里马,但马已死了,便用一千金买回了马的骨头,回来向国君交差。国君大发脾气:‘我要的是活马,死马有什么用处?白白浪费了我一千金。’随从回答说:‘死马都花一千金,何况活马?天下人一定会觉得您会出高价买好马,千里马很快就会来了。’于是不到一年,能跑千里的马送来了三匹。如今您要是真想得到人才,那就先从我郭隗开始。连我郭隗这样的人都能得到重用,何况那些比我更优秀的人呢?那些人才难道还会嫌燕国远在千里之外而不来吗?”

于是,燕昭王为郭隗建了住宅并尊他为师。许多有才能之人听说这件事后,纷纷来到燕国。乐毅从魏国跑到燕国,邹衍从齐国,剧辛从赵国,天下的人才都奔向了燕国。燕昭王依靠这些人治理国家。28 年后,燕国富强起来,于是就让乐毅担任上将军,和秦、楚、韩、赵、魏等国一块讨伐齐国。结果齐国大败,齐闵王离开都城逃到了外地。燕国的军队独自追赶溃败的齐军,一直攻入齐国的都城临淄,烧毁了齐国的宫殿和宗庙。

【出处】

成语“千金市骨”出自《战国策·燕策一》,意思是说不惜重金去买千里马的骨头。后用以比喻求贤若渴。

千金一笑

周武王灭掉商朝后建立周朝，定都镐京，历史上称作西周。西周到了周幽王统治时期，国势日衰。周幽王荒淫无度，不理朝政，整日与后宫的嫔妃美女们厮混。他曾得到一个美女叫褒姒，可是褒姒自从进宫后从没笑过。为了引她一笑，周幽王想尽了办法，但褒姒怎么也笑不出来。于是，周幽王就出了一个悬赏令："有谁能叫娘娘笑一下的，就赏他黄金一千两。"

悬赏令一出，就有个叫虢(guó)石父的人向周幽王建议道："大王可以带着娘娘到骊山去玩几天。到了晚上，把骊山烽火台的烽火点着，欺骗一下诸侯们。娘娘见了诸侯们的兵马一会儿跑过来，一会儿跑过去，肯定会笑的。"周幽王觉得是个好主意。

原来，为了防御西戎的进犯，周朝在骊山一带建了二十多座烽火台，每隔几里一座。西戎军队打来，就燃烧起烽火，一个连一个传递消息，附近的诸侯见到了就会发兵救援。

周幽王和褒姒来到骊山，让人燃起了烽火。附近的诸侯看到了警报，以为敌兵来了，就急忙带兵救援。可赶到了骊山下，一个敌人也没看到，却听到了山上的鼓乐之声，大家都愣住了。周幽王便派人告诉他们："不过是大王和王妃放烟火玩，你们回去吧。"诸侯们生气极了，只好带兵离去。褒姒见这些诸侯们匆匆而来又匆匆而去，十分愚笨，便咯咯地笑了起来。

后来西戎军真的攻打都城镐京时，尽管烽火台上连举烽火告急，却没人理会了，诸侯们以为这又是周幽王在胡闹。结果西戎军队攻入镐京，杀死周幽王，把财宝洗劫一空。公元前770年，周幽王的儿子周平王被迫迁都洛邑(现河南省洛阳)，历史上叫东周。

【出处】

成语"千金一笑"出自《东周列国志》。千金，重金。指美人之笑难得。

千人所指

西汉晚期汉哀帝年间，有一位大臣名叫董贤，此人年轻貌美且又善于奉承，深得汉哀帝的喜爱，外出与他同乘一辆车，在宫内允许他自由出入，与他形影不离。哀帝还特地为他造了一座富丽的住宅，尽管如此，哀帝觉得对他还不够好，想找机会封他为侯。不久，机会终于来到了。

哀帝没有儿子，又体弱多病，朝廷中有一个东平王和王后串通起来搞迷信活动，暗地里诅咒他早日死去，东平王好即位称帝。不料，这件大逆不道的事被两个朝臣知道了，他们联名写了一道奏章，通过太监宋统向哀帝告发。结果，东平王畏罪自杀，王后被处死。

事后要论功行赏，有人迎合哀帝心意，建议把通过太监宋统送奏章改为通过董贤送，这样，便可封董贤为侯。哀帝听了大喜，亲自起草了一道诏书，把董贤和那两个朝臣一起封为侯。不料这个命令却遭到丞相王嘉和御史大夫贾延的竭力反对，哀帝心虚，不好再坚持，这件事也就不了了之。

公元前2年，哀帝的祖母傅太后去世。哀帝以傅太后有遗命为名，加

封给董贤二千户。王嘉接到诏书，把它封起来退给哀帝，并又进行劝谏。他在奏章中写道："董贤靠着陛下的宠幸，骄奢放纵，毫不收敛，恶名远扬，引起四方公愤。俗语说，千人所指，无病而死。臣为他今后的下场寒心。望陛下考虑到祖宗创业的艰难，别再这样做了！"

王嘉这一行动，极大地触怒了哀帝。哀帝派使者逼王嘉服毒自杀，王嘉严词拒绝，在狱中绝食身亡。

哀帝治死王嘉后，没有人再敢向他直言进谏了。于是他任命董贤为三大公之一的大司马，这时董贤才过二十二岁。从此，董贤操纵朝政，所有奏章都要通过他才能给哀帝，连新任的丞相对他也惧怕三分。他的权势越来越大，几乎要和哀帝平起平坐了。后来，汉哀帝病死，董贤这个千人所指、作恶多端的人终于得到了应有的下场：被王太后罢官之后他自知罪孽深重，难逃惩罚，便与妻子自杀了。

【出处】

成语"千人所指"出自《汉书·王嘉传》："千人所指，无病而死。""千人"是指许多人；"指"是指责，比喻品行恶劣，触犯众怒，受到众人的指责。"千人所指"又称"千夫所指"。

千载难逢

唐代著名的文学家韩愈，从小刻苦好学，年轻时博览群书，在学问方面打下了坚实的基础。35 岁到京城，被皇上任命为国子监（主管文化教育），后来又被提升为司法部门的官员。当时佛教盛行，连唐宪宗也很崇尚佛教，他听说有所寺院里安放着一块佛祖释迦牟尼的遗骨，便准备兴师动众，把它迎进宫里朝拜。韩愈对此很反感，写了一篇《谏迎佛骨表》加以反对。文中提到，佛教传入中国后，帝王在位时间都不长，想拜佛求神保佑的，结局必然是悲惨的。

唐宪宗看了这篇文章，十分恼怒，认为韩愈不只是故意与自己作对，而且用历史来影射自己活不长。为此，要将韩愈处死，亏得宰相为他说情，才改为降职，到潮州任刺史。

唐朝中期，中央政府的权力日益削弱。宪宗执政后，改革了前朝的一些弊政，因此中央政府的统治有所加强。被贬到潮州的韩愈，针对这一情况，再次给宪宗上了《潮州刺史谢上表》，极力为宪宗歌功颂德，以便重新得到信任，回到朝廷工作。

在这道表中，韩愈恭维宪宗是扭转乾坤的中兴之主，并且建议宪宗到泰山去封禅（封禅，是一种古代祭祀天地的大典，历史上有名的秦始皇和汉武帝，都曾举行过这种大典）。韩愈之所以这样建议，是因为他把宪宗当做有杰出贡献的帝王看待的。

韩愈还在这道表中隐约地表示，希望宪宗也让他参加封禅的盛会，并说如果他不能参加这个千年难逢的盛会，将会引为终身遗憾的。

后来，宪宗把他调回京都，让他担任吏部侍郎。

【出处】

成语“千载难逢”出自《韩昌黎全集》。千载难逢形容千年也难得碰到一次，形容机会极其难得。

前车之鉴

贾谊，西汉著名的思想家和文学家。贾谊具有极高的文学才华。他天生聪颖，从小博览群书，很快就成为了一个非常有学问的人，他所写的文章便远近闻名。汉文帝听闻贾谊具有精通诸子百家的学问，便征召贾谊入朝担任博士之职，此时，贾谊年方二十岁。

一次，贾谊上书给汉文帝谈到有关教育太子的问题时说："夏商周之所以能有较为长久的统治，在于其能够很好地调教其继任的太子。而到了秦朝之所以只有短短的两代便灭亡就在于他没有很好地教导其继任的太子胡亥，他的老师赵高只是教导他如何残忍地对待囚犯，所以胡亥所学的就是如何斩杀犯人，灭人宗族。而秦始皇死后，胡亥当了皇帝后，更是草菅人命。那么，难道胡亥天生就是这样残暴的吗？不是的。这完全是教导他的人所造成的恶果！俗语说：'前车之覆，后车之鉴；看到前面的车子倒下来，后面的车子就应该作为警戒！'秦朝灭亡的前车之覆，应该作为我们的后车之鉴呀！因此，必须重视对于太子的礼教呀！"

汉文帝看了奏章，认为贾谊讲得很有道理，不久便把贾谊升为大夫。后来，汉文帝想继续提拔他，遭到绛侯周勃等人的反对。汉文帝只好派贾谊到长沙辅佐长沙王，后又调去辅佐梁王。贾谊在辅佐这两王时，仍然希望汉文帝能提拔和重用自己，不断向文帝上书，陈述自己的治国方略，但却始终得不到文帝的重用，他因此对自己的前途悲观失望。在他辅佐梁王时，梁王不幸在骑马时坠马而亡，贾谊认为是自己没有尽到照顾的责任，因此非常伤心，又加上对前途的失望，最后忧郁而死，年仅33岁。

【出处】

成语"前车之鉴"出自西汉·刘向《说苑·善说》。鉴：镜子，为教训。前面车子翻倒的教训，比喻先前的失败，可以作为以后的教训。

前倨后恭

苏秦是战国时期洛阳人，他和他的同学张仪同时从师于当时的奇人鬼谷子，学习游说谋略之术。那时，游说之风很盛行，凭着能说会道，善出主意，若说服了哪一国的统治者，便能做起大官来。苏秦便是其中最著名的一个。

在七个诸侯国中，西方的秦国（在今陕西一带），由于在政治上和经济上实行了一系列的改革，国力最强，因此，它不断侵略其余六国。六国的统治集团内部，于是出现了亲秦、反秦两派：亲秦派主张东方六国和西方的秦国和好相连，叫做“连横”；反秦派主张六国由南到北联合起来，对抗秦国，叫做“合纵”（东西叫“横”，南北叫“纵”）。

由于具有这样的国际环境，那些凭嘴求官的说客们趁机到各国活动，兜售自己的政治主张。苏秦其实并没有固定的主张。他先到秦国去，向秦惠文王说了许多动听的话，并且连续十次上书，竭力宣传“连横”的主张，鼓励秦国一步一步地并吞其他六国。可是秦惠文王不听苏秦的话，苏秦没有办法，看看旅费已经用完，衣服也都破旧了，只得垂头丧气地回到洛阳的老家。

家里的人，见苏秦这样狼狈地回来，都不理他。父母不同他讲话，妻子只顾织布，看也不看他一眼，他要求嫂子给他弄点吃的，嫂子不但不给，还奚落了他一顿。苏秦很难受，于是立志苦读，一定要争这口气。他日夜用功，研读姜尚的《太公阴符》（我国古代的一部关于谋略方面的书）。有时实在累了，也不肯睡觉，他准备一把锥子，瞌睡时，就猛刺大腿，一痛，就忘了瞌睡，继续读下去，常常弄得腿上鲜血淋漓。

觉得学通之后，苏秦又去各国游说。现在他宣传的是“合纵”的道理了。先说服了燕国、赵国，然后又逐步使燕、赵、齐、楚、韩、魏六国结成以楚国为首的同盟，联合对付秦国。苏秦兼任六国的国相，佩六国相印。当苏秦返回赵国时，路过了他的故乡——东周的都城洛阳，周天子特地叫人预先打扫街道，派大臣出城迎接。回到家乡时，苏秦的父母，拄着拐杖，在10里外的大路口等候。妻子躲在旁边，不敢正眼看他。他的嫂子趴在地上像蛇一样地爬到他的车前，连连磕头谢罪。苏秦笑道：“嫂子何前倨而后恭也?”他嫂子一边哆嗦，一边回答说：“因为小叔子您如今官大而钱多了。”苏秦不由叹息：“人生在世，地位财富，真不可忽视啊!”

【出处】

成语“前倨后恭”出自《史记·苏秦列传》：“苏秦笑谓其嫂曰：‘何前倨而后恭也?’”指对人先前非常倨傲而后来又万分恭敬。

前事不忘，后事之师

春秋末年，晋国的大权落到智伯、赵襄子、魏桓子和韩康子四个大臣手中。晋定公实际上成了傀儡。这四人中，智伯势力最大，其他三人都不敢和他抗衡。有一次，智伯仗着自己的势力，要求赵襄子割给他一些土地，对于这一无理要求，赵襄子断然拒绝。智伯大怒，立即要魏桓子和韩康子出兵帮自己攻打赵襄子。

赵襄子和他的谋士张孟谈商量后，决定退守晋阳(今山西太原西南)，抵抗智伯。由于赵襄子的死守，智伯一时无法攻下晋阳，就对晋阳进行了长期的围困。这场围困整整持续了三年，晋阳城内形势开始恶化。由于地面积水，老百姓都在树上搭起棚子来居住，城里粮食也快要吃完，很多人冻饿成病，军心也开始动摇了。

一天，张孟谈面见赵襄子，说："魏、韩两家是被迫的，我准备去向他们说明利害，动员他们反戈联赵，共同消灭智伯。"赵襄子听了非常高兴，连连拱手表示感谢。当天夜晚，张孟谈潜入魏、韩营中，说服了魏桓子和韩康子，决定三家联合起来消灭智伯，事成之后平分智氏之领地。到了约定的那一天、赵、魏、韩三家联合进攻，杀得智军四散逃窜，智伯被擒。从此，晋国成了赵、魏、韩三家鼎立的局面。

由于张孟谈立了很大的功劳，赵襄子重重地赏赐了他，给了他很多封地，并让他做了很高的官，但张孟谈并不留恋这些。一天，张孟谈向赵襄子告别。赵襄子急忙挽留。张孟谈说："因为我的功劳大，名声甚至还会超过你，所以才决心离开。在历史上从来没有君臣权势相同而永远和好相处的。前事不忘，后事之师。请你让我走吧。"赵襄子只好惋惜地答应了。张孟谈辞去官职，退还封地，隐居到了一个不知名的地方，在那里平安地度过了自己的晚年。

【出处】

成语"前事不忘，后事之师"出自《战国策·赵策一》："前事之不忘，后事之师。"记取以往的经验教训，可以作为以后的借鉴。

黔驴技穷

很久以前，贵州没有驴子这种动物，大家都不知道驴子长得什么样子。有一天，有一个人从别的地方运了一头驴子到贵州，他把驴子放在山脚下，山里的老虎远远看到驴子在叫，心想："这是哪来的怪物呀！看它的样子好像很厉害，我还是离他远一点比较安全！"过了一段时间，老虎看到驴子每天就是走来走去，偶尔叫几声！老虎心里又想："这个家伙个子是很大，不晓得会些什么，我来试试它。"

老虎就偷偷地走到驴子身边，故意碰了驴子一下，驴子被碰了以后非常生气："你干吗碰我呀！"说完就举起脚来踢老虎，一次，二次，三次，每次都没踢中，老虎这才发现："这个驴子只会用脚踢人，根本没什么本事嘛！"于是，老虎就张大嘴要把驴子吃掉，驴子吓得大叫："你不要过来喔！我会踢人的！"老虎大笑说："你会的不过就是踢人，我还会吃人呢！"老虎说完就把驴子扑倒在地，咬住了它的脖子，驴子四脚朝天，蹄子无力地踢了几下，便再也不动了。老虎安享了一顿美餐，吃完之后，老虎还在想："唉，那驴的躯体高大，声音洪亮，好像很有本事，假如他不显出那有限的本事，我老虎虽然贵为百兽之王，也会害怕它，不敢攻击他。唉，他那两下子……"

【出处】

成语"黔驴技穷"出自唐柳宗元《三戒·黔之驴》："黔无驴，有好事者船载以入……虎见之，庞然大物也，以为神，蔽林间窥之。……他日，驴一鸣，虎大骇，远遁，以为且噬己也，甚恐。然往来视之，觉无异能者。……稍近益狎，荡倚冲冒。驴不胜怒，蹄之。虎因喜，计之曰：'技止此耳。'因跳踉大㘎，断其喉，尽其肉，乃去。"比喻有限的一点本领已经用完。

强弩之末

西汉汉武帝时期，北方的匈奴族经常骚扰汉朝的边境。由于他们善于骑射，来去灵活，西汉军队感到很难对付，西汉政府也为此头疼不已。征伐他们，路途太远，若不征伐，他们却总来骚扰。有一年，匈奴派人到汉朝来要求和好。汉武帝就此同大臣商议对策。有一个名叫王恢的大臣，曾在靠近匈奴国边境地区当过许多年地方官，很熟悉匈奴的情况，他说："跟匈奴和好，总是长久不了，不出三几年，它就又要背约，不如不理它，干脆发兵，把其彻底征服。"

一个叫韩安国的大臣却反对这一建议。他说："人家派人来同我们和好，我们反而进攻，从道义上讲，我们就已经错了，如果让老百姓知道了，他们会支持我们的战争吗？战争并不是儿戏，没有老百姓的支持，很难取胜。我听说强弓射出的利箭，射到最远的地方时，将连极薄的鲁缟也射穿不了(鲁缟，古时鲁国所产的绢，极薄)；狂暴的烈风刮过去后，剩下最后的一丝微力，将连极轻的羽毛都吹不起来。而我们千里远征，长途跋涉，到达后将会人困马乏，这样我们能打胜仗吗？虽说匈奴人不讲信用，但我们起码也可争取几年的和平安定时期进行边境建设，这样将来即使真的发生了战争，也不用怕他们了，岂不是更好？"

大臣们都认为韩安国说得有理，汉武帝也表示同意，于是接受匈奴要求，进行谈判，建立友好关系。

【出处】

成语"强弩之末"出自《汉书·韩安国传》："强弩之极，力不能穿鲁缟。"原意是强弩所发的矢，飞行已达末程。比喻强大的力量已经衰竭，不再能起作用了。

巧取豪夺

宋朝有一个大书法家，名叫米芾，他在书法、绘画等方面很有造诣，他的书法被后人称为“米体”。受其父的影响，米芾之子米友仁也写得一手好字，画得一手好画，特别值得一提的是他尤其善于鉴赏古人留下来的书法、绘画珍品，当然对这些珍品也爱之如命。有一次，他在别人的船上，看见王羲之真笔字帖，非常喜欢，立即要拿一幅好画交换，主人不同意，他就像孩子一样耍起赖来，又是叫又是嚷，并且攀着船舷竟然往水里跳，幸亏别人很快把他抱住，才不至落水。

他有一样很大的本领，便是会模仿古人的画品。他曾经向人借回一幅“松牛图”描摹。后来他把真本留下，拿摹本还给人，这人当时没有觉察出来，拿着走了。直至过了好多日子才来讨还原本。米友仁问他怎么看得出来，那人回答说：“真本中的眼睛里面，有牧童的影子；而你还我的这一幅却没有。”可是米友仁模仿古人的画品，很少被人发觉他的摹本是假的。他经常千方百计向人借古画描摹；而摹完以后，真品他就不想还给人家了，他把描摹的画和真品放在一起，请主人自己选择。由于他摹仿古画的技艺很精，把模本和真本摸得一模一样，主人往往把模本当成真本收回去，米友仁便因此获得了许多名贵的真本古画。

米友仁是一个有才能的艺术家，可是他用那种摹仿的假本巧妙地换取别人真本的行为，却是叫人鄙弃和不耻的。所以有人把他这种用巧妙方法骗取别人真本古画的行为，叫做“巧偷豪夺”。后来的人又从此引申成“巧取豪夺”这句成语。

【出处】

成语“巧取豪夺”出自宋代苏轼《次韵米芾二王书跋尾》诗：“巧偷豪夺古来有，一笑谁似痴虎头。”比喻用欺骗手段，巧妙地或公开地掠夺别人财物或成果的意思。

亲痛仇快

东汉建立初期，光武帝刘秀大封有功之臣，朱浮和彭宠都在被封之列。朱浮被封为幽州牧，彭宠被封为渔阳太守，这大大出乎彭宠的预料，他认为，凭自己的功劳，起码应被封王，另外，由于与朱浮有矛盾，而朱浮又被封为其上级，更加重了他的不满。

彭宠任渔阳太守时把自己的妻子接到了住所，而没有接母亲，朱浮就这件事向朝廷写了一封密信，指责彭宠“不孝”，结果被彭宠知道了，当光武帝刘秀为这件事召其入宫时，彭宠拒绝了，并且干脆起兵反叛攻打朱浮。朱浮一面向朝廷告急，另外又写了一封信责备彭宠。信的大意是指责彭宠不应自恃功高，骄傲狂妄，如有不满，应进京到朝廷上，详细说明，怎可不顾后果，兴兵造反。信的最后告诫彭宠，在办理大事时，一定要先考虑国家利益，不要做那些使亲人伤心，而让仇人高兴的事情。彭宠看信后更加恼火，继续攻城。

当时，刘秀正忙于其他地区的战事，无法顾及到朱浮这边，仅派了一个将军去帮助他。结果朱浮兵败，只身逃回洛阳。当刘秀平定其他方面的叛乱之后，开始对付彭宠。大兵压境，彭宠阵营内部开始出现叛乱，彭宠最后被其家奴杀死。

【出处】

成语“亲痛仇快”，也可说成“亲者痛，仇者快”，出自汉·朱浮《为幽州牧与彭宠书》：“凡举事无为亲厚者所痛而为见仇者所快。”即使亲人痛心，仇人高兴。常用来形容不利于自己，反利于敌的错误言行。

秦晋之好

春秋时，秦国（今陕西一带）和晋国（今山西和河北南部一带），是相邻的两个强国。两国统治集团之间勾心斗角，争夺霸权，矛盾很尖锐，有时还出兵对阵，打起仗来。但另一方面，他们为了自身利益的需要，有时却又互相联合，互相利用，甚至彼此通婚，结成关系密切的亲家。

春秋五霸之一的秦穆公，他的夫人是晋献公的女儿；晋献公的儿子晋文公重耳也与秦穆公有姻亲关系。由于国内的王位之争，晋献公的儿子重耳被迫在外流亡多年。有一年，他来到了秦国，当时秦国的国王是秦穆公，他听说重耳是一个非常贤明的公子，且跟随他的人都具有治国之才，并且对重耳非常忠诚，秦穆公想："如果重耳能回国继承王位，当上晋国君，将会对秦国有利。"他决定支持重耳。首先他将自己的女儿文嬴嫁给了重耳，然后他又发兵护送重耳回国。在秦国的帮助下，在外流亡十九年的重耳终于回国当上了国君，称为晋文公。由于姻亲关系，秦晋两国和平相处好多年。

所以，秦、晋两国尽管互有矛盾，而彼此一再联姻这一点，在各国关系中也还是比较突出的。由于秦、晋两国世代联姻，后人称两家联姻，就叫"互结秦晋"，或称为"秦晋之好"。

【出处】

成语"秦晋之好"出自《左传·僖公二十三年》。原指春秋时，秦晋两国世代联姻。后多指两姓联姻。

秦镜高悬

秦始皇在统一全国后，大肆搜刮原来各国宫廷中的珍宝奇物，其中有一面方镜，传说具有非常神奇的功能，简直像《西游记》中托塔李天王的那面照妖镜一样神奇。

这面方镜，宽四尺，高五尺九寸，正反两面都十分明亮。人直立对镜，镜内的人影却是倒立的；如果抚摩着胸口来照，可以清楚地照见五脏，体内有病的人，可以照出病在什么地方。如果谁有坏心歹意，也能在一照之下看得清楚。据说秦始皇就常常利用这面镜子，来考察宫中嫔妃、侍卫等人是否忠贞，倘若发现心胆慌张乱跳的人，就立即逮捕审讯，加罪惩处。

秦末爆发农民起义后，刘邦和项羽先后攻入咸阳时，刘邦倒还好，把咸阳宫的珍宝全部封存起来，可是项羽领兵来到，把珍宝从刘邦手中夺走了不少。这面神奇的镜子，就在那时不知弄到哪里去了。

【出处】

成语"秦镜高悬"出自汉·刘歆《西京杂记》卷三："有方镜广四尺，高五尺九寸……人有疾病在内，则掩心而照之，则知病之所在。又女子有邪心，则胆张心动，秦始皇常以照宫人，胆张心动者则杀之。"原传说秦始皇有一面镜子，能照人心胆。比喻官吏明察是非，判案公正无私。亦作"明镜高悬"。

请君入瓮

武则天夺取皇位后,引起了唐朝皇室和元老大臣的激烈反对,甚至出现了以大臣徐敬业为首的武装反叛,在平定徐敬业的叛乱之后,她要对付的就是那些潜藏在朝廷内部的反对力量。但怎么才能知道哪些是暗中反对她的人呢?她想了一个法子:发动全国告密。

于是全国刮起了一片告密之风,在这样一种氛围中,出现了两个以告密起家的酷吏,一个叫周兴,一个叫来俊臣。这二人以诬告和整人出了名,其中来俊臣还专门编了一本《告密罗织经》,专门教人怎样罗织罪状。他们用这些手段杀害了许多正直的文武官员和平民百姓。

有一回,一封告密信送到武则天手里,内容是告发周兴与人联络谋反。武则天大怒,责令来俊臣严查此事。来俊臣心里直犯嘀咕,他想:"周兴是个狡猾奸诈之徒,仅凭一封告密信,是无法让他说实话的;可万一查不出结果,太后怪罪下来,我来俊臣也担待不起呀。这可怎么办呢?"苦苦思索半天,终于想出一条妙计。

他准备了一桌丰盛的酒席,把周兴请到自己家里。两个人你劝我喝,我劝你饮,边喝边聊。酒过三巡,来俊臣叹口气说:"兄弟我平日办案,常遇到一些犯人不认罪,不知老兄有何办法?"周兴得意地说:"这还不好办!"说着端起酒杯抿了一口。来俊臣立刻装出很恳切的样子说:"哦,请快快指教。"周兴阴笑着说:"你找一个大瓮,四周用炭火烤热,再让犯人进到瓮里,你想想,还有什么犯人不招供呢?"来俊臣连连点头称是,随即命人抬来一口大瓮,按周兴说的那样,在四周点上炭火,然后对周兴说:"宫里有人密告你谋反,上边命我严查。对不起,现在就请老兄自己钻进瓮里吧。"周兴一听,手里的酒杯啪哒掉在地上,跟着又扑通一声跪倒在地,连连磕头说:"我有罪,我有罪,我招供。"周兴被定罪后,武则天念他曾立有大功,便免他一死,流放到岭南,结果途中被仇人杀死。

【出处】

成语"请君入瓮"出自《资治通鉴》:"因起谓兴曰:'有内状推兄,请兄入此瓮。'兴惶恐叩头伏罪。"比喻用他整治别人的办法去整治他。

庆父不死，鲁难未已

公元前662年，鲁庄公死去。在庄公弟弟公子友的支持下，公子般当了国君。庄公的另外一个弟弟庆父，是个贪婪残暴、权欲熏心的人，也想当上国君，所以在公子般即位不到两个月，他便派人将其杀掉。支持公子般的公子友不得不逃往陈国。庆父派人杀死公子般后，另立鲁庄公的小儿子为国君，即鲁闵公。由于庆父制造内乱，激起了鲁国百姓极大的愤慨。但庆父依然我行我素，继续制造内乱，企图浑水摸鱼，以致把鲁国闹得动荡不安。

齐桓公便派大夫仲孙湫到鲁国去了解情况。不久，仲孙湫把了解到的鲁国情况向齐桓公作了报告，并说："如果不除去庆父，鲁国的灾难是不会终止的！"齐桓公问："如何除掉庆父呢？"仲孙湫说："多行不义必自毙，不用我们去打，他们自己就会崩溃的。大王，您就等着瞧吧！"

过了一年，庆父又派人刺杀了闵公。但在众大臣辅佐下，鲁闵公的兄长继位，被称为鲁僖公，鲁僖公继位后，庆父无法在鲁国待下去了，便逃到莒国。僖公便用金银珠宝贿赂莒国国君，请求他把庆父捉拿归案，送回鲁国受审，莒君便把庆父交给了鲁国。

庆父回到鲁国后，派公子鱼向鲁僖公求情，僖公不答应，庆父知道后，便上吊自杀了。庆父死后，鲁国政局才逐渐稳定下来。

【出处】

成语"庆父不死，鲁难未已"出自《左传·闵公元年》："仲孙归曰：'不去庆父，鲁难未已。'"比喻不把制造内乱的罪魁祸首清除掉，就得不到安宁的意思。

罄竹难书

隋朝末年，当时的皇帝叫杨广，后人称之为隋炀帝，此人是一个花花大帝，并且也是一个暴君，他荒淫无耻，为了能够继承皇位，他谋杀了自己的父亲，并且霸占父亲的妃子。隋炀帝还滥用民力民财，连年征伐，使人民处于水深火热中，于是，全国各地的农民起义此起彼伏。

早在隋炀帝在位的第九年(公元 613 年)，他的一个大臣杨玄感就曾乘农民起义纷起的时候，起兵反隋，但不久即败死。其手下李密投奔瓦岗起义军，游说义军首领翟让联合各地义军共同反隋。最终，李密取得各地义军的领导权，被称为魏公。

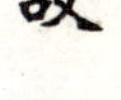

李密取得大权后，为了进一步联合各路起义军及隋朝的文武官员，便在进攻隋都洛阳的时候，发布了一篇讨伐炀帝的檄文，号召各方人士推翻隋朝的统治。檄文在历数炀帝残暴统治、祸国殃民的十大罪状之后写道："罄南山之竹，书罪未穷；决东海之波，流恶难尽。"意思是用尽南山所有的竹子制成竹简，也写不完杨广的罪过；用东海的水，也冲洗不清他的罪恶。

隋炀帝十四年，炀帝在江都(今江苏扬州)被禁军将领宇文化及等绞死。同年，李密投降李世民父子建立的唐政权，但不久亦因反唐被杀。

【出处】

成语"罄竹难书"出自《旧唐书·李密传》："罄南山之竹，书罪未穷；决东海之波，流恶难尽。"用尽所有的竹简也难以写完，比喻罪恶多得说不完。

穷兵黩武

陆抗，三国后期东吴的名将，东吴大都督陆逊之子。他二十岁时就被任命为建武校尉，公元 264 年，孙皓当了东吴的国君，三十八岁的陆抗担任镇东大将军。当时，东吴的朝政非常腐败，孙皓荒淫暴虐。陆抗对孙皓的所作所为非常不满，多次上书，劝谏他对外加强防守，对内改善政治，以增强国力。但是，孙皓对他的建议置之不理。

当时，晋朝的车骑将军羊枯镇守襄阳。他见陆抗能攻善守，知道要打败东吴并不容易，因此对东吴采取和解策略：部下掠夺了东吴的孩子，他下令放回；行军到东吴边境，收割了东吴方面的庄稼，就送绢帛给东吴做抵偿；猎获的禽兽已被晋人打伤，就送还东吴。陆抗明白羊枯的用意，也用同样的态度对待晋朝。两人还经常派使者往来，互相表示友好。因此，吴、晋一部分边境地带一时出现了和好的局面。孙皓听说那里的边境和好，很不高兴，派人责问陆抗。陆抗回话说："一乡一县尚且不能没有信义，何况大国呢！我如果不这样做，反而会显出羊枯很有威德。"孙皓听了，无话可说，但他还是想出兵攻晋。

陆抗见军队不断出动，百姓精疲力竭，便向孙皓上书说："现在，朝廷不从事富国强兵，加紧农业生产，让有才能的人发挥作用，严明升迁制度以激励百官，以仁义安抚百姓，反而听任众将追求名声，用尽所有兵力，好战不止，耗费的资财动以万计，士兵疲劳不堪。这样，敌人没有削弱，而我们自己倒像生了一场大病。"陆抗还郑重指出，吴、晋两国实力不同，今天即使出兵获胜，也得不偿失。所以，应该停止用兵，积蓄力量，以待时机。但是，孙皓对陆抗的这些忠告都听不进去，肆意妄为。后来陆抗去世，晋军讨伐东吴，沿着长江顺流东下，势如破竹，吴国终于被晋所灭亡。

【出处】

成语"穷兵黩武"出自《三国志·吴书·陆抗传》："穷兵黩武，动费万计，士卒雕瘁，寇不为衰，而我已大病矣。"指使用全部兵力，任意发动侵略战争。形容好战。

秋毫无犯

秦末农民战争期间，陈胜起义失败后，各路义军开始听从项梁的指挥，项梁即是项羽叔父，他立了原楚怀王的孙子为王，人们也称其为楚怀王。后来项梁战死，怀王就派项羽等去救援被秦军围困的赵军，同时派刘邦领兵攻打函谷关。临行时，楚怀王与诸将约定谁先进入关中，便封为关中王。项羽带领援赵军队大败秦军主力，而此时，刘邦已进入了函谷关，攻下了咸阳，秦王子婴投降，秦朝灭亡。刘邦在咸阳与当地父老约定了三条法令，同时废除了秦朝全部的严酷的法律。

而项羽在大破秦军之后，听说刘邦已先入咸阳，他既嫉恨又恼火，就带兵西进，来到鸿门这个地方，而此时刘邦的左司马曹无伤看到项羽势力较大，想投降项羽，便派人暗中告诉项羽说刘邦想在关中称王。项羽听了之后，决定发兵攻打，消灭刘邦。

此时，刘邦势力较小，若项羽真的发兵攻打，刘邦就很危险，但项羽有一个叔父名叫项伯，此人与刘邦的谋士张良要好。当他得知项羽要攻打刘邦时，急忙跑到刘邦大营中告知张良。张良听了之后又告诉了刘邦。刘邦很着急，就问计于张良，张良说："告诉项伯说您不敢背叛项王。"刘邦就见了项伯，首先他与项伯结为亲家，以拉拢项伯，然后，他对项伯说："我进入关中，一丝一毫的财物不敢据为己有(秋毫无犯)，造册登记官吏百姓，封存府库的财产，日夜盼望项将军的到来。怎么能够反叛他呢？希望您向项王详细说明我是不敢忘恩负义的。"项伯说："那么明天早上你早些来向项王道歉。"

第二天，刘邦便带了张良、樊哙等人来到了项羽的大营。在宴会上，刘邦成功地消除了项羽对他的怀疑，使项羽不再攻打他。

【出处】

成语"秋毫无犯"出自《史记·项羽本纪》："沛公(刘邦)……曰：'吾入关，秋毫不敢有所近，籍吏民，封府库，而待将军。'"指丝毫不加侵犯，形容军纪严明，也形容廉洁。

曲高和寡

战国时期，楚国在楚怀王、楚襄王时代，有一个文学家宋玉，是伟大诗人屈原的学生。据说他很有文学天赋，并且相貌堂堂，口齿伶俐，且善于诡辩。

有一次，楚襄王对宋玉说："听说不少人对你有意见，你是不是有什么品行不端之处？"宋玉听了，并不先检讨自己，却给楚襄王讲了一个故事，他说："有一个歌唱家，在我们都城的中心广场演唱。最先唱的是《下里》、《巴人》，他唱的时候，几千听众都跟着唱了起来；后来他又唱《阳春》、《白雪》，这时，能跟着唱的，却不过几十人。最后，唱更高级的歌曲时，跟唱的就只有几个人了。可见，'其曲弥高，其和弥寡'（曲调越高深，能跟随同唱的人就越少）。"

宋玉为这段问答写了一篇文章，题为《对楚王问》。他所说的《下里》、《巴人》，是通俗的民间歌谣，《阳春》、《白雪》，是比较高深的乐曲。宋玉这段话意思是说：因为他的品格高超，所以一般人不了解他，同他合不来。

【出处】

成语"曲高和寡"出自战国楚·宋玉《对楚王问》："引商刻羽，杂以流徵，国中属而和者不过数人而已。是其曲弥高，其和弥寡。"曲调高深，能跟着唱的人就越少。旧指知音难得。现多比喻言论或作品艰深，能理解的人很少。

曲突徙薪

古代，有一户人家建了一栋房子，许多邻居和亲友都前来祝贺，人们纷纷称赞这房子造得好。主人听了十分高兴，但是有一位客人，却诚心诚意地向主人提出："您家厨房里的烟囱是从灶膛上端笔直通上去的，这样，灶膛的火很容易飞出烟囱，落到房顶上引起火灾。您最好改一改，在灶膛与烟囱之间加一段弯曲的通道。这样就安全多了。"顿了一顿，这个客人又说："您在灶门前堆了那么多的柴草，这样也很危险，还是搬远一点好。"

主人听了以后，认为这个客人是故意找茬出他的洋相，心里很不高兴。当然，也就谈不上认真采纳这些意见了。

过了几天，这家的新房果然由于厨房的毛病起火了，左邻右舍，齐心协力，拼命抢救，才把火扑灭了。主人为了酬谢帮忙救火的人，专门摆了酒席，并把被火烧得焦头烂额的人请到上座入席。唯独没有请那位提出忠告的人。这就叫做："焦头烂额坐上席，曲突徙薪靠边站。"

这时，有人提醒主人："您把帮助救火的人都请来了，可为什么不请那位建议您改砌烟囱、移开柴草的人呢？如果您当初听了那位客人的劝告，就不会发生这场火灾了。现在，是论功而请客，怎么能不请对您提出忠告的人，而请在救火时被烧得焦头烂额的人坐在上席呢？"主人听了以后，幡然醒悟，连忙把当初那位提出忠告的人请了来。

后来，人们根据这则故事，概括出"曲突徙薪"和"焦头烂额"两个成语。

【出处】

这两个成语出自班固的《汉书·霍光传》。"曲突徙薪"比喻凡事要早做准备，防患于未然；"焦头烂额"形容狼狈窘迫的处境。

权宜之计

东汉末年，军阀董卓率军进入洛阳，废掉汉少帝，另立九岁的汉献帝，自封为宰相，控制了皇帝和朝廷大权，一时间权倾天下。董卓有一个干儿子，实际上是他的保镖，名叫吕布，武艺高强，勇猛无比，很少有人是其对手。这两人无恶不作，把京城洛阳弄得民怨沸腾。

司徒王允见董卓祸害日深，曾几次秘密召集大臣商议诛杀董卓，最终决定设计策动吕布来杀死董卓。王允府中有一个侍女名叫貂蝉，是一个特别漂亮的女人，可以说是天香国色，花容月貌。吕布对其垂涎已久，王允曾经向他承诺将来把貂蝉嫁给他，后来王允又把貂蝉送给了董卓，当吕布质问他时，王允则回答说董卓强行向他索要，他不敢不给。由此，吕布与董卓产生矛盾，吕布就决定和王允一块儿杀掉他。机会很快来了，公元192年4月，汉献帝久病初愈，在未央殿大会群臣。董卓大模大样、毫无防备地来到了大殿上，这时候，王允设下的伏兵，突然朝董卓冲杀过去，董卓大声疾呼："吕布在哪里?"吕布怒喝一声："皇上下令诛杀你这个逆贼!"喊声刚落，便将董卓刺死了。

董卓被杀后，王允认为大患已除，天下太平，做事就不因时因具体情况而采取变通办法，开始居功自傲，变得霸气起来，他的部下也因此对他逐渐疏远了。不久，董卓的旧部郭汜(fán)、李傕(jué)攻入长安，杀死王允，赶走吕布。后来，郭汜、李傕又争权夺利，互相火并起来，关中地区出现军阀混战的局面。

【出处】

成语"权宜之计"出自《后汉书·王允传》："……仗正持重，不循权宜之计，是以群下不甚附之。"指适应某种情况而暂时采取变通的办法。

犬牙交错

汉高祖刘邦建立汉朝后，为了巩固政权，首先废除了秦朝苛刻的法律，安定老百姓的生活，其次，消灭了那些异姓的诸侯王，重新封了许多刘姓子弟为王。他认为这样就可永保刘家的江山，代代相传。谁知在传到第三代汉景帝时，这些刘姓王的势力已经开始大起来，他们凭借自己的实力，与中央王朝抗衡，对皇帝的指令假意应付，甚至不予理睬。有的甚至暗中策划，图谋夺取皇位。

有个叫晁错的御史大夫，看出情况不对，立即上奏皇帝，要他采取措施削弱这些诸侯王的势力，并逐渐收回他们的封地，来巩固中央政权。那些诸侯王本来就想篡夺皇位，如今听说皇帝要剥夺他们的封地，便立即互相勾结，最终以齐王刘濞为首的七个诸侯王联合了起来，借口要"诛晁错，清君侧"，发动了武装叛乱。幸亏汉景帝及时调动军队，才平息了这次叛乱。可景帝并未吸取教训，又分封属地给自己十三个儿子，各为诸侯王。

这样等到景帝的儿子汉武帝即位后，这些诸侯王的势力又逐渐强大起来。鉴于七王叛乱的历史教训，武帝决定限制这些诸侯王的势力。诸侯王得到了消息，非常紧张，急忙去恳求武帝，说："皇上，我们与您是至亲骨肉啊！先王分封给我们的大片土地，像狗的牙齿那样上下交错，彼此嵌入，就是为了我们可以彼此支援，互相牵制，让我们刘家的江山坚如磐石啊！你要收回我们的封地，那不是有负于先王的意思吗?"汉武帝听了，一时倒也说不出话来，他当面安慰了他们，但却暗中采用手段，下令让诸侯王把封地分赐给自己的子弟。这样，原来十几个大的诸侯国分成了许多个小诸侯国，他们的势力实际上是被削弱了，从此以后，再也无力对抗中央政府了。

【出处】

成语"犬牙交错"出自《汉书·中山靖王传》："诸侯王自以为骨肉至亲，先帝所以广封连城，犬牙相错者，为盘石宗也。"像狗牙那样上下交错，原比喻交界线很曲折，后泛指形势错综复杂。

绕梁三日

春秋战国时代，韩国有个名叫韩娥的歌唱能手，她的嗓音非常非常的好。有一年，韩国突然遭遇狂风暴雨，洪水决堤，巨浪冲天，把田园、房屋都冲毁了，百姓纷纷逃命。韩娥在乡亲帮助下幸免于难，就投奔齐国。途中盘缠用尽，她就以卖唱为生。她走了一路，唱了一路，歌声的美妙动人，可谓登峰造极。她人走了，大家还是觉得她仍在自己身旁，歌声仍旧回旋在屋梁之间，长达三天，不能散去。

韩娥来到齐国雍门这个地方，天已黑了，饥饿和疲劳折磨着她，遂向客店走去，准备投宿。谁知一踏进店门，因为身无分文，就被店掌柜赶出了门外。这时候，韩娥深切地感受到了父老乡亲的苦难和眼前所受的屈辱，把心中的激情化作了一曲人间最哀怨凄楚的歌声，歌声向雍门四面八方飘去，一时间山风停啸，河水停流，行者止步，泣天动地。以致韩娥走后，雍门男女老少仍然沉入愁海之中，昼不能吃，夜不能眠，天天如此。于是百姓选派一青年做代表，催马扬鞭追上韩娥，恳请她返回雍门。当她再次出现时，百姓热烈欢迎，盛情款待。韩娥感受到百姓亲如家人的深情，化悲为喜，唱起了欢乐的歌，于是大家就跟着她的歌声唱了起来，跳了起来。

【出处】

成语“绕梁三日”出自《列子·汤问》：“余音绕梁，三日不绝。”以此形容歌声或音乐十分美妙，余音不绝，动人心弦。

人非圣贤，孰能无过

春秋时期，晋国的国君晋灵公生性残暴，时常借故杀人。一天，厨师送上来的熊掌炖得不透，他就残忍地当场把厨师处死。

正好，尸体被赵盾、士季两位正直的大臣看见。赵盾就询问是怎么回事。仆人们早已被晋灵公无缘无故地杀人吓破了胆，其中一个哆哆嗦嗦地对赵盾说："报……报告相爷，是大……大王干的。""为什么？""大……大王说他熊掌做得不好，就……就杀了他。"二人听了之后，非常气愤，决定进宫去劝谏晋灵公。

士季先去朝见，晋灵公从他的神色中看出是为自己杀厨师这件事而来的，便假装没有看见他们，手中还不断地摆弄一件由玉做的玩物，直到士季往前走了三次，来到屋檐下，晋灵公才瞟了他一眼，轻描淡写地说："我已经知道自己犯的错误了，今后一定改正。"士季听他这样说，也就用温和的态度说："谁没有过错呢？有了过错能够改正，那就最好了。如果您能接受大臣正确的劝谏，就是一个好的国君。"

但是，晋灵公并非真正地承认错误，他只是不喜欢那两个大臣的劝告，想欺骗他们一下。之后，他依然是我行我素，想怎么干就怎么干。相国赵盾屡次劝谏，他不仅不听，反而十分讨厌，竟派刺客去暗杀赵盾。不料刺客不愿去杀害正直忠贞的赵盾，宁可自杀。晋灵公见此事不成，便改变方法，假意请赵盾进宫赴宴，准备在席间杀他。但结果赵盾被卫士救出，他的计谋又未能得逞。晋灵公作恶多端，失掉民心，引起了群臣的厌恶，最后被将军赵穿杀死。

【出处】

成语"人非圣贤，孰能无过"出自《左传·宣公二年》："人非圣贤，孰能无过，过而能改，善莫大焉。"释义："非"，不是。"孰"，谁。一般人不是圣人和贤人，谁能没有过失？

人面桃花

唐代的“岭南节度使”崔护青年时期到京城长安参加科举考试。当时正是春天，春光明媚。清明节那天京城的公卿士女、平民百姓等都来到了长安城外上坟踏青。崔护也随着人流来到了城外游玩。他漫无目的地走着，不一会儿觉得有些口渴，便走到了附近的一个小山庄，看到一个宅院前有几株桃树，桃花开得正旺，他便来到了这个宅院门前，敲门求水，来开门的是一个女子，生得明眸皓齿，清秀可人，崔护一刹那间呆了。转过神来之后，崔护连忙说自己想喝点水，喝过水之后，崔护没有立刻就走，他很想与她交谈，就不断地问东问西，那女子却只是笑而不答。过了一会儿，崔护恋恋不舍地告辞了。那女子似乎对崔护也很留恋，站在桃树下，看着他的背影走远了，才转身回去。

那一年他没有考上，就在长安住了下来，准备明年再考。转眼间，第二年的清明节又到了，崔护很自然地想起了一年前的那个女子，他就又来到了那里，但是只见大门紧闭，门上也挂了锁，很明显没人在家。只是四周的树木依旧很绿，那几株桃树上的桃花开得依旧旺盛。崔护不禁有些失落，便在门上题一首诗：

去年今日此门中，
人面桃花相映红，
人面不知何处去，
桃花依旧笑春风。

然后又题写上了自己的名字，怏怏不乐地回去了。

过了几天，崔护出去散心，不知不觉又来到了那里，却碰见了一个老头，那老头问他："你是不是崔护？那首诗是不是你写的？"崔护点了点头，谁知老翁却哭泣起来，说："你那首诗把我女儿给害死了！"那老头哽咽着说："几天前，她看到你在门上题的那首诗之后，就生病了，一连几天不饮不吃，就这样死了。"崔护听了非常伤心，就来到了那女子的房间，只见那女子躺在床上，面容依旧温婉姣好，却再也不能同她讲话了，崔护顿时哭了起来，他边哭边说："崔护来看你了，崔护来看你了。"谁知崔护哭了一阵之后，那女子却又醒了过来。崔护顿时转悲为喜，从此，二人结为夫妻。这就是后世所传的有名的"人面桃花"的故事。

【出处】

成语"人面桃花"出自崔护《题都城南庄》，美丽的女子与盛开的桃花相辉映，光彩照人。现常用来比喻男子怀念一见钟情后不能再相见的女子。

人琴俱亡

大书法家王羲之有七个儿子，品格才华最突出的是王徽之、王献之兄弟俩。这两兄弟的性格都像他们的父亲一样，追求旷达洒脱，恃才傲物，反对世俗礼节的种种约束。

王徽之特别喜欢竹子。有一天，他听说吴郡有个人家种了许多优种竹子，就坐着轿子到那家的竹林前面，全神贯注地对着竹子，像和老朋友谈话似的吟哦。那家主人洒扫庭阶，招呼他坐，他连头也不回。他出来后，主人不满地把门关上了，他就又站在园外尽情观赏了好长时候才离开。

兄弟俩都不愿做官。王徽之在担任黄门侍郎时，很讨厌这种侍候皇帝的差事，就辞官回家了。正好，得了重病的献之也在家里调养。过不久，徽之也生起病来。当时有个迷信说法，认为人将死的时候，如果另一个人愿意把自己的寿命让给他，那他还可以活下去。王徽之很敬爱弟弟，就向术士说："我的才华地位不如弟弟，我愿意把年龄让给他！"可是术士说他已经没有转让的余地了，因为他的病也不轻。他听了只好叹息。

过了不多日子，献之病重去世了，全家上下哀悼痛哭，一片悲戚。只有徽之不嚎哭、不流泪，一个人往灵床上一坐，呆呆地发怔。人们感到诧异，却不了解这个性情落拓的人，连悲哀的表现也不同寻常。只见他坐了一阵，就慢慢站起身，走到献之屋里，把弟弟生平爱弹的琴抱到堂前。他坐下来，调弄着琴弦，想奏一首哀悼的曲子。可是他内心极度悲伤，怎么也调不对弦。他"霍"地站起身，把那琴往地上一摔，大呼一声："呜呼子敬，人琴俱亡！"

【出处】

成语"人琴俱亡"出自南朝宋·刘义庆《世说新语·伤逝》："王子猷、子敬俱病笃，而子敬先亡。子猷……取子敬琴弹，弦既不调，掷地云：'子敬，子敬，人琴俱亡。'"指睹物思人，悼念死者。

人人自危

公元前210年，秦始皇到东南一带巡游，随行的大臣有丞相李斯、宦官赵高和秦始皇的小儿子胡亥。当他们返回经过平原津（在今河北）时，秦始皇得了重病，因为此时他已是晚年，知道自己的病再也不可能好了，就让他的心腹赵高写信给远在边境守边的大公子扶苏，让他赶快回都城咸阳主持丧事，并且要他继承自己的皇位。

赵高写好信之后，让秦始皇看时，秦始皇已经断了气。望着秦始皇的尸体，赵高意识到自己的机会来了。由于赵高平时负责掌管着秦始皇的玉玺（皇帝的大印），他便直接去找胡亥，鼓动胡亥继位，二人密谋之后，又拉丞相李斯入伙，因为没有李斯这个丞相的参与，他们二人所谓的“继位”及“遗诏”将缺乏必要的权威性，会引起大臣们的怀疑。李斯犹豫了一下后，便答应了。于是，三人拟了一份假的遗诏，指定胡亥为皇位的继承人。这样，在宦官赵高的操纵下，昏庸而残暴的胡亥当上了皇帝。

接着，赵高又伪造另一道诏书，指责扶苏不孝顺，赐给他一把剑，让他自杀，并派人夺了与扶苏一起镇守边境的大将蒙恬的兵权，也逼他自杀。经过一番阴谋活动，胡亥顺利继承皇位，称为秦二世，封赵高为郎中令，从此，朝政大权便落到了赵高手里。秦二世愚蠢又残暴，他害怕别人识破他与赵高的阴谋，坐不稳皇位，便问赵高怎么办？奸诈阴险的赵高说：“必须采用严刑酷法，把那些老臣全部除掉，用新人来代替他们。”秦二世听了，便下令处死了蒙毅等一批老臣。因受到牵连而被杀害的人更是不计其数，弄得上上下下一片恐怖，人人终日提心吊胆，朝廷中一片混乱。秦二世和赵高用这种残酷的手段屠戮王室的成员和大臣，对老百姓更是凶狠残暴。广大人民群众的生活痛苦不堪，终于爆发了大起义，三年后，秦王朝便被义军灭亡。

【出处】

成语“人人自危”出自《史记·李斯列传》：“法令诛罚日益刻深，群臣人人自危，欲畔（叛）者众。”指所有的人都感到自己不安全。

人言可畏

古时候，有个名叫仲子的男青年和一个姑娘相爱了，他偷偷地上她家幽会。姑娘因他们的爱情还没有告知她的父母，征得她父母的同意，怕父母知道后会责骂她，所以要求恋人别这样做。于是唱道："请求你仲子啊，别爬我家的门楼，不要把我种的杞树给弄折了。并非我舍不得树，而是害怕父母说话。仲子，我也在思念你，只是怕父母要骂我呀。"

姑娘想起哥哥们知道了这件事也要为难她，便接着唱道："请求你仲子呀，别爬我家的墙，不要把我种的桑树给弄折了。并非我舍不得树，而是害怕哥哥们说话。仲子，我也在思念你，只是怕哥哥要骂我呀。"

姑娘还害怕别人知道这件事要背后讲她的闲话，于是再唱道："请求你仲子呀，别爬我家的后园，不要把我种的檀树给弄折了。并非我舍不得树，而是害怕人家说话。仲子，我也在思念你，只是怕人家风言风语议论我呀。"

【出处】

成语"人言可畏"来源于《诗·郑风·将仲子》："岂敢爱之，畏人之多言。仲可怀也，人之多言，亦可畏也。"这则成语的言是语言，指流言蜚语；畏是怕。流言蜚语是很可怕的。

忍辱负重

三国时期，吴国有一个著名的书生将军——陆逊。此人虽是一个身单力薄，手无缚鸡之力的书生，却最终杀了关羽，破了刘备的七百里联营。

当时，吴国大将军吕蒙因病向吴王孙权推荐陆逊接替他的职务，以对抗名震天下的蜀将关羽。吕蒙对孙权说："陆逊处事谨慎，颇有才智，谋略过人，能够担当重任，而现在他的名气还不是很大，不为关羽所重视，若用他来接替我，关羽必定骄傲轻敌，这样，荆州就能够轻易拿下。"于是孙权任命陆逊代替吕蒙镇守陆口。后来陆逊果然不负众望，以骄兵之计使关羽离开荆州去攻打魏国的襄阳；陆逊则乘机夺取了荆州，最后致使关羽无容身之地，只得从麦城（襄阳附近的一个小县城）败走，准备到蜀都成都搬救兵，结果中了东吴的埋伏，被抓住了，之后被孙权下令杀掉。

关羽之死让刘备非常悲痛，他决定亲自带兵攻打东吴，为关羽报仇。孙权又以陆逊为大都督率兵抗敌。由于陆逊年轻，缺乏战场经验，而其手下的将领多是孙策时代的旧臣名将，有的是王公贵族。他们骄傲自负，不大听从陆逊调遣。陆逊按着宝剑说："刘备天下闻名，连曹操也惧他三分，今率兵犯境，实是强敌压境！诸君当团结一心，共同抗敌，以报国恩。我虽一介书生，但受主上宏恩当此大任。国家之所以让诸君听命于我，是因为我还有一点可以称道的优点，就是能忍辱负重罢了。现在各负其责，岂能推辞，违令者按军法从事。"结果，在陆逊的指挥下，大败刘备，火烧联营七百里，刘备败逃到白帝城，不久病死。

陆逊正是因其处事谨慎，才谋超群，能忍辱负重的良好风范而成为三国时的一代名将，为后人所传颂。

【出处】

成语"忍辱负重"出自《三国志·吴志·陆逊传》："国家所以屈诸君使相承望者，以仆有尺寸可称，能忍辱负重故也。"意思是不避怨谤，忍受屈辱，担负重任。

日暮途穷

春秋后期，楚国的楚平王，强娶了自己的儿媳妇，接着又听信了佞臣费无极的谗言，捕杀了太子的老师伍奢及其大儿子伍尚，二儿子伍子胥由于提前得到消息逃跑了。

为了替父兄报仇，伍子胥历尽千辛万苦。传说在路过昭关时，那儿把守太严，他几乎没有办法逃出昭关，为此一夜之间愁白了头。他先逃到了梁国，又逃到了郑国，最后又逃到了吴国。他帮助吴国公子光夺得了王位（即是后来的吴王阖闾），公子光因此对伍子胥十分信任。九年之后，吴王阖闾与伍子胥一同带兵攻打楚国，很快便占领了楚国的都城——郢。此时，楚平王已经死了十年了，新立的国王——楚昭王亦逃得无影无踪，伍子胥便向吴王请求挖掘楚平王的坟。

得到吴王的允许之后，伍子胥便带人将楚平王的坟挖开，打开棺材，里面的尸体虽然已经腐烂，但伍子胥仍是怒火冲天，扬起铜鞭，一气打了300下，尸体打得一团糟，骨头也打烂了。最后他把平王的脑袋割了下来。伍子胥鞭尸的事被他先前的好朋友申包胥知道了。申包胥就写信责备伍子胥："你这样做太过分了，你曾经是楚平王的臣下，可是为了报私仇，竟连死人也不放过，真是太残忍了。"伍子胥读信后，对申包胥派来的人说："我因军务繁忙，没时间回信，请你代我谢谢申君，并告诉他忠孝不能两全，我好比一个走远路的人，天快黑了，路途还很遥远，所以我只好做出这种违背常理的事！"

【出处】

成语"日暮途穷"出自《史记·伍子胥列传》："吾日暮途远，故倒行而逆施之。"天色已晚，路已到头。比喻计穷力竭或接近死亡。

如火如荼

春秋末期，随着吴国的逐渐强大，吴王夫差开始野心勃勃，也想过一下当诸侯国霸主的瘾。于是，夫差连续征服了越国、鲁国和卫国。接着，吴王又和其他的诸侯国约定在黄池会师以确定诸侯国的霸主。此时能和吴国争夺霸主的只有晋国了。吴王带兵北上，来到黄池。

可正在这个时候，越王勾践抄了吴王的后路。他带领军队一直打到吴国的国都姑苏(苏州)，又派人马占据淮河，把吴王的退路切断了。

吴王得知这一消息后，非常震惊，立即召集文武大臣商量对策。大家都认为，现在退兵将会两头挨打；如果能打败晋国，就等于在诸侯国中当定了霸主，再回去收拾越王勾践也不迟。主意拿定之后，当务之急是尽快征服晋国。夫差考虑再三，决定出奇制胜。

会师之前的晚上，吴王下达了命令。从全军中挑出三万精兵强将，每一万人摆成一个方阵，共摆三个方阵。每一个方阵由一名将军率领，中间的方阵白盔白甲、白衣服、白旗帜、白弓箭，由吴王亲自率领，称为中军；左边的方阵，红盔红甲、红衣服、红旗帜、红弓箭；右边的方阵则一律黑色。

三路大军半夜出发，天刚蒙蒙亮来到了会师地点，摆开了阵势。吴王夫差亲自鸣金击鼓，于是，鼓声震天，呐喊声大起。晋军从梦中惊醒，赶快起床，整队集合，来到阵前一看，简直都惊呆了：那白色的阵，望上去如开着白花的茅草地；那红色方阵，望上去像熊熊燃烧的火焰，那黑色的方阵简直就像深不可测的大海。晋国的国君晋定公也被这场面震住了，不敢再打仗了，就同意吴王夫差为诸侯国的盟主。

【出处】

成语“如火如荼”出自《国语·吴语》：“万人以为方阵，皆白裳、白旗、素甲、白羽之矰，望之如荼……左军亦如之，皆赤裳、赤旗、丹甲、朱羽之矰，望之如火。”像火那样红，像荼那样白。原形容军容壮盛。后常比喻气势蓬勃，气氛热烈，情绪激昂。

如坐针毡

西晋初年晋武帝时期，由于贾充在司马炎称帝时出过大力，为表示感谢，司马炎便与贾充结为亲家，把贾充的女儿贾南风给了自己的儿子太子司马衷。贾南风又黑又丑，且又没给司马衷生下儿子，司马衷很不喜欢她。但司马衷的一个侍妾却给他生了个儿子，名叫司马遹，他从小便聪明机智，深得晋武帝的喜爱。有一年，宫中失火，正好是晚上，晋武帝便让人点燃蜡烛以察看火情，但年仅5岁的司马遹便对其祖父说："现在情况不明，不能点亮蜡烛，否则很不安全。"

后来，司马衷当了皇帝，司马遹便成了太子，他便给他的这个儿子请了一位老师，名叫杜锡。杜锡学识渊博，品德高尚。他经常劝告太子用心读书，向古代的圣人、贤人学习。太子听得多了，感到很厌烦，便想法捉弄他。他在杜锡经常坐的地方暗中放上钉子，当杜锡给他讲课时，往地毯上一坐，屁股上便被扎出了血，让杜锡既难受又难堪(如坐针毡)。杜锡虽然知道是太子干的，但又不好和他计较。

已成为皇后的贾南风由于没有儿子，总是想方设法地生儿子。她与宫中的医生私通，甚至挖掘地道私会美貌少年，不幸的是，这些事都被太子知道了，贾南风对此很是担心，害怕将来太子登基后会对自己不利，于是便先下手为强，她把太子灌醉后，让他写了一篇"反书"，然后送给司马衷，司马衷看后勃然大怒，将太子废为平民，并赶出了都城。贾南风并不放心，他又派人将太子杀死，死时年仅23岁。

【出处】

成语"如坐针毡"出自《晋书》。比喻处境困难，坐卧不安的意思。

孺子可教

张良是战国时期韩国的贵族，他的祖父与父亲都是韩国的相国。所以，张良在韩国具有很大的势力和光明的政治前途。但后来秦始皇灭了韩国，也就断送了他的政治前途，他发誓要为父、祖及韩国报仇。当秦始皇出巡来到博浪沙这个地方时，张良和跟随他的一个大力士准备用重槌击杀秦始皇，但却击中了另外一个车子，没有能杀掉他，秦始皇大怒，下令在全国通缉张良。

张良受到追捕，就跑到了下邳藏身。一天，他闲着没事，来到下邳桥上闲逛，却碰见了一个老头，穿着褐色衣服，径直来到张良身边，坐在旁边的桥栏杆上，然后把自己的鞋子脱了扔到桥下面，这一切，张良都看在眼中，正惊异间，却不防那老头向他吆喝道："年轻人，下去帮我把鞋子拾上来。"张良更加惊奇，简直想发火，但还是忍了一下，为他取了上来。老头又说："把鞋子给我穿上。"张良想："既然拾都拾了，干脆好事做到底。给他穿上吧！"于是又给那老头穿鞋，那老头很自然地伸出脚来，让张良把鞋给他穿上，然后，大笑着离去了，张良望着老头的背影，目瞪口呆。谁知，老头走了一里多路，又拐了回来，对张良说："你这孩子，可以教育，大有希望。五天之后，到这个地方等我。"张良更加感到奇怪了，他只是呆呆地答应了一声。

到了约定的那天，张良一大早就来到了桥边，谁知老头早已在那里等候了，他对张良的迟到很不满意，就要他第二天早些来，谁知第二天，张良又是比那老头晚。一连三次都是这样，最后，张良半夜就到桥边等候，老人非常高兴，就把一本兵书——《太公兵法》给了他，老人对张良说："用心地读这本书，读通之后，你就可以做帝王的老师了。"说完就走了，从此以后，张良再也没见到他。张良于是开始精心地研读这本书，最后，终于成为了一代军事家和谋略家，帮助刘邦建立了西汉王朝。

【出处】

成语"孺子可教"出自《史记·留侯世家》。比喻少年儿童，谦虚好学，可以教育，大有作为的意思。

入木三分

王羲之是东晋时著名的书法家，被后人称为“书圣”。在书法上能取得那么大的成就，是他经过长期的磨炼而得到的。十二岁时，他偶然发现了父亲珍藏的一本讲解书法的书，就偷偷拿出来津津有味地阅读起来。父亲知道后，认为他还小，就不让他读。王羲之对父亲说：“如果我现在还看不懂这本书中所讲的东西，长大了再看这本书又有多少用处呢？”父亲觉得儿子的回答很有道理，于是就把多年珍藏的书放心地交给了儿子。王羲之从此爱不释手，聚精会神地日夜阅读，而且非常认真地按照书里讲的方法练习。不久，他的书法就有了长足的进步。

王羲之的书法越来越被世人所熟知和欣赏，人们开始收集他的墨迹。王羲之曾出任右军将军，故世人又称他为王右军。他辞去官职后，在会稽山家里赋闲安居。有一次，王羲之在街头发现有一贫穷老妇拿着十几把扇子在叫卖，但很久无人问津。王羲之可怜她，叫人拿来笔墨，在她的每把扇子上写了五个字。老妇见状，着急地问：“你在上面写字，我还能卖得出去吗？”王羲之微笑着问：“你的扇子卖多少钱一把？”老妇人答：“二十钱。”王羲之说：“你只要说扇子上的字是王右军写的，我不光保证你的扇子卖得出去，而且每把可卖一百钱。”老人拿过扇子，将信将疑地走了。等她到市场上按王羲之的嘱咐一吆喝，人们一哄而上，抢着买扇。十几把扇子一下卖完了。老人这才相信了王羲之的话。

更为神奇的是，有一次皇帝在北郊举行盛典，请王羲之将祝词写在祝版上。后来因为祝词需要修改，工匠们奉命将祝版上的字刮掉。哪知他们拿起祝版一看，惊奇地发现每个字的笔痕都深入木中三分，犹如刀刻的一般。他们不由得赞叹不已。这个传说虽然带有夸张的成分，但非常形象地说明了王羲之笔力的强劲。

【出处】

成语“入木三分”出自唐·张怀瓘《书断·王羲之》：“王羲之书祝版，工人削之，笔入木三分。”形容书法笔力遒劲雄健。后多比喻见解、议论深刻。

阮囊羞涩

东晋人阮孚，他的父亲就是“竹林七贤”之一的阮咸。所谓“竹林七贤”是指魏末晋初时期的七位文坛上的名人：稽康、阮籍、山涛、向秀、刘伶、阮咸、王戎等七人。他们常集于山阴（今河南修武）竹林之下饮酒，故称“竹林七贤”。他们大都不拘礼法，生性放达。由于当时的政治黑暗，这些文人们对未来所抱的理想眼看无法实现，感到非常苦闷，就相约畅饮，带上棋、琴、书、画等进入山后竹林，抚琴吟诗借酒浇愁。阮孚也像他父亲一样，高傲放荡，藐视权贵，不愿意和当时的统治者合作，但也不敢同他进行斗争，而是采取消极逃避的态度。他不治家产，生活并不富裕，有时还相当穷困。晋元帝曾先后任命他为“安东参军”、“丞相从事中郎”等官职，他根本不理公务，天天喝酒游玩，头发很乱，衣服也不整洁，说话行动都很散漫随便。在他担任黄门侍郎散骑常侍时，曾把金貂（官帽上的珍贵饰物）拿去换酒喝了。

阮孚散漫豁达，不拘小节。经常做些其他人认为非常奇怪的事情。有一次，阮孚游览会稽（今浙江绍兴县，东南有会稽山，是当时名胜），他带着一个黑色的手提囊。有人问他囊中装着什么，他随口答道：“这是我的钱袋，可是空着。只留一个小钱在里面，因为怕它空了要感到难为情。”

后来，人们自称穷困，形容口袋里空空，一个小钱也没有，或仅有极少的钱，就引用这个典故，说是“阮囊拮据”或“阮囊羞涩”。

【出处】

成语“阮囊羞涩”出自宋·阴时夫《韵府群玉·阳韵·一钱囊》：“阮孚持一皂囊，游会稽。客问：‘囊中何物？’曰：‘但有一钱看囊，恐其羞涩。’”比喻手头拮据，经济困难。

塞翁失马

古时候，在我国的北部边塞地带住着一位老人，善于算卦占卜，在当地小有名气，并且许多时候他的见解和想法总是与其他人不同。他以养马为生，一天，他的马群中忽然有一匹马走失了。邻居们听说这件事，跑来安慰，谁知老人并不太在意，只是笑了笑说："丢了一匹马损失不大，没准会带来什么福气呢。"

邻居听了老人的话，心里觉得很好笑。马丢了，明明是坏事，他却认为也许是好事，这人真怪。过了几天，丢失的马不仅自动返回家，还带回一匹匈奴的骏马。

邻居听说了，对老人的预见非常佩服，向老人道贺说："还是您有远见，马不仅没有丢，还带回一匹好马，真是福气呀。"老人听了邻人的祝贺，并没有显得非常的高兴，反而说："白白得了一匹好马，不一定是什么福气，也许会惹出什么麻烦来。"邻居们听了都不以为然。

老人有个独生子，非常喜欢骑马射箭。他发现带回来的那匹马高大威猛，雄赳赳，气昂昂，嘶鸣嘹亮，一看就知道是匹好马，他一下子就喜欢上了这匹马，于是每天就骑着它练习骑射。有一天，他一不小心从马背上跌下来，摔断了腿。邻居听说，纷纷来慰问。

老人说："没什么，腿摔断了却保住性命，或许是福气呢。"邻居们觉得他又在胡言乱语。他们想不出，摔断腿会带来什么福气。不久，匈奴兵大举入侵，青年人被应征入伍，老人的儿子因为摔断了腿，不能去当兵。入伍的青年大都战死了，但这个老人的儿子由于没有入伍，得以保全性命，与父亲共度余生。

因为这个老人住在边塞地区，人们便从这个寓言故事中总结出了一个成语："塞翁失马，焉知非福。"

【出处】

成语"塞翁失马"出自《淮南子·人间训》。比喻虽然暂时受到损失，却因此可能得到好处，坏事在一定条件下能转化成好事。

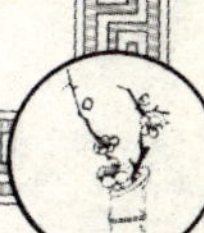

三顾茅庐

东汉末年，政治腐败，民不聊生，爆发了黄巾大起义。在镇压起义的过程中，一些地方上的将军趁机拥兵割据。孙权占领了长江以南的大部分地区，刘表占领了荆州（今在湖北），而曹操则挟持了汉献帝，占据着中原一带。当时，刘备的力量还比较小，但他有很大的抱负，也想成就一番事业。为了寻找一个得力的谋士，他在当地名士的指点下，准备拜访诸葛亮，邀请他为自己出谋划策。

他和关羽、张飞带着礼物到隆中（现今湖北襄阳县）卧龙岗去请诸葛亮。恰巧诸葛亮这天出去了，刘备只得失望地转回去。不久，刘备又和关羽、张飞冒着大风雪第二次去请。不料诸葛亮又出外闲游去了。张飞本不愿意再来，见诸葛亮不在家，就催着要回去。刘备只得留下一封信，表达自己对诸葛亮的敬佩和请他出来帮助自己挽救国家危险局面的意思。

过了一些时候，刘备吃了三天素，准备再去请诸葛亮。关羽说诸葛亮也许是徒有虚名，未必有真才实学，不用去了。张飞却说他一个人去，如他不来，就用绳子把他捆来。刘备把张飞责备了一顿，又和他俩第三次拜访诸葛亮。当时，诸葛亮正在睡觉。刘备不敢惊动他，站在诸葛亮门前的台阶下等了几个时辰，直到诸葛亮自己醒来。

刘备的诚意感动了诸葛亮，诸葛亮为刘备分析了天下的形势，帮助刘备确定了今后的目标，并准确地预测出了三国鼎立局面的出现。这次谈话，史称“隆中对”，对刘备有重要的意义，使他有了明确的目标，摆脱了以前东奔西跑的狼狈局面。

【出处】

成语“三顾茅庐”出自三国蜀·诸葛亮《出师表》：“先帝不以臣卑鄙，猥自枉屈，三顾臣于草庐之中。”比喻诚心邀请或专程拜访的意思。

三令五申

春秋时候，有一位著名的军事家名孙武，为了实现自己建功立业的理想，他携带自己写的《孙子兵法》去见吴王阖闾，吴王看过之后说："你的十三篇兵法，我都看过了，是不是拿我的军队试试？"孙武说可以。吴王再问："用女子来试验可以吗？"孙武说可以。于是吴王召集一百八十名宫中美女，请孙武训练。

孙武将她们分为两队，用吴王宠爱的两个宫姬为队长，并叫她们每个人都拿着长戟。队伍站好后，孙武便发问："你们知道怎样向前向后和向左向右转吗？"众女兵说："知道。"孙武再说："向前就看我心胸；向左就看我左手；向右就看我右手；向后就看自己的背所面对的方向。"众女兵说："明白了。"于是孙武便命人搬出铁钺（古时杀人用的刑具），三番五次向她们申诫，说完便击鼓发出向左转的号令。谁知众女兵不但没有依令行动，反而哈哈大笑，孙武见状说："解释不明，交代不清，应该是将官们的过错。"于是又将刚才一番话详细地再向她们解释一次。再次击鼓发出向左转的号令，众女兵仍然只是大笑。

孙武便说："解释不明，交代不清，是将官的过错。既然交代清楚而不听令，就是队长和士兵的过错了。"说完命左右随从把两个队长推出斩首。吴王见孙武要斩他的爱姬，急忙派人向孙武讲情，可是孙武说："我既受命为将军，将在军中，国君的命令可以不必完全照办！"遂命人将两个女队长斩了，再命两位排头的为队长。自此以后，众女兵无论是向前向后，向左向右，甚至跪下起立等复杂的动作都认真操练，再不敢儿戏了。

训练完之后，孙武向吴王说："士兵已经阵容整齐，大王可下台观看，任凭大王想让她们干什么，哪怕是赴汤蹈火也可以。"吴王恹恹地说："将军先回去休息吧，我不愿下台观看。"吴王虽然一时生孙武的气，但后来还是很赏识和重用他。

【出处】

成语"三令五申"出自《史记·孙子吴起列传》："约束既布，乃设铁钺，即三令五申之。"意思是反复多次向人告诫。

三人成虎

战国时代，各国之间互相攻伐，为了使大家真正能遵守双方所约定的条约，国与国之间通常都将太子交给对方作为人质。当时魏国大臣庞葱，将要陪魏太子到赵国去做人质，临行前，他害怕宫廷、朝廷中的小人会向魏王说自己的坏话，陷害自己，就委婉地向魏王表示了他的担心。他对魏王说："现在有一个人来告诉您说街市上出现了老虎，大王可相信吗？"

魏王道："我不相信。"

庞葱说："如果有第二个人说街市上出现了老虎，大王相信吗？"

魏王道："我有些将信将疑了。"

庞葱又说："如果有第三个人说街市上出现了老虎，大王相信吗？"

魏王道："我当然会相信。"

庞葱就说："街市上不会有老虎，这是很明显的事，可是经过三个人一说，好像真的有老虎了。现在赵国国都邯郸离魏国国都大梁，比这里的街市远了许多，议论我的人又不止三个。希望大王明察才好。"

魏王说："你放心，我绝对不会相信其他人胡说八道的。"

果然不出庞葱所料，他刚离开魏王不久，便有人向魏王讲他的坏话，魏王开始不信，但讲的次数多了，讲的人多了，他也开始怀疑起来。后来，庞葱和太子回国后，魏王再也没有招见他了。

【出处】

成语"三人成虎"出自《战国策·魏策二》："夫市之无虎明矣，然而三人言而成虎。"多人谎报市里有虎，使人信以为真。比喻流言经众人传播，足以以假乱真。

三生有幸

唐朝时候有一个法号为圆泽的和尚，他修行多年，对佛学有着高深的造诣，可以说已经到了大彻大悟的境界。他在惠林寺修行，他有一个俗家朋友姓李名源。二人互为知己，相交至深。有一天，二人相约去参拜四川的青城山和峨眉山，但在路线问题上发生了分歧。圆泽希望走陆路，从陕西的长安南下进入四川，李源却坚持走水路，从湖北沿江而上进入四川，这样可以欣赏到沿江的风景。因为早年在建惠林寺时，李源曾给予很大的支持，二人有约定，若意见不一致时，听李源的。所以最后决定由水路进入四川。

他们乘船来到了南浦，在船靠岸时，圆泽看到了河边有位身穿花缎衣裤的妇人正在取水，他当时就落泪了，对李源说："她姓王，是我下辈子的母亲。我得走了，给他做儿子去了。三天后你去她家看我，我会对你一笑作为证明。再过十三年的中秋夜，请你到杭州天竺寺外，那时，我会与你见面。"

李源听了，感到很吃惊，他还是希望圆泽的话不是真的，但当天夜里，圆泽就死了。三天后李源去看婴儿，婴儿果然微笑。李源又回到了惠林寺，寺里的小和尚说圆泽已经留下了遗嘱。十三年后，李源如约赶往杭州的天竺寺，刚到寺门口就看到一个牧童在牛背上唱歌。他唱的是一首诗，大意就是：我们是在三生石上成为知己，今世我们仍是老朋友，虽然我的身体变化了，但我还是原来的我。李源听了之后，不禁感慨万千，遇见这样一个和尚真是三生有幸。

【出处】

成语"三生有幸"出自元·吴昌龄《东坡梦》。比喻人与人特别有缘分，在偶然的机会里或特殊的环境中相识，成为知己。

丧家之犬

孔子，春秋末期的思想家、教育家，儒家学派的创始人。自小家贫，但他虚心好学，常向不同的人请教各种学问。30岁时，他已十分博学多才，开始收徒教学。

孔子虽然很有学问，但到50岁那年，才被鲁定公任命为中都宰。过了一年，鲁定公升他为管理工程建筑的司空；后来，又升他为主管司法和治安的司寇。55岁那年，他因为对鲁定公接受齐国送来的美女表示不满，便和弟子们离开了鲁国。孔子先后到卫、陈、宋等诸侯国，那里都容不了他。于是，他又来到郑国。不料出了一个意外：在都城的东门外，孔子和他的弟子们走散了，只好孤零零地站在城门下等候。他的弟子子贡焦急地到处寻找孔子。

有个郑国人告诉子贡说在城门口碰到了一个老头子，前额高得像古代的尧帝，脖子长得像皋陶（古代一个贤人），肩膀像我国的宰相子产，可是自腰下比大禹短三寸，那个样子看上去真是可怜极了，就像主人家遭了丧事的狗，忧愁地站在门口。子贡就来到了城门那里，果然找到了孔子。师徒见面非常高兴。孔子问子贡怎么知道他在那里，子贡便把那个郑国人的话重复了一遍。孔子听了无奈地笑笑说：“人的长相并不是很重要的事情，不过说我像丧家之犬，倒是十分贴切。”然后又喃喃自语道：“是那个样子，就是那个样子啊！”

【出处】

成语“丧家之犬”出自《史记·孔子世家》：“子产以实告孔子。孔子欣然曰：‘形状，末也。而谓似丧家之狗，然哉！然哉！’”原指有丧事人家的狗，因主人忙于丧事得不到喂养。后指无家可归的狗，比喻失去靠山，无处投奔的人。

杀彘教子

春秋末年，有一个大名鼎鼎的学者，同时也是孔子的得意门生，他的名字叫曾参，后人尊称曾子。

有一天，曾子的妻子要到集市上去买东西，他们的儿子大哭大闹着也要跟着前去。

曾夫人不想带孩子前去，可孩子哭闹个不停。没有办法，就对他许愿说：“乖孩子，你不要去了。你听妈的话，在家里自己好好玩耍，等我回来以后，为你杀猪，给你吃猪肉！”

那时候，家里养一头猪很不容易，杀一头猪算是一件大事。曾夫人本没有杀猪的意思，她只是想哄哄孩子，并没有当真。可是，孩子是当真的，他立即停住了哭闹，说：“真的？那好，我就不去了，我乖乖地在家里等候母亲。”

曾夫人放心地赶集去了。等她回来以后，早把给孩子许的愿忘得一干二净了。

当她迈步跨进大门的时候，听见自家院子里猪的嚎叫声。她心中纳

闷，也非常吃惊，急忙走进院子一看，只见自家那只正在长大的肥猪被捆绑起来，丈夫曾子磨刀霍霍，准备杀猪。她惊讶地问丈夫："你要干什么？"

曾子说："杀猪给孩子吃肉。"

曾夫人皱眉头说："杀猪？这不行！这猪正在长大，杀了太可惜了！"

曾子说："你不是已经答应了孩子，要杀猪给他吃肉吗？"

妻子说："我只不过是和孩子说着玩的。"

曾子说："和小孩怎么可以这样随便开玩笑呢，小孩子不懂事，他们跟着父母学，聆听父母的教诲。现在你欺骗他，就是教孩子学着骗人呀！做母亲的骗儿子，儿子也就不相信他的母亲，这不是教育孩子的好办法啊！"

为了不失信于孩子，为了诚实，曾子最终杀了那头猪。这就是历史上极有名的"杀彘教子"的故事。

【出处】

成语"杀彘教子"出自《韩非子·外储说左上》："曾子之妻之市，其子随之而泣。其母曰：'女还，顾反为女杀彘。'妻适市来，曾子欲捕彘杀之。"彘，猪。比喻父母说话算数，教子诚实无欺。

上下其手

春秋楚襄王时期，楚国比较强大，四处侵略，先攻打吴国，听说吴国已有准备，便改向攻打郑国。郑国弱小，根本无力抵抗，结果，遭到战败的厄运，连守城将领皇颉也被楚将穿封戌俘虏了。战事结束后，楚王的弟弟公子围，想冒认俘获皇颉的功劳，说皇颉是由他俘获的，于是穿封戌和公子围二人便发生争执，彼此都不肯让步，一时没有办法解决得了。后来，他们便请楚国的宰相伯州犁做公证人，判定这是谁的功劳。

伯州犁说："这不是个难事，要想知道是谁的功劳，问一下俘虏不就知道了吗？"于是把俘虏皇颉押了过来。伯州犁对皇颉说："你是被一个人俘虏的，但有两个人都争着说俘虏了你。现在，你说谁俘虏了你便是谁俘虏了你。"伯州犁话中有话，他有意偏袒楚王之弟公子围，但他又不敢明说。他把手向上抬了抬，指着公子围，又递给了皇颉一个意味深长的眼色说："这是公子围，楚王的尊贵无比的弟弟。"然后又把手向下按了一下指着穿封戌说："这个人是穿封戌，他只是地方上的一个县令。"接着又问皇颉："你是谁俘虏的？"对于伯州犁的鬼把戏，皇颉早已是心知肚明，立刻朗声回答道："俘虏我的人是公子围。"于是功劳归公子围。对于二人一唱一和演的双簧戏，穿封戌是看在眼里，气在心里，但丝毫没有办法，因为他的对手是公子围。

【出处】

成语"上下其手"出自《左传·襄公二十六年》："上其手曰：'夫子为王子围，寡君之贵介弟也。'下其手曰：'此子为穿封戌，方城外之县尹也。谁获子？'囚曰：'颉遇王子，弱焉。'"形容利用权势玩弄花招。也用来形容串通作弊。

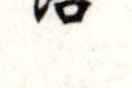
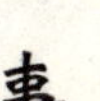

甚嚣尘上

春秋时期，晋、楚是两个比较大的国家，经常发生战争。有一年，晋国因为郑国背叛自己，倒向楚国而大怒，决定讨伐郑国，郑国赶紧向楚国求救。楚国派兵救援，两军在鄢陵（在今河南）相遇。当时天色已晚，两军各自安营扎寨。

第二天天还没有亮，晋国守营军士报告说："楚国军队直逼我军营，已经摆好了阵势。"大将栾书大吃一惊说："楚军已逼近我军，使我军没有地方排阵，要是打起来，对我们很不利。暂时坚守营地，等我们来研究一下破敌的办法。"众将纷纷议论，有的说集中兵力猛烈而迅速地攻击楚军，有的说退后一点排阵等等。大将士燮的儿子士丐，只有十六岁。他听到大家议论纷纷，决定不下来，就跑到中军帐去对栾书说："元帅在为没有地方排兵布阵犯愁吧？这是个容易事。"栾书问："你有什么好计策？"士丐说："命令一部分军士守好营门，其他军士在寨内暗暗地把灶削平，用木板把井盖起来，不到半个时辰就可以排好阵势。排好阵势后，再把围墙挖开作为战道，楚军能把我们怎么样？"栾书说："平了灶，塞了井，军士吃什么？"

士丐说："先叫各军准备一两天的干粮和水，布好阵势以后，安排一部分老弱的人到营后去打井垒灶就是了。"栾书高兴地说："这个童子的智谋胜过了大将。"他立即命令依计行事。

楚共王率领大军直逼晋国军营，自以为出其不意，晋国军队必然乱起来。但却不见动静，就向太宰伯州犁（他原是晋国人，因内乱被迫逃往楚国）询问原因。伯州犁请楚王登上战车观察情况，楚王边看边问。

楚王问："晋军中那几个人骑着马奔来跑去，在干什么啊？"伯州犁答："在召集各军将领。"楚王问："你看，有不少人汇集到一起了！"伯州犁说："是的，他们在商议作战计划。"楚王问："怎么张起帐篷来了。"伯州犁答："是为了要祭祀祖先，祝祷胜利。"楚王问："帐篷怎么又撤了？"伯州犁答："那就是要发布命令了。"楚王问："他们在大声喧闹，并且有尘土飞扬（甚嚣尘上），他们在干什么？"伯州犁答："这是在填井平灶，准备摆开阵势了。"楚王说："战车都驾上了马，将士都上了车……咦，怎么又都下了车？"伯州犁答："下车进行战前宣誓。"

楚共王和伯州犁看到这些情况，觉得晋军的战斗力将会非常的强，心中不禁闪过一丝不祥的预感。果然，在战斗中晋军表现得非常顽强，这场战斗打得非常残酷，双方死伤无数，鲜血染红了战场，战斗整整进行了一天，最后以楚军彻底失败而告终，楚王在夜色掩护下，率着残兵败将狼狈逃走了。

【出处】

成语"甚嚣尘上"出自《左传·成公十六年》："甚嚣，且尘上矣。"人声喧嚷，尘土飞扬，正进入准备战斗的状态。后形容消息普遍流传，议论纷纷。

生灵涂炭

东晋十六国时期，前秦在苻坚的统治下，逐步统一了中国北方大部分地区，并夺取了东晋的一小部分土地。一时间，前秦国力非常强盛。但后来，前秦王苻坚一次失误的决策给前秦带来了毁灭性的打击。公元383年，苻坚不顾大臣们的阻拦，决意派兵攻伐东晋，以统一全国，结果，在淝水之战中，大败而归，这场战争的失败使前秦遭到重创，原来处于秦统治下的北方各少数民族又乘机独立了，并建立了后秦、后燕等一些小的国家。

后来，后秦和后燕联合进攻前秦。两国的联军以锐不可当之势把前秦的都城长安团团围困。长安城内，粮食日益缺乏，百姓大多饿死。苻坚被迫退到五将山，不久被后秦王姚苌的军队活捉。姚苌威逼苻坚交出玉玺，苻坚不仅坚决拒绝，而且痛骂姚苌。于是姚苌下令处死了苻坚。

前秦的幽州刺史王永得知这个消息后，立即派人通知苻坚的儿子苻丕，并拥立他做皇帝。第二年，苻丕大封群臣，王永被加封为左丞相。王永就任后，写了一篇檄文，号召前秦在各地的武装力量联合起来，讨伐后秦的首领姚苌和后燕的首领慕容垂。檄文中写道："先帝不幸在贼人控制的地方被害，京城长安成为敌人的巢穴，国家凋败，百姓生活在泥沼、炭火之中，痛苦不堪。各地文武官员见到本檄文后，要马上派兵马前来会师，准备作战。"尽管如此，但由于敌军兵力强大，王永指挥的各地兵马实力不强，终于失败。公元394年，前秦被后秦攻灭。

【出处】

成语"生灵涂炭"出自《晋书·苻丕载记》："先帝晏驾贼庭，京师鞠为戎穴，神州萧条，生灵涂炭。"指百姓仿佛陷入泥沼，落入炭火一般。比喻百姓处于极端困苦的境地。

生吞活剥

唐朝是诗歌的盛世,那时写诗的风气很浓。人人都爱写诗,有个枣强县(今河北冀县)县尉张怀庆,此人不学无术,但也爱写诗,以附庸风雅。他写诗主要不是靠自己创作,而是抄袭,照搬他人的诗句作为自己的作品。当时朝中有一个名叫李义府的大臣,很擅长写诗,他有一首诗是:

镂月为歌扇,裁云作舞衣。
自怜回雪态,好取洛川归。

张怀庆觉得这首诗好,但他又写不出来同样好的诗,就索性把整首诗都用了,只是在每句前面加两个字,便是自己的作品了,改后的诗是:

生情镂月为歌扇,出性裁云作舞衣;
照镜自怜回雪态,来时好取洛川归。

原诗的意思是:有位漂亮的姑娘,唱歌时,拿着由圆月镂刻而成的圆扇,跳舞时,穿着由云剪裁出的舞衣,体态轻盈得像飞舞的雪花,自怜自爱。洒脱的公子路过洛水时,非常喜爱,要把这位如仙女般的姑娘迎娶回来。但经过张怀庆的改造和加工后,这首诗便变得莫名其妙了,谁也不知道他在说些什么。

由于当时有两个以诗文闻名的朝中要人——张昌龄和郭正一,特别是张昌龄的文词以浮华著称,他的诗文词藻华丽,文风飘逸,张怀庆恰恰就想模仿这种风格,但又模仿得不像。所以,当时的人便讥讽他"活剥张昌龄,生吞郭正一"。

【出处】

成语"生吞活剥"出自《大唐新语·谐谑》:"有枣强尉张怀庆好偷名士文章,……人为之谚曰:'活剥张昌龄,生吞郭正一。'"原指抄袭他人诗文。现泛指不切实际,生搬硬套。

升堂入室

我国古代伟大的思想家和教育家孔子，在四十多年的办学中，共招收了三千多名弟子，其中著名的弟子有七十二人，子路便是其中的一个。子路在开始时对孔子并不服气，他对孔子说："我像一根笔直的竹竿，生来便可做一支好箭，根本没必要读书。"孔子开导他说："读了书就有了学问，好比在竹箭尾部装上羽毛，前面又安上锋利的金属头，这样箭就更有用了。"子路听孔子说得很有理，便拜孔子为师。

有一次，子路在孔子家里弹琴。子路性格刚勇，因此弹琴的声音也像打仗一样充满着杀气。孔子也是很擅长音乐的，他既具有高深的音乐理论，又会弹琴，所以他一下子便听出了琴声中的肃杀之气，对子路很不满意。因为他是主张"仁"和"中庸之道"的，反映在琴声上就是要平和、圆润，使人听了之后能够变得温和平静，而不是充满杀气。他就对子路说："你为什么要在我家里弹琴呢？"孔子的弟子听了老师这话，以为是老师对子路有意见，对子路的看法顿时有了改变，言语中也有些不尊敬。孔子知道后，知道学生误会了他的意思，就对大家解释说："子路弹琴的本领已经登上厅堂，但尚未进入内室。他已经有了一定的成就，只是没有达到高深的境地。"

【出处】

成语"升堂入室"出自《论语·先进》。"堂"，古代房舍的前屋，"室"，后屋。"升"，登上，升堂比喻刚刚入门。入室比喻更高境界。原意指学习所达到的境地有程度深浅之别，现一般用来赞扬人在研究学问或钻研技术方面已深得老师的传授。

声色俱厉

唐朝后期德宗年间，翰林学士韦绶忠于职守，成为德宗非常信赖的大臣。翰林学士是皇帝最亲近的顾问秘书官，经常住宿内廷，奉命拟写有关任免将相等的文告，有“内相”之称。韦绶担任这个职务后忙于公务，时常数月不能回家一次，自然也无法照顾老母。韦绶因自己不能对老母恪尽孝道，内心感到非常不安，几次向德宗提出辞呈。但是，德宗少不了他，一直没有予以批准。直到他身体越来越差时，德宗才同意他辞去职务，回家休养。

韦绶的儿子韦温聪明好学，很有才能，后来当上了监察御史。他很孝顺长辈，父亲因病辞官回家后，他也跟着辞职回家，服侍父亲，时间长达二十年之久。韦绶临终前，谆谆告诫韦温说：“宫廷是一个是非之地，非常不安全，你千万不能当翰林学士。一不小心，就会招致杀身之祸。”韦温含着眼泪表示，一定牢记父亲遗训。韦绶去世后，韦温担任过许多官职，当时文宗皇帝执政，他非常赏识韦温的才干，决定任命韦温为翰林学士。韦温铭记父亲遗训，几次恳切地向文宗辞让这个官职。文宗不理解，韦温为什么如此固执地辞让这个对旁人来说是求之不得的职位。经过再三询问，韦温才表示，他不能违背对父亲许下的诺言。

后来，文宗对在旁的大臣说：“我想重用韦温，他每次都坚决回绝，难道没有他就不行了吗？”文宗说这话时，声音和脸色都非常严厉。旁边的一位大臣见他这样发怒，赶忙委婉地对皇上说：“陛下，韦温虽然如此固执，但他是遵承父亲遗命，也是一片孝心。请陛下成全他。”文宗不以为然地说：“韦绶不让其子当翰林学士，这种遗命是乱命，怎么能成全呢？”那位大臣再次解释说：“韦温连父亲的乱命也能遵承，这更说明他的孝心是难能可贵的。”文宗听他这样解释，才渐渐平下气来，并取消了对韦温的任命。

【出处】

成语“声色俱厉”出自唐·赵璘《因话录·卷一·宫部》。形容发怒时，声音和脸色都非常严厉。

盛气凌人

战国时代，赵惠文王死后，秦国立即兴兵犯境，这时，赵国十分虚弱，赵孝成王年幼，军国大事全由其母赵太后做主。她和平原君赵胜等大臣们商量后认为应向齐、楚两国求救。谁知，齐国同意救援，但提出要赵太后非常喜爱的小儿子长安君去做人质，才肯出兵。太后不肯，任凭大臣们如何劝谏，太后始终不答应。最后她对左右的人说："今后若再有人来劝我，我定要吐他一脸口水。"

一天，赵国的老臣触龙来拜见太后。太后以为他又来劝说，心中厌恶，脸上露出怒气，表现出一副不可一世的样子，等着他来发泄心中的怨恨。但触龙进来后，先是表示因年老体衰，未能多来看望太后而深感歉意，而后又拉起了家常，使太后以为他是来看望她的，情绪也缓和了下来。触龙见此情景，便向太后说出了一件心事。他请求太后把他自己十五岁的小儿子安排在王宫卫队，因为他非常喜欢他，怎奈自己老了，此事就托请太后照顾。赵太后见这位老臣为小儿子的事如此恳切，便问道："你们男人家也喜欢自己的小儿子吗?""比女人更喜欢。"触龙回答。"女人们对小儿子才更喜欢呢!"赵太后不禁笑出声来。"我觉得你更喜欢女儿，你对长安君的喜欢，比不上你对你女儿燕后的喜欢。"触龙趁机说道。"不，你弄错了，我更喜欢我小儿子长安君。"太后坦然地说。

触龙觉得时机已经成熟，便转入正题，对赵太后说："你喜欢女儿，所以她出嫁到了燕国，你祈祷上天，希望她生个儿子继承王位，你这是为她的长远利益考虑。但对长安君，尽管你赐给他许多金银，但你却不让他去替国家建立功劳，将来怎么会有做君王的威望呢？你没有替长安君做长远打算，所以说，你喜欢长安君，比不上喜欢燕后。"赵太后听了这番话，自知理亏，便同意了大臣们的意见，让长安君去齐国做人质了。齐楚两国军队来了之后，秦军退去，赵国转危为安。

【出处】

成语"盛气凌人"出自《史记·赵世家》："（太后）盛气而胥之。"意思是用威严傲慢的气势压人。

尸位素餐

西汉时,有个名叫朱云的人,性格豪爽,为人正直,并且学识渊博,在当地很有名气。但到了四十岁那年,朱云觉得自己的学问还不够,就又拜师学习了《周易》和《论语》。之后,他的学问更加渊博了。当地的官员非常佩服他,特地上了一道奏章,向汉元帝推荐他,说可以任用为御史大夫,但没有被接受。

后来,朱云的学问终于有了用武之地。在一次由朝廷举办的关于《周易》的学术辩论会中,朱云舌战群儒,并驳倒了一位对《周易》很有研究且深得元帝信任的大臣,这件事轰动了整个京城,汉元帝知道后,就任命他当了个县令。虽然官不大,但朱云认真负责,并敢于直言。

元帝去世后,成帝即位。成帝的老师张禹得到重用,被任命为丞相。朱云觉得张禹没有什么本事,便上书成帝,请求召见。成帝答应了他的请求,召见了他。在朝堂上,朱云当着众大臣说道:"现在朝廷的大臣,对上不能匡正皇帝的过失,对下不能有益于百姓,全是白白地占据着职位吃闲饭的。请求陛下赐我尚方宝剑,让我斩一个佞臣,以警其余!"成帝惊诧地问:"你要斩的是谁呀?"朱云高声喊道:"就是丞相张禹!"成帝勃然大怒,拍着桌子喊道:"你这个卑贱小臣,胆敢口出狂言,当众诽谤丞相,侮辱我的师傅,给我拉出去斩了!"

立刻有两个武士架着朱云走出去,朱云一面走一面狂叫道:"我情愿和夏朝的忠臣关龙逄、商朝的忠臣比干一样,为直言谏君而死。我死了不要紧,但不知陛下今后怎么办!"左将军辛庆忌慌忙跪伏在地,脱下官帽,连连向成帝求情说:"朱云一向狂傲,为世人所熟知。他说的对,就不该诛杀,他说得不对,也应容忍他,臣愿以死替他求情!"成帝见辛庆忌头部叩得鲜血淋淋,受到感动,就赦免了朱云,但将他免了职。

【出处】

成语"尸位素餐"出自《汉书·朱云传》。尸位:空占职位,不尽职守;素餐:白吃饭。占据着职位白吃闲饭,不做事。有时也用于自谦,表示没有做出什么成就。

韋温

趙國太后

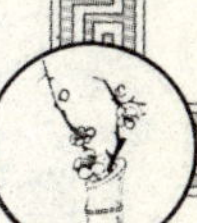

失斧疑邻

从前有一个人丢失了一把斧子，怎么找也没有找到。他忽然想到：邻居家的儿子经常向自己借斧用，会不会是他一时起了贪心偷走了斧子？他就开始观察邻居孩子的神色、言语、动作，越看他越像个小偷，于是就断定斧子肯定是被邻人之子拿走的，心里还对自己说："我早就看出那小子不是个好东西。"

第二天，他上山去打柴，在一棵树旁，忽然发现他丢失的斧子。他这才想起，原来前天来打柴时，忘记把斧子带回去。他后悔错疑了邻居的儿子。回家后，再留心观察那人的神情、态度，果然毫无可疑之处，不论那青年的一言一语、一举一动，都不像是偷过斧子的样子了。他还自言自语道："小小的斧子哪家没有？谁愿意来偷！我早就觉得，他不会干那种事的。"

【出处】

成语"失斧疑邻"出自《列子·说符篇》："人有亡斧者，疑其邻之子，视其步行，窃斧也，颜色，窃斧也……俄而复其谷而得其斧，他日复见其邻人之子，动作态度无者。"形容主观臆断，胡乱猜疑。

失之东隅，收之桑榆

公元25年秋天，汉光武帝刘秀建立东汉政权。此时，全国尚未统一，因为当时还有地方割据的军阀和赤眉军等农民武装力量存在。刘秀和诸大臣分析了一下赤眉军的处境，赤眉军当时占据着长安，其西南北三面都是地方军阀，东面则是自己的军队，赤眉军实际上是处于四面包围中，于是决定先消灭赤眉军。刘秀派邓禹等大将率兵西击长安。公元26年春天，长安断粮，樊崇领导的几十万赤眉军不得不向西转攻城邑，但遭到占据天水郡的隗嚣的阻击，只得又回到长安来。这时，长安已被邓禹占据。经过激战，赤眉军打败了邓禹，9月又重新占领长安。这年冬天，赤眉军的粮食供应仍然极端困难，不得已于12月引兵东进。

刘秀一面派大将冯异率军西进，在华阴（现在陕西华阴东南）阻击赤眉军；一面在新安（现在河南渑池东）、宜阳（现在河南宜阳西）屯驻重兵，截断赤眉军东进的道路。冯异率领西路军，在华阴、湖县一带，同赤眉军相持了六十多天。多次被赤眉军打败的邓禹，这时也率部到达湖县，同冯异的部队会合。后来，双方在回溪发生战斗，结果冯异和邓禹被赤眉军打得大败。邓禹只带着24骑逃回宜阳；冯异抛弃了战马，带着几个人抄小路逃回营寨。

公元27年正月，冯异收集回溪战败的残部，约有数万人，再次与赤眉军约战。冯异令壮士打扮成赤眉军的样子，埋伏在道边，当两军战在一起时，冯异布置的伏兵杀出，赤眉军分不出敌我，被打得大败。这一战基本上消灭了赤眉军的主力。剩下的赤眉军折向东南，不料在宜阳又陷入刘秀重兵的包围。赤眉军经过艰苦的战斗，始终不能突围。樊崇等人在粮尽力竭的情况下，投降了刘秀。战斗结束后，刘秀下了一道诏书，名叫《劳冯异诏》。其中有这样几句：“开始在回溪遭受挫折，最后在渑池一带获胜。这正是所谓的‘失之东隅，收之桑榆’呀！”

【出处】

成语“失之东隅，收之桑榆”出自《后汉书·冯异传》。比喻开始的时候在这方面虽然失败了，最终在另一方面获得胜利。

师出无名

公元前206年，刘邦率军攻占秦都咸阳，推翻秦朝统治。不久，项羽率大军又进入咸阳，杀了秦朝的降王子婴，烧了秦朝的宫室，熊熊大火居然烧了三个月之久。接着，他派人向义军的名义领袖楚怀王禀报了入秦的情况。怀王表示，按以前的约定办：谁先打败秦军、攻入咸阳，谁就当关中王。项羽虽然是后进咸阳的，但他倚仗自己兵马强大，拒绝遵守事先的约定，自封为西楚霸王，而将刘邦封为汉王，让他到道路险阻、人烟稀少的巴蜀（今四川北部一带）之地去。同时，给了楚怀王一个徒有虚名的尊号——义帝。但不久，又暗中指使人把义帝杀死。

刘邦进入他的封地休整了几个月后，又返回了关中，打败了那里的守将，夺取了关中，便以关中为根据地，向东进军，与项羽争夺天下。当刘邦的军队经过洛阳时，当地一位德高望重的老人——董公拦住汉王刘邦的车驾劝他说："我听说顺从德行的就能昌盛，违背德行的将会失败；出动大批军队而没有正当理由的（师出无名），必将遭到失败。项羽无道，杀害义帝，将会遭到天下百姓的唾弃。希望将军能抓住这次机会，以树立您的威信。"刘邦听说义帝死，当时便袒露着左臂大哭，接着为义帝发丧，举办了为期三天的丧礼。派遣使者通知各地诸侯说："天下人共同拥立义帝，而项羽却把义帝杀了。我希望和诸侯王一齐征伐杀害义帝的人。"为义帝治丧后，刘邦率军队继续东进，进攻项羽的都城彭城（今徐州）。

【出处】

成语"师出无名"出自《汉书·高帝纪》："吾闻顺德者昌，逆德者亡。兵出无名，事故不成。"指出兵没有正当的理由，亦泛指行事没有正当的理由。

十行俱下

南朝梁武帝萧衍第三个儿子萧纲，从小聪明伶俐，记忆力很强。他四岁开始识字读书，能够过目不忘；到六岁时，已经会写文章了。

梁武帝看到自己的儿子如此聪明，自然非常高兴。但自己由于军国大事在身，没有时间亲自教导他，所以他对于儿子能写文章一事还是不太相信。有一次，他特地考察了一下萧纲，当面给他出了一个题目，要他作出一篇文章。萧纲看到题目后，提起笔来，不假思索，一气呵成，很快就写出了一篇洋洋洒洒长达千字的文章。梁武帝非常吃惊，然后又看了一下文章，更是感到不可思议，文章用词老练，内容深刻，根本不像出自一个幼童之手。虽然是自己的儿子，萧衍还是不禁脱口而出地赞扬道："你真是我们家的东阿王呀！"（东阿王是曹操之子曹植，以极高的文学天才留名后世）

萧纲非常喜爱读书。在老师的指导下，他博览群书，诸子百家的书，他都有所涉猎。虽然贵为皇子，他并没有放松对自己的要求，一直在努力地增加自己的知识。因为他经常读书，并且有较好的记忆力，所以他阅读能力很强，读书的速度惊人，能够十行同时地阅读下去（十行俱下）。用这样的速度读书，当然能够读很多很多的书。因为肚子里装满了知识，所以他写起文章来也得心应手。

在他二十八岁那年，因长兄萧统去世，他被立为太子。几年之后，梁武帝手下的大臣侯景叛乱，率军攻破了都城建康（今南京）。梁武帝被囚禁起来，不久死掉。在侯景的挟持下，萧纲即位，做了两年的皇帝。后又被侯景废掉，侯景并派人将其害死。

【出处】

成语"十行俱下"出自《梁书·简文帝纪》："太宗幼而敏睿，识悟过人。……读书十行俱下，九流百氏，经目必记；篇章词赋，操笔立成。"原指一瞥之下，能阅十行文字，后喻读书敏捷，或阅读奇快。

拾人牙慧

东晋时候,有一个名叫殷浩的人。因为他曾经当过中军的官职,所以被人称为“殷中军”。他曾被任命为建武将军,统领扬州、豫州、徐州、兖州、青州的兵马,准备收复中原,与占据北方的少数民族作战。后因战事失利被罢官,并流放到信安(今浙江省境内)。

殷浩很有学问,他爱好《老子》、《易经》,并且很有口才,能把这些晦涩难懂的古书讲得头头是道。

殷浩有个外甥,姓韩,名康伯,非常聪明,也善于谈吐,殷浩很喜欢他,但对他的要求却十分严格。殷浩被流放时,康伯也随同前往。有一次,殷浩见他正在对别人发表言论,仔细一听,康伯所讲的,完全是抄袭自己的片言只语,套用自己说过的话,没有他个人的创见,却露出自鸣得意的样子,殷浩很不高兴,说:“康伯连我牙齿后面的污垢还没有得到,就自以为了不起,真不应该。”

后人根据这个故事,引申出“拾人牙慧”这个成语。

【出处】

成语“拾人牙慧”出自南朝宋·刘义庆《世说新语·文学》:“殷中军云:‘(韩)康伯未得我牙后慧。’”比喻拾取和抄袭别人的言论。

食不甘味

战国后期，有齐、秦、楚、燕、韩、赵、魏七国，其中秦国最为强大，它经常侵犯其他国家。有一年，秦惠文王派使者去见楚威王，要挟他说："如果楚国不服从秦国，秦国就要出兵伐楚。"楚威王闻听大怒，下令把秦国使者驱逐出境。但楚威王又因实力不足而焦虑不安，如果强秦发兵入侵该如何办呢？

恰在这时，著名的说客苏秦来到了楚国拜见楚王，向他兜售他的合纵策略。苏秦向楚威王分析道："秦国是虎狼之国，有吞并天下的野心，是天下人的仇敌。如果单独与它为敌，没有国家是它对手，如果六国联合起来，它反而不是我们的对手。我想请问大王，您觉得楚国能战胜秦国吗？"这一句话正好问在楚威王的心坎上。

他听了苏秦的话，感慨地说："是啊，我们楚国的西面与秦国接壤，秦国一直想侵吞我们的土地，我也估量到，光是靠我们楚国，未必能取胜。想与各大臣商议，但他们中没有智足谋多的人，依靠不了他们什么。为此，我一直在床席上睡不安稳，吃东西也吃不出好的味道来，心像悬挂的旗子一样摇晃不安，没有安定的时候。今天听了先生的话，觉得很有道理，我决定参加合纵。"楚国加入合纵后，六国联盟便形成了，自此，秦国很长时间不敢侵犯六国。

【出处】

成语"食不甘味"出自《战国策》："秦王恐之，寝不安席，食不甘味。"甘味，感到味道好。吃东西都觉得没有味道。形容心里有事，吃东西也不香。

食言而肥

春秋时期，有一年鲁国国君鲁哀公从越国返回鲁国，他这次回国处境比较狼狈，因为他是被自己的几个权臣给赶了出去，因而流亡到越国。现在，这几个权臣已经死了，他才敢返回自己的国家。此时，他的儿子已当了鲁国国君，即是鲁悼公，而那几个权臣的后代仍继续掌握着朝中的大权，其中包括季康子和孟武伯，这两人势力相对较大，为了表示对鲁哀公的欢迎，同时也为了给鲁悼公一点面子，他俩就在鲁国的边境为鲁哀公举行了一场欢迎宴会。

参加宴会的包括季康子、孟武伯、鲁哀公和他的心腹郭重及其他大臣。由于郭重曾经跟随鲁哀公流亡国外，孟武伯就怀疑郭重在鲁哀公面前讲他们的坏话，因此讨厌他，郭重长得比较胖，孟武伯就趁向鲁哀公敬酒的机会对在旁边的郭重说："你吃了什么东西长得这样胖？看来在国外的生活蛮好的。"孟武伯的这一句话既嘲笑了郭重，又嘲笑了鲁哀公。鲁哀公本来就对孟武伯不满，因为毕竟是他的父亲等人把自己赶出了国外，现在又听到这句话，立刻就火了，他说："经常吃掉自己说过的话的人能不肥吗(食言而肥)？"暗中嘲讽孟武伯经常出尔反尔，说话不算数。孟武伯虽然面红耳赤，但也不敢当场发火。

【出处】

成语"食言而肥"出自《左传·哀公二十五年》："(鲁哀)公曰：'是食言多矣，能无肥乎？'"比喻说话不算数，出尔反尔，只图私利。

始作俑者

战国时期，孔子思想的继承人——孟子仍然像他的前辈孔子一样，周游列国，不辞辛劳地宣传他们的政治主张——仁政。有一天，孟子来到了魏国，和魏国国君梁惠王（魏惠王）谈论治国之道。孟子问梁惠王："用木棍打死人和用刀子杀死人，有什么不同吗？"

梁惠王回答说："没有什么不同。"

孟子又问："用刀子杀死人和用政治害死人有什么不同？"

梁惠王说："也没有什么不同。"

孟子接着说："现在大王的厨房里有的是肥肉，马厩里有的是壮马，可老百姓面有饥色，野外躺着饿死的人。这是当权者在带领着野兽来吃人啊！大王想想，野兽相食，尚且使人厌恶，那么当权者带着野兽来吃人，怎么能当好老百姓的父母官呢？孔子曾经说过，首先开始用俑（古时陪同死人下葬的木偶或土偶）的人，他是断子绝孙、没有后代的吧！您看，用人形的土偶来殉葬尚且不可，又怎么可以让老百姓活活地饿死呢？"孟子的一番话让梁惠王非常惭愧。

【出处】

成语"始作俑者"出自《孟子·梁惠王上》："仲尼（孔子）曰：'始作俑者，其无后乎！'"比喻第一个做某项坏事的人或某种恶劣风气的创始人。

世外桃源

东晋著名诗人陶渊明曾写过一篇文章叫《桃花源记》，说湖南武陵地带有个渔夫，有一天，他划着渔船在小河里逆水而上。不知划了多久，忽然看见一片桃树林。河岸两旁数百步的地面上，全都长着茂盛的桃花树，没有其他树木间杂。这里到处都是鲜美芳香的花草，美丽的桃花不时落下，随风飘舞，真是美极了，好像到了神仙的境界。

渔夫继续往前划，到了溪水的源头，林子就没有了，可是渔夫却发现了一座小山。这山有个洞口，从里边透出了光亮。渔夫感到很奇怪，便下船，从洞口向里边走去。山洞口起先很窄，刚刚能容下一个人通过。又走了几十步，便来到一个开阔明朗的地方。这里地面又平又宽，房屋高雅整洁，有肥沃的田野，美丽清澈的水池，还有竹林，桑树林，田中的埂路，彼此相通，到处可以听见鸡鸣狗叫的声音。再仔细一看，还见到来往的行人，在田里劳动，男男女女穿的衣服，都和外边的人不一样，老年人和小孩都很快乐。这里的人们瞧见渔夫走来，非常吃惊，一边问他从哪里来，一边请他到家里做客，杀鸡摆酒，设宴招待他。村里的人都跑来看他，向他打听外面的消息。

这些世外桃源的人说："我们的祖先，在秦朝天下大乱的时候逃到这个没有人烟的僻静之处，以后就住了下来，从没离开这个地方，因此，便与外人隔绝了。"现在他们已经不知道外边是什么朝代了。这渔夫把所知道的情况，告诉了他们，大家都很感慨外面的世界变化真大。渔夫住了几天，便告辞往外走了。临走的时候，村民们嘱咐说："你可不要告诉外边的人啊！"

渔夫出来后，找到自己的小船，就顺流而下往回划，一路上走过的地方，都留下了记号，打算再来时便于找到。他回到武陵郡城后，就把这件事报告了武陵太守。太守立刻派人跟他去找桃花源，可是，先前做下的记号全都不见了，再也找不到那条通往世外桃源的神奇之路。

【出处】

成语"世外桃源"出自晋·陶渊明《桃花源记》。原指与现实社会隔绝，生活安乐的理想境界。后也指环境幽静、生活安逸的地方，也指幻想中的美好世界。

势如破竹

三国末年，晋武帝司马炎灭掉蜀国，夺取魏国政权以后，准备出兵攻打东吴，实现统一全国的愿望。他召集文武大臣们商量灭吴大计。许多人认为，吴国地处江南，有长江天险作为屏障，并且吴国还有一定实力，想一下子消灭它不太可能。不如再等几年有了足够的准备再说。

大将杜预不同意这种看法，写了一道奏章给晋武帝。杜预认为，必须趁目前吴国衰弱，赶快灭掉它，不然等它有了实力就很难打败它了。司马炎看了杜预的奏章，向自己最信任的大臣张华征求意见。张华很同意杜预的分析，也劝司马炎立即攻打吴国，以免留下后患。于是司马炎就下了决心，他认为，目前吴主孙皓昏庸残暴，手下大臣离心离德，内部分崩离析，极易攻破，便任命杜预做征南大将军。公元 279 年，晋武帝司马炎调动了二十多万兵马，分成六路水陆并进，攻打吴国，一路战鼓齐鸣，旌旗飘扬，军队威武雄壮。第二年就攻占了江陵，斩了吴国一员大将，率领军队乘胜追击，在沅江、湘江以南的吴军听到风声吓破了胆，纷纷打开城门投降，最后，开始夺取建业。

司马炎下令让杜预从小路向吴国国都建业进发。此时，有人担心长江水势暴涨，不如暂时收兵等到冬天进攻更有利。杜预坚决反对退兵，他说："现在趁士气高涨，斗志正旺，取得一个又一个胜利，势如破竹，一举攻击吴国不会再费多大力气了！"晋朝大军在杜预率领下，直冲向吴都建业，不久就攻占建业灭了吴国。晋武帝统一了全国。

【出处】

成语"势如破竹"出自《晋书 · 杜预传》。形容战斗节节胜利，毫无阻挡。又形容不可阻挡的气势。

是可忍，孰不可忍

孔子在鲁国居住时，曾在鲁国的朝廷中当了一段时间的官，对鲁国的政治比较熟悉。当时，鲁国有三个比较大的家族：季孙、孟孙和叔孙。这三家在鲁国具有很大的影响力。他们世代为卿，权重势大。尤其是季孙，好几代都操纵着国家政权，国君实际上已在他的控制之下，并且有时他们居然把国君给赶了出去。鲁昭公曾被他们打败，逃往齐国，鲁哀公也被他们打得逃往卫国、邹国等，到鲁悼公，更几乎只挂个国君的空名了。

季孙家族可以算得上当时鲁国的第一大家族了，权势熏天，无人敢惹。其当家人季平子更是独断专横，不把国君放在眼中，而且有时还以天子自比。有一天他在家开家庭舞会。按照当时的制度，舞会的规模是：天子八佾（八人一行叫一佾，八佾为 64 人），诸侯六佾，卿大夫四佾。可季平子竟然无视这种规定，排出六十四人的大型舞乐队，完全是天子的规格。孔子当时正好在鲁国做官，当他听说这件事时，就非常愤怒地说："如果这件事情都能容忍，那还有哪件事情不能容忍呢（是可忍，孰不可忍）！"

【出处】

成语"是可忍，孰不可忍"出自《论语·八佾》："孔子谓季氏，'八佾舞于庭，是可忍也，孰不可忍也。'"意思是绝对不能忍受。

舐犊情深

杨修，他的父亲杨彪是东汉献帝时的太尉。杨修从小聪明过人，极有才学，因此被曹操任命为主簿（秘书）。杨修与曹植交往密切，但人们都说曹植才能不及杨修之半。据说，有人曾给曹操送了一盒酥，曹操并没有吃掉，并写了“一合酥”三字放在盒上。杨修发现之后，便把酥拆开来与大家分吃了。曹操知道后，就问杨修为什么要分吃酥，杨修说：“盒上明明写着一人一口酥，我们岂敢违丞相之命。”曹操听后，虽然没说什么，但内心却非常厌恶。

曹操征讨汉中无功而返时，出了一道口令叫“鸡肋”。众人不解其意，便问杨修。杨修说：“鸡肋，食之无味，弃之可惜，想是丞相要撤军罢兵啊！”果然，当夜便下了撤军命令，命令一下，各部匆忙混乱，唯独杨修领导的秘书、机要部门早已整装待发。曹操怪其神速，询问之下，原是杨修所言，于是曹操一怒之下，便以惑乱军心为借口，把杨修给杀了。

杨彪老年丧子，而且是这样聪明的儿子，自然十分悲痛，但又惹不起曹操，也不敢直接对曹操表示不满。当曹操问起他消瘦的原因时，他便借金日磾故事委婉地表达了自己失去儿子的痛惜之心。杨彪说：“我没有金日磾的先见之明，没有把不孝子早点杀了。现在还有点老牛舐犊的哀怜之情。”所谓金日磾，是汉武帝时的大臣，他的两个儿子被武帝所宠爱，但二人却在宫中与宫女、妃子等勾结，这是灭门之罪，金日磾怕受牵连，便把两个儿子杀了。曹操听杨彪这样说，倒也没有发作，毕竟是自己做了亏心事。后以“舐犊”一语，比喻老人疼爱幼子的意思。

【出处】

成语“舐犊情深”出自《后汉书·杨彪传》：“犹怀老牛舐犊之爱。”舐，用舌头舔。比喻父母对子女的爱极深。

手不释卷

三国时代，东吴有一员大将名叫吕蒙。他年轻时，家境贫困，无法读书。从军后，由于作战勇敢，屡立战功，很快便当了将军。吴主孙权看他年轻有为，便劝他多读点书，以增加见识。

有一天，孙权对吕蒙说："你现在是一员大将，责任重大，应该好好地读一些书，增加自己的才干，对行军打仗有好处。"

吕蒙一向不大重视读书学习，认为有经验就可以了，一听主公要他学习，便为难地推托说："军队里的事情又多又杂，都要我亲自过问，恐怕挤不出时间来读书啊！"

孙权严肃地说："你的事情总没有我多吧？我并不是要你去研究学问，而只是要你翻阅一些古书，从中得到一些启发罢了。"

吕蒙说："那么多的书，我该从哪儿读起呢？"

孙权听了，微笑着说："你可以先读些《孙子》、《六韬》等兵法书，再读些《左传》、《史记》等历史书。《孙子》、《六韬》自不必说，《左传》、《史记》都是关于古代政治得失成败、国家兴亡的历史，有很大的借鉴意义。"

停了停，孙权又说："时间嘛，要自己去挤出来。从前汉光武帝在行军作战的紧张关头，手里还总是拿着一本书不肯放下来呢！那曹孟德（曹操）还说要越老越要努力学习。你们年轻人怎么就不能自勉上进呢？"

吕蒙听了孙权的话，回去便开始读书学习，并坚持不懈，很快便有了很大的收获和成就，令原来一向瞧不起他的鲁肃也不得不刮目相看。

【出处】

成语"手不释卷"出自《三国志·吴书·吕蒙传》裴松之注引《江表传》："光武当兵马之务，手不释卷。"指手里的书不肯放下。形容读书勤奋或看书入迷。

首鼠两端

西汉武帝时，王太后（武帝之母）有个同母异父的弟弟叫田蚡。他靠着王太后的势力做了丞相，掌握朝中大权。田蚡是个卑鄙阴险、骄横自私的人物，因为有王太后这座靠山，加之汉武帝当时还年轻，所以他无所顾忌胡作非为，骄横奢侈，对于不顺从自己的人除之而后快。

田蚡向窦婴索要城南的一块良田，窦婴不给，他听说灌夫也替窦婴抱不平，由此跟灌夫和窦婴结了怨（窦婴和灌夫都是在平定七国之乱中立了功的将军）。又因为灌夫掌握着田蚡贪污受贿的事，所以田蚡对他和窦婴都非常嫉恨。窦婴和灌夫都是当时的失意者：灌夫因事丢了官，而窦婴则因其后台窦太后（武帝的奶奶）去世，其势力一落千丈。二人同病相怜，所以走得比较近，共同对抗田蚡。

有一次，田蚡举办婚礼，王太后为了扩大自己的势力，便下了诏书，吩咐诸侯、宗室、大臣们都到丞相府去祝贺。窦婴和灌夫本来不想去，但既然王太后出面了，就不能不给她面子，因此也勉强去了。在酒席上，当灌夫向田蚡敬酒时，田蚡没有喝，他有点不高兴，当他向灌贤敬酒时，灌贤装作不知道，只顾同邻座程不识交头接耳地说话，灌夫再也忍不住了，便向

灌贤大骂道:“我平日就看程不识不值一个小钱。我是长辈,向你敬酒,你站都不站起来,还学什么娘儿们咬耳朵说话。”田蚡本来就看灌夫不顺眼,他这么一闹,田蚡便趁机拘捕了他。

田蚡决意要置灌夫于死地。而窦婴则竭力地通过各种关系疏通,以挽救灌夫。事情闹到了汉武帝那里,武帝便召集大臣们来研究。窦婴坚决反对对灌夫治罪,有的大臣则赞成治罪,有的惧怕田蚡的威势,采取模棱两可的态度。御史大夫韩安国说:“灌夫在平定七国之乱时,立了大功,虽说酒后闹事,但没有死罪。可丞相说他不对,也有道理,究竟如何处置,请皇上决定吧!”

罢朝以后,在皇宫门外,田蚡招呼韩安国坐他的车子,而且很生气地说:“我和你一起对付(窦婴)这个秃老头子,你为何迟疑不决两面讨好(首鼠两端)?”

后来,田蚡终于害死了窦婴和灌夫,但不久他自己也因内心恐惧惊吓而死。

【出处】

成语“首鼠两端”出自《史记·魏其武安侯列传》“武安……怒曰:‘与长孺(安国字)共一老秃翁,何为首鼠两端?’”形容瞻前顾后,犹豫不决。

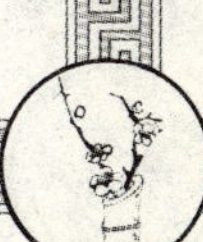

熟能生巧

宋时有个叫陈尧咨的人，善于射箭，在当时非常有名，他也因此而骄傲。他常在自己家的园子里练习射箭。一天，有个卖油的老头放下担子，站在那里眯斜着眼睛看他射箭，久久没有离去。当看见他射十箭中了八九箭时，周围的人都大声喝彩，而那老头却只是微微点了点头。这让陈尧咨不高兴。

陈尧咨就问他："你觉得我射箭的本领如何?""没有什么，只是手熟而已。"卖油翁不以为然地答道。"那么你觉得我的射箭技术不好了？难道你比我射得好吗?"陈尧咨有点生气了。"我不会射箭，但我知道你的射箭技术和我的倒油技术是一个道理。"卖油翁不慌不忙地说。然后，他取出一个葫芦，立在地上，接着把一枚铜钱放在瓶口。他又从大油壶里舀起一勺油。从高处往放在地上的葫芦里倒。只见那油就像线一样从铜钱中间的小洞里滴下去，一滴都没有漏出来，围观者都惊呆了，他们甚至忘了鼓掌，而这个卖油翁说："其实没什么大不了的，这只不过是天天练的结果。"说完，他就离开了。老人的话让陈尧咨感到惭愧，他终于知道自己的那点本领算不了什么。

【出处】

成语"熟能生巧"出自《欧阳文忠公文集·归田录》。指做事熟练，就能掌握技巧，找到窍门。

蜀犬吠日

我国四川省的东部,是著名的盆地。它的周围有群山环抱,北面有大巴山,南面有云贵高原,东面有巫山,西面有崃山和峨眉山。盆地内低山、丘陵层峦起伏;山谷、河道纵横交错。四川盆地由于周围有高山做屏障,冬季寒流不能侵入,夏季热量也不易散发,因而形成了冬暖夏热的特殊气候,降雨量也十分充沛。这种盆地的特殊地形,使四川盆地的天气出现了独特的现象:云雾多、日照少。因为盆地的四周地势高峻,中间低洼,风力微小,温度较高,所以很容易形成雾。有时雾和云联结一起,整日不散。居住在那里的人们是难得看见太阳的。有时太阳偶尔露一下面,狗便惊恐得汪汪乱叫。

唐朝的大文学家柳宗元在他给友人的一封信中说:"听人说四川那里的狗经常成群成群地叫,这是为什么呢? 我特地到那里去看了一下。原来那里经常是阴雨天气,并且云雾很多,太阳很少见,因此一旦看到太阳,狗就开始狂叫起来。"于是,"蜀犬吠日"便作为一个成语开始流传下来。

【出处】

成语"蜀犬吠日"出自唐·柳宗元《答韦中立论师道书》:"屈子赋曰:'邑犬群吠,吠所怪也。'仆往闻庸蜀之南,恒雨少日,日出则犬吠。"原意是四川多雨,那里的狗不常见太阳,出太阳就要叫。意在讥讽人少见多怪。

数典忘祖

春秋时，晋国以籍谈为使节出使周王室，周景王设宴款待，宴席中所用的酒壶是鲁国进贡的，景王于是问起："各诸侯国会进贡一些物品给王室，为什么独独晋国没有？"籍谈回答："每个诸侯国都曾领受王室的赠与，所以必须进献宝贵的器物回馈王室的恩典。由于晋国地处深山边塞，与王室距离遥远，皇恩根本无从顾及，并且在北方我们还有一个很大的敌人——戎狄需要我们全力应付，哪有什么东西可用来进贡呢？"

景王听了颇不以为然，于是细数从晋国祖先开始，周朝王室曾经赠予的种种赏赐，并责问籍谈："你的祖辈是负责掌管国家典籍的，为什么你会忘了这些史实呢？"籍谈听了无话可说。等籍谈离开后，周景王愤愤地对他的侍臣说："我看像籍谈这么忘本的人，后代子孙应该不会有什么出息吧！竟然会列举一堆典故来评论事情，却反而将自己祖先掌管典籍这件事给忘了（数典忘祖）！"

【出处】

成语"数典忘祖"出自《左传·昭公十五年》："王曰：'籍父其无后乎！数典而忘其祖。'"指谈论历史的制度、事迹时，把自己祖先的职守都忘掉了。比喻忘本。现亦比喻对于本国历史的无知。

水滴石穿

从前有个叫张乖崖的人，在崇阳县（今属湖北）担任县令。一天，正要下班时，他忽然看见一个小吏慌慌张张地从府库中溜出来。张乖崖便喊住小吏，搜查之后，发现他鬓旁头巾上藏着一枚钱。经过追问盘查，小吏搪塞不过，承认是从府库中偷来的。

张乖崖立即将小吏押回大堂，下令拷打。小吏不服，怒气冲冲地说："我只拿了一个小钱，最多不过是挨板子，你还能把我怎么样？难道你能把我杀了？"张乖崖见小吏敢这样顶撞他，非常恼火，就毫不犹豫地拿起朱笔判道："一日偷一钱，千日偷千钱，时间长了，水还能把石头滴穿呢（水滴石穿）。你岂不是要把府库偷光？"判决完毕，张乖崖手提宝剑，亲自把他杀了。

【出处】

成语"水滴石穿"出自宋·罗大径《鹤林玉露·一钱斩吏》："张乖崖为崇阳令，一吏自库中出，中下有一钱。乖崖杖之。吏曰：'一钱何足道？乃杖我也！'乖崖援笔判曰：'一日一钱，千日千钱，绳锯木断，水滴石穿。'"意思是说，水不断滴下，能把石头滴穿。现常比喻虽然力量小，但如能坚持不懈，就能完成很难办到的事。也比喻力量虽然细微，但积久之功，也能成就大事。

水深火热

战国时代，燕王哙效法上古时的传位制度，把国君的位置传给了宰相子之，而没有传给他的儿子姬平，他这种做法引起了燕国臣民的不满。首先，将军市被不服，率兵起义，包围了王宫，由于燕王支持子之，结果市被失败被杀。紧接着，齐宣王乘燕国内乱，派兵攻伐燕国，燕国群众对齐国的行为表示欢迎，齐兵仅仅用了五十来天时间，就平息了燕国全境，并且抓获了子之，把他剁成了肉酱。燕王哙也被乱军杀死。

齐宣王决定长期占领并吞并燕国，可是占领了一段时期后，发现燕国人开始讨厌齐军了。齐宣王对此事不解，就请教于当时的大学问家孟子。孟子说："起初，燕国人民欢迎您，是对您寄予希望，帮助他们平定叛乱，解除痛苦。可是，平定叛乱后，您并没有离开，而且您还要杀害他们的父兄，消灭他们的国家、祖宗社稷，抢夺他们的财物。老百姓本来想逃避'水深火热'的苦难，而现在，您的军队驻扎在燕国，那就好比'水更深，火更热'了，老百姓的苦难比以前还严重，他们能不反对您吗？"

同时，由于其他诸侯国也威胁着要帮助燕国驱逐齐军，齐宣王就撤回了占领燕国的军队。燕国臣民共同拥立燕王哙之子姬平为王。

【出处】

成语"水深火热"出自《孟子·梁惠王下》："如水益深，如火益热，亦运而已矣。"像在越来越深的水中，如在越来越热的火中。比喻人民或国家灾难深重。

司空见惯

刘禹锡是唐朝中期一位杰出的诗人。他在朝廷任职期间,曾在政治上谋求改革,失败后降了职,被贬到偏僻的地方去当刺史,晚年才回京城。回到京城之后,暂时闲居在家。这时,一个名叫李绅的人非常仰慕刘禹锡,就邀请他到自己家喝酒。李绅是当时的司空,即御史大夫负责监察百官。

李绅的招待甚是热情,不但有美味佳肴,同时还有歌女的唱歌与舞蹈。面对此情此景,对比自己的潦倒不堪,刘禹锡不禁感慨万千,恰巧有一个颇受李绅宠爱的歌女听说刘禹锡擅长诗文,就向他索要诗篇,刘禹锡就当场写了一首《赠李司空妓》:

高髻云鬟宫样妆,春风一曲《杜韦娘》。

司空见惯浑闲事,断尽江南刺史肠。

这首诗的大意就是说,歌女的发式是皇宫中宫女的样式,既新颖又漂亮,《杜韦娘》这首歌曲真像一阵春风吹来,令人爽快。李司空对这种场面是习以为常了,可我江南刺史倒愁得肠子都快要断了。后人根据这首诗引出了"司空见惯"这一成语。

【出处】

成语"司空见惯"出自唐·孟棨《本事诗·情感》载刘禹锡诗。比喻常见之事,习以为常。

司马昭之心，路人皆知

三国后期，魏国的权臣司马懿掌握了朝中的大权。他死后，他的儿子司马师、司马昭相继掌握了大权。魏国的皇帝曹髦见司马昭越来越专横，而自己又没办法约束他，内心非常气愤，于是写了一首题为《潜龙》的诗。诗中写道：我像一只被困住的龙，不能自由自在地上天入地，看着泥鳅、鳝鱼在面前手舞足蹈，我却无能为力。

后来，这首诗被司马昭看到了，他勃然大怒，在殿上大声斥责曹髦说："我司马氏对魏有大功，你为何把我们比作泥鳅、鳝鱼？"曹髦听了，吓得浑身发抖。司马昭见他不敢作答，冷笑一声离去。

曹髦回到后宫，越想越气愤："司马昭居然敢当众侮辱我，他肯定有篡夺帝位的野心，必须除掉他。"于是召集尚书王经等大臣密谋对策。他愤怒地说："司马昭企图篡夺帝位的野心，是人所共知的。我不能忍受被废黜的侮辱，今天要与你们一起去讨伐他。"王经提出这样仓促的行动风险太大，希望曹髦慎重考虑。曹髦把讨伐司马昭的诏书抛在地上，激动地说："我已经下了决心，即使死，也没有什么可怕，何况也不一定死！"曹髦于是拔出宝剑，登上马车，带领宫中侍卫、仆从等三百多人，向司马昭的府第进发。

途中，遇到司马昭的亲信贾充，正带了数千卫兵过来。曹髦以为他们是来杀自己的，便冲到前面高声喊道："我是天子，你们想弑君吗？"他这一喊把卫兵们给吓住了，不知道如何是好，便向后退却，贾充马上对卫兵大声喝道："司马公养你们，就是为了今天之事啊！"卫兵们听他这一喝，顿时明白过来，一齐挥戈，当场将曹髦杀死。曹髦死后，司马昭立曹奂为帝。曹奂完全听命于司马昭，不过是个傀儡皇帝。公元 265 年，司马昭去世，长子司马炎继位任晋王。仅过了几个月，司马炎就逼曹奂退位，由他称帝，建立晋朝。

【出处】

成语"司马昭之心，路人皆知"出自《三国志》裴松之注引《汉晋春秋》："司马昭之心，路人所知也。"比喻人所共知的阴谋、野心。

死灰复燃

西汉时期,韩安国是梁王的大夫。汉景帝因为一件小事而对梁王不满,并把他抓了起来,准备杀掉,眼看梁王性命危在旦夕,韩安国不顾个人安危,亲自拜见汉景帝的姐姐,诉说梁王对景帝和窦太后的忠心。梁王终于保住了性命,韩安国也因此而得到价值千金的赏赐,并且深得梁王的信任。后来韩安国因事被捕,关押在蒙县的监狱中,梁王多方设法,一时未能使他获释。狱吏田甲以为韩安国失势,常常借故凌辱他。安国生气地说:“你把我看成熄了火头的灰烬。难道死灰就不会复燃?”田甲嘿嘿一笑,说道:“倘若死灰复燃,我就撒尿浇灭它!”韩安国气得说不出话来。

不久,韩安国入狱的事引起太后关注。原来韩安国曾出力调解过景帝和梁王之间的矛盾,使失和的兄弟重归于好,太后为此十分看重韩安国。她知道这件事后,亲自下诏要梁王重新起用安国。很快,韩安国被释放了,做了梁王的内史。狱吏田甲怕他报复,连夜逃走。韩安国听说狱吏逃亡,故意扬言说,田甲如不赶快回来,就宰了他一家老小。田甲只好回来向韩安国请罪。韩安国讽刺他道:“现在死灰复燃,你可以撒尿了——”田甲吓得面无人色,连连磕头求饶。“起来吧,像你这样的人,才不值得我报复!”韩安国并无惩罚田甲之意。田甲大感意外,更加觉得无地自容。

【出处】

成语“死灰复燃”出自《史记·韩长孺列传》:“狱吏田甲辱安国,安国曰:‘死灰独不复燃乎?’”意思是燃烧后余下的灰烬,又重新燃烧起来。原比喻失势者重新得势。今常比喻已消失的恶势力又重新活动起来。多含贬义。

四分五裂

战国时期，七国争雄，秦国最强。政治家们审时度势，面对强国弱国纷争不休的状况，提出了两种截然不同的主张。一派以苏秦为领袖，认为弱国应联合起来，抵抗秦国，称为“合纵”。一派以秦国的张仪为领袖，认为弱国中的某几国应跟从秦国进攻其他国家，称为“连横”。各国为自己的利益，纷纷派出说客，游说列国。

当时，秦国的张仪游说到了魏国，劝魏王与秦国和好。他对魏王说：“魏国的地理条件不好，南边是楚国，东边是齐国，西边是韩国，北边是赵国，一旦发生战争，魏国可能被四国包围，变成一片大战场。”他看到魏王的脸色开始由晴转阴，就继续帮他分析道：“更重要的是，你们必须搞好与四国的关系，不然的话，后果将会是无法预料的。如果联合南方的楚国而不与齐国联合，齐国就会从魏国的东面打来；如果联合齐国而不联合赵国，赵国就会在北面挑衅闹事；如果不和韩国和好，韩国的军队便要从西面进攻；如果不亲近楚国，楚国则从南面进攻。这样，稍有不慎，就会发生战祸，岂能有安全之保障？这就是所说的四分五裂的道理啊！”。魏王听了张仪的话，未免开始焦虑起来。张仪又做出十分忧虑的样子，说：“我真为大王担心啊！要是秦国和韩国联合起来，一旦攻打魏国，魏国的灭亡就是片刻之间的事了。”张仪巧言善辩，说得魏王担心起来。“那有什么办法呢？”魏王问道。张仪见魏王动了心，便进一步规劝魏王，说：“为大王着想，依我之见，还是联合秦国为好。秦国强大，联合了秦国，楚、韩两国就不敢来侵犯，魏国就没有灭亡的忧虑了。”在张仪的威胁利诱下，魏国依附了秦国。

【出处】

成语“四分五裂”出自《战国策·魏策一》：“张仪为秦连横，说魏王曰：‘……魏南与楚而不与齐，则齐攻其东；东与齐而不与赵，则赵攻其北；不合于韩，则韩攻其西；不亲于楚，则楚攻其南，此所谓四分五裂之道也。’”原指国土分成许多块，常用来形容分散，不完整，不统一。

四面楚歌

秦朝被推翻后，天下并未太平，刘邦和项羽为了争夺天下，进行了四年的楚汉战争。公元前 202 年的垓下之役是这场战争的最后一战。刘邦约集韩信、彭宠等将领，将项羽的楚军重重围困在垓下（今安徽灵璧东南）。楚军被围困了好几天，粮食渐渐吃光，军心开始动摇。

一天夜里，包围在四周的汉军阵地上传来阵阵歌声，项羽侧耳一听，不由得大吃一惊：原来汉军唱的尽是楚歌（楚地民歌）。

楚军士兵听到四面楚歌，以为自己家乡尽被汉军占领了，他们为乡音感动，引起共鸣，也哼开了楚歌；有的思念父老乡亲、妻子儿女，竟然哭出声来。一时间，楚营中尽是悲声一片。

其实，刘邦并没有尽得楚地，汉军中也没多少楚人。这四面楚歌，是汉军为了涣散楚军的军心而故意唱的——据说是张良出的主意，将士们听到楚营里传出反响，越唱越起劲。

楚兵被汉军围困了好久，已经军无斗志，加上四面楚歌，更是人心涣散。趁黑夜，许多人溜出军营，开小差逃跑，有的就投降了汉军。

项羽听着四面楚歌，心中烦乱，回到营里喝起了闷酒。他知道军心一涣，再也无法挽回，心中丢不下的只是自己所钟爱的虞姬和那匹善解人意的乌骓马。

项羽痛惜地把乌骓马看了又看，拍拍它的脖子，叫人把马牵走，可是乌骓马对主人无限留恋，怎么也不肯离去。项羽想起过去南征北战的赫赫声威，对比眼前众叛亲离的凄凉情景，不由悲愤地高歌：

“力拔山兮气盖世！时不利兮骓不逝！骓不逝兮可奈何！虞兮虞兮奈若何！”

虞姬和着霸王的节奏，一边舞剑一边唱歌。项羽听着看着，不禁潸然泪下，周围的人也哭泣不已，悲怆的都抬不起头来。虞姬为了不拖累霸王，唱罢便自杀了。项羽抹了眼泪，跳上乌骓马，带头向汉营冲去。

楚军经不起四面楚歌的攻心战，项羽突围时跟随在后面的只有八百来人；到了乌江（在今安徽和县东南）边上，仅剩下了二十余骑。正在这前有乌江拦路，后有汉军追击的时刻，乌江亭长撑着小船来到，他劝项羽渡江，回到江东可以继续称王。

项羽心痛地回答：“当年江东子弟八千人随我起兵，今无一人生还，我有何面目重见江东父老。”说罢，把乌骓马赠给了这个亭长，然后自刎而死。

【出处】

成语“四面楚歌”出自《史记·项羽本纪》：“夜闻汉军四面皆楚歌，项王乃大惊，曰：‘汉军已得楚乎？是何楚人之多也。’”比喻处在孤立无援、四面受敌的困境中。

贪天之功

春秋时期，晋文公重耳经过十九年的颠沛流离，终于回到晋国当了国君。为了报答有功之臣，他将跟随自己流亡的人及帮助过自己的人都重重地进行了封赏，可是，不知为什么，他却把一个叫介子推的大臣遗忘了。

介子推跟随重耳十九年，不但为他出谋划策，而且对他照顾得无微不至。曾经在重耳挨饿的时候，介子推甚至把自己大腿上的肉割下来给他煮汤喝。后来晋侯又贴出诏令："如果有谁被遗漏了，请自己来报。"介子推的邻居看见诏令，便来找他，见他正在家里编草鞋，便说："你以后不用再干这一行了，晋侯出了诏令找有功之人。你只要一露面，晋侯就想到你的好处，按功行赏。"介子推笑着没有回答。

他的母亲说："你跟着晋侯流亡十九年，晋侯饥不择食时，你割下自己腿上的肉给他熬汤喝，没有功劳还有苦劳，你为什么不去见一见呢？"

子推说："孩儿没有什么要求晋侯的，为什么要去呢？"邻居说："你去见一见，封个一官半职，也领一些布和米，省得天天打草鞋了。"

子推说："晋献公有九个儿子，只有主公最贤能。晋国属于主公，这是天意，有些人却误以为是自己的功劳。偷盗别人财产的人，被人叫盗贼。到晋侯那儿居功求赏等于贪天之功为己有，更加可耻，我愿意终生编草鞋，不愿意去争这份功劳。"

邻居走后，他的母亲说："你是廉洁的人，我是你的母亲，既然不愿受赏，我们为什么不去隐居呢？"当晚，介子推背着母亲躲到深山里去了。后来，虽然晋文公想到了介子推，但再也找不到他了。

【出处】

成语"贪天之功"出自《左传·僖公二十四年》："窃人之财，犹谓之盗，况贪天之功，以为己力乎？"意思是说把上天所成就的成绩说成是自己的力量。比喻掠夺别人的成绩，把一切功劳归于自己。

弹冠相庆

西汉时，有一个官员名王吉。他品行端正，为人很有原则。汉昭帝时，他多次上书朝廷，要求选贤任能，反对任人唯亲。他的上书总是切中时弊，昭帝对他非常赞赏。他曾经担任过昌邑王刘贺的中尉，由于汉昭帝没有儿子，他死后，刘贺在大将军霍光的支持下当上了皇帝。但刘贺当上皇帝后，整日胡作非为，不理政事，引起了大臣们的反对，最后他又被废掉了。朝廷追究昌邑王府中的失职行为。作为刘贺的下属，王吉也受到牵连。因他曾多次劝谏过刘贺，被从轻发落，但仍然因此而丢了官。

王吉有一个好朋友名贡禹，两人曾在一起工作过，交情很深。贡禹对儒家经典很有研究，因此被授予河南令的官职。有一次，贡禹因在工作上与上司的意见不同，受到上司的责难，最后被迫辞职。这样，他与王吉一样，又变成了老百姓。由于接替刘贺上台的汉宣帝对王吉的人品和才能很欣赏，又提拔他做了官。听说老友重新做了官，贡禹很高兴，他把自己的帽子掸干净，也准备去做官了。

【出处】

成语"弹冠相庆"出自《汉书·王吉传》："吉与贡禹为友，世称'王阳(吉)在位，贡公弹冠'，言其取舍同也。"原指弹去帽上灰尘，为即将做官而相互庆贺。后喻一人为官，好友同庆，期可援引出仕，相互提携。多为贬义。

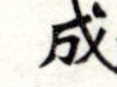

成语故事

谈虎色变

北宋时，有两位非常著名的理学家，他们是兄弟：哥哥叫程颢、弟弟叫程颐。程颐平生诲人不倦，培养了许多著名学者。程颢和程颐一生留下了丰富著述，这些都被后人收入《二程全书》，他们的学说被后人称之为“理学”；南宋时朱熹的学说被称为“道学”，由于两家有共同的思想渊源，都是阐发、弘扬孔孟的儒家学说，于是在习惯上，人们便将他们两家的学说通称为“程朱理学”。

程颢、程颐兄弟二人虽然平生致力于“格物致知”，也就是研究事物原理的大学问，但他们一时一刻也不忽视实践。程颐在谈到实践出真知这一问题时，曾讲过一个非常生动的故事：“老虎能伤人，这是就连3岁小孩都知道的事情。但是，人们聚在一起谈话时经常说到虎，却没有谁觉得害怕。有一位田夫曾经被老虎咬伤过，只要听到有人说到老虎，他就会被吓得大惊失色。这是为什么呢？原因是这位田夫真正体验过老虎的厉害和被老虎伤害时的危险程度。”

说到这里，程颐又将故事引申说：“做学问，无非讲的是治国安民、利国利民的道理，但如果一味地高高在上，而不深入实际去体察民情，无论如何也治理不好国家。这个道理是显而易见的，但真正做起来却不那么容易！”程颐的学说进一步奠定了宋儒实践出真知的理论，对后人有着十分积极的影响，是我国传统文化非常宝贵的一部分。

【出处】

成语“谈虎色变”出自宋《二程全书·遗书二上》：“真知与常知异。常(尝)见一田夫曾被虎伤，有人说虎伤人，众莫不惊，独田夫色动异于众。若虎能伤人，曾三尺童子莫不知之，然未尝真知，真知须如田夫乃是。”原指被虎咬过的人才真知道虎的厉害。后比喻一提到可怕的事物，精神就紧张起来。

谈笑自若

三国时，东吴的名将甘宁，因有战功，被任命为西陵太守、折冲将军。

曹操在赤壁之战中失败后，孙权和刘备的联军乘胜追击，一直追到南郡。驻守南郡的魏将曹仁以逸待劳，击败了吴军的先头部队。吴军大都督周瑜大怒，准备与曹仁一决雌雄。甘宁上前劝阻说，南郡与距其较近的另外一座城市夷陵可以相互支援，直接攻打南郡有困难，应首先攻取兵力较弱的夷陵，然后再进攻南郡。周瑜接受了他的建议，命他领兵攻取夷陵。甘宁率军直逼夷陵城下，与魏军守将曹洪激战。曹洪败走，甘宁命令部下迅速夺取夷陵。当时他的兵力很少，只有几百人；入城后立即招兵，但也不过千人。当天黄昏，驻守南郡的魏将曹仁，派曹纯和牛金带兵与曹洪汇合，共聚五千余人，把夷陵城团团围住。曹军架设云梯攻城，被甘宁守军击退。

第二天，曹军堆土构筑高楼，然后在高楼上向城中射箭。箭如雨发，射死射伤不少吴兵。将士们都恐惧起来，唯独甘宁跟平时一样，谈话说笑非常自如。他命人收集曹军射来的数万枝箭，选派优秀射手，与魏军对射。由于甘宁率军沉着顽强地固守，曹军无法攻破城池。最后，周瑜带来了大批援军，打退了曹军，保住了城池。

【出处】

成语“谈笑自若”出自《三国志·吴志·甘宁传》：“宁受攻累日，敌设高楼，雨射城中，士众皆惧，唯宁谈笑自若。”指有说有笑，态度自然。常指情势异常而泰然处之。

探骊得珠

传说古时候，在黄河边上住着一户人家，他们以编织芦苇帘为生，日子过得极为困苦。

有一天，儿子在河边割芦苇，烈日当空，晒得他头昏眼花，于是他就坐下来休息。他望着眼前的河水在阳光下闪耀着粼粼波光，想起父亲说过，在河的最深处有许多珍宝，可是谁也不敢去，因为那里住着一条凶猛的黑龙——骊龙。他想："要是冒险潜到河底，找到珍宝，我们一家人就不用过像现在这样一天干到晚，三顿还吃不饱的生活。不如豁出去试一试。"他把心一横，三下两下脱了衣服，一头扎进冰冷的河里。

他极力地往河的最深处游去，光线变得越来越暗，水也越来越凉，最后，他什么也看不见了，四周一团漆黑。他心里有点害怕，不知该往哪儿游。就在这时，不远处有一个圆圆的物体在闪闪发光，定睛细看，啊，原来是明珠！他憋足一口气游过去，双手抱住明珠，使劲一拽，明珠就到了他怀里。他迅速浮出水面，上岸后撒腿就往家跑。

父亲一见明珠，就问他是从哪儿得到的。他把经过一五一十地向父亲讲述一遍。父亲听了说："好险啊！这颗价值千金的明珠是长在黑龙下巴底下的，你摘它的时候黑龙必定是睡着了。它要是醒着，你可就没命了。"

【出处】

成语"探骊得珠"出自《庄子·列御寇》。本义是摸到黑龙下巴底下，取出珍珠。后来比喻写文章能紧扣主题，抓住要点。

螳臂挡车

春秋时期,有一次齐庄公乘坐马车去打猎。马车正在前行,走着走着发现道路上有只青绿色的大虫子,只见它气冲冲地舞动着两只前腿,好像在挥动着两把大刀,阻挡马车前进。齐庄公看见这只虫子,竟敢向比它身子大好多倍的马车搏斗。他马上命令车夫把车停住。便问道:“这是只什么虫子,有这么大的胆量?”

车夫回答说:“这是一只螳螂,这种虫子只知道向前冲,不知道往后退。它根本不衡量自己到底有多大的力量。你看,车辆距离很近了,马上就被辗着了,可是它仍站立不动,不让车辆前进。它往往轻视对手,真是自不量力。”齐庄公仔细地盯着螳螂看,高兴地笑着说:“好一个无敌的勇士,我们别伤害它吧。”

随后让人下车把螳螂捉到路边,然后才驾车离去。

后来人们根据这个故事引申出“螳臂挡车”这句成语。

【出处】

成语“螳臂挡车”出自《庄子 · 天地》:“若夫子之言,于帝王之德,就螳螂之怒臂,以挡车轶,则必不胜任矣。”比喻不自量力,自取灭亡的意思。

螳螂捕蝉，黄雀在后

春秋时期有一段时间吴国比较强盛，吴王准备出兵攻打齐国，大臣们都觉得不妥，纷纷劝阻吴王。但他为了表示自己的决心，便对左右大臣说："有谁敢再劝阻我，我就杀了他。"

吴王身边有个年轻的侍从，经过反复考虑，决定不顾个人安危，劝阻吴王发兵。他当然知道，直接劝说是无济于事的，得想个巧妙的办法。于是，他拿着弹弓，装好弹丸，大清早就在后花园里穿来走去，一连三天都是如此。吴王得知此事，就把他召去问话："你每天早晨在花园里转来转去衣服都被打湿了，这是为什么呢?"侍从回答说："大王的花园里有棵大树，树上躲着一只蝉，它光顾喝水，不知道螳螂在它身后，正准备吃掉它呢！螳螂要吃蝉，可它哪里知道，它的身后也有只黄雀正伸长脖子准备吃掉它。黄雀要吃螳螂，可黄雀又怎么知道我手里拿着弹弓，正准备打它呢?蝉、螳螂、黄雀都只是看到眼前利益，而看不到后面的危险。"吴王听了年轻侍从的话，恍然大悟，便放弃了攻打齐国的主张。后来人们根据这个故事，概括出了"螳螂捕蝉，黄雀在后"这句成语。

【出处】

成语"螳螂捕蝉，黄雀在后"出自《说苑·正谏》："园中有树，其上有蝉，蝉高居悲鸣饮露，不知螳螂在其后也；螳螂委身曲附欲取蝉，而不知黄雀在其傍也；黄雀延颈欲啄螳螂，而不知弹丸在其下也。此三者皆务欲得其前利而不顾其后之有患也。"比喻只想取得眼前的利益而不顾后患。亦比喻一心图谋侵害别人，却不知有人正算计他。

桃李不言，下自成蹊

西汉武帝时期，有一位勇猛善战的将军，名叫李广。当时，西汉的主要敌人是匈奴，作为汉朝的大将，李广一生跟匈奴打过七十多次仗，战功卓著，深受官兵和百姓的爱戴。李广虽然身居高位，统领千军万马，而且是保卫国家的功臣，但他一点也不居功自傲。他不仅待人和气，还能和士兵同甘共苦。每次朝廷给他的赏赐，他首先想到的是他的部下，当部下遇到困难时，他会竭尽全力地帮助他们。

一次，在行军途中，天气非常寒冷，李广发现身边有一个腿部负伤的士卒，冻得全身直打颤，行走起来一跛一跛的，十分艰难。于是他立即跳下马背，毫不犹豫地牵着缰绳来到这个士卒跟前，亲切地对他说："你行动如此不便，就暂时骑我的马吧！"说完李广便小心翼翼地把他扶上马背，并且亲自为他牵马，同时，轻声地和他交谈。负伤的士卒受到将军如此的呵护，不由得感激涕零。当军队终于到达宿营地点时，又发现军中粮食缺乏，李广为了让负伤的士卒吃得好些，就将自己那份饭菜也给他送去，自己却是空着肚子饿了一夜。

李广为人真诚和善，行事磊落，关心部下。后来，当李广将军去世的噩耗传到军营时，全军将士无不痛哭流涕，连许多与大将军平时并不熟悉的百姓也纷纷悼念他。在人们心目中，李广将军就是他们崇拜的大英雄。

汉朝伟大的史学家司马迁在为李广立传时称赞道："桃李不言，下自成蹊。"意思是说，桃李有着芬芳的花朵，甜美的果实，虽然它们不会说话，但仍然会吸引人们到树下赏花尝果，以至树下走出一条小路，李广将军就是以他的真诚和高尚的品格赢得了人们的崇敬。

【出处】

成语"桃李不言，下自成蹊"出自《史记·李将军列传》："谚曰：'桃李不言，下自成蹊。'此言虽小，可以喻大也。"桃、李树不会讲话，人自会在树下走出路来。比喻为人真诚，自能感动别人。亦比喻注重事实，不尚虚名。

天花乱坠

两晋南北朝时佛教盛行，全国有寺庙三万多所，僧尼二百多万。

南朝的梁武帝带头求神拜佛，在全国大建寺庙。他还聘请古印度僧人波罗来到中国讲经。波罗来中国后，翻译了不少印度佛经，并培养了许多中国弟子。自此，佛教开始在中国兴盛起来。为了宣传佛教，佛教徒需要讲解佛经，但要把枯燥晦涩的佛经讲得通俗易懂并不容易，但有一个和尚云光法师却非常善于讲解佛经，他每次讲经，都有许多人来听。有一次他讲经，讲得太漂亮了，以至于感动了天上众神，纷纷散发各色香花，从太虚高空中坠落下来。

后来，佛教在中国分成许多宗派，影响最大的是“禅宗”。宋真宗时，道原和尚编了一本《景德传灯录》，记载了禅宗师徒的故事。书中讲到如果不理解佛意，即使讲得再好听，也只是邪说，反而离真正的佛法越来越远了。禅宗主张对佛侣要以体会和领悟为主，反对把佛经讲得“天花乱坠”。

【出处】

成语“天花乱坠”出自佛教经籍《心地观径·序品偈》：“六欲诸天来供养，天花乱坠遍虚空。”比喻说话极其动听，但多指过分夸张，不切实际。

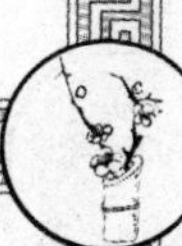

天经地义

春秋后期，周朝的周景王死了，按习俗由他正夫人所生的世子姬敬继位。但是，景王生前曾与大夫宾孟商讨过，打算立非正夫人所生的长子姬朝为世子。这样，姬朝也有资格继位。于是，周王室发生了激烈的王位之争。

在这种情况下，周王朝的一些诸侯国开始出来帮助王室解决王位继承问题。首先，由晋顷公出面，联络各诸侯国商讨如何使王室安宁。参加商讨的有晋国的赵鞅、郑国的游吉、宋国的乐大心等。

会上，晋国的赵鞅向郑国的游吉请教什么叫“礼”。“礼”在周朝时期有很大的作用，它是人们日常行为所依据的规范，对上至王室、大臣，下至平民百姓都有约束作用，甚至也是一些重要问题所依据的原则。赵鞅认为只有根据“礼”才能判定出谁对谁错，谁才是真正的王位继承人。

游吉回答说：“我国的子产大夫在世时曾经说过，礼就是天之经，地之义，也就是老天规定的原则，大地施行的正理！它是百姓行动的依据，不能改变，也不容怀疑。”

赵鞅非常同意游吉的回答，其他诸侯国的代表听了，也大都表示有理。既然大家都认为“礼”是不能改变，不容怀疑的，那么，世子姬敬继位才是理所当然的，而姬朝继位是不符合“礼”的。接着，赵鞅提出各诸侯国应全力支持敬王，为他提供兵卒、粮草，并且帮助他把王室迁回王城。后来，晋国的大夫率领各诸侯国的军队，帮助姬敬恢复王位，结束了周王室的王位之争。

【出处】

成语“天经地义”出自《左传·昭公二十五年》：“夫礼，天之经也，地之义也，民之行也。”指天地间历久不变的常道，即不可改变的真理。亦比喻理所当然，毋庸置疑。

天衣无缝

唐代时，有个叫郭翰的先生，他能诗善画，性格诙谐，喜欢开玩笑。关于他有一个非常有趣的传说。盛夏的一个夜晚，他在树下乘凉，但见长天如碧，白云舒卷，明月高挂，清风徐来，满院飘香。这时，一位长得异常美丽的仙女含笑站在郭翰面前。

郭翰很有礼貌地问："小姐，您是谁？从哪来？"

仙女说："我是织女，从天上来。"

郭翰问："你从天上来，太好了，我很想知道天上的事情。"

仙女问："你想知道什么？"

郭翰说："我什么都想知道。"

仙女说："这可难了，你让我从哪说起呀？"

郭翰说："人们都说天上好，你就随便说说吧。"

仙女说："天上四季如春，夏无酷暑，冬无严寒；绿树常青，花开不谢。枝头百鸟合鸣，水中游鱼可见。没有疾病，没有战争，没有赋税，总之，人间的一切苦难天上都没有。"

郭翰说："天上那么好，你为什么还跑到人间来呢？"

仙女说："亏你还是个读书人。你们的前辈庄周先生不是说过'在栽满兰花的屋子里呆久了，也闻不到香味'的话么。在天上呆久了，难免有些寂寞，偶尔到人间玩玩。"

郭翰又问："听说有一种药，人吃了可以长生不老，你们天上有吗？"

仙女说："这种药人间没有，天上到处都是。"

郭翰说："既然天上多得很，你该带点下来，让人们尝尝有多好呀。"

仙女说："带是带不下来。天上的东西，带到人间就失去了灵气。不然早让秦始皇、汉武帝吃了。"

郭翰说："你口口声声说来自天上，可你有什么证据吗？"

仙女让郭翰看看衣服。郭翰仔细看完，奇怪的是仙女的衣服没缝。

郭翰装作不知，就逗她："你这衣服很平常，没什么特殊的。"

这下，仙女着急了："天衣无缝，你连这个都看不出来，还称什么才子，我看你是十足的大傻瓜。"

郭翰听完，哈哈大笑，再一瞧，仙女不见了。

【出处】

成语"天衣无缝"出自前蜀·牛峤《灵怪录·郭翰》："徐视其（织女）衣并无缝。翰问之，曰：'天衣本非针线为也。'"原指天仙的衣裳没有衣缝。现比喻诗文浑成没有雕琢痕迹或事物完美无缺，没有破绽。

同流合污

孟子是我国古代伟大的思想家，他生活于战国时代，是孔子学说的继承人。有一天，他的学生万章问他，孔子非常厌恶那些“乡原”，那么“乡原”到底是些什么人？孟子说，所谓“乡原”就是地方上的老好人，好好先生，他们八面玲珑，没有原则，奉承讨好各方面的人，他们既没什么大的错误，又没大的缺点，地方上的百姓都认为他们是好人。

万章继续问道：“既然当地的人都说他们是老好人，而他们自己也表现得像个老好人，为什么孔子非常厌恶他们呢？”孟子说：“这些人表面上看起来忠诚老实，公正廉洁，受人尊敬，但他们却不敢与当地的流俗、坏的风气作斗争，尽力改变它们，而是与这些风气相合（同流合污），对什么事都没有明确的态度，模棱两可。因此，这些所谓的老好人实际上是言行不一，欺世盗名的伪君子。所以孔子厌恶他们，因为孔子认为君子应当是光明磊落，表里合一的。”

【出处】

成语“同流合污”出自《孟子·尽心下》：“同乎流俗，合乎污世。”原指做人没有原则，随世浮沉。现常用来指跟着坏人一起做坏事。

同心同德

商朝末年，殷纣王荒淫无道，暴虐成性，在他的统治下，老百姓无法生存，百姓对他恨之入骨。许多诸侯也纷纷起兵讨伐纣王。

有一个诸侯国叫周国，它的首领是周武王，他联合了西部八个小诸侯，集结了兵车三百辆，敢死队勇士三千人，兵士四万五千人，亲自带队征讨。

出发前，全军召开了誓师大会，周武王巡视全军发表演说："纣王虽然统治着千千万万的人，可是由于纣王的暴虐无道，杀人成性，还有人数众多的军队和将领不会与他有一致的思想和共同的目标。我虽然只有十个协助我治理国家的臣子，但是我们都愿臣民们过上丰衣足食的好日子，所以我们的思想，我们的目标都是一致的。我们这次联合起来讨伐纣王，每个将士都应该服从一个目标，那就是消灭纣王。希望每个人都能在这次讨伐战争中立下功劳。这就是我们这次战争的誓言。"

"我们一定同心同德，不消灭纣王誓不罢休!"广场上震耳欲聋的宣誓声，响彻云霄。部队出发到了牧野(今河南汲县)。纣王的军队已经很少了，他就把奴隶们武装起来，组成军队，奴隶们都不愿为商王朝打仗卖命，所以周军刚一摆开阵势，奴隶们就不击而溃。许多人倒戈起义，加入周军。由于这些倒戈的奴隶兵熟悉地形，他们带着周军很快攻进了商朝的都城朝歌(今河南淇县)。

纣王见败局已定，只得跑上鹿台，放火自尽。这样，商朝便灭亡了。

【出处】

成语"同心同德"出自《尚书·泰誓中》："予有乱臣十人，同心同德。"指同一心愿，同一行动。

投笔从戎

班超是西汉著名的史学家班彪的小儿子、《汉书》的编写者班固的弟弟。他从小胸怀大志，虽然不注意修饰外表，不拘小节，然而非常孝顺长辈，常常在家干粗活、累活。他擅长辩论，并且博览群书，很有见识。

汉明帝永平五年，班固到京城洛阳做官，母亲随同三十岁的班超一起前往。因为家境贫寒，他经常替官府抄写书籍，以帮助兄长供养母亲。时间久了，班超对整天抄抄写写特别厌烦，觉得长期干这种事没有出息。有一天，他正在抄书，突然心有所感，把笔一扔，感叹地说："大丈夫纵然没有雄才大略，也应当像傅介子、张骞那样，到西域建立功业，获得封侯的赏赐，怎么能老是这样埋头在笔砚之间抄书呢？"同他一起抄书的人听他这样说都不以为然，讥笑他是异想天开。班超说："你们这些庸碌的人们，怎么能理解壮士的志向呢？"

不久，班超参加了军队，被任命为假司马，窦固派他带兵进攻伊吾，班超不负众望，大获全胜，因而受到窦固的赏识。公元 73 年，在窦固的推荐下，班超带领 36 名壮士出使西域。出关后，首先来到了鄯善国，当他发现匈奴使者也在那儿时，就设计打败了胁迫鄯善臣服的匈奴使者，因而受到鄯善王的赏识，当即表示脱离匈奴，归附汉朝。

班超一行返回汉朝后，窦固把他们的功劳上报给朝廷，得到汉明帝的极大嘉奖，并任命班超为出使西域的代表，班超依旧带了原来的三十多人回到西域，他在西域活动了三十多年，帮助西域各少数民族的国家与汉朝建立了友好关系，促进了西域同内地的经济文化交流。后来，班超被任命为西域都护，封为定远侯。

【出处】

成语"投笔从戎"出自《后汉书·班超传》："大丈夫无他志略，犹当效傅介子、张骞立功异域，以取封侯，安能久事笔研（砚）间乎？"指扔掉笔去参军。即指文人从军。

投鼠忌器

古时候，有一个地主，他家里的老鼠十分猖獗。一天晚上，这地主刚刚吹灯睡下，老鼠便开始出来闹腾了。一只大老鼠从衣柜顶上跳下来，碰翻了桌上的油灯，油灯滚到他床上，油撒在床上，真把他气坏了。等他赶紧翻身起床，老鼠早已跑得无影无踪。地主咬牙切齿地说："看我不把这些断子绝孙的老鼠打死，我就誓不为人！"他的妻子也愤愤地说："太可恨了，只要再看到老鼠，不打死它才怪呢！"

一天，一只大老鼠正睡在这个地主非常珍爱的一个大古董花瓶上。他看到了，心里一阵高兴，他想："那天碰翻油灯的老鼠必定是它无疑了，今天叫你撞到我的手心里，这回机会来了，我一定要打死你，毫不留情！"

于是，他操起一根木棍，蹑手蹑脚走到大花瓶跟前，举起木棍正要砸下去，冷不防被一双手将木棍抓住了，原来是他的妻子。他妻子一边抓住木棍一边阻止他说："你不能这样！你没看到这是我们家的古董吗？要是把这只大古董花瓶打碎了，那多可惜呀！为了打一只老鼠，也未免太不值了。"

丈夫还举着木棍，不甘心地说："你忘了这些坏东西害人的事吗？不能就这么便宜了它！"妻子坚持说："算了算了，还是大花瓶重要！"丈夫没法，只好放下手中的木棍，走上前去，用手把睡在花瓶上的老鼠赶走了。

大老鼠依然每天照样出来作祟，而且还更加肆无忌惮。这地主又想打老鼠，又怕砸坏了东西，这样顾虑重重地办事，怎能把事情做彻底呢？

【出处】

成语"投鼠忌器"出自汉·贾谊《治安策》："里谚曰：'欲投鼠而忌器'，此善谕也。"要打老鼠，又怕打坏旁边的器物。现常用来比喻做事有所顾忌，不敢放开手。有时也喻想打击坏人，又有所顾虑。

屠龙之技

古时，有一个名叫朱泙漫的青年，此人生性浮华，喜欢炫耀，总想干一些特别的事以博得其他人的羡慕和赞扬。有一天，他听说有一种很厉害的本领，这种本领若学好之后，可以杀龙。但由于很难学，很少有人学会。这正合朱泙漫的口味，于是他卖掉了家里的所有财产，凑足了费用，到离家乡千里之外的地方拜师学艺。

他的师傅叫支离益，是一个修道成仙的人，居住在深山里面。拜师之后，朱泙漫便开始学习杀龙的技术。他从基本功学起。他学得很用心，并且下了很大的工夫，认真地学习每一个动作，同时还刻苦地锻炼自己的力量。这样，整整过了三年，有一天，他的师傅对他说："徒儿，你的屠龙之技已经学成。今后碰见龙的话，只要你不害怕，你就能完全征服它。"说完之后，他的师傅就不见了。朱泙漫感到有许多话要问他师傅，但却再也无从问起了。他又环顾了一下周围，非常吃惊地发现，不但他师傅没了踪影，就连他们平时住的茅草屋也不见了，周围只是青山、绿树，还有"呼呼"的风声。他定了定神，然后下山去了。

回到家之后，邻居们对他很热情，问长问短。人们关心地问他究竟学了什么，他兴致勃勃地讲自己学会了杀龙：杀龙应该用什么刀，怎样按住龙头，踩住龙尾，如何开膛剖肚……

可是，当人们问他龙是什么样子，在什么地方，他是否杀过龙时，他却张口结舌，不能回答。其中一个老者很严肃地告诉他说："学本领是为了有用处，并不是为了炫耀。如果学的东西毫无用处，学得再精通，也是一文不值。"听了老人的教训，朱泙漫突然恍然大悟，他觉得自己过去的三年简直像一场梦，如今，梦终于醒了，他知道自己学了一种根本没地方用的本领。

【出处】

成语"屠龙之技"出自《庄子·列御寇》："朱泙漫学屠龙于支离益，单(殚)千金之家。三年技成，而无所用其巧。"宰杀蛟龙的技能。比喻虽有高超技能，却不切合实用。

图穷匕见

战国末期，弱小的燕国经常受到秦国的侵犯，于是，燕昭王就招揽英雄豪杰和才智之士，决心富国强民，抵抗秦国。荆轲就是在这以后，被燕太子丹用重金招请来的。荆轲是齐国人，来到燕国之后，燕太子丹专为他修建了一所非常漂亮的房子，叫荆馆。在那里，荆轲吃的是山珍海味，每天也不干什么事，这样过了两年。荆轲很想为燕国出力，但一时思报无门。

就在这个时候，燕太子丹来到荆轲馆，说秦国要侵略燕国，想派他去刺杀秦王，以解除秦国的威胁。荆轲满口答应，勇敢地承担了这个任务。太子丹为他准备了两样东西，都是秦王想要的：一件是樊于期的人头；第二件是一张地图。

樊于期本是秦国大将，因为对秦王的暴政不满，投奔了燕国。秦王杀了他的全家，并悬赏千金要樊于期的人头。听说荆轲要去刺秦王，为了使行刺成功，樊于期自愿献人头，以便让荆轲取得秦王信任。地图上画的是燕国的一块土地，也是秦王早想得到的，图中藏着匕首。勇士秦舞阳跟着，作为他的助手，太子丹与他们在易水边道别。

荆轲到了秦国，秦王听说燕国使者来献樊于期的头和燕国所割地的地图，非常高兴，立即在咸阳宫摆宴接见。秦王首先检验了樊于期的头，然后又来看地图。他展开地图，当地图快展完时，藏在图中的一把匕首露了出来。荆轲迅速抓起匕首，要刺杀秦王。秦王大吃一惊，急忙躲到大厅的一个粗大的柱子后面，荆轲追赶秦王，并奋力地把匕首掷向秦王。结果，掷到了铜柱上。秦王这时才想起自己身上还有长剑，就拔出剑砍断了荆轲的一条腿，这时宫廷中的卫士赶了上来将荆轲杀死。秦舞阳也被卫士们剁成了肉酱。

【出处】

成语“图穷匕见”出自《战国策·燕策三》：“轲既取图奉之。发图，图穷而匕首见。”原意是指荆轲到了秦王座前，把卷着的地图展开，最后露出匕首。比喻事情发展到最后，本相或真意毕露。

推心置腹

西汉末年，皇帝年幼，大臣王莽暂时掌管朝政，后来他干脆取代了小皇帝，自己做起了皇帝。由于他的一系列改革措施进行得不成功，并且大大加重了农民的负担，于是发生了农民起义。大批豪强地主由于自己的利益受到了侵犯也加入了起义行列。这其中包括刘秀等人，他们想趁机夺取政权，以恢复刘家天下。

起义军占领昆阳后，王莽感到自己的政权受到了威胁，便派 42 万大军前往镇压。守卫昆阳的义军不足万人，但在刘秀的正确指挥下，以劣势兵力击败了王莽大军。昆阳大捷后，刘秀主动要求去平定河北。到河北后，刘秀一方面废除了王莽的严酷法令，赢得了当地人民的拥护，另外一方面又派大军去消灭河北的铜马起义军，经过数次激战，铜马起义军最终失败，数十万人向刘秀投降。

为了壮大自己的实力，扩大自己的影响，刘秀决定收编这一批人马，并把投降的起义军首领封为列侯。但是，这些首领害怕刘秀是在骗他们，担心在被刘秀收编后，会遭到杀戮、囚禁，因此大都持观望怀疑的态度。刘秀了解到他们的心思后，就让他们各自回到自己原来的营地，继续带领自己的人马；接着刘秀骑着马，只带几名随从，一个一个军营地去慰问和说服他们，告诉他们不用担忧。

这些投降的将领见刘秀这样毫无戒心地对待他们，主动与他们接近，都非常感动地说："萧王（刘秀）这样待我们就好像把一颗赤诚的心，放到我们的胸中（推心置腹），我们怎么能不奋勇杀敌，为他效死呢？"

刘秀见他们都已经打心底里服了自己，就把他们分别安排在自己的军中。这样，他一下子就增加了数十万人马，大大地增强了自己的力量，为将来夺取天下，建立东汉打下了基础。

【出处】

成语"推心置腹"出自《后汉书·光武帝纪上》："萧王推赤心置人腹中，安得不投死乎！"推出自己的心放到人家的腹中。比喻赤诚待人。

退避三舍

春秋时期，晋献公的宠妃骊姬为了让自己的儿子当上太子，就设计陷害太子申生和献公的另一个儿子重耳，结果，申生被迫自杀，重耳被迫逃出了晋国，开始在国外流亡的生活。

有一年，重耳来到楚国，楚成王接待了他。看到重耳虽历经艰难，但仍然毫无怨言，彬彬有礼，楚成王认为重耳日后必有大作为，就以国君的待遇招待他，重耳非常感激。一天，楚王又设宴招待重耳，两人饮酒叙话，气氛十分融洽。忽然楚王问重耳："你若有一天回晋国当上国君，该怎么报答我呢?"重耳略一思索说："美女侍从、珍宝丝绸，大王您有的是，珍禽羽毛，象牙兽皮，更是楚地的盛产，晋国哪有什么珍奇物品献给大王呢?"楚王说："公子过谦了。话虽然这么说，可您到底想怎么感谢我呀?"重耳笑笑回答道："要是托您的福，果真能回国当国君的话，我愿与贵国友好。假如有一天，晋楚国之间发生战争，我一定命令军队先退避三舍(一舍等于三十里)，如果还不能得到您的原谅，我再与您交战。"

四年后，重耳回到晋国当了国君，就是历史上有名的晋文公，当时，他已经六十二岁了。晋国在他的治理下日益强大。

公元前 633 年，宋国由于不愿归附楚国，遭到了楚国的攻打，宋国弱小，就向晋国求救。晋文公和大臣们商量之后认为援救宋国符合自己的利益，利于自己将来的称霸事业，就发兵救宋。楚国和晋国的军队相遇后，晋文公为了兑现他当初向楚王的承诺，下令军队后退九十里，驻扎在城濮。楚军见晋军后退，以为对方害怕了，马上追击。晋军利用楚军骄傲轻敌的弱点，集中兵力，大破楚军，取得了城濮之战的胜利。

【出处】

成语"退避三舍"出自《左传·僖公二十三年》："若以君之是，得反晋国，晋、楚治兵，遇于中原，其辟(避)君三舍。"原意是主动退让九十里。比喻对人让步，回避冲突。

外强中干

春秋时期，晋国在晋惠公年间发生了饥荒，向秦国求购粮食。秦穆公在征询大臣的意见之后，决定卖给晋国粮食。第二年，秦国发生饥荒，向晋国求购粮食。晋惠公和群臣商量，大臣庆郑说："既然秦国曾经帮助过我们，那我们也应帮他们。商量什么呀！"另外一个大臣说："如今秦国缺粮，就好比上天把秦国赐给我们，我们能违背天意吗？我们应趁机攻打它。"晋惠公就采纳了这个建议，攻打秦国。

晋国的忘恩负义，激起了秦国的极大愤怒，秦军很快赶走了晋军，并且深入到晋国境内。晋国形势危急，晋惠公决心亲自出征，抵抗秦军，于是便叫人给他的战车套上郑国出产的名马，此种马高大强壮，他以为用此马出征，战车会跑得比较快，利于冲锋陷阵。在一旁的庆郑知道了，劝阻他说："打仗，一定要用本国产的马，因为本国的马在本国的国土长大，熟悉本国的水土，懂得本国人的心，因而它听从本国人的使唤，而且它熟悉本国的道路。现在你改用郑国的马，你不熟悉它的性情，这太危险了，此马又高又大，外貌虽很强壮，但内部却没有力量（外强中干）。若发生意外，后果将不堪设想。"

可是，晋惠公没有接受庆郑的劝告，一意孤行，套上马就出征了。不久，秦晋两国的军队在韩地交战，战斗十分激烈。正在此时，晋惠公的战车所套的马，陷入了泥泞之中，战马受惊，狂嘶乱叫，不断挣扎，越陷越深，进退不得，晋军因此大败，晋惠公也成了秦国的俘虏。

【出处】

成语"外强中干"出自《左传·僖公十五年》："外强中干，进退不可，周旋不能，君必悔之。"外，外表，表面；中，中间，内部；干，干枯，空虚。形容外表强大，实际上内部力量空虚。

完璧归赵

战国时，赵王得到了一块宝玉，叫“和氏璧”。秦王知道后，便写信给赵王，说愿意以十五个城的国土来交换这块宝玉。当时，秦强赵弱，赵王明知秦王想骗取“和氏璧”，但不又敢拒绝，大臣们再三商议，也拿不出一个妥善的办法。

蔺相如知道了，对赵王说：“大王，让我带着‘和氏璧’去见秦王吧，到那里我见机行事。如果秦王不肯用十五座城来交换。我一定把‘和氏璧’完整地带回来。”赵王知道蔺相如是个又勇敢又机智的人，就同意了。

蔺相如到了秦国，秦王在王宫里接见了他。蔺相如把“和氏璧”献给秦王。秦王接过来左看右看，非常喜爱。他看完了，又传给大臣们一个一个地看，然后又交给后宫的美女们看。

蔺相如一人站在旁边，等了很久，也不见秦王提起割让十五座城的事儿，知道秦王根本没有用城换玉的诚意。可是宝玉已经到了秦王手里，怎么才能拿回来呢？他想来想去，想出了一个计策，就走上前去，对秦王说：“这块‘和氏璧’看着虽然挺好，可是有一点小毛病，让我指给大王看。”秦王一听有毛病，赶紧叫人把宝玉从后宫拿来交给蔺相如。

蔺相如拿着“和氏璧”往后退了几步，身子靠在柱子上，气冲冲地对秦王说：“当初大王差人送信给赵王，说情愿拿十五座城来换赵国的‘和氏璧’。赵国大臣都说，千万别相信秦国骗人的话，我可不这么想，我说老百姓还讲信义呐，何况秦国的大王哩！赵王听了我的劝告，这才派我把‘和氏璧’送来。方才大王把宝玉接了过去，随便交给下面的人传看，却不提起换十五座城的事情来。这样看来大王确实没有用城换璧的真心。现在宝玉在我的手里，如果大王硬要逼迫我，我情愿把自己的脑袋和这块宝玉一块儿碰碎在这根柱子上！”说着，蔺相如举起“和氏璧”，对着柱子，就要摔过去。

秦王本来想叫武士去抢，可是又怕蔺相如真的把宝玉摔碎，连忙向蔺相如赔不是，说：“大夫不要着急，我说的话怎么能不算数哩！”说着叫人把地图拿来,假惺惺地指着地图说:“这十五座城,都划给赵国。”蔺相如心想,秦王常常会要鬼把戏,可别上他的当!他就跟秦王说:“这块‘和氏璧’是天下有名的宝贝。我送它到秦国来的时候,赵王斋戒了五天,还在朝廷上举行隆重的送宝的仪式。现在大王要接受这块宝玉,也应该斋戒五天,在朝廷上举行接受宝玉的仪式,我才能把宝玉献上。”秦王说:“好!就这么办吧!”他就派人送蔺相如到宾馆去休息。

蔺相如拿着那块宝玉到了宾馆里,就叫一个手下人打扮成一个买卖人的样儿,把那块宝玉包着,藏在身上,偷偷地从小道跑回到赵国去了。

五天后,蔺相如来到宫廷告诉秦王说:“我已将‘和氏璧’送回国内,如果大王的确想以城换璧的话,就请大王先割十五座城给赵国,到时,赵王一定会把‘和氏璧’给您。现在,就请大王处置我吧!”秦王估计璧肯定是拿不到了,杀了他反而会遭到天下人耻笑,就让蔺相如回国了。

【出处】

成语“完璧归赵”出自《史记·廉颇蔺相如列传》:“城入赵而璧留秦;城不入,臣请完璧归赵。”本意指蔺相如将“和氏璧”完好地自秦送回赵国。后比喻将物品完好地归还原主。

玩物丧志

周武王姬发灭商后，建立了西周王朝。为了巩固自己的统治，周武王一面分封诸侯，一面派出使臣到边远地区，通告他们商朝已经灭亡，周朝已经建立，要他们向周朝称臣进贡。

慑于武王的威名，许多远方国家和部族都先后派人到镐(周都，在今陕西西安市西)向周王朝称臣纳贡。有一天，来自西方旅国的一位使臣献上了一只叫獒的大狗。这只狗身高体重，且通人性，见了周武王还俯首行礼。武王看了，非常高兴，命人收下了这只宝狗，并重赏了使者。武王觉得现在全国统一了，天下太平了，玩一只小狗并不是什么大不了的事。

这件事被太保召公看在眼里，记在心中。退朝以后，他写了一篇《旅獒》呈给周武王，劝他说国家处于刚建立的初期，百废待兴，仍然需要艰苦奋斗，否则胜利果实会毁于一旦。同时，若君王开启了玩乐的风气，将会引起大臣们的争相效仿，这样，朝廷就危险了。其中写道："轻易侮弄别人，会损害自己的德行；沉迷于供人玩弄的事物，会丧失进取的志向。"武王读了《旅獒》，想到商朝灭亡的教训，觉得召公的劝告是对的，于是把收到的贡品分赐给诸侯和有功之臣，自己则兢兢业业地致力于国家的治理和建设。

【出处】

成语"玩物丧志"出自《左传·闵公二年》另见《书·旅獒》："玩人丧德，玩物丧志。"指迷恋于所喜爱的东西，因而失去积极进取的志气。

万事俱备，只欠东风

曹操率兵统一北方后，于公元 208 年，带领 80 万大军南下，准备灭掉孙权和刘备。于是，孙刘两家联合起来，共同抗曹。东吴的大都督周瑜和刘备的军师诸葛亮协商之后，决定采用火攻的作战方案。首先，周瑜用反间计，让曹操杀掉了他的水军将领蔡瑁、张允。周瑜又让庞统向曹操献计，欺骗曹操把自己的战船全部连在一起，这样当一船起火时，其他船也会很快被烧起来。

一切都准备好之后，一天周瑜带领一班将领站在船上遥望曹营的情况。忽然一阵风吹过，船上迎风飘动的旗帜轻拂过周瑜的脸颊，周瑜猛然想起一事，大叫一声，往后而倒，不省人事，手下的将领立刻把他救回帐中，并报告了吴主孙权，孙权也非常着急，连忙派医生给他医治，但却怎么也治不好。这时诸葛亮去探望周瑜，问他为何得病。周瑜不愿说出实情，诸葛亮就说："人有旦夕祸福，天有不测风云，人怎能预料到呢？"周瑜听到诸葛亮话中有话，就问有没有治病的良药。诸葛亮说："我有个药方，保证治好您的病。"说完，写了 16 个字，递给周瑜。这 16 个字是：

欲破曹公，宜用火攻；万事俱备，只欠东风。

周瑜一看，大吃一惊，心想："诸葛亮真是神人啊，一下猜中了我的病根。"他的心思既然已被诸葛亮猜中，便请教破敌之策。诸葛亮有丰富的天文气象知识，他预测到近期肯定会刮几天东南风，就对周瑜说："我有呼风唤雨的法术，借给你三天三夜的东南大风，你看怎样?"周瑜高兴地说："不要说三天三夜，只一夜东南大风，大事便成功了。"周瑜命令部下做好一切火攻的准备，等候诸葛亮借来东风，马上进兵。诸葛亮让周瑜在南屏山修筑七星坛，然后登坛烧香，口中念念有词，装作呼风唤雨的样子。

半夜三更，忽听风响旗动，周瑜急忙走出军帐观看，真的刮起了东南大风，他连忙下令发起火攻。周瑜部将黄盖，率领火船向曹操水寨急驶，当火船靠近曹军水寨时，一声令下，士兵们顺风放火。风助火势，曹营的战船很快烧了起来，岸上的营寨也被烧着，兵马损失不计其数。在烟火弥漫中，曹操仓皇逃命，从小道退回许昌。从此以后，三国鼎立的局面开始形成。

【出处】

成语"万事俱备，只欠东风"出自《三国演义》。比喻一切准备妥当，只欠关键一条的意思。

亡羊补牢

战国时代，楚国有一个大臣，名叫庄辛，有一天对楚襄王说："你在宫里面的时候，左边是州侯，右边是夏侯；出去的时候，鄢陵君等人又总是随着你。你和这些人专门讲究奢侈淫乐，不管国家大事，郢（楚都，在今湖北江陵县北）一定要危险啦！"襄王听了，很不高兴地骂道："你老糊涂了吗？故意说这些险恶的话惑乱人心吗？"庄辛不慌不忙地回答说："我实在感觉事情一定要到这个地步的，不敢故意说楚国有什么不幸。如果你一直宠信这几个人，楚国一定要灭亡的。你既然不信我的话，请允许我到赵国躲一躲，看事情究竟会怎样。"

庄辛到赵国才住了五个月，秦国就派兵侵楚，占领了楚都郢，并侵占了楚国的部分领土。襄王被俘，囚禁在咸阳，后又被放回楚国，回国后，襄王立刻召见庄辛，诚恳地对他说："我不听先生的劝告，以至于事情弄到了这一地步，我该怎么办呢？"庄辛说："看见兔子，再放猎狗，并不算迟；羊丢了，再修羊圈，也不算晚，一切都可以重来。"襄王终于采纳了庄辛的建议，收复了失去的国土。

【出处】

成语"亡羊补牢"出自《战国策·楚策四》："见兔而顾犬，未为晚也；亡羊而补牢，未为迟也。"意思是，丢失了羊赶快修补羊圈，比喻事情出了差错，及时设法补救。

网开一面

从大禹到夏桀，夏朝一共持续了四五百年的历史。

公元前16世纪，夏桀继位。桀是个极端残暴、放荡的人。他的统治激起了人民的极度不满，部落商的领袖汤利用这个形势推翻了夏朝，并在公元前16世纪早期建立了商朝。汤是一个极为仁慈的部落首领。

一天，汤在一片开阔的田野里散步，他看见一个人正在捕鸟，那人支开一张像笼子般的大网，喃喃地说："来吧鸟儿们，飞到我的网里来。无论是飞得高的还是低的，向东的还是向西的，所有的鸟儿都飞到我的网里来吧！"汤走过去对那个人说："你这种方法太残忍了！你这样做将会把鸟捕光的。"一边说着，汤拆掉了三面网。然后，像做祈祷那样，他轻轻地低声说道："哦，鸟儿们，喜欢向左飞的，就向左飞，喜欢向右飞的，就向右飞；如果你真的厌倦了你的生活，就飞入这张网吧！"

其他部落的首领得知这件事后都非常感动。他们说："汤真是一位贤王啊。他对鸟兽都如此仁慈，何况是对人呢。"不久就有四十多个部落宣誓效忠汤。汤的仁慈为他赢得了广泛的支持。因此，他很轻易地灭掉了夏朝。

【出处】

成语"网开一面"（亦作"网开三面"）出自《史记·殷本纪》："汤出，见野张网四面，祝曰：'自天下四方皆入吾网。'汤曰：'嘻，尽之矣！'乃去其三面，……"原指把捕禽的网撤去三面，意思是仁慈宽厚。后多比喻用宽大的态度来处理罪犯或敌方。

妄自尊大

马援，汉光武帝刘秀手下的大将，他曾在西北军阀隗嚣那儿干过一段时间，深得隗嚣的器重。当时，西南军阀公孙述在成都称帝，隗嚣想和公孙述联合共同抵抗刘秀，就派马援到公孙述那里探听虚实。公孙述在西汉末年当过一段时期的地方官，做出过一定的政绩。西汉灭亡后，他便拥兵自居，成为西南地区的军阀，后来，他觉得军阀做着不过瘾，就直接当了皇帝。

马援和公孙述是同乡，原又相熟。马援想，公孙述见了他，一定会同他把酒言欢，畅叙旧情；谁知完全出乎意料，当公孙述听说马援来到时，竟摆出皇帝气派，高坐殿上，并在阶前排列许多侍卫人员，以显示威风，然后叫马援上殿相见；还没有谈上几句话，公孙述就退朝回宫，叫人把马援送回宾馆。接着，公孙述又以皇帝的名义，给马援封官职、赐官服。马援很不高兴，就告辞走了。回去后马援对隗嚣说："公孙述只不过是一只井底之蛙，妄自尊大，不知道自己有多少斤两，居然当起了皇帝，他成不了大事的。我们还是结交东方的刘秀吧。"于是，隗嚣又派马援到洛阳会见刘秀。马援见到刘秀后，非常佩服刘秀的气度和胸怀，而刘秀对马援也很欣赏，觉得他有胆有识，于是马援也就转投到刘秀部下。马援回去后，竭力劝说隗嚣归附刘秀，但隗嚣总是不放心，反复犹豫，最后被刘秀灭掉。

【出处】

成语"妄自尊大"出自《后汉书·马援传》："（马援）因辞归，谓嚣曰：'子阳井底蛙耳，而妄自尊大，不如专意东方。'"狂妄得很，自高自大。

望尘莫及

孔子是我国伟大的思想家和教育家，他开创了私人办学的先例，一生教授弟子3000多人，其中成名者有72人，这些人包括颜回、子路等。颜回是孔子自认为最得意的门生，可以说是孔子的第一大弟子。颜回生活很俭朴，但有强烈的好学精神。

有一次颜回问孔子说："先生您在前面步行，我也在您后面跟着步行；先生您在快步前进，我也在跟着您快步前进；先生您在奔跑，我也在奔跑；先生脚不沾尘土，跑得太迅速，而我只好在后面干瞪眼，看着您跑过后的灰尘。"孔子说："颜回呀，你这些话是什么意思呢？"颜回说："先生您在步行，我也跟着步行，意思是说，你说什么，我也跟着说什么；先生您在快步前进，我也跟着您快步前进，意思是先生在滔滔不绝地讲道理，我也跟着您在滔滔不绝地讲道理；先生您在奔跑，我也跟着您在奔跑，意思是说先生您在谈论道，我也跟着您在谈论道；先生脚不沾尘土，跑得十分迅速，而我只好在后面干瞪眼，意思是说，先生虽然不说话却可以为人所信服，而情意却自然普遍；虽然您没有地位和权势，可老百姓却像水归大海一般聚集在您的面前，却还不知自己为什么要这样做呢！因此，我感觉自己是无法与先生相比的。"

【出处】

成语"望尘莫及"出自《庄子·田子方》："夫子奔逸绝尘，而回瞠若乎其后矣。"及，赶上。望见前面骑马的人走过扬起的尘土而不能赶上。比喻远远落在后面。

望梅止渴

东汉末年,天下大乱,地方上出现了军阀割据,曹操为了统一北方先后扫平了许多军阀。有一年的春夏之交,曹操率领军队远征,准备攻打南阳军阀张绣。

部队走了很长时间,一直找不到水喝。士兵们感到非常疲倦,更糟的是,天气又非常的热,骄阳似火,天上一丝云彩也没有,部队在弯弯曲曲的山道上行走,两边密密的树木和被阳光晒得滚烫的山石,让人透不过气来。到了中午时分,士兵衣服都湿透了,行军的速度也慢了下来,有几个体弱的士兵竟然晕倒在路边。曹操看行军的速度越来越慢,担心贻误战机,心里很是着急。可是,眼下几万人马连水都喝不上,又怎么能加快速度呢?他立刻叫来向导,悄悄问他:"这附近是否有水源?"向导摇摇头说:"泉水在山谷的那一边,要绕道过去还有很远的路程。"曹操想了一想说:"不行,时间来不及。"

他看了看前边的树林,沉思了一会儿,对向导说:"你什么也别说,我来想办法。"他知道此刻即使下命令要求部队加快速度也无济于事。脑筋一转,办法来了,他一夹马肚子,加速赶到队伍前面,用马鞭指着前方说:"将士们,我知道前面有一大片梅林,那里的梅子又大又好吃,我们快点赶路,绕过这个山丘就到梅林了!"士兵们一听,前面有酸酸的梅子可以吃,嘴里不知不觉就产生出许多唾液来,不再感觉到那么渴了,前进的步伐不由得加快了许多。

【出处】

成语"望梅止渴"出自南朝宋·刘义庆《世说新语·假谲》:"魏武(曹操)行役失汲道,军皆渴,乃令曰:'前有大梅林,饶子,甘酸可以解渴。'士卒闻之,口皆出水,乘此得及前源。"原意是梅子酸,人想吃梅子就会流涎,因而渴止。后比喻凭借空想以自慰。

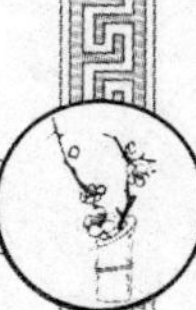

望洋兴叹

相传很久很久以前，黄河里有一位河神，人们叫他河伯。当秋天的河水按着时令到来时，无数支流的水都灌进了黄河。河面十分宽阔，水雾蒸腾，不论是河的两岸，还是河心的河州，隔岸望去，简直分不清岸上的是牛还是马。河伯站在黄河岸上，望着宽阔的河面和汹涌的河水，兴奋地说："黄河真大呀，世上没有哪条河能和它相比。我就是最大的水神啊！"

有人告诉他："你的话不对，在黄河的东面有个地方叫北海，那才真叫大呢。"

河伯说："我不信，北海再大，能大得过黄河吗？"

那人说："别说一条黄河，就是几条黄河的水流进北海，也装不满它。"

河伯固执地说："我没见过北海，我不信。"

那人无可奈何地告诉他："有机会你去看看北海，就明白我的话了。"

何伯虽然表面上不相信那人的话，但在心深处，他还是有点疑问的。他决定到北海去看个究竟。

河伯顺流来到黄河的入海口，突然眼前一亮，海神北海若正笑容满面地欢迎他的到来，河伯放眼望去，只见北海汪洋一片，无边无涯，他呆呆地看了一会儿，望着北海无限感慨地说："俗话说，只懂得一些道理就以为谁都比不上自己，这话说的就是我呀。今天要不是我亲眼见到这浩瀚无边的北海，我还会以为黄河是天下无比的呢！那样，岂不被有见识的人永远耻笑。"

【出处】

成语"望洋兴叹"出自《庄子·秋水》："河伯欣然自喜，以天下之美为尽在己。顺流而东行，至于北海，东面而视，不见水端。于是焉，河伯始旋其面目，望洋向若（海神名）而叹。"指仰望海神而兴叹，原意是看到人家的伟大，才感到自己渺小。今多比喻力量不够，感到无可奈何。

危如累卵

春秋时期，晋灵公为了享乐，下令修建一座九层高台，引起了人民的强烈不满。一些大臣也劝晋灵公，不要干这种劳民伤财的事。可是晋灵公执意不听，还说："谁再来提意见，就杀谁。"

有个大臣叫荀息，他来求见晋灵公说："大王，我会玩一个小游戏，表演给您看。"晋灵公问："你要表演什么游戏？"荀息说："我能把十二个棋子一个个叠起来，上面再加九个鸡蛋。"晋灵公想："这怎么可能？"但还是决定让他试一下。

荀息小心地先把十二个棋子叠起来，然后将鸡蛋加上去。旁边看的人都提心吊胆，紧张得连气都不敢出，灵公也惊呆了，不禁叫道："这太危险了！"荀息却不慌不忙地说："这算不了什么，还有比这更危险的呢！"灵公说："还有什么更危险的让我看看？"荀息严肃而沉痛地说："九层之台，造了三年，尚未完工，以致男的耽误了耕种，女的耽误了纺织，国库也快要空了，邻国正在计划趁机侵略我们。这样下去，国家总有一天要被灭亡，到那时，你还有什么办法呢？"

晋灵公恍然大悟，叹道："我的错误，竟发展到如此严重地步！"便下令停止九层台的工程。

【出处】

成语"危如累卵"出自汉·刘向《说苑》和司马迁的《史记》："危于累卵，得臣则安。"累，重叠，堆积。形容局势异常危险。

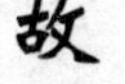

韦编三绝

春秋时期的书和现在的书是不同的，那时的书又笨又重，因为那时还没发明造纸术，书是用竹子做成的。粗大的毛竹被劈成一片一片的，这些竹片被称为“竹简”，用火烘烤后，把字用油漆写在竹简上。一片竹简写不下多少字，大约十几个左右。所以，一部书要用许多竹简，这些竹简再用皮带子一片一片地串起来才能成为一本书。《易》(又叫《易经》)是中国古代一部经典的古书，内容庞大复杂，需要用许多片竹简，所以非常沉重。

据说在孔子晚年，他发现了《易》，觉得《易》里面隐藏着很深的学问，对它很感兴趣。《易》是一部很难懂的书，孔子下决心要读懂它。一遍不懂，读两遍，两遍不懂，读三遍，直到读通为止。孔子对于《易》，不但进行了研究，而且把研究心得写成了十篇文章，叫做《十翼》。由于孔子无数遍地翻阅《易》，把串联竹简的牛皮带子也给磨断了几次，不得不多次换上新的。

即使读到了这样的地步，孔子仍谦虚地说：“假如让我多活几年，我就可以完全掌握《易》的文采与内涵了。”

【出处】

成语“韦编三绝”出自《史记·孔子世家》：“孔子晚而喜《易》……读《易》，韦编三绝。”韦，熟牛皮。编联竹简的皮绳多次断绝。形容读书刻苦勤奋。

为虎作伥

很久以前,有一只非常凶残的老虎,因为林中的动物都被他吃光了,找不到食物,正饿得发慌,这个时候他发现林中一条路常常有人经过,就守候在路边准备吃人。

有一天,有个叫伥的人路过这里,老虎迅速地扑上去,咬住他的喉咙,拖到林中饱吃了一顿。老虎想:"要是每天都有人肉吃该多好呀!"于是老虎抓住伥的灵魂不放,对他说:"你必须找到另一个人给我吃,我才让你的灵魂得到自由,投胎重新做人。"伥虽然死了,可是他的灵魂仍然害怕老虎,竟然点头同意了。

于是伥的灵魂就到处去找人,当发现一个人时,就把他骗到林中,早已守候在那里的老虎连忙扑上去把人咬死,伥的灵魂为了讨好老虎,竟上前把那个人的衣服脱掉,带子解开,让老虎不费力地将那人吃掉。老虎对伥灵魂的合作很满意,不肯放伥的灵魂走。于是伥的灵魂也无法投胎做人,只能继续帮助老虎做吃人的勾当。

人们称伥的灵魂为"伥鬼"。后来形容那些帮助恶人一起做坏事的人为"为虎作伥"。

【出处】

成语"为虎作伥"出自宋·李昉等《太平广记》卷四百三十:"伥鬼,被虎所食之人也,为虎前呵道耳。"替老虎作伥鬼。比喻做坏人的帮凶。

围魏救赵

战国时期，诸侯纷争，国与国之间总是战争不断。公元前354年，魏军攻打赵国邯郸，赵国向齐国求援。齐赵有同盟之约，齐国决定救赵。魏国的元帅是庞涓，孙膑年轻时曾与他一起学过兵法，对他非常了解。于是，齐王派田忌为主帅，孙膑为军师率兵前去救赵。

田忌计划以主力直奔邯郸，与魏军决一死战。这是最直接最快捷的方式，但也最危险。军师孙膑反对力取，建议采取“避实而击虚”的方针。他主张“围魏救赵”，即巧夺。首先，他派出两个最无能的部将，攻打魏国的襄陵。此一举可有三得：向赵国表达参战的诚意，增强赵国抵抗魏军的信心；使魏国感到后顾之忧，行动受制；第三是向魏军显示出齐军较弱，从而诱使魏军误判形势，低估齐军实力。

果然，看到齐国不堪一击，魏军主力并未南下驰援，继续围攻邯郸。惨烈的攻城战持续近一年，魏、赵都已筋疲力尽，攻魏的时机终于来临。此时孙膑向田忌建议要求齐军兵分两路，一路迅速抵达大梁，攻击大梁，另一路埋伏于魏军返回大梁的必经之路上。庞涓得知消息后果然震怒，挥师南下救驾。深知老同学脾性的孙膑，料定魏军必将经过桂陵一带，遂将齐军精锐尽数埋伏于此。等到庞涓人困马乏路过时，以逸待劳，磨刀霍霍多时的齐军一举杀出，大败魏军。

此战过后，魏国元气大伤。十多年后，又发生了马陵之战。当时，魏、赵联军攻打韩国，韩国不敌，向齐国求救。孙膑和田忌再一次以同样的方法，使庞涓撤兵回国，在马陵这个地方，孙膑设下伏兵，庞涓进了齐兵埋伏的地方后，齐军万箭齐发，庞涓终被射死。一场持续多年的恩怨终于画上了句号。

【出处】

成语“围魏救赵”出自《史记》：“君不若引兵疾走大梁，据其街路，冲其方虚，彼必释赵而自救。”原意是说，攻打魏都大梁以解赵都邯郸之围。后泛指一切袭击敌人后方，迫使进攻之敌撤回的战术。

未雨绸缪

商朝末年，由于商纣王统治残暴，诸侯国周的国王周武王带领其他诸侯国起来反对商纣王，经过几年的战争，最终灭掉了纣王，建立周王朝。周朝建立之后，周武王把他的弟弟管叔和蔡叔封在商朝都城朝歌附近，以监视商朝的遗民，又封弟弟周公为宰相，辅佐自己。

后来，武王得了重病，临死时，嘱托周公辅佐自己的儿子周成王。由于成王年幼，周朝的天下又刚刚安定下来，周公恐怕四方诸侯背叛周朝，自己就代理周成王行使大权主持国事。管叔、蔡叔本来就对周武王的安排不满，现在就趁机散布流言，说周公将取代成王。周公为了避嫌疑，就搬出了京城，把权力还给了成王。管叔等人趁机与原纣王之子武庚勾结进行叛乱，周成王于是命令周公领兵征伐，最后终于杀掉了管叔、武庚，抓住了蔡叔，并把他流放到边远地区。

周公平乱后，给成王写了一首诗，以告诫和劝谏成王。诗中写道："趁天未下雨，赶紧剥桑皮，和灰一块搅拌一下，用来修缮和坚固门窗。如果是这样的话，那些下层人民还能够欺骗和反抗我们吗？"在这首诗中，周公劝告周成王尽快制定和完善各种措施以保证周朝的安定和防止叛乱的发生。后人就从周公的诗中引出了"未雨绸缪"这个成语。

【出处】

成语"未雨绸缪"出自《诗经·豳风·鸱鸮》："迨天之未阴雨，彻彼桑土，绸缪牖户。"绸缪，紧密缠缚，引申为缮。趁着天没下雨，先修缮门窗。比喻事先做好准备。

孫臏

文不加点

“晴川历历汉阳树，芳草萋萋鹦鹉洲”，崔颢笔下的这一千古名句，点出了古代武昌人文景观的一处精华所在。鹦鹉洲，以中国古典文学中十分有名的作品——祢衡的《鹦鹉赋》而知名的景点，千百年来，它已成了黄鹤楼下长江岸边一道靓丽的风景线。

《鹦鹉赋》的作者祢衡，东汉末年文学家，长于文章辞赋，他的文章非常有文采。但他为人恃才傲物，喜讥讽权贵。汉献帝年间，由于军阀混战，他在荆州避难。建安初年，受孔融、杨修等人引荐，曹操想见他。但祢衡却不满于曹操的专权霸道，拒绝见他，曹操大怒，听说他善于击鼓，便强行让他当击鼓手，借此羞辱他。一次，曹操大会宾客，要祢衡击鼓。按规定，击鼓需要穿击鼓用的衣服。祢衡就在曹操而前脱去了衣服，然后换上击鼓用的衣服，之后开始从容地击鼓。曹操虽然内心十分愤怒，但仍装出很大度的样子，把他推荐给了刘表，实质上是想借刘表之手杀掉他。刘表当然明白曹操的用意，不久，就找了个借口，又把祢衡转送至江夏黄祖处做书记官。

黄祖之子黄射对祢衡的文才很是佩服。一次黄射大宴宾客，有人献鹦鹉一只。黄祖就请祢衡以鹦鹉为题作篇文章。于是祢衡即席作了《鹦鹉赋》一篇。他思如泉涌，一挥而就，文不加点。其文辞章华丽，情怀慷慨。

但由于祢衡性格耿直又才华出众，根本不把黄祖放在眼中，在宴会上，黄祖问祢衡：“你在许昌时，觉得谁是最有才能的人？”祢衡说：“除了孔融和杨修再也没有其他人了。”黄祖又问：“你觉得我如何？”祢衡毫不客气地说：“你就像庙中的神仙，被人敬着但却没有任何用。”黄祖大怒，立即把祢衡推出去斩了。死后，黄祖将其埋葬在长江边沙州上，从此，人们便给这沙州起名为“鹦鹉州”。

【出处】

成语“文不加点”出自萧统《祢衡〈鹦鹉赋〉序》：“衡因为赋，笔不停辍，文不加点。”点，改动，修改的意思。成语意指作文章水平极高，写文章一气呵成，无须修改。

闻鸡起舞

祖逖，晋朝人，自幼丧父，有兄弟六人，都很有才干。祖逖为人仗义，慷慨大方。他十分同情群众，注意民间疾苦，经常以兄长的名义，把家里收取的大量租谷织物，散发给贫困之家，因而受到乡邻们的称赞和敬重。

祖逖生活的年代是一个动乱的年代。社会上各种矛盾交织：如少数民族和西晋政权的矛盾，统治阶层内部王室成员之间的矛盾以及西晋的地主阶层对广大人民群众的残酷剥削等。祖逖为日益深重的社会危机感到忧虑，就产生了“救民于水火”的大志。他有一个好友——刘琨，二人都有报国之心，意气相投，常常共枕同眠。他们常常谈论的都是些建功立业，扫平天下的事情。

一天夜里，祖逖翻来覆去地睡不着，一直在想，怎样才能练出本领，实现自己救民报国的大志呢？到了半夜，他听到鸡的叫声，受到启发，决心今后奋发图强，抓紧时间，练一身过硬的本领，报效国家。于是，他推醒刘琨。刘琨起来揉揉眼睛，问是怎么回事。祖逖说：“你听听，这是鸡叫的声音，它在催我们起床了。”两人起床后来到院子里，手执长剑，在皎洁的月光下认真地舞起剑来。从此以后，无论凛冽的寒冬，还是炎热的酷暑，也无论刮风还是下雨，一听到鸡叫，他们就立刻起身练武。他俩勤学苦练，终于练出了一身好武艺。

后来，西晋中央政府被北方的少数民族所逼，迁入南方的建康（今南京），称为东晋。在东晋政府的支持下，祖逖开始率兵北伐，收复失地，并且取得很大的胜利。由于操劳过度，积劳成疾，祖逖最终病死了。死后百姓痛哭失声，为他立祠。他“闻鸡起舞”的故事被后人广为传颂。

【出处】

成语“闻鸡起舞”出自《晋书·祖逖传》：“（祖逖）与司空刘琨俱为司州主簿，情好绸缪，共被同寝。中夜闻荒鸡鸣，蹴琨觉曰：‘此非恶声也。’因起舞。”原意是听到鸡鸣，就起床练武。比喻有志向的人及时奋发自励。

卧薪尝胆

春秋时期，东南一带的吴国和越国经常发生战争。有一年，吴王夫差的父亲阖闾，被越军射死。父亲临死时，嘱咐夫差一定要为他报仇。夫差为了完成父亲的遗愿，苦苦练兵两年，终于一战而打败了越国的军队。越王勾践派大臣文种去向夫差求和，同时又派人暗地贿赂夫差的大臣伯嚭(pǐ)，给他送去财宝、美女，请他在夫差面前讲情，最后，夫差答应了越国的求和，但是要勾践到吴国服侍他。

越王勾践把国事托给文种和其他大臣，自己带着妻子和另一大夫范蠡离开会稽，到了吴国。吴王夫差派勾践夫妇住在吴王阖闾墓旁的石屋里喂马，范蠡也在一起做杂役。

勾践给夫差喂了三年马，小心谨慎，逆来顺受，夫差每次坐车出门，勾践还趴在地上让夫差踩着他的背上马，侍候得非常周到。文种也时常从国内送礼品给伯嚭，伯嚭就常在夫差跟前替勾践说好话。有一次夫差病了，勾践通过伯嚭进入夫差寝宫，亲自服侍夫差，夫差十分感动，病好后，就把勾践夫妇和范蠡释放回国。

勾践回到越国，决心刻苦自励，立志复国，便叫文种管理政治，范蠡训练军队，号召全国百姓发愤图强。勾践为了磨炼自己的斗志，不愿过舒适的生活，连褥子都不用，床上铺的是柴草，还经常预备一个苦胆，饭前或坐着休息的时候，总要尝一尝苦胆(卧薪尝胆)。

勾践还亲自参加耕种，他夫人织布，用以鼓舞百姓勤劳耕作。他改革内政，发展生产，积蓄力量，好让自己的国家强大起来。

二十年后，越国终于强大起来，开始进攻吴国。最后一战中，越军大破吴军，吴王夫差被困在姑苏山上，吴王派人向越王勾践求和，越王不同意，夫差觉得自己再也无颜苟活于世上就自杀了，吴国于是灭亡。

【出处】

成语“卧薪尝胆”出自《史记·赵王勾践世家》:“乃苦身焦思，置胆于坐。坐卧即仰胆，饮食亦尝胆也。”原指越王勾践以柴草为卧具，经常尝胆的苦味，立志灭吴，报仇雪耻。比喻刻苦自励，发愤图强。

无出其右

汉高祖刘邦建立汉朝之后，将军陈豨凭借自己手握重兵，起兵叛乱，刘邦亲自带兵前去镇压，途经赵国，赵王张敖深恐刘邦怪罪于他，便下令做了许多美味佳肴，亲自端着盘子，送给刘邦吃，表现得非常有礼。

谁知刘邦故意大摆皇帝的威风，岔开两腿，大模大样地坐着。不但不回礼，而且开口就骂张敖招待不周。赵国的宰相赵午等见刘邦如此寻衅，羞辱赵王，气愤异常。回宫后，他们竭力劝说赵王反叛刘邦，赵王执意不允，并说自己是皇帝的女婿，哪有女婿反叛老丈人的道理。

赵午、贯高等人见赵王不答应，就私下密谋，准备刺杀刘邦。此事被刘邦发觉，张敖和其群臣中凡参与谋反的都被逮捕，丞相赵午自杀，贯高也被逮捕。刘邦为此事发布诏书，说赵国有谁敢追随赵王的，灭三族。贯高、田叔等十余人并不畏惧，他们自缚其身，自称为赵王家奴，随张敖一同到京都长安(今西安市)。

此后查明，贯高等阴谋刺杀刘邦的事，赵王张敖并不知道，便释放了张敖，但废为宣平侯。刘邦非常欣赏那几个冒着生命危险跟赵王一起到京城领罪的大臣，觉得他们很忠诚，便召见了他们。通过谈话，刘邦对他们的才学、品德有了真正的了解，他感慨地说："现在汉朝的臣子没有一个能超过他们的(无出其右)。"于是就封田叔等人到各地做郡守。

【出处】

成语"无出其右"出自司马迁《史记·田叔列传》："乃进言田叔等十余人上尽召见，与语，汉廷臣毋能出其右者。上说，尽拜为郡守诸侯相。"比喻能力极高，无人超过的意思。

吴牛喘月

西晋初年，晋武帝司马炎手下有一个大臣名叫满奋，他得了一种奇怪的病：怕吹冷风，尤其是怕寒冷刺骨的冬风。有一年冬天，风很大，他进宫朝见武帝，看见宫里的窗户是透明的琉璃做成的，好像很不坚固，不禁发起抖来，脸色变得很苍白。武帝觉得奇怪，就问他原因。满奋照实回答。武帝一听，便笑着说："琉璃窗根本是密不透风的。"满奋觉得很不好意思，便也笑着说："臣犹吴牛见月而喘。"意思是说：我就好像吴地里的牛一样，一看到了月亮就吓得喘起气来了。

满奋为什么会有这种比喻呢？是因为中国水牛多生长在长江、淮河一带，古代这个地方叫做吴，所以那里的牛就叫做吴牛，水牛很怕热，喜欢泡在凉快的水里，它只要一看到太阳，就会全身发热，喘个不停。有时，水牛看见月亮，误以为是太阳，便吓得大大地喘起气来。"吴牛喘月"就是这样来的。

【出处】

成语"吴牛喘月"出自南朝宋·刘义庆《世说新语·言语》："满奋畏风……奋有难色，帝笑之。奋答曰：'臣犹吴牛，见月而喘。'"原意是吴地水牛见月疑是日，因惧怕酷热而不断喘气。比喻害怕类似的东西。亦指酷热的暑天。

五十步笑百步

战国时期，有个国君叫梁惠王，此人既贪婪又喜爱战争。为了扩大疆域，积聚财富，他经常让老百姓帮他打仗。

有一次梁惠王召见孟子，问道："我在位，对于国家的治理，可以说是尽心尽意了。河内（今河南省黄河北岸）常年发生灾荒，收成不好，我就把那里的一部分老百姓迁移到收成较好的河东去，并把收成较好的河东地区的一部分粮食运到河内来，让河内发生灾荒地区的老百姓不至于饿死。有时河东遇上灾年，粮食歉收，我也是这样，把其他地方的粮食调运到河东来，解决老百姓的无米之炊。我看到邻国当政者的做法，没有哪一个像我这样尽心尽意替自己的老百姓着想的。然而，邻国的百姓没有减少，而我的百姓也没有增加，这是什么原因呢？"

孟子回答说："大王喜欢打仗，我就用打仗来打个比方吧。战场上，两军对垒，战斗一打响，战鼓擂得咚咚地响，作战双方短兵相接，各自向对方奋勇刺杀。经过一场激烈拼杀后，胜方向前穷追猛杀，败方就有人丢盔弃甲，拖着兵器逃跑。那逃跑的士兵中有的跑得快，跑了一百步停下来了，

有的跑得慢，跑了五十步停下来了。这时，跑得慢的士兵却为自己只跑了五十步就嘲笑那些跑了一百步的士兵是胆小鬼，您认为这种嘲笑对吗？”梁惠王说：“不对，他们只不过没有跑到一百步罢了，但是这也是临阵脱逃啊！”

孟子说：“大王如果明白了这其中的道理，那么就无须再希望您的国家的老百姓比邻国多了。”孟子的意思是说，邻国国君不管百姓的死活，是不爱百姓的国君。梁惠王经常调动百姓去打仗，致使民不聊生，也是不爱百姓的国君。所以邻国百姓不减少，自己国家的百姓不增加，也是很正常的。

【出处】

成语“五十步笑百步”出自《孟子·梁惠王上》：“孟子对曰：‘王好战，请以战喻。填然鼓之。兵刃既接，弃甲曳兵而走。或百步而后止，或五十步而后止。以五十步笑百步，则何如？’曰：‘不可。直不百步耳，是亦走也。’”原指作战时后退了五十步的人讥笑后退了一百步的人，说他是逃兵。比喻自己与别人有同样的缺点和错误，只是程度上轻一些，却讥笑别人。

下笔成章

曹植是曹操的第三个儿子，自幼聪明伶俐，喜欢诗、辞、歌、赋，十几岁时就能诵读许多名篇，而且会写文章。所以，很多人都称他是个“奇才”。

曹操虽然对自己儿子的才气非常赏识，但仍然对他要求严格。公元214年，曹操要远征孙权，临行时还特地把曹植叫到马前嘱咐道：“我23岁时已经在顿丘为官了，现在回想起来那时的所作所为，还没有什么值得悔恨的事，你今年也是23岁，要加倍努力啊！”

在曹操的殷殷嘱咐下，一向行为放荡和贪玩的曹植也不再追求华丽的服装，不再耗费更多的时间去修整自己的仪容了，而是勤奋写作，努力上进。由于刻苦学习，加上天生聪慧，他能写出很好的诗文，甚至有时曹操读了也感到吃惊。有一次，曹操看了他的文章之后，怀疑不是出自他的笔下，便问曹植，曹植回答说：“言出为论，下笔成章。”意思是说：我已经有这样的习惯了，用嘴巴说出来就是议论，用笔写下来就成了文章。

不久，曹操在官城建造的铜雀台竣工了，就让几个儿子都上去看看，并叫他们每人都写出一篇辞赋来，试一试他们的文采。曹植拿起笔来就写，一会儿工夫就写好了，这就是著名的《铜雀台赋》，这篇文章充分证实了曹植自己说过的那句话：“言出为论，下笔成章。”

【出处】

成语“下笔成章”出自《三国志·魏志·陈思王植》：“太祖尝视其文，谓植曰：‘汝倩人邪？’植跪曰：‘言出为论，下笔成章，顾当面试，奈何请人？’”形容文思敏捷，顷刻成篇。

先发制人

秦朝统治残暴，引发了农民起义。项梁和他的侄子项羽也拉起了一支八千人的队伍加入了起义行列。项梁和项羽是楚国将军项燕的后代。项梁因为杀人和侄子项羽逃到了吴中（今在苏州）地区躲藏。项梁一直就想推翻秦朝的统治，在吴中时，他暗地里把当地的豪杰和青年组织起来，等待机会。

秦二世即位的第一年，陈胜等人在大泽乡起义。项梁意识到机会来了，恰巧这一年九月，会稽（今绍兴）郡守殷通对项梁说："长江以西地区都造反了，秦国看来要灭亡了。我听说先行动，就可以控制别人（先发制人），后行动就要被别人控制。我准备起兵抗秦，派您和桓楚作为将军。"项梁说："桓楚现在逃亡在外，没有人知道他在何处，只有项羽知道。我把他叫来，您可以当面询问他。"于是项梁出来和项羽商量了一下，让他带宝剑在外面等候。

项梁想趁此机会杀掉殷通，以取得他手下军队的领导权。项梁进屋对殷通说："项羽在外面，请您召见他。"殷通就召见项羽，项羽手提宝剑走了进来，直视殷通，殷通不知是什么意思，只听项梁说："动手吧。"于是，只一下，殷通人头落地。接着，项梁和项羽又杀掉了那些不服从他的人，整顿军队，加上原来组织的人，共有精兵八千人。项梁叔侄率领着这八千人马开始了推翻秦朝的斗争。

【出处】

成语"先发制人"出自《史记·项羽本纪》："会稽守通谓梁曰：'江西皆反，此亦天下亡秦之时也。吾闻先即制人，后则为人所制。吾欲发兵，使公及桓楚将。'"原指先动手的处于主动地位，可以控制对方，后亦泛指先下手以制服对方。

项庄舞剑

秦朝末年，各地纷纷爆发农民起义，起义的将领们相互约定，谁先攻下秦朝都城咸阳，谁就在关中为王。之所以大家都想在关中称王，因为关中当时是一个非常富庶的地方。结果，刘邦先攻破了咸阳，按约定应当为关中王。

项羽因此非常生气。他想："我有四十万大军还没称王，你十万人马居然称王啦！"于是要找刘邦决战。

项羽的一个远房叔叔项伯与刘邦的谋士张良很要好。听到这消息，他连夜告诉张良，劝他赶紧离开。张良不愿意背叛刘邦，经张良介绍，刘邦热情地接待了项伯，并与项伯结为儿女亲家。项伯劝刘邦亲自去向项羽解释、道歉，以避免这场大战。

第二天，刘邦带着一百多人亲自去鸿门向项羽赔礼道歉。项羽的谋士范增劝项羽在酒宴上除掉刘邦。宴会上埋伏了一批武士，约定项羽一举杯，就立即动手。

在宴会上，刘邦对项羽态度谦卑，处处陪着小心。项羽是个直性子，被刘邦哄得渐渐高兴起来，根本不再想杀他了。所以对范增的几次示意，

都没有反应。

范增眼看没按计划进行，就把项羽的堂兄弟项庄找出来说：“项王太仁慈了。你快进去借舞剑为名，趁机杀了刘邦。”

项庄回来便到宴会上敬酒，并请求让他舞剑助兴。只见剑光闪闪，项庄越舞越靠近刘邦。项伯担心出事，对项羽说：“一人独舞，兴致不高，让我和他对舞吧！”项伯也拔剑起舞，暗暗地用自己的身体挡着刘邦，使项庄找不到下手的机会。

张良看到这种情况，赶忙出去对刘邦的武将樊哙说：“现在项庄舞剑，他的用意就是要杀沛公啊！”樊哙一听，立即拿起武器，闯到宴会上，当场批评项羽说：“汉王率兵，首先攻破咸阳，灭了秦朝，立了那么大的功劳，而你今天却要诛杀功臣。这种做法不是和秦始皇一样吗？”项羽无话可说，宴会的气氛开始有利于刘邦。后来，刘邦终于借机离开宴会，平安地回到自己的军营。

【出处】

成语“项庄舞剑”出自《史记·项羽本纪》：“良曰：‘甚急。今者项庄拔剑舞，其意常在沛公也。”原指项庄席间舞剑，企图刺杀刘邦。比喻言行并非表面所露之意，实则另有企图。

萧规曹随

西汉建立后，第一任丞相萧何临死时向汉惠帝推荐与自己一起打天下的战友曹参接自己的班。曹参当丞相后，什么事也不干，一天到晚都请人喝酒聊天，也不关心治理国家方面的大事。刚刚即位的汉惠帝感到很纳闷，又想不出个所以然来，以为曹相国嫌他太年轻了，看不起他，所以就不愿意尽心尽力来辅佐他。惠帝左想右想总感到心里没底，有些着急。

有一天，惠帝就对中大夫曹窋（曹参的儿子）说："你休假回家时，碰到机会就顺便问问你父亲，你就说：'高祖（刘邦）刚死不久，现在的皇上又年轻，还没有治理朝政的经验，正要丞相辅佐，共同来把国事处理好。可是现在您身为丞相，却整天与人喝酒闲聊，一不向皇上请示报告政务，二不过问朝廷大事，要是这样下去，您怎么能治理好国家和安抚百姓呢？'看你父亲怎么回答，回来后你告诉我一声。不过你千万别说是我让你去问的。"曹窋接受了皇帝的旨意，休假日回家，找了个机会，一边侍候他父亲，一边按照汉惠帝的旨意跟他父亲闲谈，并规劝了曹参一番。曹参听了他儿子的话后，大发脾气，大骂曹窋说："你小子懂什么朝政，这些事是该你说的呢？还是该你管的呢？你还不赶快给我回宫去侍候皇上。"一边骂一边拿起板子把儿子狠狠地打了一顿。

曹窋遭了父亲的打骂后，垂头丧气地回到宫中，并向汉惠帝大诉委曲。惠帝听了后就更加感到莫名其妙了，不知道曹参为什么会发那么大的火。

第二天下了朝，汉惠帝把曹参留下，责备他说："你为什么要打骂曹窋呢？他说的那些话是我的意思，也是我让他去规劝你的。"曹参听了惠帝的话后，立即摘帽，跪在地下叩头谢罪。汉惠帝让他起来后，说："你有什么想法，请照直说吧！"曹参想了一下就大胆地回答惠帝说："请陛下好好地想想，您跟先帝相比，谁更贤明英武呢？"惠帝立即说："我怎么敢和先帝相提并论呢？"曹参又问："陛下看我的德才跟萧何相国相比，谁强呢？"汉惠帝笑着说："我看你好像是不如萧相国。"

曹参说:“陛下说得非常正确。既然您的贤能不如先帝,我的德才又比不上萧相国,那么先帝与萧相国在统一天下后,陆续制定了许多明确而又完备的法令,在执行中又都是卓有成效的,难道我们还能制定出超过他们的法令规章来吗?”接着他又诚恳地对惠帝说:“现在陛下是在守业,而不是在创业,因此,我们这些做大臣的,就更应该遵照先帝遗愿,谨慎从事,恪守职责。已经制定并执行过的法令规章,就更不应该乱加改动,而只能是遵照执行。我现在这样照章办事不是很好吗?”汉惠帝听了曹参的解释后说:“我明白了,你不必再说了!”

曹参在朝廷任丞相三年,遵照萧何制定好的法规治理国家,使西汉政治稳定,经济发展,老百姓生活水平日渐提高,史称“萧规曹随”。

【出处】

成语“萧规曹随”出自《史记·曹相国世家》:“参代何为汉相国,举事无所变更,一遵萧何约束。”又,汉·扬雄《解嘲》:“夫萧规曹随,留侯画策,陈平出奇,功若泰山,响若坻隤。”原指汉相萧何制定的政策法令,曹参继任丞相后不做更改,按成规办事。比喻按照前人的成规办事。

小时了了

孔融，东汉末年人，曾当过地方上的太守，后因反对曹操，被其杀掉。他是孔子的二十世孙，从小就很聪明，尤其长于辞令，小小年纪，已在社会上享有盛名。

大约在他十岁时，他跟自己的父亲到洛阳游玩。当时，洛阳有一个非常有名的人叫李元礼，此人颇具才学，且为人谦虚诚恳，很具君子风度，当时的人都说他是社会的楷模。他是朝中的大臣，因此与他来往的人不是高官便是社会名流，十岁的孔融也很想见识一下这位人称楷模的人。

他独自来到了李府门前，对守门人说："我是李太守的亲戚，给我通报一下。"守门人通报后，李太守接见了他。李元礼问他说："请问你和我有什么亲戚关系呢？"孔融回答道："从前我的祖先仲尼（即孔子）和你家的祖先伯阳（指老子，老子姓李名耳，字伯阳）有师资之尊，因此，我和你也是世交呀！"当时有很多贺客在座，李氏和他的宾客对孔融的这一番话都很惊奇。

其中有一个中大夫陈韪，恰恰后到，在座的宾客将孔融的话告诉他后，他随口说道："小时了了，大未必佳。"聪明的孔融立即反驳他道："我想陈大夫小的时候，一定是很聪明的。"陈韪给孔融一句话难住了，半天说不出话来。

【出处】

成语"小时了了"出自《世说新语·言语》："陈韪曰：'小时了了，大未必佳。'文举曰：'想君小时，必当了了。'"意思是小时虽然很聪明，一到长大了却未必能够成材的。

笑里藏刀

唐太宗时，有个名叫李义府的人，此人很有文学才华，深得太宗赏识，任命他为太子李治的老师。太宗死后，李治当了皇帝，即为唐高宗。由于有师徒关系，高宗封李义府为中书令（宰相）。从此，李义府飞黄腾达，但李义府为人非常虚伪，表面上他同人谈话时总是面带微笑，看上去很有礼貌，但内心深处却是一肚子阴谋诡计，且心胸狭窄，容不下他人，谁若不遂他的意，他必定要除之而后快。因此，当时的人都说他是笑里藏刀。

有一次，他听说京城监狱里有个女犯长得很漂亮，便甜言蜜语，说通了狱吏毕正义，自己把她带回了家，霸占了她。后来这件事情被人告发，他立刻变脸，要毕正义自杀，告发者王某被他找了个借口外放到了边远地区。在朝廷中，由于深得高宗皇帝的信任及皇后武则天的支持，李义府可以说是为所欲为，培植亲信，拉帮结派，并且让其妻子、女儿、女婿等参与卖官鬻（yú）爵的勾当。高宗也听到过这方面的传言，曾婉转地告诫过他，但李义府并不放在心上。有一次，李在宫中看到一份任职名单，回家后，让儿子把即将任职的人找来，对他说："你不是想做官吗？几天内诏书即可下来，你该怎样谢我？"那人见有官做，立刻奉上厚礼。之后，高宗得知了此事，再也不能容忍了，就以"泄露机密"为由，将李义府父子发配边疆，并且永不许他返京，不久李义府气愤而死。

【出处】

成语"笑里藏刀"出自《旧唐书·李义府传》："故时人言义府笑中有刀。"比喻外表和蔼而内心险恶。

心腹之患

春秋时代，吴国和越国相邻，均位于今浙江一带。为了争夺相互的土地，两国经常发生战争。有一年，吴王阖闾听说越王去世，他的儿子勾践刚继位，就趁机攻打越国。

但勾践是一个有勇有谋的国王，双方交战时，他派了一群敢死队，排在阵前，然后，他一声令下，那些敢死队士兵都拿起刀刎颈自杀，一刹那间，血光冲天。吴军被这一幕惊得目瞪口呆。趁吴军将士都在发呆之时，勾践命令部队发起冲锋，吴军恐惧，纷纷逃跑。这一仗越军大获全胜，吴王阖闾也被射得重伤，最后不治身亡，死前嘱咐自己的儿子夫差要为自己报仇。

三年后，吴王夫差带领军队征战越国，大败越军于夫椒（今苏州）。赵王勾践向夫差求和，夫差同意求和，与勾践签定盟约后，撤兵回国，勾践回国后，艰苦奋斗，积极发展生产，时刻准备报仇。

夫差自从战胜越国之后，开始变得骄傲起来，以为自己可以同中原各国一争高下了。几年后，夫差派军队攻打齐国，他的大臣伍子胥认为不合适，就劝阻他："勾践现在大力发展生产，将来必定要攻打我们，越国现在是我们的心腹之患，大王不先除掉它，反而攻打千里之外的齐国，不是很荒谬吗？"吴王不听劝告，决意要攻打齐国。吴国进攻齐国后，又想攻打晋国，同它争夺霸主的地位。由于连年战争，吴国变得非常虚弱，越王勾践乘机发兵攻打吴国，最终大败吴军，夫差自杀，吴国灭亡。

【出处】

成语"心腹之患"出自《左传·哀公十一年》："（伍子胥）谏曰：'越在，我心腹之疾也。'"又，《后汉书·陈蕃传》："今寇贼在外，四支之疾；内政不理，心腹之患。"比喻隐藏在内部的严重祸患。

心怀叵测

赤壁之战后，东吴的周瑜由于军务操劳，且在与诸葛亮的斗智斗勇中屡次被他算计和羞辱，最后郁闷而死。北方的曹操一直想报赤壁失败之仇，听说周瑜死了，非常高兴，决定先攻孙权，再攻打刘备。

但在西北部有一个凉州（今甘肃一带）太守马腾，他与曹操势不两立，曹操担忧在自己率兵南征时，马腾乘虚偷袭他的老巢许昌，谋士荀攸献计说：“以皇帝的名义召他到京城来，待他来到京城之后，要杀他不就易如反掌了吗？”曹操于是派人到凉州通知马腾，马腾接到诏书后，与他的儿子马超及侄子马岱商量。马超认为，但去无妨，但要带着一支部队，到京城后乘机把曹操杀掉。他的侄子马岱说：“曹操为人阴险狡诈，旁人难以揣测（心怀叵测）。叔叔若去的话，很可能会遭到陷害。”

马腾考虑再三，决定让马超带兵镇守凉州，自己和儿子马休及侄子马岱带着五千人马前往京城。到了京城后，本想趁机杀曹操，但计划泄露，被曹操先下手为强，马腾所带的部队被曹操率兵包围，最终马腾被曹操擒获杀掉。

【出处】

成语“心怀叵测”出自《三国演义》第五十七回。另见明《京本通俗小说·错斩崔宁》：“只因世路窄狭，人心叵测。”指人心险恶，难以预测。

信口雌黄

西晋王朝在中国历史上是一个特殊的时期。经历了三国时代的战乱后，社会趋于稳定，而西晋建立后才几十年，王室又发生了“八王之乱”，社会又开始动乱起来。另外，西晋政权又是一个极其腐败的政权，面对这样一个现实，知识分子们丧失了对人生、对社会的美好理想。不再以经世济民为己任，他们选择了消极避世，社会上因此开始出现一股清谈之风。所谓清谈就是一些知识分子聚集在一块谈论一些非常玄妙的东西，说者说得滔滔不绝，听者听得津津有味。当时有许多善于清谈的人，王衍就是其中著名的一位。王衍生的人品风流，飘逸俊雅，相当有口才，而且对中国古代思想家老子和庄子的学问很有研究，这又是清谈的经常性话题，因此，他常常是清谈的中心。

他在当元城县令(今河北大名县)时，每天很少办公事，经常闲聊发议论，不过工作上倒也没出过什么岔子。后来，他几经升官，被任命为“尚书郎”等高职，还担任过宰相，清谈的兴趣也更加高了。他喜爱老子和庄子的学说，每天谈的多半是老、庄的玄理。谈的时候，手执拂尘，轻声慢语，从容不迫。由于他的风度和口才，王衍受到一部分人的钦敬，成为清谈家的首领之一。

其实他那套玄妙空虚的理论，常前后矛盾，漏洞百出。听的人指出错误或提出疑问时，他也毫不在乎，往往随口更改，继续从容地谈论下去。当时有人因此称他“口中雌黄”。

所谓雌黄即鸡冠石，是一种矿物。当时人们写字多用黄纸(据说可防虫蛀)，叫“黄卷”。写错字时，就用雌黄把错字涂改，因雌黄的颜色同纸色差不多，所以涂改很合适。涂改错误的字句，因此就叫“雌黄”。王衍的随口更正，就被人称为“口中雌黄”或“信口雌黄”。

【出处】

成语“信口雌黄”出自南朝梁·刘峻《广绝交论》李善注引《晋阳秋》：“王衍能言，于意有不安者，辄更易之，时号‘口中雌黄。’”指言辞有误，随口更改。比喻不负责任，随口乱发议论。

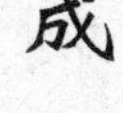

胸有成竹

北宋时有个画家叫文与可,擅长画翠竹,他画的竹子挺拔、秀丽,看上去就跟真的竹子一样有生气。由于他善于画竹,他的画在当时乃至后世都是珍品。

文与可之所以善于画竹,是得益于他平日对竹子的研究和观察非常深刻。为了能够仔细地了解竹子,他在自家的堂前屋后栽种了许多竹子。他对竹子的观察不是一时半刻的随便看看,而是一年四季,无论阴晴风雨都要观察。他观察竹子在不同季节时的颜色与形状,从小到大的变化情况。他不是把竹子当做一个静物,而是当做一个活的物体看待,因此他笔下的竹总是充满生气。他还注意从细小的部位观察竹子。他琢磨竹枝的长短粗细,叶子的形态、颜色,每当有新的感受时就回到书房,铺纸研墨,把心中的印象画在纸上。

日积月累,竹子在不同季节、不同天气、不同时辰的形象都深深地印在他的心中,只要凝神提笔,在画纸前一站,平日观察到的各种形态的竹子立刻浮现在眼前。所以每次画竹,他都信手拈来,刷刷几笔,一株摇曳多姿的竹子便跃然纸上。当人们夸奖他的画时,他总是谦虚地说:“我只是把心中琢磨成熟的竹子画下来罢了。”他的朋友评价他的画是“胸中有成竹”。

【出处】

成语“胸有成竹”出自宋·苏轼《文与可画筼筜谷偃竹记》:“故画竹,必先得成竹于胸中。”原意指画竹时心里先有竹子的形象。比喻事前已有全面考虑。

休戚相关

春秋时期，晋国有一个国君——晋悼公，名叫姬周，又称周子。他的爷爷和父亲曾在周王朝洛阳避难，他也是在洛阳出生的，所以称为周子。他十多岁就做了周王的卿士单襄公的家臣。单襄公见他年纪轻轻，却很有见识，一举一动都很有规矩，待人接物很有礼貌，因此很器重他。他虽然离开了晋国，但对于晋国的消息却总是非常关心。听到晋国有不好的消息，没有一次不感到悲伤的；听到晋国有可喜的事情，没有一次不感到高兴的。单襄公病危的时候，把儿子叫到床前，郑重地嘱咐他说："一定要好好对待周子，他是一个有为的青年。他能够不忘本，热爱他的祖国，将来很有可能回去接任国君。晋国最近几代国君道德修养都很差，目前的晋厉公更是糟糕，公族中又很少优秀的后代，唯一合适的继承人，就是这位周子了，你一定要好好待他啊！"

后来，晋国果然发生了政变。由于国君晋厉公昏庸无道，任用小人，诛杀贤臣，晋国的中军元帅栾书就发动了政变杀死了晋厉公，准备派人把周子迎接回去。在迎接周子之前，晋国的大臣们曾经把他和他的哥哥加以比较评论，大家都认为周子特别聪敏能干，周子的哥哥太笨，连豆子和麦子都分不清，所以当不了国君。这样，周子回到了晋国，被大臣们拥立做国君，就是晋悼公。晋悼公选用贤才，励精图治，使晋国又强盛起来，做了列国诸侯的霸主。

【出处】

成语"休戚相关"出自《国语·周语下》："晋国有忧，未尝不戚；有庆，未尝不怡……为晋休戚，不忘本也。""休"，就是喜；"戚"，就是忧愁、悲伤、不幸。指彼此间的忧乐和祸福互相关联。形容彼此间关系密切，利害一致。

朽木粪土

我国古代的思想家,被后世尊为圣人的孔子曾经招收了很多弟子,宰予是这些弟子中比较聪明的一个。宰予能言善辩,颇具口才,讲起话来滔滔不绝,且又条理清楚,口齿清晰,孔子很欣赏他。他的思想也很活跃,善于提出一些超出常规的问题,同时也敢对孔子的学说提出自己的异议。他指出孔子“三年之丧”的制度不可取。所谓“三年之丧”,就是一个人在其父、母死了之后要为他们守三年的孝,期间什么事也不做。宰予认为三年的时间太长了,一年就足够了。孔子当然对这种观点提出了严厉批评,孔子是非常重视“孝”的。宰予虽然聪明,但也有自己的毛病:贪玩,喜欢睡懒觉。

一天,孔子给弟子讲课,发现宰予没有来听课,就派弟子去找。一会儿,弟子回来报告说,宰予在房里睡大觉。孔子听了生气地说:“腐朽的木头不能雕刻,粪土一样的墙壁不能粉刷。宰予就是这样的人啊!”孔子又接着说:“最初我听到别人的话,就相信他的行为一定与他说的一样;现在我听别人的话,要考察一下他的行为。从宰予起,我要改变以前的态度。”

【出处】

成语“朽木粪土”出自《论语·公冶长》:“朽木不可雕也,粪土之墙不可杇也。”比喻不堪造就的人或无用的东西。

虚有其表

唐朝时候，玄宗皇帝很器重苏颋(tǐng)，想让他做宰相，但玄宗事先不想让别人知道。一天晚上，他召见朝廷值班的萧嵩，叫他草拟一份诏书，发布苏颋做宰相的命令。萧嵩很快就写好了，拿给皇帝看。玄宗看到其中有一句是“国之瑰宝”，很不满意。虽然这是赞美苏颋的话，可是苏颋的父亲就叫苏瑰，为避开这个字，皇帝命令萧嵩再改一下。

萧嵩见皇帝不满意，心中没底，不知道错在哪个地方，非常紧张，看了半天也改不出一个字来。后来皇帝又走到萧嵩面前去看，发现他只是把“国之瑰宝”改成“国之珍宝”，并没有写出更好的字句来，大失所望。等萧嵩退去以后他就抓起草稿扔到地上，气恼地说：“长得怪好看，肚子里却没货(虚有其表)。”

据史书记载，萧嵩是个美男子，身体修长，体魄健壮，且留着漂亮的胡须，此人有气量，有胆识，办事缜密，只是文采略差。玄宗可能正在气头上，所以说他“虚有其表”。

【出处】

成语“虚有其表”出自唐·郑处诲《明皇杂录》：“嵩既退，上掷其草于地，曰：‘虚有其表耳！’”指空有好看的外表。有名无实。

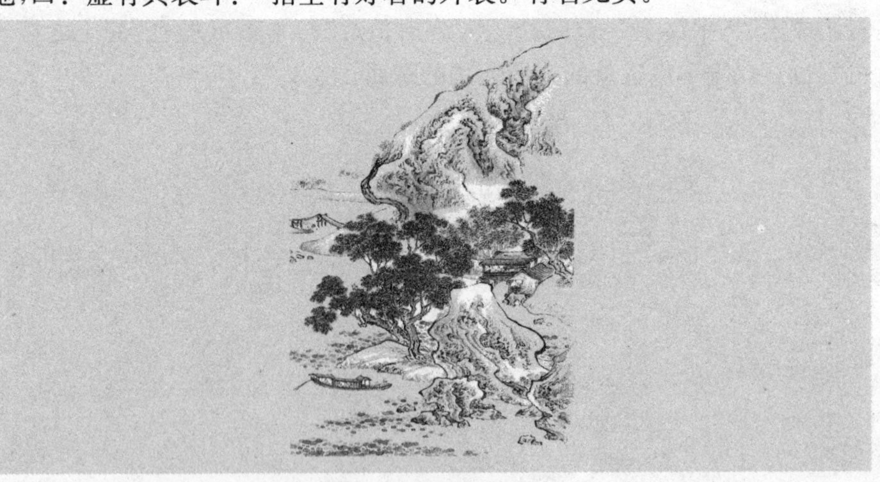

悬梁刺股

东汉时候,有个人名叫孙敬,是著名的政治家。他年轻时勤奋好学,经常关起门,独自一人不停地读书。每天从早读到晚,常常是废寝忘食。读书时间长,劳累了,还不休息。时间久了,疲倦得直打瞌睡。他怕影响自己的读书学习,就想出了一个特别的办法。古时候,男子的头发很长。他就找一根绳子,一头牢牢地绑在房梁上,一头绑着自己的头发,让头颈正直地吊着,这样当他读书疲劳时打盹了,头一低,绳子就会牵住头发,会把头皮扯痛,他马上就清醒了,再继续读书学习。年复一年的刻苦学习,使孙敬博学多才,最后终于成为一名通晓古今的大学者,这就是孙敬悬梁的故事。

战国时期,有一个人名叫苏秦,是当时著名的说客。年轻时,由于对自己的学问研究得不透,曾试图说服秦王,接受他的"连横"策略,但遭到拒绝,只好失望而归。回家后,家人对他也很冷淡,瞧不起他。这对他的刺激很大。所以,他下定决心,发奋读书。他常常读书到深夜,很疲倦,常打盹,直想睡觉。他就想出了一个方法,准备一把锥子,一打瞌睡,就用锥子往自己的大腿上刺一下。这样,猛然间的疼痛,就会使自己清醒起来,再坚持读书。这就是苏秦"刺股"的故事。孙敬和苏秦两人用心苦读的故事被后人合称为"悬梁刺股"。

【出处】

成语"悬梁刺股"出自宋·李昉等《太平御览》卷三百六十三引《汉书》:"孙敬……好学,晨夕不休。及至眠睡疲寝,以绳系头,悬屋梁。后为当世大儒。"《战国策·秦策一》:"(苏秦)读书欲睡,引锥自刺其股,血流至足。"形容刻苦自学。

言过其实

马谡(sù)是三国时期襄阳(今湖北宜城)人。马谡和他的四个兄弟都很有才气,在襄阳一带非常有名,当时刘备正好带兵驻扎在荆州襄阳一带,便请马谡到军中担任参谋。经过一段时间的考察之后,刘备认为马谡并不像传说中的那么厉害,在他临死时,特意嘱咐丞相诸葛亮说:“马谡此人言语浮夸,超过他的实际能力,不可重用。丞相要留意才是!”

但诸葛亮并不十分同意刘备的意见,由于马谡经常与诸葛亮一起讨论和谋划行军打仗的事情,并且提出过一些好的主意。特别是在攻打西南的孟获部落时,马谡提出了“攻心为上,攻城为下,心战为上,兵战为下”的策略,使诸葛亮彻底地征服了以孟获为主的少数民族,诸葛亮因此对马谡十分重视,并委以重任。

有一次,诸葛亮北伐中原,命马谡带兵把守交通要道街亭,以防被魏兵夺去。结果由于马谡骄傲轻敌,不听从部下的建议,被魏国大将张郃打得大败。街亭的失守,使此次的北伐前功尽弃,无功而返。最后,诸葛亮不得不按照军法,将马谡斩了。

【出处】

成语“言过其实”出自《三国志·蜀志·马良传》:“马谡言过其实,不可大用,君其察之。”原指言语浮夸,超过实际才能。后多指说话夸大,不合实际。

燕雀处堂

战国末年，秦国大举进攻赵国。赵国是魏国的近邻，魏国的大夫们却不作任何准备，反而认为形势对他们有利。魏国的国相子顺责问他们有什么根据。他们说："如果秦国打败了赵国，我们就同秦国和好；如果秦兵被赵国打败，我们就乘其危急之机出兵袭击，可以取得大胜。"子顺笑道："不见得！秦国从秦孝公上台以来，没有打过败仗，他们的将军都是富有作战经验的优秀人才；此次秦兵肯定胜赵，你们必定无'机'可乘！"大夫们说："就算赵国必败，那么对我们又有什么损失？邻国倒霉，不能强盛，正对我国有利！"子顺说："秦国是侵略成性的贪暴之国，亡了赵国，不会就此满足，定要继续东进，那时魏国就要遭殃了。"接着，子顺又给他们讲了一个寓言故事。

他说，燕雀（泛指燕子和麻雀一类小鸟）住在人家的屋檐上，母子聚居一起，快乐逍遥，以为住在这样的地方最是太平可靠的了。不料有一天，人家灶上的烟囱坏了，火焰往上直冒，一会儿就烧着了屋梁，一场灾难将至，而燕雀却丝毫不感觉到危险，仍是无忧无虑，根本没想到大祸快要临头了。

子顺告诫他们说："现在你们难道没想到，赵国如被攻破，大祸即将临到自己头上，难道你们可以像无知的燕雀一样吗？"

【出处】

成语"燕雀处堂"出自《孔丛子·论势》："燕雀处屋，子母相哺，煦煦焉其相乐也，自以为安矣；灶突炎上，栋宇将焚，燕雀颜色不变，不知祸之将及己也。"指燕雀筑巢于家。比喻生活安适而失去警惕，处于危险境地而自己还不知道。

仰人鼻息

东汉末年，政治腐败，农民起义，军阀割据，国家四分五裂。在今河北一带，有两个地方军阀，韩馥和袁绍。从实力和地盘上看，韩馥远大于袁绍，但韩馥生性怯懦，且又不擅长军事，虽然地盘很大，却目光短浅，胸无大志。而袁绍是东汉时的旺族，袁家四代有三个人在朝廷中位列三公(公是朝廷中等级最高的官员)，可以说是闻名天下。他打算凭借自家的势力威吓韩馥，让他交出自己的地盘。他首先写信给北平太守公孙瓒，鼓动他引兵南下，进攻冀州(韩馥的地盘)；然后派自己的谋士荀谌、高干等到冀州去见韩馥说："公孙瓒南下，袁绍也有所行动，看来你已处境危险，为你着想，不如主动把冀州让给袁绍，那样既可获得让贤的美名，又可保住身家性命，实是两全之策。"

在双重的军事压力下，胆小如鼠的韩馥准备交出自己的地盘。他的部下都纷纷反对，他们对韩馥说："我们冀州虽然偏僻一些，但有军队数十万人，粮食可以吃很多年。袁绍从勃海地区(袁绍的地盘)长途跋涉来攻我们，必定人马众多而粮食不够吃。他得看我们的一呼一吸而动作(仰人鼻息)，就像怀中吃奶的孩子，若不给他奶吃，会立即饿死的。为啥要把冀州白白地送给他呢?"但怯懦的韩馥不听劝告，拒绝了部下的良策，他说："我本是袁绍的部下，且才能也不如袁绍，让给他也是一桩美事，诸位不要再说了。"部下听他这么一讲，都沉默起来，心里却瞧不起他，觉得他既可笑又不可救药。这样，韩馥交出了自己的地盘，与此同时，也交出了自己的身家性命。袁绍获得冀州后，便设计逼韩馥自杀了。

【出处】

成语"仰人鼻息"出自《后汉书·袁绍传》："袁绍孤客穷军，仰我鼻息，譬如婴儿在股掌之上，绝其哺乳，立可饿杀。"比喻依赖别人或看人脸色行事。

夜郎自大

汉朝的时候，在西南方有个名叫夜郎的小国家，它虽然是一个独立的王国，可是国土很小，百姓也少，物产更是少得可怜。由于那时交通不发达，从没离开过自己国家的夜郎国国王不了解外面世界的情况，以为自己的国家是天下最大的国家。

有一天，夜郎国国王与部下巡视边境的时候，他指着前方问："这里哪个国家最大呀？"部下们为了迎合国王的心意，于是就说："当然是夜郎国最大啰！"走着走着，国王又抬起头来，望着前方的高山说："天底下还有比这座山更高的山吗？"部下们回答说："天底下没有比这座山更高的山了。"后来，他们来到河边，国王又问："我认为这可是世界上最长的河了。"部下们仍然异口同声回答说："大王说得一点都没错。"从此以后，无知的国王就更相信夜郎是天底下最大的国家。

有一年，汉朝政府派使者来到夜郎国，要求他们臣服汉朝并接受汉朝的封号。夜郎国国王当然不服气，他非常自负地问使者："汉朝皇帝有我贤能吗？汉朝的国土比我国大吗？"汉使者告诉他说："我们的皇帝讨伐残暴的秦朝，替天下苍生解除了痛苦，建立了强大的汉王朝。我国的人口数以亿计，土地方圆万里，处于天下的肥沃地区。车辆众多，万物丰富，政令统一，这都是开天辟地以来所没有的，如今大王的人口不过几十万，居住在崎岖的山边海角，好像汉朝的一个郡，大王怎么能跟汉朝相比！"夜郎国国王还算有点自知之明，听了汉使的一番话，就接受了汉朝的要求，成了汉朝的一个属国。

【出处】

成语"夜郎自大"出自《史记·西南夷列传》："滇王与汉使者言曰：'汉孰与我大？'及夜郎侯亦然。以道不通故，各自以为一州主，不知汉广大。"比喻孤陋寡闻而又妄自尊大。

一筹莫展

南宋孝宗年间，在进行科举考试时，温州瑞安年仅18岁的蔡幼学一举夺取朝廷礼部会试的第一名，成为当时最年轻的进士。蔡幼学少年得志，锐意进取，给暮气沉沉的南宋朝廷带来了一股清新之风。他上书宋孝宗，慷慨陈词，直率地批评朝政的失误。认为宰相张说权势太大，一手遮天，应该受到严厉惩处。张说知道这件事后，对蔡幼学非常嫉恨，处处排斥和打击他，使他空有才能而无法施展。

公元1173年，宋孝宗死去，继位的宋宁宗决心重振朝纲，想在自己当政时有所作为。于是，宁宗下令朝臣和地方官广开言路，放言为朝廷提意见，批评朝政。一直受到压制的蔡幼学看到皇帝要有所作为，心中万分高兴，便连夜草拟奏章，呈给宁宗。

蔡幼学建议宋宁宗："陛下要打算当一名贤明、有作为的君主，必须抓住三个方面：一是要孝敬父母；二是要选贤任能，选用德才兼备的官员；三是爱民，减轻赋税，赢得民心。要想抓好这三方面的事情，最根本的一条是搞好教育，培养人才。朝中有学问的人不少，但他们不敢坦诚地说出自己正确的意见，使您一点办法都没有。在这种情况下，不抓紧兴办教育，广泛地选拔人才，怎么能使天下的仁人志士振奋精神呢？"

宁宗将蔡幼学的奏章反反复复地阅读了许多遍，认为他是一个可以委以重任的人。于是，准备提升蔡幼学的官职。但是宰相韩侂胄却极力反对。韩侂胄是个不学无术之徒，为了保住自己的位置，极力排斥那些主张改革的人。刚直的蔡幼学，再次受到压制，到外地做官去了。后人把蔡幼学奏章中的"一筹不吐"，久而久之说成"一筹莫展"。

【出处】

成语"一筹莫展"出自《宋史·蔡幼学传》："其极至于九重深拱而群臣尽废，多士盈庭而一筹不吐。"原意是一个筹码也摆布不开。比喻束手无策，一点办法也没有。

一发千钧

韩愈是唐代著名的大文学家。他生活的时代是安史之乱后的中晚唐时期，那时的唐朝在各方面，包括政治、经济、文学等都萎靡不振。作为一个文学家，韩愈针对当时浮华的文风，提出“文道合一而以道为主”的古文理论，发起了一场轰轰烈烈的文体与文学语言的革新运动。他的散文对当时和后代的影响都非常大。

他很反对佛教，唐宪宗派使者要去迎接佛骨（释迦牟尼的一节指骨）入朝，他上表谏阻，得罪了皇帝，被贬到潮州去当刺史。他在潮州结识了一个老和尚，这位和尚聪明达理，和韩愈很谈得来，韩愈和这位和尚往来比较密切，因而外间的人都传说韩愈也相信佛教了。

他的朋友孟郊，因为得罪了宪宗皇帝被贬谪到吉州去。到了吉州后，他也听到人们的传说，说韩愈已经信起佛来，他有点疑惑，因为他知道韩愈是反对佛教的人，为此他特地写了一封信去问韩愈。

韩愈接到孟郊的信后，知道他与和尚往来，引起了别人的误解。韩愈就写信向孟郊解释。在信中，他不忘抨击当时在朝的一班大臣们，批评他们信奉佛教，一味拿迷信蛊惑和奉迎皇帝。同时，他对皇帝疏远贤人，迷信佛教，不理政事的行为颇为失望。面对朝中上下都信奉佛教的局面，韩愈愤慨地写道：“现在形势到了极危险的地步，好像一根头发系着一千斤重的东西（一发千钧），难道朝中就没有清醒的人吗?”他希望自己能够挽救危局，但远离京都，有心无力。

【出处】

成语“一发千钧”出自韩愈《与孟尚书书》：“其危如一发引千钧。”钧，古代的重量单位，合三十斤。危险得好像千钧重量吊在一根头发上。比喻情况万分危急。

一傅众咻

战国时期，宋王偃表示要实行仁政，办好国家大事。一贯提倡仁政的孟子，听到这个消息后，非常高兴，就跑到宋国同宋王偃探讨如何以仁政治国的问题。但一段时间之后，孟子发现，宋王只是愿意听他说话，并不想按他的思想去治理国家。孟子感到很失望，便决定离开宋国。

临走时，宋国大夫戴不胜前来送别。戴不胜向孟子请教道："作为大臣，我们怎样做才能使国君为善而不做坏事呢？"

孟子说："这个问题真不好回答。举个例子来说明吧！假如有个楚国大夫在这里，要他的儿子学齐国话，你说是请齐国人教他好呢？还是请楚国人教他好呢？"

戴不胜不假思索地答道："当然要请齐国人教他。"

孟子说："如果让一个齐国人教他，许多楚国人在旁边喧扰他，虽然天天鞭打他，要他会说齐国话，那是不可能的。可是如果把他安顿在齐国繁华热闹的街市，住上数年，虽然天天鞭打他，要他放弃说齐国话而说楚国话，也是不可能的。"

孟子接着又说："你以前曾对我说薛居州是个善士，推荐他，叫他住在君王的左右，这样做无非是想让君王为善。假如君王身边的人，都不是同薛居州一样，就好比许多楚国人在旁边喧扰那人学习齐国话，那么，君王怎么做善事呢？这样看来，光是一个薛居州，势单力孤，不会对宋王起什么作用。所以，君王的行善与否肯定与周围的人有关。如果周围的大臣们都为天下百姓的生死安危考虑，那么国君还怎么能够做坏事呢？"

【出处】

成语"一傅众咻"出自《孟子·滕文公下》："一齐人傅之，众楚人咻(xiū)之，虽日挞而求其齐也，不可得矣。"傅，教导；咻，吵闹，干扰。一个人教，众多人干扰。形容环境对人影响极大。

一鼓作气

公元前 684 年，齐国出兵攻打鲁国。齐强鲁弱，鲁国平民曹刿为解国难，主动进见鲁庄公，鲁庄公与其深谈后，发现他是一个人才，便让他和自己同坐一辆兵车前去迎击齐军。齐鲁两国的军队在长勺相遇。

齐军来势汹汹，首先擂响战鼓向鲁军发动进攻。鲁庄公正准备出兵迎战，谁知被曹刿劝住了，他说：“大王，时机未到，等会儿再说。”于是鲁军静静等待。

齐军见鲁军毫无动静，不出来应战，再度擂响战鼓，摇旗呐喊，鲁庄公再次想出战，但又被曹刿劝止住了。齐军第三次擂鼓准备进攻，仍不见鲁军应战，士气大减，情绪低落。这时，曹刿当机立断，对鲁庄公说：“可以进攻了。”于是鲁庄公命令擂鼓进攻，鲁军将士奋勇出击，齐军措手不及，被打得丢盔弃甲，四处溃逃。

战斗胜利后，庄公问曹刿：“刚才为什么要等齐军擂了三次鼓后，才能出击?”曹刿回答说：“打仗，最重要的是靠勇气。敲第一遍鼓时，士气最旺盛；第二次击鼓时，士兵的勇气已经减退；敲第三遍鼓时，勇气已经没有了。这时我军一鼓作气，斗志昂扬，士气旺盛，所以能够战胜敌军。”

【出处】

成语“一鼓作气”出自《左传·庄公十年》：“夫战，勇气也。一鼓作气，再而衰，三而竭。”第一次击鼓时士气振奋，现常形容做事时鼓足干劲，勇往直前。

一挥而就

文天祥，南宋末年一位伟大的抗元民族英雄，屡次组织军队进行抗元斗争，曾给敌军以沉重打击，最终因敌众我寡，不幸兵败被俘。被囚四年，敌人百计诱降，他始终坚贞不屈，最后从容就义。

文天祥又是一位杰出的文学家。在被囚禁期间，他写下了大量诗、词、文章，以表明自己忠于朝廷的决心，他的作品以《指南录》、《指南后录》最具代表性。《过零丁洋》中“人生自古谁无死，留取丹心照汗青”这两句诗，更是成为千古传诵的名句。

文天祥少年时代饱读诗书，青年时代才华横溢。他平时除读书之外，也留心天下大事，关注民间疾苦。公元1256年，二十岁的文天祥来到临安参加进士考试。考试那天，他根据题目，就当时的一系列政治问题，写了一篇长达一万多字的文章，主张改善朝政。他作这篇文章的时候，连草稿也没有打，一动笔就写，洋洋洒洒，从头到尾一口气就写成了(一挥而就)。监试官王应麟见了，大吃一惊，当即向宋理宗推荐这位贤才。宋理宗看了他的文章，大为赏识，亲自选定他为第一名。

【出处】

成语“一挥而就”出自《宋史·文天祥传》：“天祥以法天不息为对，其言万余，不为稿，一挥而成，帝亲拔为第一。”形容文思敏捷，落笔很快。

一箭双雕

南北朝时，北周有一个善射的人叫长孙晟，具有百发百中的射箭技艺，深得北周皇帝的赏识和信赖。北方的少数民族突厥的首领摄图仰慕汉家的威仪，向北周的宣帝请求通婚，宣帝就派长孙晟率领一批将士护送公主前往突厥。历经千辛万苦，终于到了突厥。摄图大摆酒宴，宴请长孙晟。酒过三巡，按照突厥人的习惯要比武助兴。摄图命人拿来一张硬弓，要长孙晟射百步以外的铜钱。只见长孙晟缓缓地拉开弓，稍稍瞄准一下，一枝利箭便“嗖”的一声射进了铜钱的小方孔。“好!”大家齐声喝彩。

这件事给摄图留下了深刻的印象，他对长孙晟极其佩服，便留他在突厥住了一年，并经常让他陪着自己一块儿去打猎。有一次，他俩正在打猎，摄图猛抬起头，看见天空中有两只大雕在争夺一块肉。他忙递给长孙晟两枝箭说：“能把这两只雕射下来吗?”“一枝箭就够了!”长孙晟边说边接过箭，策马驰去。他搭上箭，拉开弓，对准两只正打得难分难解的大雕，“嗖”的一声，两只大雕便串在一起落了下来。摄图和众人都惊叹不已，连呼长孙晟是“真勇士”。

【出处】

成语“一箭双雕”出自《北史·长孙晟传》：“尝有二雕飞而争肉，因以箭两只与晟，请射取之。晟驰往，遇雕相攫，遂一发双贯焉。”一箭射中两只雕。原形容射术高超。后比喻一举两得。

一毛不拔

墨子，名翟，是战国时期的大思想家，是墨家学派的创始人。他主张“兼爱”，反对战争。

与墨子差不多同一时期，有一位叫杨朱的哲学家，反对墨子的“兼爱”，主张“贵生”、“重己”，重视个人生命的保存，反对他人对自己的侵夺，也反对自己对他人的侵夺。

有一次，墨子的学生离滑厘问杨朱道：“如果拔你身上一根汗毛，能使天下人得到好处，你干不干？”

“天下人的问题，绝不是拔一根汗毛所能解决得了的！”杨朱企图狡辩。

离滑厘又说：“假使能的话，你愿意吗？”

杨朱默不作答。

当时的另一位大思想家、儒家学派代表孟子就此对杨朱和墨子作了评论：“杨朱主张的是‘为我’，即使拔他身上一根汗毛，能使天下人得利，他也是不干的，而墨子主张‘兼爱’，只要对天下人有利，即使自己将为此付出很大代价，经历很多辛苦，他也是甘心情愿的。”

【出处】

成语“一毛不拔”出自《孟子·尽心上》“孟子曰：‘杨子取为我，拔一毛而利天下，不为也。”指一根汗毛也不肯拔。原意说的是杨朱的极端为我主义。后形容非常吝啬自私。

一鸣惊人

战国时代，齐国有一个名叫淳于髡的人。他的口才很好，很会说话。他常用一些有趣的隐语，来规劝君主，使君主不但不生气，而且乐于接受。

当时齐国的威王，本来是一个很有才智的君主，但是，他即位以后，却沉迷于酒色，不理国家大事，每日只知饮酒作乐，而把一切正事都交给大臣去办理，自己则不闻不问。因此，官员们趁机贪污，政治非常腐败，再加上各国的诸侯也都趁机来侵犯，使得齐国濒临灭亡的边缘。

虽然齐国的一些爱国之人都很担心，但是却因为畏惧齐王，没有人敢出来劝谏。

其实齐威王是一个很聪明的人，他很喜欢说些隐语来表现自己的智慧，虽然他不喜欢听别人的劝告，但如果劝告得法的话，他还是会接受的。淳于髡知道这点后，便想了一个计策，准备找个机会来劝告齐威王。

有一天，淳于髡见到了齐威王，就对他说："大王，为臣有一个谜语想请您猜一猜：齐国有只大鸟，住在大王的宫廷中，已经整整三年了，可是他既不振翅飞翔，也不发声鸣叫，只是毫无目的地蜷伏着，大王您猜，这是一只什么鸟呢？"

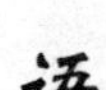

齐威王本是一个聪明人，一听就知道淳于髡是在讽刺自己，像那只大鸟一样，身为一国之君，却毫无作为，只知道享乐。而他也不想再做一个昏庸的君王了，于是沉吟了一会儿之后便毅然地决定要改过，振作起来，做一番轰轰烈烈的事，因此他对淳于髡说："嗯，这一只大鸟，它不飞则已，一飞就会冲到天上去，它不鸣则已，一鸣就会惊动众人，你慢慢等着瞧吧！"

从此齐威王不再沉迷于饮酒作乐，而开始整顿国政。首先他召见全国的官吏，尽忠负责的，就给予奖励；而那些腐败无能的，则加以惩罚。结果全国上下，很快就振作起来，到处充满蓬勃的朝气。另一方面他也着手整顿军事，壮大军队，奠定国家的威望。各国诸侯听到这个消息以后都很震惊，不但不敢再来侵犯，甚至还把原先侵占的土地，都归还给齐国。

齐威王的这一番作为，真可谓是"一鸣惊人"呀！

【出处】

成语"一鸣惊人"出自《史记·滑稽列传》："此鸟不飞则已，一飞冲天；不鸣则已，一鸣惊人。"指一叫就使人震惊。比喻平时默默无闻，突然做出惊人之举。

一暴十寒

战国时期,齐国的国君齐宣王田辟疆,常常干些荒唐的事,在治理国家的重大问题上常常闹笑话。比方说吧,北方的邻国燕国的相国子之要弄阴谋诡计夺取了王位,全国上下都非常不满,国内大乱。齐宣王声言讨伐子之,派兵进攻燕国,燕国百姓纷纷出迎,才只五十多天的功夫,齐军就攻占了燕国全境。齐宣王发现燕国居然这么容易就被他占领了,就想吞并燕国,燕国的老百姓当然不答应,他们强烈反对齐国的占领。列国诸侯也动了公愤,酝酿组织联军来对付齐国。这时齐宣王才迫不得已狼狈地撤军。因为齐宣王采取的许多措施都不得当,所以在国内也引起了不满,甚至产生了一种议论,认为这是由于齐王的资质不够聪明之故。当时孟子正在齐国担任客卿,议论的人就连孟子一并责怪起来,说孟子对齐王辅佐不力。

有人把这些情况向孟子说了,问他对这些事怎么看。孟子说,不要怀疑我们国君的智力,他其实是一个很聪明的人。我们都知道虽然天下有最容易生存的生物,但如果让它只见一天的太阳,而让它十天遭受寒冷,那么没有任何生物能够生存得下来!任何一种生命的成长都不是件容易的事情,都需要辛苦的培养和哺育。即使是最容易生长的生物,也不例外。孟子又举了一个下棋的例子。他说,弈秋是我们国家最会下棋的人,假如让他教两个人下棋,其中一人专心致志地学习,另一人则边听老师讲课,边想着外面是否有天鹅、老鹰飞过。这个人将来的棋艺肯定不如第一个人,难道是因为他智力不行吗?当然不是。孟子认为,人最重要的应是有志向,同时还应有足够的耐心和毅力来扶持志向,只有这样才能成就一番事业。

【出处】

成语“一暴十寒”出自《孟子·告子上》:“虽有天下易生之物也,一日暴之,十日寒之,未有能生者也。”晒一天,冻十天。比喻工作、学习没有恒心,努力时少,懈怠时多。

一丘之貉

西汉汉宣帝时,有一个大臣名叫杨恽,他的父亲杨敞原是大将军霍光的一个心腹,母亲是著名的史学家司马迁的女儿。因为他父亲的关系,他从小便在霍光家出入。霍光死后,他的儿子霍禹官封大司马。谁知此人心怀不轨,准备谋反,被杨恽得知,便向汉宣帝告密,霍家因此被灭族,而杨恽因功被封为平通侯。杨恽为官廉洁无私,曾经下大力气革除了朝廷中的行贿受贿之风。但由于他好揭人隐私,也得罪了不少人。

有一次,杨恽听说匈奴的首领单于被人杀了,便说:"这是个不明是非的君王,忠心的臣子提议的治国策略不用,却听信小人的谗言,杀害忠良,结果性命不保,国家灭亡。秦朝如果不是因为这样,也许现在还存在,而不会被汉朝代替。自古以来,各朝代的君王都是如此,喜欢听信小人的谗言,就像从同一个山丘里出产的貉,没有什么差别。"谁知这话被他家一个养马的人听到了,这人便通过宫中太监告诉了汉宣帝。宣帝听说杨恽居然敢骂自己是"貉",大怒,将杨恽斩首示众,妻子流放到了偏远的西部酒泉地区。

【出处】

成语"一丘之貉"出自《汉书·杨恽传》:"古与今,如一丘之貉。"指同一山丘里的貉。比喻都是同类,并无差别。现比喻都是一样的坏人。

一人得道，鸡犬升天

东汉章帝年间，道教盛行。四川绵竹的武都山是一个道教圣地。那里有一个道观叫严仙观，严仙观的观主叫严君平，他道行深厚，在附近的其他人看来，他就是神仙一样的人物。谁知有一年，大家好长时间都没见到严君平，人们以为他又四海云游去了。这一年的秋天，附近一庄户人家请人收割谷子，家中留下一姑娘煮饭。将近中午，这姑娘把煮好的饭装好，背着它往田间里送去。

由于是中午，路上行人稀少，姑娘刚至严仙观旁，见一老者手拄竹杖，蓬头垢面，呻吟不止。两人相遇一小沟边，老者叹息数声道："姑娘，我已三日水米未沾，望姑娘行行好……"姑娘观老者个小体弱，心中想道："干瘪老头，能吃多少?"于是，满口答应。谁料不消半个时辰，一甑子饭被这位老者吃了个干净。姑娘一看，不禁"啊"了一声："你怎么……"

成语故事

老者望姑娘一笑："小姐不要着急，我吃你多少饭，还你多少饭。"说毕，将嘴一张，"哗"的一声，嘴对着甑子，将食进之饭统统吐了出来。恰好吐满一甑子，还冒着腾腾热气。姑娘看得目瞪口呆。老者拱手作别，连道："得罪！得罪！"时已过午，再回家做饭也来不及了，姑娘无奈，只好将这甑子饭送到田间。

经过一上午的劳作，大家的确很饿，看见饭来了，不管三七二十一，拿起饭碗就盛。

众人边吃边说："今天这女娃子是咋个煮的饭？软硬合适，回味香中带甜……"看见众人吃饭，姑娘心中也饿得发慌。很想盛一碗来吃，但一想到饭的来历，胃口顿失。众人吃毕，甑内尚有余粒未尽，姑娘端起饭甑总觉甑内有难闻异味。她折起一把谷草，将甑内饭粒扫得干干净净。

这时，从邻近院内跑来一只大白狗、一群鸡，争先恐后地将扫下的饭粒吃得干干净净。正好有几粒饭渣扫在老鼠洞口，一对老鼠夫妻毫不客气地将其吃了。

太阳渐渐地落山了，此时，谷已收完，众人舒臂伸腰，忽觉阵阵清风扑面而至，脚下丝丝彩雾缓缓上升。抬头一望，见一老者，长须飘洒胸前，站立在上空之中。细细观看，众人顿时醒悟，上面之人乃严仙观的严君平先生。众人齐齐叩拜君平先生，先生抚须微笑。瞬间，中天鼓乐声响，朵朵五彩云霞缠腰绕脚。众人发现自己已在缓缓升入空中。那只大白狗、那群鸡也卧于彩云之上，升了起来。严君平先生叹道："一人得道，鸡犬升天！"

那对老鼠夫妻食了几颗饭粒，也随之而上，心中想道："我们算什么东西，也想上天！"二位灵机一动，钻入君平先生袖中，暗暗喜道："若一近南天门，做不了天仙，也是地仙。"听听鼓乐声近，二鼠不禁大喜地拥抱起来，先生忽觉袖中有异，伸手一摸，才知是两只老鼠，先生大怒："匪盗之徒，也想升天！"从南天门外将二鼠摔将下去。二鼠被摔得肚破肠拖，忍疼而逃。至今武都山严仙观周围常有拖肠之鼠出没。

【出处】

成语"一人得道，鸡犬升天"出自晋代葛洪《神仙传》。用以讽刺一个人得了势，连自己的亲戚朋友也都跟着飞黄腾达起来。

一诺千金

季布，秦朝末年楚地人，生性耿直，具有侠义心肠，为人乐善好施。他又特别守信用，凡是他答应过的事情，无论困难有多大，他都一定要设法办好。季布因此而为当时人所称许。

在楚汉战争中，季布是项羽的大将，曾经多次率兵围困过刘邦。刘邦在当上皇帝后，对季布仍然恼恨，下令缉拿他，并且宣布：凡是抓到季布的人，赏黄金千两，藏匿他的人则灭门三族。可是，季布为人正直而且时常行侠仗义，所以大家都想保护他。起初季布躲在一个姓周的好友家中，过了一段时间，他的朋友想了个办法：把他的头发剃光，化装成奴隶和几十个家僮一起卖给了鲁国的朱家当劳工。朱家是当时的大侠客，乐善好施，并且能急人所急。

朱家很欣赏季布，于是专程去洛阳请刘邦的好朋友汝阴侯滕公向刘邦说情，希望能撤销追杀季布的通缉令，于是汝阴侯就对刘邦说："天下已经太平，您却为了个人恩怨去追捕一个人，岂不是向天下人显示您的心胸狭窄吗？何况，季布也是一个贤能的人。"刘邦听了就赦免了季布，同时，看到季布有很高的声望，又封了他一个官职。

季布有一个同乡，名叫曹丘，是一个善于雄辩的人，口才很好。曹丘喜欢结交有钱有势的人，季布很看不起他，但曹丘并不在意，他倒非常想与季布交朋友。有一天，他拜访季布，季布脸色阴沉，想要拒绝他。曹丘向季布深施一礼说："我们楚地有句俗话是'得到黄金千两，不如得到季布一句诺言'，您是怎么获得这种名声的呢？作为您的同乡，我觉得有义务向天下宣扬您的名声，并且我也以有这样一个同乡为荣，可您为什么总是坚决地拒绝我呢？"一席话把季布说得心花怒放，顿时就改变了态度，把他当做贵客，并送给他许多礼物。

【出处】

成语"一诺千金"出自《史记·季布栾布列传》："得黄金百，不如得季布一诺。"许下的一句诺言有千金的价值。比喻说话算数，极有信用。

一丝不苟

明朝时候，皇帝为了大力发展农业，下令禁止宰杀耕牛，就是信奉回教的人也不例外。

一天，乡绅张静斋与举人范进去拜访高要县知县汤奉。汤知县置酒招待他们。席间有位老者给汤知县送来了他与其他几个回教的人拼凑起来的五十斤牛肉。汤知县一向贪赃受贿，而且他也是信奉回教的人，但是上面有禁令，一时也不知该不该收下这份礼。于是问张静斋："你是做过官的，有关禁止宰杀耕牛的事正该与你商量。刚才有几个信奉回教的人为了开禁，送来五十斤牛肉，请求我对他们稍微宽松些。你看是接受还是不接受？"

张静斋摇头道："这可千万使不得。你我都是做官的人，心中应当只有皇上，哪里顾得上信奉同一教的人？想起洪武（朱元璋年号）年间的刘先生（指刘伯温），皇帝私访到他家，正巧江南张王（指张士诚）送来一个菜坛子。当面打开一看，是一坛金子。皇上大为恼火，第二天就把刘老先生贬为青田县知县，后来又用毒药把他毒死了。"

汤知县见张静斋说得头头是道，不由得不信，于是急忙请教该如何处置为好。张静斋说道："你可在这件事上大做文章。把那位老者抓起来，打他几十板子，再用一面大枷枷了，把送来的牛肉堆在大枷上面，并且在旁边出一张告示，说明他们胆大妄为，知法犯法。如上司知道你办事这样一丝不苟，那么你升官发财就指日可待了。"

官瘾很大的汤知县听了，连连点头："十分有理。"便照此办理了。

【出处】

成语"一丝不苟"出自《儒林外史》第四回："见世叔一丝不苟，升迁就在指日。"指做事认真、仔细，一点儿不马虎。

一叶障目

古时候,楚地有个穷苦的读书人,由于只读书而不与社会接触,总是闹出各种笑话,邻人都叫他“书呆子”。有一天,他在读一本古书时,看到书上有这样的记载:螳螂用树叶遮住自己的身体,其他小昆虫就看不见它,要是有人能得到那片树叶,就能用它隐藏自己的身体。看到这里,书生呆呆地想:“真是太好了,如果我能得到这片树叶,那我就不用再过这种贫穷困苦的日子了。到那时,要什么有什么,金银财宝、山珍海味、华屋美服……”他再也等不及了,决定立即到树林里寻找这片神奇的叶子。

树林真大啊,树叶子更是多得不计其数,远远望去,一片青绿,怎么找啊,书呆子感叹到:“算了,为了我的明天,为了我将来的幸福,苦点累点不算什么。”于是,他开始仰起头在树林里转来转去。他看啊看,看得眼睛都花了,只觉得眼前一片青绿在晃动,他正要放弃时,突然看到了一只绿色的螳螂,他太高兴了,正要爬到树上去采叶子,但螳螂却突然跑掉了。他再也分不清到底螳螂是用哪片树叶遮挡自己身体的。但有一件事他是确定的,那就是这片树叶肯定在这几个树枝上,只要我把这些树叶都带回家,然后一片一片地试不就知道了吗。他于是采光了那些树枝上所有的

叶子，然后用衣服包好，拿回了家。

回去之后，他一片一片地拿起树叶遮住自己的眼睛，问他妻子：“你能看见我吗？”起初，他妻子老老实实告诉他：“看得见。”后来，见他没完没了地问，不耐烦了，说：“别问了，看不见了。”他高兴地跳起来，大声喊道：“宝贝可找到了！宝贝可找到了！”说完，拔腿就往市场跑。

市场可真热闹，什么东西都有。那些卖东西的商贩们见书生这幅穷酸模样，都对他投去了鄙夷的目光。书生想，别得意得太早，这些东西早晚都是我的。然后一只手拿树叶遮住自己的眼睛，另一只手就大模大样地拿人家的东西，结果，给人当场抓获，被扭送到县衙门。

县官审问他的时候，他老老实实地说：“我找到了一片能隐身的树叶，用它遮住自己，别人发现不了，因此我就去拿人家的东西。不知怎么搞的，这片树叶失灵了，我给别人看见就被逮住了。”

县官听了，忍不住哈哈大笑起来，知道他是个书呆子，训斥了一顿就把他释放了。

【出处】

成语“一叶障目”出自魏人邯郸淳《笑林》。又见《鹖冠子·天则》：“一叶蔽目，不见太山；两豆塞耳，不闻雷霆。”比喻为局部的暂时的现象所蒙蔽，不能认清事物的全貌、主流或本质。

一衣带水

在南北朝时期,北方的北周政权和南方的陈朝政权以长江为界,互不侵犯,和平相处。公元581年,北周的权臣杨坚夺取了政权,自立为帝,建立了隋朝。杨坚素有大志,建立隋朝后,他决定统一全国。因此,在他称帝后,首先在北方实行了一系列发展生产,富国强兵的政策。而此时陈朝的国君陈后主依旧是过着醉生梦死的生活,整天和大臣们饮酒作乐,不理政务。陈朝呈现出一片亡国的景象。

隋文帝向大臣高颎询问灭陈的计策,高颎回答说:“江南的庄稼比江北成熟得早,我们在他们的收获季节,扬言出兵,他们一定会放弃农时,屯兵防守;他们作好了准备,我们便不再出兵。这样来几次,他们便不会相信。等他们不作准备,我们突然真的出兵渡江,便可打得他们措手不及。另外,江南的粮食囤积在茅竹修建的仓库中,我们去放火烧毁它,连烧几年,陈朝的财力就大大削弱了,灭掉它也就容易得多了。”隋文帝采取了高颎的计策,经过七年的准备,在公元588年冬下令伐陈。

出发前,隋文帝对将士们说:“我是天下百姓的父母,难道能够因为一条像衣服带子一样狭窄的长江的阻隔(一衣带水),就不去拯救那里的老百姓吗?”隋文帝派晋王杨广为元帅,率领五十万大军渡江南下,向陈朝的都城建康发动猛烈进攻,最终俘获了陈后主,灭掉了陈朝。

【出处】

成语“一衣带水”出自《南史·陈后主纪》:“隋文帝谓仆射高颎曰:‘我为百姓父母,岂可限一衣带水不拯之乎?’”河道像一条衣带那样狭窄。比喻仅隔一水,极其邻近。

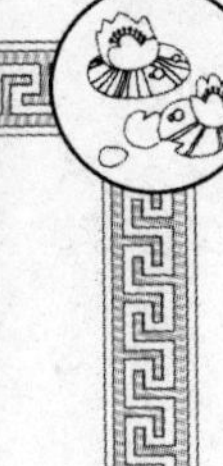

一字千金

战国末期，卫国的大商人吕不韦在秦国公子异人最落魄时，认为他将来会有大作为，便和他交了朋友，帮助他渡过困难时期。后来又成功地把他推上了秦国国君的位置，就是秦庄襄王。为了报答吕不韦，秦庄襄王封他为文信侯，官居相国。庄襄王在位仅三年便病死了，由他十三岁的儿子政继承王位，便是历史上有名的秦始皇，尊吕不韦为"仲父"，行政大权全操在吕不韦手中。

吕不韦大权在握，为了使自己能够牢牢地控制住政权，他养了许多门客。这些门客来自社会的各个阶层，每个人都有自己擅长的技能。他们作为吕不韦的智囊，为他出谋划策。吕不韦为了提高自己的声望，让这些人把自己的所见所闻和对社会的各种见解写成文字，并把它们汇集起来，编成了一部二十余万言的巨著。因为是他组织编写的，所以题名为《吕氏春秋》。《吕氏春秋》是一部杂书，内有天文地理、风土人情、治理人世等各方面的内容，可以说是包罗万象。全书有一百六十篇文章，在当时称得上是一部巨著。

书写好之后，吕不韦为了炫耀自己的功劳，把这本书挂在国都咸阳的城门上。同时宣布：若有人能够在这本书上再增加一字或减少一字，相国立刻赏他千金。几天过去了，始终没有一个人能够增减书上的字。这本书真的完美到增减一个字都不行吗？当然不可能。只不过是因为吕不韦是当时的丞相，他想通过这本书来抬高自己的身价，所以，谁也不敢给它增、删一个字。

【出处】

成语"一字千金"出自《史记·吕不韦列传》："吕不韦乃使其客人人著所闻，集论以为八览、六论、十二纪，二十余万言，以为备天地万物古今之事，号曰《吕氏春秋》。布咸阳市门，悬千金其上，延诸侯游士宾客有能增损一字者予千金。"原指增损一字，赏予千金。现多形容文辞高妙，不可更改。

倚马可待

东晋时期，北方被少数民族占领，为了统一全国，东晋政府派大将军桓温北伐。途中，为了发布一篇北伐宣言，一时找不到合适的人，不得不让因过错而被撤职的参军（参谋之类的官员）袁虎来写。因时间紧急，只见袁虎倚在马前，展纸提笔，不假思索，一气呵成，眨眼间一篇长达六七页的文章写成了。桓温一看觉得这篇文章写得非常好，围观者无不惊叹袁虎的才思敏捷。

其实，袁虎很早就有才气。他出身贫家，少年时靠在船上做帮工谋生。一天晚上休息时，他在船上吟诵自己所作的诗，恰巧被乘船路过的当时名士谢镇西听到，感到这诗写得好，新颖别致，于是便邀他上船，二人谈得很投机，从此，袁虎的名字开始被人所熟知。

【出处】

成语“倚马可待”出自南朝宋·刘义庆《世说新语·文学》：“桓宣武（桓温）北征，袁虎时从……唤袁倚马前令作，手不辍笔，俄得七纸，殊可观。”形容一个人文思敏捷，写作速度快。

以邻为壑

战国时期，有个叫白圭的水利专家，以善于治水而闻名。什么地方的河堤有了裂缝、漏洞，渗出水来，他一到就能修好。他的治水方法主要是勤修堤坝，阻拦洪水，不让洪水冲入本国。因为治水有功，他曾在魏国当相国，魏国的国君对他很信任。

有一次，孟子来到魏国，白圭在会见他的时候，吹嘘自己有非凡的治水本领，甚至说："我觉得即使大禹再生，也未必能超过我。"孟子是位博学多识的人，听他说这话，便当场驳斥他说："你的话错了。大禹治水是把四海当做大水沟，顺着水性疏导，结果洪水都流进大海，与己有利，与人无害。如今你治水，只是修堤堵河，把邻国当作大水沟，结果洪水都流到别国去，与己有利，与人却有害。这种治水的方法，怎么能与大禹的相比呢？何况大禹那时的洪水是全国性的，全国到处是一片汪洋，而你所说的洪水仅是你们魏国国内的，与大禹那时的相比小多了，简直算不上什么。先生怎么可以与大禹相比呢？"白圭经他这么一说，终于明白了自己治水的不足之处。

【出处】

成语"以邻为壑"出自《孟子·告子下》："禹之治水，水之道也，是故禹以四海为壑。今吾子以邻为壑。"拿邻国当作大水坑，把本国的洪水排泄到那里去。比喻只图己利，把困难、祸害转嫁于他人。

以貌取人

春秋时期，大教育家孔子有许多弟子。其中一个名叫宰予，另一个名叫子羽。在最开始时，孔子对宰予的印象很好，因这宰予不但仪表堂堂，而且口才很好，能说会道。孔子认为他将来一定能成才。但过了一段时间之后，宰予就露出了真相，虽然很聪明，但却非常自以为是，并且十分懒惰；大白天不读书听讲，躺在床上睡大觉。为此，孔子骂他是“朽木不可雕”。

与宰予恰恰相反，子羽体态和相貌都很丑陋，并且不像宰予那样伶牙俐齿。当他想拜孔子为师时，孔子认为他资质低下，不会成才，勉强收下了他。跟随孔子之后，子羽不但努力地学习，同时也非常善于独立思考，最后他终于学有所成，离开了孔子。回去之后，他致力于修身实践，处事光明正大，不走邪路；不为公事，从不去会见公卿大夫。后来，子羽游历到长江一带，跟随他的弟子有三百人，声誉很高，各诸侯国都争相传诵他的名字。

宰予离开孔子后，靠着他的口才，在齐国做官，可是没过多久就因为和齐国贵族田常一起作乱被齐王处死了。孔子听说这件事后，感到惭愧，他对他的学生说：“从宰予身上我明白了不能单靠言辞衡量一个人，从子羽身上明白了不能以外貌来衡量一个人。”

【出处】

成语“以貌取人”出自《史记·仲尼弟子列传》：“孔子闻之，曰：‘吾以言取人，失之宰予；以貌取人，失之子羽。’”意思是只根据外貌来判断人品质能力的好坏。

以卵击石

春秋时期，有一年，墨子前往北方的齐国。途中遇见一个算命的人，对墨子说："您不能往北走啊，今天天帝在北边杀黑龙，你的皮肤很黑，去北方是不吉利的呀！"墨子说："没做亏心事，不怕鬼敲门。天帝杀黑龙关我什么事。我不相信你的话！"说完，他继续朝北走去。但不久，他又回来了，因为北边的淄水泛滥，无法渡过河去。那个算命的得意地对墨子说："怎么样？我说你不能往北走嘛！遇到麻烦了吧？"墨子微微一笑，说："淄水泛滥，南北两方的行人全都受阻隔。行人中有皮肤黑的，也有皮肤白的，谁都过不去呀？"算命的支支吾吾回答不上来。

墨子又说："假如天帝在东方杀了青龙，在南方杀了赤龙，在西方杀了白龙，再在中央杀了黄龙，岂不是让天下的人都动弹不得了吗？所以，你的谎言是抵挡不过我的道理的，就像拿鸡蛋去碰石头，把普天下的鸡蛋全碰光了，石头还是毁坏不了。"

【出处】

成语"以卵击石"出自《墨子·贵义》："以其言非吾言者，是犹以卵投石也，尽天下之卵，其石犹是也，不可毁也。"拿蛋去掷石头。比喻不自量力，自取灭亡。

以逸待劳

战国末期，秦国少年将军李信率二十万军队攻打楚国，开始时，秦军连克数城，锐不可当。不久，李信中了楚将项燕伏兵之计，丢盔弃甲，狼狈而逃，秦军损失数万。后来，秦王又起用已告老还乡的王翦。王翦率领六十万军队，陈兵于楚国边境。

楚军立即发重兵抗敌。老将王翦毫无进攻之意，只是专心修筑城池，摆出一派坚壁固守的姿态。两军对垒，战争一触即发。楚军急于击退秦军，总是想寻找与秦军交战的机会或主动进攻的良好时机，但他们总找不到秦军的破绽。楚军也搞不清秦军到底在干什么。而此时在秦军营中，王翦在军中鼓励将士养精蓄锐，吃饱喝足，休养生息。秦军将士人人身强力壮，精力充沛，平时操练，技艺精进，王翦心中十分高兴。

楚军看到秦军总不与他们交战，以为他们准备偷袭自己，便每天保持高度的战备状态，弄得将士们非常地疲劳。这样过了一年多，楚军绷紧的弦开始松懈，将士已无斗志，他们认为秦军不会进攻自己，于是决定东撤。王翦见时机已到，便下令对楚军发动全面的进攻。秦军将士人人如猛虎下山，只杀得楚军溃不成军。秦军乘胜追击，势不可挡，最后攻进了楚国的都城——寿春，灭掉了楚国。后代的军事家把王翦灭楚军的战术称为“以逸待劳”。

【出处】

成语“以逸待劳”出自《孙子·军争》：“以近待远，以逸待劳，以饱待饥，此治力者也。”用安闲之己待疲劳之敌。指自己养精蓄锐，待机痛击来犯的疲乏之敌。

异曲同工

杨雄和司马相如都是西汉时著名的文学家。非常巧合的是，二人有许多共同点：都善于写赋（汉朝的一种文体），都是四川成都人，都不善于讲话，因为二人都口吃，二人都是西汉时文学界的重要人物。

司马相如生活在汉景帝、武帝时代，曾担任过官职，他的作品如《子虚赋》、《上林赋》等，用词华美，读起来很有气势。"赋"这种散文诗式的文体，在汉代相当盛行，此种文体的特点就是多用四字一句的短句，善于铺陈排比，词汇华丽，读起来很有气势。司马相如所写的赋基本上代表了汉赋的最高水平。

杨雄是汉成帝时人（晚于司马相如约一百年），他自己也很善于写赋，但他很钦佩司马相如，曾谦虚地说："相如的赋不是来自人间，而是由神仙来写的，而我的赋却平凡得很，不能和他相比。"其实，他的《甘泉赋》、《河东赋》等名篇，写得也很漂亮，但在某些方面，受司马相如的影响。杨雄后来以主要精力写论文。《太玄》、《法言》等就是他的著作，后代的学者曾给予很高的评价。

杨雄和司马相如的作品各具风格，各有其擅长之处。南北朝的文学评论家刘勰在他的《文心雕龙》中评论二人的文章说："相如性格孤傲，所以他的文章多说理并且文辞优美；杨雄性格内敛而沉默，他的文章含义深刻，但并不明显地表现出来，所以文章显得意味深长。"唐朝的大文学家韩愈则说他们的文章好比音乐，虽然曲调不同，但却都工于技巧（异曲同工）。

【出处】

成语"异曲同工"出自唐·韩愈《进学解》："子云、相如，同工异曲。"指作品曲调不同，而工妙相等。引申为所做的虽不同，但效果一样。

因势利导

孙膑是战国时期有名的军事家,曾经与庞涓一起学过兵法。后来庞涓在魏国当了将军,很受信任,但是他深知自己的才干不如孙膑,就假意邀请孙膑来到魏国后,设毒计挖掉了孙膑的两只膝盖骨。他想,只要孙膑废了,他就可以天下无敌了。

后来,孙膑在齐国使者的帮助下秘密逃到了齐国,受到齐王的信任。有一次,魏国派庞涓与赵国一起进攻韩国,韩国向齐国求救。齐王派田忌为将军,孙膑为军师,带着军队前去帮助韩国。孙膑和田忌一进军,就直指魏国的都城大梁,迫使庞涓撤兵回国。

孙膑见庞涓被引诱回来,就对田忌说:“魏国军队强悍,看不起齐国,总以为咱们的军队胆子小。善于指挥作战的人就要顺着这一趋势往有利的方面来引导(原话是‘善战者因其势而利导之’)。现在我们可以假装败退,采用逐日减灶的计策,好让敌人产生误解。”于是田忌命令部队修灶做饭,第一天修十万个灶,第二天修五万个灶,第三天减少到三万个灶。

庞涓看到齐军的柴灶一天天减少,以为齐军士兵胆小,逃跑了大半,便只带一部分轻骑兵去追击。孙膑估计追兵夜晚可以赶到地势险要的马陵,就选定一棵大树,刮去树皮,写上“庞涓死于此树下”几个大字,并且让一些射手埋伏在大树周围的乱草丛中,约定见到火光时,一齐放箭。

果然,庞涓在夜里赶到了马陵。当他派人点着火把辨认树上的字迹时,无数飞箭一起朝火光射来。顿时,魏军大乱,庞涓这时才知中了圈套,走投无路,只好自杀了。

【出处】

成语“因势利导”出自《史记·孙子吴起列传》:“善战者因其势而利导之。”顺着事物发展的趋势很好地加以引导。

饮鸩止渴

东汉霍谞从小勤奋好学,写得一手好文章,在乡里有名气。

霍谞的舅舅宋光在魏郡做官,秉公执法,得罪了权贵,被他们诬告,说他私自篡改朝廷诏书,宋光便被逮捕到京城关在大狱里。

霍谞此时刚满十五岁,他深知舅舅的为人,甚为不平,于是写了封信给当时深受顺帝信任的大将军梁商。他在信中写道,宋光身为州郡长官,一向奉公守法,即使对诏书内容有疑惑,也用不着冒死罪去篡改。这好比肚子饿了,却拿附子(一种剧毒植物)充饥,口渴了,却饮鸩酒来止渴,再蠢的人也不会这样干的。梁商看了他的信,觉得他既有文采,又有胆识,就释放了宋光。

那么,鸩到底是一种什么东西呢?学者们认为,鸩是传说中的一种毒鸟,现灭绝,雄的叫运日,雌的叫阴谐,较喜欢吃蛇。羽毛呈紫绿色,有剧毒,据传,把其羽毛在酒中稍微沾一下,人饮之后便立刻身亡。

【出处】

成语"饮鸩止渴"出自《后汉书·霍谞传》:"譬犹疗饥于附子,止渴于酖(鸩)毒,未入肠胃,已绝咽喉,岂可为哉!"喝毒酒解渴。比喻采取有害的办法救急,不顾严重后果。

郢书燕说

战国时期，楚国京城郢都的一个人在家给燕相国写信。因为烛焰偏低，飘忽不定的，很难看清纸上的字。所以这郢人对侍者说了一声："举烛。"意思是把蜡烛举高一些，这样，写信就看得清楚些。谁知他心中犯急，脑子里想着"举烛"，嘴里念着"举烛"的时候，竟然不知不觉把"举烛"二字也写到信里去了。过后他没有检查就把信封好寄了出去。

燕相国收到那郢人的信以后，反复看了好几遍。由于"举烛"与信的内容是风马牛不相及，他始终搞不清"举烛"两字是什么意思，突然，他面露喜色，自言自语道："我知道了。烛代表光明，举烛就是追求光明。他可能是要求我选拔任用才能出众的人来治理国家，这样燕国才能有希望，才可以富国强兵。"燕相国连忙把他这种自作聪明的想法告诉了燕王，燕王听了十分高兴。他以相国的意见为原则，广招贤士，从而使燕国政通人和，日益强盛。

燕王根据燕相国对"举烛"一语的解释为依据来治理国家，固然是一件好事，但是燕相国置郢书的真意而不顾，则是一个坏习气。后人根据这个故事引申出"郢书燕说"这句成语。

【出处】

成语"郢书燕说"出自《韩非子·外储说左上》："郢人有遗燕相国书者，夜书，火不明，因谓持烛者曰：'举烛'，而读书'举烛'。举烛非书意也，燕相国受书而说（悦）之，曰：'举烛者，尚明也；尚明也者，举贤而任之。'燕相白王，王大说（悦），国以治，治则治矣，非书意也。今世学者，多似此类。"比喻穿凿附会，曲解原意。

映雪夜读

孙康，西晋时京城洛阳人，从小家中非常贫穷，父母无法供他读书，但聪明好学的孙康非常喜爱读书，他一拿起书，就会被书中的内容所吸引，达到入迷的程度。由于无法进学堂，他决心自学。但事实上，他连自学的时间都很少，早上，很早就出去帮父母干农活，晚上，很晚才回来。孙康只能靠晚饭后的一段时间看书，但他又不能看太长时间，因为那时照明用的灯油非常昂贵，对贫穷的人家而言，灯油也是一个不小的负担。孙康只能匆匆看几页书，然后熄灯睡觉，有时睡不着觉，就在床上默记书中的内容。虽然条件如此恶劣，孙康依然不放弃读书。

一年冬天，天气格外寒冷，冬夜，孙康盖着薄被正蜷缩在床上，面对着北风呼啸的窗口又在背书。背着背着，突然发现窗口越来越明亮起来，他甚至怀疑是太阳出来了。等他披衣出门一看，原来是下了大雪，是白雪把窗口映亮了。望着这银装素裹的雪后美景，孙康忽然心中一动，可不可以借着雪光读书呢？想到这里，他便捧起书跑到门外，蹲在雪地里，打开书一看，虽然光线不是很强，但书上的字还能够看清楚。于是孙康便蹲在雪地里读了起来，虽然身上衣衫单薄，但由于他专心致志，注意力完全放在了书上，对于刺骨的寒风他全然不觉得，一直到了深更半夜，还在聚精会神地读着。从这以后，只要有积雪，他就天天夜间去映雪读书。这样，经过数年的苦读，孙康终于学有所成，成为了一名很有学问和名望的学者。后来凭借他的才学被朝廷任用，最终当了朝中的御史大夫(负责监察百官)。

【出处】

成语“映雪夜读”出自《孙氏世录》：“晋孙康家贫，尝映雪读书。”利用雪的反光来照明读书。形容家境清贫，勤学苦读。

有备无患

春秋时候，晋国有一个英明的君主叫晋悼公。他有一个司马叫魏绛，是一个执法严明的好官。有一次，晋悼公弟弟杨干的座车扰乱了军阵，魏绛就把替杨干赶车的车夫斩首示众。杨干跑去向晋悼公哭诉："魏绛实在太目中无人了，连王室都敢侮辱。"晋悼公听了很生气："这个魏绛太无礼了，居然让我的弟弟受到侮辱，他眼里难道没有我这个国君了吗？"准备派人去把魏绛抓来。

另一个大臣羊舌赤听到了，马上向晋悼公说："大王，魏绛是个忠臣，如果是他做错了，他绝对不会逃避责任的。"话还没说完，魏绛就到了宫外，他呈给晋悼公一封奏书，然后就拔出佩剑准备自刎。卫兵看到了，立即劝魏绛："您先不要自杀呀！等大王看了奏书再说。"

晋悼公看完了魏绛的奏书明白了："原来是我弟弟杨干不对，我错怪魏绛了。"晋悼公连鞋子都来不及穿就急忙跑出宫外，向魏绛道歉："都是我的过失，不关你的事！"从此以后，晋悼公对魏绛更加信任了。

过了几年，晋国在魏绛的辅助下，愈来愈强大。有一次郑国出兵去侵犯宋国，宋国向晋国求救，晋悼公马上招集了鲁、卫、齐、曹等十一个国家的军队，由魏绛率领，把郑国的都城团团地围住，逼郑国停止侵略宋国，郑国害怕了，就和宋、晋、齐等十二国签订合约。

楚国看到郑国和宋、晋、齐等十二国签订了和约，非常不高兴，便出兵去攻打郑国。郑国无法抵抗强大的楚兵，只好又和楚国签订合约。北方十二国知道了，就又出兵攻打郑国，郑国没有办法，就派使臣向晋国求和。

晋国答应平息战争，郑国为了要感谢晋国，就送了大批的珍宝、歌女等。晋悼公把一半歌女要赐给魏绛，魏绛不但不要，还劝晋悼公说：大王，居安思危，有备则无患。晋悼公一听，就把歌女送还给郑国。之后，晋悼公在魏绛的帮助下，顺利地完成了晋国的霸业。

【出处】

成语"有备无患"出自《左传·襄公十一年》："居安思危，思则有备，有备无患。"事先有准备，就可以避免祸患。

有恃无恐

春秋时期，中原霸主齐桓公死后，他的儿子齐孝公继承了王位。公元前634年夏天，鲁国遭到了严重的灾荒，齐孝公乘人之危，亲率大军，浩浩荡荡地向东进发，攻打鲁国的北部边境。鲁僖公很惊慌，急忙派遣大夫展喜去问候齐孝公。展喜带着酒肉，到边境上迎接齐军，用酒肉犒劳齐军将士。他见到齐孝公，满脸堆笑地说："我们鲁国的国君听说您大驾光临，感到十分的不安，特派下臣前来迎接，并带来一点薄酒慰劳您的将士！"

齐孝公很高兴，傲慢地说："哈哈，见到我亲自出征，你们鲁国君臣百姓，都害怕了吧？"展喜态度严肃，不卑不亢地说："只有小人才害怕呢，君子是不害怕的！"齐孝公很惊讶："咦？你们鲁国贫困，百姓家中缺粮，田地里没有庄稼，连青草也看不到，你们凭什么不怕我呀？"

展喜郑重地说："我们依仗的是周武王的遗命，当初，我们鲁国的祖先周公和齐国的祖先姜太公忠心耿耿、齐心协力地辅佐成王，废寝忘食地治理国事，终于使天下大治。成王对他俩十分感激，让他俩立下盟誓，告诫后代的子子孙孙，要世代友好，不能互相侵犯。齐桓公遵守先王的这个遗命，集合诸侯，解决各国之间的争端，灾难发生时救助他们，所以受到大家称赞。自从您即位齐君以后，诸侯各国都说：'齐王一定会继承桓公的功德，不会攻打我们的！'所以我们鲁国没有修筑城墙，也不组织强兵防守。我们鲁国人不相信您才即位九年，就丢弃先君的名誉，来攻打鲁国。因此我们君臣百姓是一点不害怕的！"展喜的一席话，表面上是在表扬和讨好齐孝公，实际是在讽刺他，齐孝公被说得羞愧难当，他对展喜说："回去答复你的国君吧，我明天就把军队撤回去！"

【出处】

成语"有恃无恐"出自《左传》。后人在引用此成语时，生出歧义，比喻后台强硬，因此敢于胡作非为的意思。

游刃有余

战国时候，有个厨师宰牛的技术非常高超。有一次，他给梁惠王宰牛，只见他片刻之间就把一头牛干干净净、利利落落地分解开了。梁惠王感到很好奇，对厨师说："你的活干得真是好极了。请问你的技术怎么能够达到这个地步的呢？"

厨师回答："刚开始杀的时候，我只看到牛的表面，我慢慢地分解了牛身上的骨骼构造。杀牛的时候，能看到牛的筋骨、关节、脉络，应该从什么地方下刀，刀应该往哪里走，心里早有数了。我的刀从牛骨头缝儿里切进去，因为骨头之间总有一定的空隙，我的刀刃又磨得极薄，比牛骨头间的空隙还薄。所以用这把刀来分解有空隙的牛骨头，运转刀刃是绰绰有余啊（游刃有余）。你看我的刀用了十九年，宰了几千头牛，还好像是新磨出来的一样。"

厨师又说："即使这样，遇到那些筋骨交错，非常难办的地方，我还是非常小心的。不过，当我宰完一头牛之后，提起刀来，向四周看看，那时候我真是感到痛快，感到心满意足啊。"

梁惠王听了，连连称赞说："你真是一个高明的厨师。我听了你的话，也受到很大启发啊！"

【出处】

成语"游刃有余"出自《庄子·养生主》："今臣之刀十九年矣，所解数千牛矣，而刀刃若新发于硎（xíng）。彼节者有间，而刀刃者无厚。以无厚入有间，恢恢乎，其于游刃必有余地矣。"指刀刃运转于骨空隙之中，大有回旋的余地。形容技巧纯熟，办事轻松利落。

愚公移山

很久以前，有太行、王屋两座大山，方圆达七百里，高达七八千丈。它们原来位于冀州（今河北）的南部、黄河北岸。

山北面有一位叫愚公的老人，年近九十岁了，向着大山居住。他苦于大山的阻塞，出入要绕远路，于是召集全家人商量说："我和你们竭尽全力铲平这两座大山，使道路直通豫州南部，达到汉水南岸，好吗？"大家纷纷表示赞同。他的妻子提出疑问说："凭您的力气，像魁父这样的小山丘也不能铲平，能把太行、王屋怎样呢？再说把石头和泥土往哪儿放呢？"大伙纷纷说："把土石投到渤海边上、隐士的北面。"于是愚公率领子孙当中能挑担的三个人上了山，凿石掘土，用箕畚把土石运到渤海边上。邻居寡妇有个小孩子，才七八岁，也蹦蹦跳跳前来帮忙。夏去冬来，他们才能往返一次。

有个老头，名叫河曲智叟，看到愚公在挖山，就嘲笑他说："你太不聪明了！就凭你在世上这最后的几年，剩下的这么点力气，还不能毁掉山上的一根草木，又能把这大山的土石怎么样？"北山愚公长叹了一口气说："你思想太顽固，顽固得不开窍，连个寡妇、孤儿都比不上。即使我死了，还有儿子在呀；儿子又生孙子，孙子又生儿子；儿子又有儿子，儿子又有孙子，子子孙孙永无穷尽，可是这两座山却不会再增高加大，还愁什么挖不平呢？"河曲智叟无话可答。

山神知道了这件事，害怕愚公挖山不止，就把这件事禀报天帝。天帝被愚公的诚心感动了，就命令大力神夸娥氏的两个儿子背起两座大山，一座放置在朔方（今山西一带）东部，一座放置在雍州南部。从此，冀州的南部，直到汉水的南岸，再也没有高山阻隔交通了。

【出处】

成语"愚公移山"出自《列子·汤问》："太行、王屋二山，方七百里，高万仞……北方愚公者，年且九十，面山面居……遂率子孙荷担者三夫，叩石垦壤，箕畚运于渤海之尾……帝感其诚，命夸娥氏二子负二山，一厝朔东，一厝雍南。"比喻做事有顽强的毅力，不怕困难。

鹬蚌相争

战国的时候,国与国之间经常发生摩擦。有一次,赵国仗着自己强大,准备进攻燕国。当时,著名的游说之士苏秦,有个弟弟叫苏代,也很善于游说,燕王便委托苏代到赵国去劝阻赵王出兵。

到了邯郸,苏代见到了赵惠文王。赵惠文王知道苏代是为燕国当说客来了,但明知故问:"喂,苏代,你从燕国到我们赵国做什么来了?"

"尊敬的大王,我给你讲故事来了。"讲故事?他要讲什么故事呢?赵惠文王不禁心中一愣。

接下来,苏代开始了他的故事。

苏代说有一只蚌和一只水鸟,一天,这只蚌在河边晒太阳。忽然飞来一只水鸟,伸出长嘴去啄蚌的肉。蚌立刻用力合拢它的壳,把水鸟的嘴夹住了。水鸟的嘴被夹得很紧,它怎么挣扎也不能把嘴拔出来。过了一会儿,水鸟灵机一动,对蚌说:"不要紧,我不怕你不放开。只要这毒辣辣的太阳晒你两天,把你弄得半死不活的,到那时,你想放开也晚了。"蚌听了之后,哈哈哈的狂笑几声,它回敬水鸟说:"不要紧,只要你的嘴今天拔不出来,明天拔不出来,到时非把你活活饿死。"它俩争吵不休,谁也不肯相让。正在争吵的时候,有一个渔夫走了过来,渔夫毫不费力地伸手把它俩一起捉走了。

苏代讲完了上边的故事,悄悄地看了一下赵王,发现他的脸色开始变得严肃起来,他趁机对赵王说:"尊敬的大王,听说贵国要发兵攻打燕国。如果真的发兵,那么,两国相争的结果,恐怕要让强大的秦国做渔人了。"赵王一想到秦国,便心生恐惧,于是放弃了攻打燕国的打算。

【出处】

成语"鹬蚌相争,渔翁得利"出自《战国策·燕策二》:"蚌方出曝,而鹬啄其肉,蚌合而钳其喙。……两者不肯相舍,渔者得而并禽之。"比喻双方相争,使第三者从中得利。

与虎谋皮

周朝时，有个人特别喜欢华美的衣服。他听说狐狸皮做出的衣服最好，就跑到森林里同几只狐狸商量，说："听说你们的皮做衣服漂亮，能不能借给我几张让我做一件衣服？"几只狐狸一听，傻了，他们心想："向来只有我们骗人，哪有被人欺骗的道理。这个人看来不是天才就是神经病，反正不好惹，还是三十六计走为上。"想到这里，它们互相看了看，便不约而同地调头跑进深山去了。

后来，又有一次，这位痴呆的汉子宴请客人，没有羊肉，他还是傻子一般，找来一群羊，和羊商量，他说："羊儿呀，我这儿有几个客人，能不能把你们身上的肉借给我一些，让我办个宴席。"听他的意思，将来还有还的时候。羊儿虽没有狐狸狡猾，但也不是白痴，它们想："剪我们身上的毛做几件衣服还可以，但想借我们的肉，门都没有。"想到这儿，大家却一哄而散，逃了个干干净净。

这则寓言，引出了"与狐谋皮"这一成语。"狐"和"虎"音近，所以有人又创造了"与虎谋皮"成语。

【出处】

成语"与虎谋皮"出自宋·李昉等《太平御览》卷二百零八引《符子》："欲为千金之裘而与狐谋其皮，欲具少牢之珍而与羊谋其羞，言未卒，狐相率逃于重丘之下，羊相呼藏于深林之中。"跟老虎商量要它的皮。比喻跟利害关系直接有冲突的人商量某事，必不成功。

鱼目混珠

很久以前,有一个楚国人,名叫满愿。一次,他在市场上偶然看到一颗珍珠,直径约有一寸,又大又圆,光彩夺目。于是满愿毫不犹豫地花重金买了下来,小心翼翼地带回家。全家人看到这颗珍珠,都非常高兴,邻居们也纷纷前来观看,大家都赞不绝口。满愿十分得意,精心地将珍珠收藏起来。

满愿有个邻居名叫寿量,看到那颗珍珠,十分羡慕,就对妻子说:“我什么时候也能得到一颗那么美丽的珍珠,该多好啊!”

从此,寿量天天都去集市上寻找珍珠。然而,每次都是扫兴而归。一天他走在路上,突然发现在路边的草丛中有一只又圆又大的鱼眼珠,便自以为是一颗珍珠,激动地自语道:“我找到珍珠了!我找到珍珠了!”于是他小心地从草丛中捡起鱼眼珠,一溜小跑地回到了家。

刚进家门,就兴奋地对妻子说:“今天我可交好运了!我拾到一颗珍珠!”妻子连忙接过这颗鱼眼珠,如获至宝,左看右看,爱不释手。于是寿量将这颗鱼眼珠仔细地收藏起来,希望有一天能够卖个好价钱。

过了不久,有一个富翁生病了,郎中开了药方,需要用珍珠作药引子。于是富翁便出高价到处购买珍珠。寿量是首先得知这一消息的,他没告诉满愿,悄悄地跑到富翁家,把自己的鱼眼珠当做珍珠卖了个高价钱高高兴兴地回来了。后来,满愿也听说了这一消息,就跑到富翁那儿准备卖掉自己的珍珠。那富翁一看满愿的珍珠又圆又大,光彩夺目,毫不犹豫就买了下来。两个珍珠一对比,他怀疑寿量的珍珠有点问题,就找行家鉴定,结果果然是假的。富翁大怒:“小子,敢骗我,有你好看的!”富翁就告知了县官,县官立即派人把寿量扭送到衙门去了。

【出处】

成语“鱼目混珠”出自《玉清经》。又见汉·魏伯阳《参同契》卷上:“鱼目岂为珠,蓬蒿不成槚。”用鱼眼睛冒充珍珠。比喻以次充好,或以假乱真。

余勇可贾

春秋时期，齐国讨伐鲁国。鲁国向卫国求救，卫国考虑到齐国的强大，估计卫鲁联军未必能战胜齐军。那时，晋国比较强大，他们就向晋国求救，晋国派元帅郤克率领兵车八百辆援助卫鲁联军。

晋、卫、鲁三国的军队和齐军相遇，双方摆开阵势，准备决战。突然，齐国的左军统帅高固跃下兵车，发足狂奔，不顾自己左军统帅的尊贵地位，徒步冲向晋军军营。高固长得高大威猛，以勇气闻名于军中。他的这一举动不但让齐军吃惊，也让晋军目瞪口呆，他们眼睁睁地望着高固赤手空拳地跑向自己军营而不知如何是好。只见高固突然拾起地上的石块，用力投向距自己较近的一辆兵车上，车上的士兵被咂得“哎哟”一声倒在车内，而车夫被吓得跳车逃跑。高固迅速跑到车前，飞身一跃跳上了车，把伤兵踩在脚下，双手拉起马缰绳驾车奔向自己军营。

快到军营时，高固没有回到自己的位置，而是绕着军营转了起来，边转边喊：“谁要勇气，快到我这儿来买，我还有剩余的勇气没有用完（余勇可贾）。”勇气当然是不可卖的，但他的这一行为倒也鼓舞了齐军的士气。

【出处】

成语“余勇可贾”出自《左传·成公二年》：“齐高固入晋师，桀石以投人，禽之而乘其车，系桑本焉，以徇齐垒，曰：‘欲勇者，贾余余勇。’”指我还有余下的勇气出卖给人家。贾，卖。比喻精力旺盛，勇敢过人的意思。

欲盖弥彰

春秋时，鲁昭公三十一年的冬天，邾国大夫黑肱，背离邾国而投靠鲁国，他的封地名叫滥，也随之而并入鲁国（鲁国在今山东南部）的版图。邾国是与鲁国接壤的一个小国，在今山东邹县东南。

孔子所著的《春秋》，在《昭公三十一年》中，记下了这段历史。但仅仅用了一句话："这年冬天，邾国大夫黑肱叛离邾国，带着他的封地投靠了鲁国。"《春秋》的文笔在后世的史学家和文学家看来是非常简练的，以至于不了解当时历史的人很难理解《春秋》中的一些记载。后来鲁国有一个史官——左丘明写了一本《左传》专门解释和阐述《春秋》。左丘明对这件事评价道："黑肱并非高贵人物，按《春秋》的编写原则，本可不必记载，更不必写出名字。但是因为国土有变动，那就是重大的事件，不能不记上一笔了。"左丘明认为："这样看来，一个以封地叛国的人，即使他不是大人物，也会因此而出名，而且会因此而使他的叛国罪名永远无法掩盖，所以说君子有什么行动或打算时，应首先想一想是否符合礼节，是否符合大义，否则的话，想求美名也无法得到，得了恶名想要掩盖也掩盖不了。"

明末清初的大学问家顾炎武在读《左传》时对左丘明的议论加以引申，他说："不但不能掩盖，反而会变得更加明显。例如崔杼杀太史。"崔杼杀太史是指春秋时期齐国大夫崔杼谋杀了齐庄公，但他却让史官把齐庄公的死写成是病死的。史官不同意，被杀，第二个史官也不同意，仍被杀；第三个史官还是不同意，也被杀；第四个史官仍是不同意，崔杼不敢再杀了，只好让他写下来。崔杼本来想隐瞒这件事，结果一下子闹得人人皆知。

【出处】

成语"欲盖弥彰"出自《左传·昭公三十一年》："或求名而不得，或欲盖而名章（彰），惩不义也。"指本想掩盖坏事真相，结果反而暴露得更加明显。

欲加之罪，何患无辞

春秋时期，晋献公死后，他的几个儿子都想继承他的位置。这几个儿子是奚齐、悼子、夷吾，其中奚齐和悼子是一派，大夫荀息拥护这两个人。此时夷吾在国外，大夫里克等人都希望夷吾回国继承国君位置。

献公刚死，奚齐在他的坟前为他守墓，里克害怕奚齐将来会当国君，就在献公坟前杀掉了他。荀息得知此事后，考虑到晋国的局势，倒也没对里克怎么样。他决定立悼子为国君，悼子当国君两个月后，里克不服，调集重兵包围了朝廷及朝中的大臣，当场杀掉了悼子，荀息此时势单力薄，被迫自杀。

除掉这两个继承人之后，里克派人通知流亡在秦国的夷吾，要他回来做国君。夷吾非常高兴，向里克许诺说，一旦他当国君将把汾阳(今山西临汾一带)一带的土地赐给他。在里克的安排下，夷吾顺利地回国当了国君。但当他坐稳国君的位置之后，他忘掉了自己的许诺，反而想杀掉里克。他认为里克居然敢连续杀掉两个王位的继承人，胆子也太大了，说不定将来也会把他推翻。于是，他委婉地对里克说："没有你里克，我不能即位。虽然如此，但你杀了两个国君，逼死了一个朝中大臣。一想到这些，我感到做你的君王真是太难了啊！"里克回答说："不废掉前两个国君，你又怎么能当国君呢？想治我的罪，难道还怕找不到借口吗(欲加之罪，何患无辞)？何必虚伪呢，要杀就杀吧。"于是当场拔出佩剑，自杀身亡。

【出处】

成语"欲加之罪，何患无辞"出自《左传·僖公十年》："不有废也，君何以兴？欲加之罪，其无辞乎？"意思是，要想加罪于人，何愁没有借口。指随心所欲地诬陷人。

缘木求鱼

孟子，又叫孟轲，是战国时的思想家、政治家、教育家。当时，七雄纷争，战事不断，孟子周游列国，推行仁政，最后来到齐国，被齐宣王拜为客卿。

一次，齐宣王和孟子闲谈。孟子问齐宣王说："大王动员全国的军队，让将士们冒着生命危险去攻打别的国家，难道只有打败了别的国家，你的心里才痛快吗？"

齐宣王说："不！不是打败了别的国家我才感到痛快。我这样做，不过是为了满足我最大的欲望罢了。"

"那大王最大的欲望是什么呢？"孟子问。

齐宣王笑了一笑，没有回答。孟子便又说："是因为好东西不够吃，还是好衣服不够穿呢？是因为宫中的艺术品太差呢，还是宫中的音乐不动听呢？是因为侍候你的人太少呢？还是……"

齐宣王听了，摇头说："不，都不是！"

"噢，那我明白了，大王的最大欲望是想征服天下，称霸诸侯。但是，如果用你的办法去满足你的欲望，就好像爬到树上去抓鱼一样，那肯定是徒劳的。"

"事情竟有这样严重吗？"齐宣王问。

"恐怕比这还要严重呢！爬到树上去捉鱼，最多就是抓不到鱼，还不至于有什么祸害。如果想用武力来满足自己称霸天下的欲望，不但达不到目的，相反会招致祸害。"

接着，孟子又举了一些例子，说明小国和大国不能为敌，弱国和强国不能为敌，齐国不能同天下为敌的道理，要想称霸天下，必须实行仁政。齐宣王听了，最后说："您的主张不错，我不妨试它一试。希望您能辅佐我达到目的。"

【出处】

成语"缘木求鱼"出自《孟子·梁惠王上》："以若所为求若所欲，犹缘木而求鱼也。"指爬到树上去找鱼。比喻方向或方法不对，劳而无功。

约法三章

在秦朝末年轰轰烈烈的农民起义中，经过艰苦的征战，公元前206年，刘邦终于攻入了秦都城咸阳（今陕西咸阳市），秦的最后一个国王子婴投降刘邦，秦朝正式灭亡。刘邦入城后，对咸阳的市民可以说是秋毫无犯，又将秦朝宫廷的财宝封存起来，然后又把军队撤出了城外，驻扎在霸上。

刘邦召集当地德高望重的人物和豪杰之士，对他们说："父老乡亲们遭受秦朝暴政苛法的苦害已经很久了，说一句对朝廷不满的话就被诛灭三族，聚众谈论就被斩头，我曾与各路义军首领有约，首先入关中（今陕西一带）者就在当地为王。现在我自然应该称王关中。我与诸位父老订立简明扼要的法规，仅有三项条款：杀人者要偿命，伤害人或抢劫盗窃者论罪惩办。除此之外，秦朝的繁律苛法全部废除。各级官吏都各自按原任职务坚守岗位，执行公务。"

接着，刘邦立即派人和秦朝旧吏们到县乡村镇张贴告示，使约法三章家喻户晓。三秦之地民众十分高兴，人们纷纷送牛羊酒食慰问刘邦的军队将士，刘邦一再推辞不肯收下，说："仓库里粮食很多，战士们并没有挨饿，我不想再给父老乡亲们添麻烦，使大家破费财物了。"当地的人民看到刘邦如此的仁慈爱民，就更加欢迎他在关中为王了。

【出处】

成语"约法三章"出自《史记・高祖本纪》："与父老约，法三章耳：杀人者死，伤及盗抵罪。"约定法令三条。原指订立法律，相约遵守。后泛指订立简单的条款或信守的某些规定。

越俎代庖

在上古时期，有一个品格非常高尚的首领——唐尧。在他的治理下，社会安定，人民安居乐业。人们对唐尧既拥戴又感激，可是当唐尧听说在民间有一个非常有才能的人名叫许由时，就想把帝位让给许由。他到许由家拜访他，告诉许由说：“蜡烛之光和日月之光比起来太微不足道了。及时雨下过之后仍去浇水灌溉农田，对于禾苗来讲却是多此一举。与先生您相比，我就是那蜡烛，而您就是日月。您的才能和德行是我所不能比的。所以，我觉得如果您能代替我来治理天下将会把天下治理得更好，为百姓带来更多的利益。”

许由并不想当首领，他喜欢过那种逍遥自在、无拘无束的生活。他对唐尧说：“您治理天下，已经治理得很好了。我如果再来代替你，不是沽名钓誉吗？我现在自食其力，要那些虚名干什么？小鸟在森林里筑巢，也不过占一棵树；老鼠喝黄河里的水，不过喝饱自己的肚皮。天下对我又有什么用呢？”许由又说：“请您不要再来找我了，厨师就是不做饭菜，管祭祀的人也不能越位来代替他下厨房做菜。我是不能代替您的。”说完，许由就戴着草帽，背着锄头到田间锄草去了。

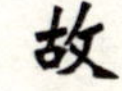

【出处】

成语“越俎代庖”出自《庄子·逍遥游》：“庖人虽不治庖，尸祝不越樽俎而代之矣。”原意是主祭的跨过礼器去代替厨房办席，比喻越权办事或包办代替。

运筹帷幄

刘邦消灭项羽之后，建立了汉朝，做了汉朝的第一个皇帝。有一次，他在洛阳南宫举行盛大的庆功宴会。酒过三巡之后，刘邦喝得面红耳热，望着宴会中正在笑谈畅饮的大臣们，他想起了昔日被项羽追杀得无处可逃的狼狈情景，不禁心生感慨，就向大臣们说道："诸位，今天能够聚在这里畅饮，真是不容易啊！想当初我刘邦兵少力弱，项羽兵强马壮，但最后我却取得了天下，而项羽却丢了天下，那么谁能告诉我这是什么原因呢？"

大臣王陵回答说："陛下虽然喜欢侮辱人，看起来对人好像不够尊重，但实际上对功臣猛将都有奖赏，能和大家分享胜利果实。项羽表面上重视人才，内心却妒忌有才能的人，对有功的人不仅舍不得奖赏，而且还怀疑他们，甚至要杀害他们。这样，部下就很难和他一条心了。所以他必然失败。"其他大臣也开始一一发表自己的高见。

等众大臣发表完意见之后，刘邦作了总结，他说："你们只知其一，不知其二。在军营的帷幕中运筹谋划而能够决定千里以外的战争取得胜利这方面，我不如张良；在镇守国家，安抚百姓，供给粮食，保证军队粮食供应充足这方面，我不如萧何；在统领百万大军，作战必胜，攻城必克这方面，我不如韩信。这三位都是人中的豪杰，我能够任用他们，这就是我之所以能够取得天下的原因，项羽有一位谋士范增却不能任用，这就是项羽能被我擒获的原因。"刘邦的这席话说得大家心服口服。

刘邦赞扬张良的那句话，原文是"运筹帷幄之中，决胜千里之外"。后来摘录成为成语"运筹帷幄"。

【出处】

成语"运筹帷幄"出自《史记·高祖本纪》："夫运筹策帷帐之中，决胜于千里之外，吾不如子房（张良）。"在帐幕中谋划军机。常指在后方决定作战方案。

凿壁偷光

匡衡，西汉东海（今江苏省邳县）人。他出身农家，祖父、父亲世代都是农民，但匡衡却非常喜欢读书。他年轻时家里贫穷，白天给人做雇工来维持生计，晚上才有时间读书，可是家里穷得连灯也点不起，匡衡不想放弃读书，他决定想个办法。他发现邻家灯火在晚上总是亮好长时间，他就在贴着邻家的墙上凿穿一个孔洞，“偷”它一点光亮，让邻家的灯光照射过来，然后就捧着书本，在洞前映着光来读书。

随着读的书越来越多，匡衡所学的知识也就越来越多，求知欲也越来越强，但家中再也无法给他提供更多的书了。同乡有个富翁家中藏书很丰富。匡衡就到他家做工，却不收分文工钱。富翁感到很奇怪，问匡衡为什么？匡衡说：“我不想要工钱，只希望您能把家中的书都借给我读，我就很心满意足了。”富翁听了，被他那种勤奋好学的精神所深深感动，就答应了他的请求。从此，匡衡就有了极好的读书机会。匡衡精力充沛，超越常人，富翁家的丰富的藏书，加上匡衡本人的勤奋努力，终于使他成为一位知识渊博的学者，在读书人中也开始有名起来。

当时的读书人中流传着这么几句口碑：“无说《诗》，匡衡来；匡说诗，解人颐。”这几句话是说没有人能解说《诗经》，匡衡恰好来了；匡衡给大家解说了《诗经》的疑义，大家都听得非常开心。可见他声誉很高。当时，许多读书人都拜他为师，跟他学习。因为匡衡有很大的学问，他被推荐为朝廷的官员。当时的皇帝汉元帝对他十分信任和器重，最后提升他做了丞相。

【出处】

成语“凿壁偷光”出自《西京杂记》卷二：“匡衡字稚圭，勤学而无烛，邻舍有烛而不逮，衡乃穿壁引其光，以书映光而读之。”形容学习勤奋刻苦。

债台高筑

战国时期，由于各诸侯国逐渐强大，周朝的中央政府即周王室已经无法约束和控制诸侯国的行为。实际上各诸侯也没再把周王室放在眼中，但周朝的末代天子周赧王仍不甘心，决心重振王室权威。公元前256年，秦国的军队进攻韩、赵两国，大军穿过洛阳（周王室的直属领土）时，事先没向周赧王通告，同时又非常嚣张，如入无人之境，搞得洛阳城鸡飞狗跳。周赧王得知后，勃然大怒，就秘密地与其他诸侯国联络，企图组成一支讨伐秦国的国际联军。

周赧王好不容易组织了一只约五六千人的部队，但周王室又拿不出足够的粮饷，只好向地主和富商借贷，约定在胜利凯旋之日用战利品加倍偿还。谁知，在约定联军集合的那一天，只有楚、燕两国派军队来了，其他国家都没有人来。由于害怕强大的秦军，楚、燕两国的军队就撤走了。周赧王那五六千人的乌合之众当然不能单独行动，最后只好不了了之。

周赧王既没有出征，也就不存在战利品，同时所借的军饷已被用光，所以周赧王无法还清所借的债务，而那些债主们都纷纷到王宫中要债，周赧王不敢见他们，只好逃走，躲在一座高台之上，整天唉声叹气。这座台据说是在洛阳南宫，后人称它为“避债台”，秦国早就想灭掉周王室，当听说周王室军队攻打它时，立即派兵直进洛阳，生擒了周赧王。周王室所属的36个城市和3万人口全部并入秦国。赧王被废为平民，年底死于洛阳，存在了879年的周王朝终于灭亡了。

【出处】

成语“债台高筑”出自《汉书·诸侯王表序》：“分为二周，有逃责（债）之台。”颜师古注：“服虔曰：周赧王负责（债），无以归之，主迫责（债）急，乃逃于此台，后人因以名之。”形容欠债很多。

招摇过市

孔子五十多岁时，在鲁国担任相国之职。孔子任职三个月以后，鲁国社会风气大变。市场上做买卖的人再也不像以前那样互相欺诈，互相哄骗了，彼此开始讲起诚信来。男女之间讲求礼仪，社会秩序安定，路不拾遗，四面八方来鲁国做客的人都有宾至如归的感觉。

鲁国的邻国齐国知道这件事后，非常害怕。齐国的大臣们互相议论道："孔子辅佐鲁国君主，将来鲁国一定称霸诸侯，我们是它的近邻，恐怕首先要被吞并掉，是不是应先割一些地给它表示尊重和友好呢?"其中一个大臣黎钼认为不妥，他向鲁君献计说："我们应先通过别的办法，先试试看能否阻挠和破坏鲁国强盛的进程，如果实在阻挠不了，那时再向它割地也不晚。"齐君采纳了黎钼的主张。于是，在全国挑选了 80 名美丽的能歌善舞的女子，教会他们跳《康乐》舞，再加上 30 辆车，每辆车都用 4 匹高头大马拉着，一齐献给鲁国国君。他们害怕鲁君一时不接受，就先把这些歌女放在鲁国都城南门外，大肆宣扬，闹得人人皆知。

齐国所用的美人计果然起到了作用，鲁国的权臣季桓子对这些礼物

垂涎三尺，多次化了装，穿着便服，溜到城外去看。回来之后，他便向鲁君描述歌女们长得如何漂亮，舞跳得如何的好，音乐是如何的动听。鲁君被他说得心里直痒痒，便去看了一下。鲁君一看便被她们迷住了，接着又去看了第二次，季桓子心里非常得意。后来，鲁君终于不顾孔子的劝阻将歌女收了下来，当然也不忘分给季桓子一些。鲁君有了这些歌女，就开始整天饮酒作乐，不理政事，孔子的学生子路非常气愤，对孔子说："您可以离开这个国家了。"孔子想了想，觉得实在没有办法去制止鲁君，就和弟子们一起离开了鲁国到卫国去。

当季桓子听说孔先生出走的消息时，心中有几分悔意，不禁叹道："孔先生是因为这些歌女的缘故在怪罪我呀！"孔子到卫国后，卫国国君卫灵公的夫人南子希望见一下孔子。当时，南子把持卫国政权，但行为不端，孔子不愿见她，南子不答应，死活要见。孔子推辞不掉，只得入宫拜见南子。南子接见他时，坐在帷帐后面，孔子隔着帷帐向南子行了个礼，也没说什么话，就匆匆离去了。直性子的子路对此事不高兴，埋怨孔子不该去见这样的女人，孔子急得发誓说："我如果有什么不对的话，老天就抛弃我吧，老天就抛弃我吧！"在卫国住了一个多月后，灵公和夫人决定出去游玩。二人坐一辆大车在前面，孔子坐一辆车在后跟随，大摇大摆地从街道上走过。孔子对灵公的行为感到厌恶，便离开了卫国。

【出处】

成语"招摇过市"出自《史记·孔子世家》："居卫月余，灵公与夫人同车，宦者雍渠参乘，出，使孔子为次乘，招摇市过之。"指在公共场合大摇大摆显示声威，引人注意。

朝三暮四

春秋时候，宋国有一个叫狙公的老头，十分喜爱猕猴。为了观赏这种非常可爱又富有灵性的动物，他专门喂养了一群猕猴。狙公与猕猴相处久了，他们之间的信息沟通就成了一种心领神会的交流。不仅狙公可以从猕猴的一举一动和喜怒哀乐中看出它们的欲望，而且猕猴也能从狙公的表情、话音和行为举止中领会主人的意图。

因为狙公养的猕猴太多，每天要消耗大量的瓜、菜和粮食。然而一个普通的家庭哪有充盈的财力物力满足一群猕猴对食物的长期需要呢？有一天，狙公发觉家里的存粮难以维持到新粮入库的时候，因此意识到限制猕猴食量的必要性。

猕猴这种动物不像猪、羊、鸡、犬，吃不饱时仅仅只是哼哼叫叫，或者外出自由觅食。对于猕猴，如果不提供良好的待遇，想让它们安分守己是办不到的。它们会像一群顽皮的孩子，经常给人闹一些恶作剧。既然没有条件让猕猴吃饱，又不能让它们肆意捣乱，狙公只好想主意去安抚它们。狙公家所在的村子旁边，有一棵高大的栎树。每年夏天，栎树枝杈上

长出的密密麻麻的长圆形树叶，早已把树冠装点得像一顶华盖。这棵树下成了人们休息、纳凉的好地方。一到秋天，栎树上结满了一种猕猴爱吃的球形坚果——橡子。在口粮不足的情况下，用橡子去给猕猴解馋充饥是个好办法。于是狙公对猕猴说："今后你们每天饭后，另外再吃一些橡子。你们每天早上吃三粒，晚上吃四粒，这样够不够?"猕猴只弄懂了狙公前面说的一个"三"。一个个立起身子，对着狙公叫喊发怒。它们嫌狙公给的橡子太少。狙公见猕猴不肯驯服，就换了一种方式说道："既然你们嫌我给的橡子太少，那就改成每天早上给四粒，晚上给三粒，这样总够了吧?"猕猴把狙公前面说的"四"当成全天多得了橡子，所以马上安静下来，眨着眼睛，挠着腮帮，露出高兴的神态。这就是"朝三暮四"。

【出处】

成语"朝三暮四"出自《庄子·齐物论》："狙公赋芧，曰：'朝三而莫(暮)四。'众狙皆怒。曰：'然则朝四而莫(暮)三。'众狙皆悦。名实未亏，而喜怒为用，亦因是也。"原指使用诈术，进行欺骗。后多指反复无常。

只许州官放火，不许百姓点灯

北宋时，有个州的太守名叫田登，为人心胸狭隘，专制蛮横。因为他名“登”，所以，不许州内的百姓说到任何一个与“登”同音的字。说到他这个忌讳，还真有些来历……

蒲田村，一个依山傍水的村庄，方圆几百里，山、塘、田、地……树木茂盛，水清田肥。这些地方，大多都归村上的富翁田百万所有。这个老地主田百万虽家中良田万顷，但身边却无一子。于是，他到处花重金请高人卜卦。到了40岁时，终于得了一个儿子，视他为掌上明珠。算命的说：“晚年得子，必定升官晋爵，金银财宝滚滚而来。”于是，他为了儿子能早日登科、做官，一步登天，就取名叫田登。

田登为早产儿。他大大的脑袋，两只极小极小的鼠眼，往上兑，眉不清，目不秀，身材矮胖。从小顽劣，又是出自富豪之家，便总是欺负小朋友，而小朋友们讥其矮胖常常拿“凳子”取笑他。他受不了这个气，便向他爹田百万说：“他们都拿‘凳子’取笑我，我长大当官以后，一定要让所有人都不说这个字。”

田登当官后，命州内的百姓不许说与“登”同音的字，要用某字来代替——花园里的灯心草叫做开心草，灯台、灯罩、灯笼得叫亮托、遮光、路照，太守出门登车得说驾车，就连吹捧太守“登峰造极”也得说“爬峰造极”……

谁要是触犯了他这个忌讳，便要加上“侮辱地方长官”的罪名，轻则挨板子，重则判刑。

一天，太守田登正在堂中坐着，一个仆人被衙役带上公堂。仆人扑通一声跪倒在地，大声求饶：“冤枉呀！太守大人，今天我也没干什么呀！只是天刚亮，我就去厅前闭灯，不知犯了什么罪，被衙役蹬了一脚，差点被蹬下凳子。”太守田登一听，大怒，命人把仆人捆了个五花大绑，吼道：“大胆刁民，竟敢犯了我的忌讳还不知罪，拉下去，赏五十大板……”

从此以后，太守府中上下，人人都不敢再触犯太守的忌讳了……

一年一度的元宵节马上要到来了，按照以前的习惯，州里要点三天花灯表示庆祝，州府的衙役贴出告示，让百姓按时来观灯。

这次可让出告示的小官感到为难，用“灯”字要触犯太守的忌讳，不用“灯”字意思又表达不明白。想了好久，写告示的小官灵机一动，把“灯”字改成了“火”字。这样，告示上就写成了“本州依例放火三日”。

告示贴出后，百姓们看了都很惊慌，尤其是一些外地来的客人，更是丈二和尚摸不着头脑，还真以为官府要在城里放三天大火呢！都纷纷收拾行李，争着离开这是非之地。当地的百姓，平时就对田登的蛮横无理已经非常不满，这次看了官府贴的告示，更是气愤万分。大家纷纷骂田登说：“只许州官放火，不许百姓点灯，这算什么官？”

【出处】

成语“只许州官放火，不许百姓点灯”出自宋陆游《老学庵笔记》卷五。比喻反动统治者可以胡作非为，老百姓的正当言行却受限制。

指鹿为马

秦朝二世的时候，宰相赵高掌握了朝政大权。他因为害怕群臣中有人不服，就想了一个主意。有一天上朝时，他牵着一只梅花鹿对二世说："陛下，这是我献的名马，它一天能跑一千里，一夜能跑八百里。"二世听了，大笑说："丞相啊，这明明是一只鹿，你却说是马，真是错得太离谱了！"赵高说："这确实是一匹马，陛下怎么说是鹿呢？"二世觉得纳闷："明明是一只鹿，怎么丞相偏偏说是马呢？"于是指着鹿头上的角对赵高说："如果是马的话，怎么头上会长角呢？"赵高望着各位大臣说："陛下如果不信的话，可以问问众位大臣。"

大臣们都被赵高的一派胡言搞得不知所措，私下里嘀咕：这个赵高搞什么名堂？是鹿是马这不明摆着吗！于是大家偷偷地望了一下赵高，发现赵高正用威胁的眼光望着自己，意思很明显："谁敢说实话，我将让你吃不了兜着走。"有些胆小而又有正义感的大臣立刻低下了头，他们不想说假话，又不敢说真话。因为如果说真话，赵高将来肯定要报复他们，甚至杀害他们。一些奸佞之徒立刻表示拥护赵高的说法，异口同声地说是一匹千里马。

但有一些正直的大臣实在无法忍受赵高的无耻霸道，他们坚定地对赵高说："这当然是鹿而不是马了。丞相你难道要欺骗皇上吗？"赵高听了之后，勃然变色，咬牙切齿地说："咱们走着瞧。"事后，赵高通过各种手段把那些不顺从自己的正直大臣纷纷治罪，甚至满门抄斩。

【出处】

成语"指鹿为马"出自《史记·秦始皇本纪》："赵高欲为乱，恐群臣不听，乃先设验，持鹿献于二世，曰：'马也。'……或言鹿者，高因阴中诸言鹿者以法，后群臣皆畏高。"指着鹿，说是马。比喻故意颠倒黑白，混淆是非。

纸上谈兵

战国时,赵国大将赵奢的儿子赵括,从小便熟读兵书,因此只要一谈到怎样用兵,他便会引经据典,说得头头是道。所以,不少人都觉得他是个大将之才。但是,他的父亲却始终不承认儿子精通兵法,善于用兵。他对赵括的母亲说:“我们的儿子将来要是不做赵国的将军,那倒是赵国的福气,万一不幸让他当上赵国的将军,那他一定是个败军之将。因为他从没上过战场,只会‘纸上谈兵’,把战争看得太容易了。一旦真的领兵打仗,绝对会出问题!所以,一旦将来赵王想任用他,你一定要阻止赵王。否则的话对我们家族、对赵国都将是一个悲剧。”几年之后,赵奢就死了。

知子莫若父。赵奢对儿子的看法十分正确。秦昭王四十七年,秦王派大将王龁攻打赵国的上党,赵国大将廉颇奉赵王之命率兵二十万救援上党。但他还未到达上党时,上党已被秦军占领了。廉颇就在距上党最近的城市长平坚守,和秦军相持了四个多月,秦军没能攻下长平。

于是,秦王采用宰相范雎的离间计,派人到赵国都城邯郸去传布谣言说:“秦兵所惧怕的,只有赵括一个人。廉颇年老而胆怯,被秦军吓怕了,

再过些日子他一定会投降秦军的。”赵王本来很早就怀疑廉颇是否能挡住秦军，想用赵括将他换回来，现在听到这个谣言更加坚定了自己的想法，就立刻招见赵括，问他说：“你能击败秦军，保证赵国的安全吗？”赵括大言不惭地说：“要是碰上秦军名将白起，那我还得考虑一下对付的办法，现在是王龁领兵，我一定会把他打得落花流水。”赵王听到赵括的自我吹嘘，感到非常高兴，心想：“终于找到可以接替廉颇的人，年轻有为呀！”正当赵王准备封赵括为将军，率兵到前线时，赵括的母亲劝阻赵王说不能让赵括为将，并说这是赵奢对大王的忠告。赵王却说：“我认为赵括年轻有为，将会超过他的父亲，请夫人您不要再担忧了。”这样，赵括来到了前线，接掌了廉颇的兵权。

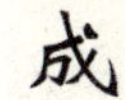

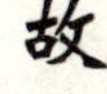

赵括在接掌兵权以后，立即改变固守的策略，发动全线进攻，结果很快就被秦兵包围了。这时，秦王悄悄改派白起为主将，而以王龁为副将。结果，白起大败赵括，赵军四十万人马被俘后全被活埋，而善于“纸上谈兵”的赵括也在突围时中箭身亡。

这次战役，就是历史上有名的“长平之战”，赵国不仅在这次战役中损失了四十万军马，更重要的是从此国力一蹶不振，再也无法和秦国抗衡了。

【出处】

成语“纸上谈兵”出自《史记·廉颇蔺相如列传》：“赵王因以使括为将，代廉颇。蔺相如曰：‘王以名使括，若胶柱而鼓瑟耳。括徒能读其父书传，不知合变也。’赵王不听，遂将之。赵括自少时学兵法，言兵事，以天下莫能当。尝与其父奢言兵事，奢不能难，然不谓善。”在纸面上谈论用兵，比喻夸夸其谈，不切实际。也比喻只是空谈，不能成为现实。

至死不悟

古时候,临江地区有一个人,很善于打猎。有一天,他猎获了一匹珍贵的小麋鹿,把它带回了家。他的家中养着一群狗,狗见到了麋鹿馋得直流口水,都想跑过来撕咬它。猎人想:"这的确是个问题。怎样才能使鹿和狗和平相处呢?"于是,他每天就抱着鹿,把它放在狗群中,他在旁边监视着,让狗和鹿在一块儿玩耍。慢慢地,小麋鹿逐渐和狗变得友好起来,它也逐渐长成了一头大鹿。

三年后的一天,这只鹿独自走出家门去玩,看到路上有几条狗在互相打闹。它以为这些狗也和家里的狗一样会对自己很友好,便奔过去和它们一起玩耍。这些狗见了,不由又生气又高兴。生气的是,这只傻乎乎的麋鹿竟然如此大胆,竟敢自说自话地加入它们的队伍,和它们一起玩耍;高兴的是,这只麋鹿膘壮体圆,大家可以美美地吃一顿了。于是,它们一拥而上,你咬头,他咬脚,不多一会,路上一片狼藉,只剩下麋鹿的尸骸了。这只麋鹿一直到死,都没弄明白自己是怎么死的。

【出处】

成语"至死不悟"出自唐·柳宗元《临江之麋》:"麋出门,见外犬在道甚众,走欲与为戏,外犬见而喜且怒,共杀食之,狼藉道上,麋至死不悟。"到死都不觉悟。

炙手可热

唐玄宗李隆基在当皇帝的最初几年励精图治，很有作为，出现了“开元盛世”，“开元盛世”是唐朝历史上最为辉煌的一段时期。但是，唐玄宗后来任用李林甫为宰相，政治开始腐败。

公元745年，唐玄宗封杨玉环为贵妃，纵情声色，奢侈荒淫，政治越来越腐败了。杨贵妃有个堂兄叫杨钊。由于杨贵妃得宠，杨钊也平步青云，做了御史，唐玄宗还赐名“国忠”。不久，李林甫死了，唐玄宗便任命杨国忠做丞相，把朝廷政事全部交杨国忠处理。一时之间，杨家兄妹权势熏天，他们还与边关节度使安禄山相互勾结，其中杨贵妃最为无耻的行为就是认比自己大几十岁的安禄山为干儿子，安禄山以杨家兄妹为后台，不断扩充自己的势力，以致不久以后爆发了安史之乱。

公元753年3月3日，杨贵妃等到曲江江边游春野宴，轰动一时。诗人杜甫对杨家兄妹这种只顾自己享乐，不管人民死活的行为极为愤慨，写出了著名的《丽人行》一诗，大胆揭露和深刻讽刺了杨家兄妹生活的奢侈和权势的显赫。诗中写道：“炙手可热势绝伦，慎莫近前丞相嗔。”意思是说：杨家权高位重，势焰逼人，无人能与之相比，你千万不要走到跟前，以免惹得丞相发怒生气。

【出处】

成语“炙手可热”出自唐·杜甫《丽人行》诗：“炙手可热势绝伦，慎莫近前丞相嗔。”手一挨近就感觉得热。比喻气焰盛，权势大。

置之度外

东汉初年，光武帝刘秀虽然已经建国称帝，但天下尚未统一，仍有许多人割地称王。东边有刘永，西南有公孙述，皆自称帝号。另有燕王彭宠，齐王张步，大将军窦融及隗嚣等人，都手握重兵，时时准备和光武帝一较高下，即使是窦融及隗嚣，表面上表示接受光武帝的管辖，但多阳奉阴违，伺机而动。

光武帝对局势及各人的盘算皆了如指掌，他表面上不动声色，私底下广罗人才，争取民心，以统一天下为其终极目标。并且发挥其知人善任，用人不疑的才能，逐步将刘永、彭宠、张步等人一个个解决了。

不久，大将军窦融眼看光武帝的力量日益壮大，便向光武帝投降，如此一来，便只剩下西北的隗嚣及久踞蜀中的公孙述了。于是，光武帝便派使者去拜会隗嚣，劝他归顺，隗嚣见光武帝兵强马壮，虽不甘心，但也只好答应臣服，并把长子隗恂派到洛阳当人质，服侍光武帝。

建武六年，光武帝平定了中原，环顾天下局势，隗嚣之子已在宫中为人质，故隗嚣已不足为患，而公孙述又远在蜀中边陲，无力出兵中原，更是不足道，于是在和大将军们召开的军事会议上，光武帝便说："放眼天下，尽在我们的掌握之中，而隗嚣与公孙述两人，大可将其置之度外，再也没有人可以阻碍我们一统江山了。"此时，中原已基本统一，对于这两个地处偏远地区的军阀，刘秀暂时不想征伐，企图把连续苦战多年的部队，好好整顿和休养一下再说。

不久，光武帝便出兵讨伐隗嚣与公孙述，轻而易举地将这两股残余势力平定，完成了中国的统一。

【出处】

成语"置之度外"出自《后汉书·隗嚣传》："且当置此两子于度外耳。"把它放在自己的考虑范围之外。现在用来指根本不把个人生死利益放在心上。

中流击楫

西晋末年，为争权夺利，发生王室内乱，北方的少数民族如匈奴等趁机占领了西晋的大部分国土，西晋政府被迫迁往长江以南，定都建康，史称东晋。北方的老百姓为了躲避战乱，也都跑到南方来。祖逖也和几百家乡亲一起来到了淮河流域一带。在逃难的行列中，祖逖主动出来指挥，把自己的车马让给老弱有病的坐，自己的粮食、衣服分给大家一起享用。大家都十分敬重他，推他做首领。

当时，东晋的掌权大臣是司马睿。祖逖渡江到建康，劝司马睿说："中原的百姓非常思念东晋政府，只要政府派兵北伐收复失地，他们一定群起响应。"

司马睿并没有恢复中原的打算，但是听祖逖说得有道理，也不好推辞，勉强答应他的请求，派他做豫州（在今河南东部和安徽北部）刺史，拨给他够一千人吃的粮食和三千匹布，至于人马和武器，让他自己想办法。祖逖带着一些愿意随他一起收复中原的人组成一支队伍，渡江北上。船到江心的时候，祖逖拿着船桨，在船舷边拍打（中流击楫），向大家发誓说："我祖逖如果不能扫平中原，绝不再过这条大江。"他的激昂的声调和豪壮

的气概，使随行的壮士个个感动，人人激奋。

到了淮阴，他们停下来一面制造兵器，一面招兵买马，聚集了两千多人马后，就向北进发了。祖逖的军队一路上得到人民的支持，迅速收复了许多失地。他年轻时的好友刘琨在北方听到老朋友祖逖起兵北伐，非常高兴，说："我夜间枕着兵器睡觉等天亮（枕戈待旦），就是一心要消灭敌人。现在祖逖跑到我前面去了。"祖逖领导晋兵艰苦斗争，收复了黄河以南的全部领土。晋元帝因为祖逖功劳大，封他为镇西将军。

祖逖在战斗的艰苦环境中，和将士们同甘共苦，自己的生活很节约，把省下的钱尽量帮助部下。他还奖励耕作，招纳新归附的人。即使是跟自己关系疏远和地位低下的人，他也同样热情地对待。当地的百姓都很拥护他。有一次，祖逖举行宴会招待当地父老。人们高兴得又是唱歌，又是跳舞。有些老人流着眼泪说："我们都老了，今天能够在活着的日子里看到亲人，死了也可以闭上眼睛了。"

祖逖一面操练士兵，一面扩充人马，预备继续北伐。谁知，他的好友刘琨被朝中的大臣王敦派人害死了，同时皇帝对祖逖又不信任，派人监督他，处处牵制和约束他，使他无法放开手来进行彻底的北伐战争。祖逖既悲伤又气愤，不久就得病死了，当地的百姓听到祖逖去世的消息，都不禁痛哭失声。

由这个故事产生了两个成语，一个是"中流击楫"，另外一个是"枕戈待旦"。

【出处】

这两个成语出自《晋书·祖逖传》。"中流击楫"比喻恢复国土的壮志。"枕戈待旦"比喻时刻准备，迎接来敌的意思。

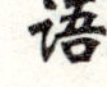

终南捷径

唐朝有一个叫卢藏用的读书人，在他中进士之后，因为想快点做官，经人指点，就跑到终南山隐居起来。也许有人会觉得奇怪，要做官怎么反而躲起来了呢？这是有原因的，因为当时社会上一般人，都认为凡是隐者都是博学多才又淡泊名利的人。因此特别容易受到朝廷的重视和尊敬。

卢藏用就利用这一招，跑到终南山假装当道士，隐居起来，后来果然收到预期的效果，朝廷真的聘他下山做官了。而跟他同时隐居的司马承祯，倒是个真正不慕名利的读书人，因此他没有接受朝廷的礼聘。当司马承祯送卢藏用下山时，藏用指着终南山对他说："呆在山中有很多乐趣呢。"司马承祯冷笑说："我看它只是做官的捷径罢了！"藏用很生气："你……你不要指桑骂槐！"司马承祯却平静地回答："若要人不知，除非己莫为。"于是两人从此各走各的路，再也不来往了。

【出处】

成语"终南捷径"出自《新唐书·卢藏用传》："卢藏用……举进士，不得调。与兄征明偕隐终南、少室二山……司马承祯尝召至阙下，将还山，藏用指终南曰：'此中大有嘉处。'承祯徐曰：'以仆视之，仕宦之捷径耳。'藏用惭。"原指隐居终南山是做官的便捷途径。后泛指达到目的的便捷途径。

众叛亲离

春秋时，卫国第十三代国君卫桓公有两个兄弟，一个是公子晋，一个是公子州吁。州吁有些武艺，喜欢打仗，并且是一肚子阴谋诡计，他见哥哥桓公是个老实人，便阴谋篡位。

在公元前719年，卫桓公动身上洛阳去参加周天子平王的丧礼，州吁在西门外摆下酒席，给他送行。同时也埋伏下武士准备杀掉卫桓公。他们约定摔酒杯为号，听见酒杯响，立刻出来攻杀。他端着一杯酒，对桓公说："今天哥哥出门，兄弟敬你一杯。""我很快就会回来，兄弟太费心了！"卫桓公说，他万万没想到在他弟弟那满脸笑容的背后掩藏的却是篡权夺位的野心，卫桓公也斟了一杯酒回敬。州吁在饮酒时故意将杯失手坠落在地上，并趁俯身拾杯之机，突然拔出匕首杀死了卫桓公。埋伏的武士也跑了出来杀掉了卫桓公的卫兵。

杀死卫桓公后，州吁就做了卫国国君。他害怕国内人民反对，便借对外打仗的办法转移国内人民的视线。他拉拢陈国、宋国、蔡国，一起去攻打郑国。但由于郑国严密防守，进攻以失败告终。

鲁国的国君鲁隐公听到这些消息后，问大夫众仲说："州吁这样干，能长久得了吗？"众仲回答说："他依仗武力，到处侵略，给人民带来了沉重的负担和灾难，老百姓是不会支持他的；他为人凶狠残暴，滥用酷刑，杀害无辜，将会失去亲信的拥护。广大的人民背叛他，亲近的人也离开他，他不可能长久的。依我看他的失败命运马上就要来了。"果然，不到一年，卫国的老臣石腊，借助陈国的力量，把州吁杀了。

【出处】

成语"众叛亲离"出自《左传·隐公四年》："阻兵无众，安忍无亲，众叛亲离，难以济矣。"众人反对，亲信背离。形容不得人心，完全孤立。

众志成城

周朝末年，周景王即位，周景王是一个喜爱饮酒作乐，不理政事的国王。为了个人享乐，他下令把全国的好铜收集起来，铸造两口大钟。大臣单穆公劝阻他说："大王，你两年前铸大钱废小钱，使百姓受到很大损失，现在又要造大钟，这不仅劳民伤财，而且用大钟配乐，声音也不会和谐的。"周景王不以为然地说："铸两口大钟该用多少钱，哪里就劳民伤财了。"于是下令继续铸造。

一年之后，两口大钟铸成了，一口叫"无射"，一口叫"大神"。一个敲钟的人为了奉承景王，谄媚地说："新铸的大钟，声音非常好听。"于是，周景王就命他敲钟，他听了后，对司乐官州鸠说："你听，这钟声多和谐呀!"州鸠深知景王铸钟给百姓带来了许多苦难，便回答说："我听不出有什么和谐。如果大王铸钟，天下的老百姓都为这件事高兴，那才算得上和谐。可是，您为了造钟，弄得民穷财尽，老百姓人人怨恨，所以我不知道这钟好在什么地方。俗话说：'众心成城，众口铄金。'大家万众一心，什么事情都能办成；相反，如果大家都反对，就是金子，也会在大家口中消熔。"

【出处】

成语"众志成城"出自《国语·周语下》："故谚曰：'众心成城，众口铄金。'"万众一心，坚如城墙。形容团结一致，就能克服困难，取得成功。

成语故事

助纣为虐

商朝末年，有一个残暴无比的昏君，名纣，后人称之为商纣王。商纣王生活极其奢侈，整天饮酒作乐，不理朝政；对人民征收重税，不顾百姓的死活。

纣王长期在皇宫中饮酒觉得烦闷，他就想造一座很高的台子，然后在那上面饮酒。纣王要建的台子叫鹿台。建造鹿台耗费了大量的人力、财物，并且用了许多珠宝来装饰。鹿台一造就是七年，给老百姓带来了很大的负担，但纣王又不许其他人劝阻或议论，谁如果劝阻或议论的话，就会犯死罪，被放到炮烙上活活烧死。炮烙是纣王的宠妃妲己设计的，就是用一根烧红的铜柱子，如果谁犯罪的话，会被绑在上面活活烫死。纣王和妃子还在一旁观看，他们觉得很有趣。

纣王对待大臣的态度极其残忍，对于他所做的事，如果谁敢劝阻或议论，他会毫不留情地将其除掉。大臣九侯有个女儿，长得非常漂亮，纣王要她做妃子，她不愿，纣王就把她杀了，连九侯也被剁成了肉酱。鄂侯认为自己是元老大臣，就指责了纣王，纣王恼羞成怒把他杀了。西伯侯(即后来的周文王)听到这些消息不敢说话，只是长长地叹了一口气，不料被崇侯虎知道了，报告了纣王，纣王当即派人把西伯侯囚禁在羑(yǒu)里(今河南汤阴县北)。之后，纣王的暴行愈来愈多。纣王的叔父比干认为君主有错而不劝阻就是不忠，于是他以死相谏，接连三天苦苦劝谏纣王，不肯离开宫廷一步，纣王无法忍受，下令杀死比干，并把他的心挖了出来，声称要看一下圣贤之人的心到底是什么样子的。纣王的暴行愈演愈烈，最后众叛亲离，彻底孤立，终于被周武王所灭。

三千多年以来，纣在人们的心目中，一直是个典型的暴君，因此谁要是帮助恶人做坏事，人们就说他是“助纣为虐”。

【出处】

成语“助纣为虐”出自《史记·留侯世家》。意指帮助坏人做坏事。

专横跋扈

东汉顺帝时期，有一个人名叫梁冀。此人其貌不扬，说起话来口齿不清，但却非常有权势，在朝中一手遮天，横行霸道。他之所以这么嚣张，是因为他父亲是大将军，妹妹是当时的皇后。后来顺帝死了，梁冀为了掌握朝政大权，强行把年仅八岁的刘缵立为皇帝，即为汉质帝。

质帝虽然年幼，但很聪明。他见梁冀非常骄横，有一次召见群臣时，指着梁冀说："这位是跋扈将军！"当时朝中的大臣听了都非常吃惊，他们想："皇帝小小年纪居然如此地明白事理，将来肯定是一位好皇帝。"梁冀听了，既恼火又恐惧，他想："皇帝这么小，居然敢如此对我，将来肯定不好对付，不如现在就把他弄死算了，以免留后患。"于是便悄悄派人把质帝毒死了，之后，梁冀不顾大臣们的反对，当众宣布立刘志为皇帝。这就是汉恒帝。

刘志因梁冀的帮助而当上了皇帝，作为回报，他封梁冀的小妹为皇后。这样，皇太后和皇后都是他的妹妹，他的权势更大，因此，更加胡作非为了。有个名叫士孙奋的人，非常有钱，梁冀就想打他的主意，敲诈他一

笔钱。梁冀故意送他一辆马车，说以此车为抵押，向他借钱五千万。一辆马车值不了多少钱，梁冀明显地在仗势欺人，士孙奋没有办法，估计即使借给他钱，他也不会还，就给了他三千万。梁冀大怒，便向当地官府诬告士孙奋，然后把士孙奋兄弟俩抓了起来。待他俩死在狱中后，梁冀把他们家中一亿七千多万的财产全部没收，占为己有。

后来，梁冀当皇太后和皇后的两个妹妹先后去世，梁贵人受到桓帝宠幸。梁贵人本姓邓，父亲早死，母亲宣氏改嫁给梁冀的亲戚梁纪。梁冀的妻子见她长得美，就认为干女儿，改姓梁，并把她送进宫中，结果桓帝非常喜爱她。梁冀怕她母亲宣氏泄露真情，派人去暗杀她，不料刺客被她家隔壁人家发现而逮住。宣氏得知这个情况后，进宫向桓帝哭诉。桓帝对梁冀的横行霸道早已非常不满，就召集一些大臣商仪，决定除掉梁冀。之后，桓帝派出一千多武士包围了梁冀的府第。梁冀和他的妻子知道自己罪孽深重，当天自杀身亡。

【出处】

成语“专横跋扈”出自《后汉书·梁冀传》：“帝少而聪慧，知冀骄横，尝朝群臣，目冀曰：‘此跋扈将军也。’”指独断专行，蛮不讲理。

捉襟见肘

孔子的学生有的当了官，有的经了商，都生活得比较好，但有的却很贫穷，曾参就是这样一个学生。

从孔子那里学成之后，他居住在卫国，当时有人这样描述他的生活：他住在几间低矮破烂的茅草房里，屋里面由于缺光线，看上去非常暗，几乎没有像样的家具，他的衣服很破烂，而且颜色脱落得难看；手脚都长了老茧；有时候三日不生火做饭；十年没见他做过新衣服；他的帽子不能碰，一整理帽子，帽带子就断了；一拉衣襟，胳膊肘就露出来；脚底的鞋子都露出了后跟。他吃得很差，有时甚至吃不饱，不得不靠野菜充饥，由于营养不良，他的脸色蜡黄，虽然生活是如此的困窘，但曾参丝毫不悲观，依然是充满乐趣地生活着，他常常着旧衣破鞋却吟咏《商颂》，那声音溢满了天地之间，像敲打金石般那样美妙动听呢！

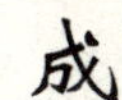

【出处】

成语“捉襟见肘”出自《庄子·让王》：“曾子居卫……十年不制衣，正冠而缨绝，捉衿（襟）而肘见。”拉一拉衣襟，就露出臂肘。亦比喻顾此失彼，穷于应付。

坐观成败

汉武帝晚年,体弱多病,精神恍惚不定,总觉得有人在暗中害他。他所宠信的奸臣江充利用汉武帝的这一心理向武帝谄媚说,他的病是那些恨他的官吏和百姓在地下埋了木头人暗加诅咒的结果。于是,武帝便派江充去调查这件事。江充心狠手辣,借机陷害平时和自己作对的人。当时,太子刘据和江充是对头,于是,江充就向汉武帝诬告太子宫中也埋有大量的木头人。他想借武帝之手除掉太子。

太子得知这件事后,忍无可忍,便发兵把江充杀了。江充的同党急忙去向汉武帝禀告,并欺骗武帝说太子起兵造反。武帝信以为真,便派丞相刘屈氂带兵去捉拿太子。太子被逼率军抵抗,双方激战了好几天,都城长安的民众都以为太子谋反,所以大多数人都不支持他。太子势孤力弱,兵败后逃离长安。他逃到了湖县一户贫家,户主靠卖鞋子的钱维持太子的生活。后来这件事被人发现,告知了官府,官兵来追捕太子,太子被逼自杀,户主也被杀。

刘据在发兵抵抗丞相的部队时,曾亲自到当时负责守卫京城的北军使者护军任安的营寨中,授给他兵符,要他发兵支持自己。任安拜受了兵符,却不发兵,闭寨不出。这是因为他吃不准交战双方谁是谁非。后来,汉武帝带病回京,他知道了这个情况后,起先认为任安只是假装接受了兵符,并没有依附太子,就没追究他。任安军队里有一个管理钱粮的小官,他以前曾受过任安的鞭打。怀恨在心,向武帝告发任安,说任安曾答应太子出兵,听从太子的命令,因此任安是太子的支持者。武帝看了这封告发信,说:“任安是个资格很老的大臣了! 他老奸巨猾,眼见战事发生,却脚踏两只船,坐观成败,准备哪一方打赢,就投靠那一方,如此怀有二心的人,留他不得!”于是,武帝下令逮捕了任安,把他杀了。

【出处】

成语“坐观成败”出自《史记·田叔列传》:“见兵事起,欲坐观成败,见胜者欲合从之。”原指坐在旁看人争斗,待到分晓后去联合胜利者。后多指对别人的成功和失败抱袖手旁观的态度。

图书在版编目(CIP)数据

成语故事:学生版/罗钊编写. -南京:南京大学出版社,2010.7(2018.1重印)
(青少年课外阅读系列丛书)
ISBN 978-7-305-06865-2

Ⅰ.①成… Ⅱ.①罗… Ⅲ.①汉语-成语-故事-青少年读物
Ⅳ.①H136.3-49

中国版本图书馆CIP数据核字(2010)第054125号

出版发行 南京大学出版社
社　　址 南京市汉口路22号　　　邮　编 210093
出 版 人 金鑫荣

丛 书 名 青少年课外阅读系列丛书
书　　名 **成语故事(学生版)**
编　　写 罗　钊
责任编辑 风　清　　　编辑热线 025-83207098
审读编辑 张婧妤

照　　排 南京新洲印刷有限公司
印　　刷 皖南海峰印刷包装有限公司
开　　本 787×1092 1/16　　印　张 30　　字　数 460千
版　　次 2010年7月第1版　　2018年1月第8次印刷
ISBN 978-7-305-06865-2
定　　价 39.80元

网　　址 http://www.njupco.com
官方微博 http://weibo.com/njupco
官方微信 njupress
销售咨询热线 025-66665152
